民事证据法学原理

赵信会 著

中国人民公安大学出版社
·北 京·

图书在版编目（CIP）数据
民事证据法原理／赵信会著．—北京：中国人民公安大学出版社，2020.5
ISBN 978－7－5653－3909－7
Ⅰ.①民…　Ⅱ.①赵…　Ⅲ.①民事诉讼—证据—法的理论—中国
Ⅳ.①D925.113.1
中国版本图书馆 CIP 数据核字（2020）第 034918 号

民事证据法学原理

赵信会　著

出版发行：中国人民公安大学出版社
地　　址：北京市西城区木樨地南里
邮政编码：100038
经　　销：新华书店
印　　刷：三河市荣展印务有限公司

版　　次：2020 年 5 月第 1 版
印　　次：2020 年 5 月第 1 次
印　　张：20
开　　本：787 毫米×1092 毫米　1/16
字　　数：380 千字

书　　号：ISBN 978－7－5653－3909－7
定　　价：72.00 元

网　　址：www.cppsup.com.cn　www.porclub.com.cn
电子邮箱：zbs@cppsup.com　zbs@cppsu.edu.cn

营销中心电话：010－83901775
读者服务部电话（门市）：010－83903257
警官读者俱乐部电话（网购、邮购）：010－83903253
公安综合分社电话：010－83901670

前　言

证据裁判主义是现代司法的重要原则，中国共产党第十八届四中全会正式认可了该项原则，中国司法已经步入了中国特色社会主义现代司法建设的快车道。相对于刑事证据制度、行政证据制度，我国的民事证据制度建设起步较早、制度建设也相对完善。最高人民法院在1992年的《关于适用〈民事诉讼法〉若干问题的意见》（以下简称《民事诉讼法意见》）、1998年的《关于民事经济审判方式改革的若干规定》（以下简称《审判方式改革规定》）的基础上，于2001年12月21日颁布了《关于民事诉讼证据的若干规定》（以下简称《民事证据规定》），对民事诉讼证据的举证责任分配、举证时限、证据调查、证据交换、证据评价等问题进行了详细规定，2017年最高人民法院又颁布了《民事诉讼证据规则》（征求意见稿）。2019年12月25日最高人民法院颁布《关于民事诉讼证据的若干规定》（以下简称《新民事证据规定》）。相对于系统的民事证据规定而言，民事证据法学的研究就显得较为单薄。笔者于2019年5月30日在中国期刊网上输入主题词“民事证据”后，得到的搜索结果为1039条；而输入主题词“刑事证据”后获得的搜索结果为2435条，以“证据”为主题词的搜索结果为478464条，而且大多没有标明刑事或者民事证据的，多为研究刑事证据的。

民事证据法学研究的相对滞后绝非偶然，我国法律制度的建设和法学理论的研究长期以来存在重刑轻民、重实体轻程序的倾向，这一倾向甚至可以概括成为中国法律制度以及法学理论研究的传统。不仅民事诉讼法学独立的道路极其漫长，而且民事诉讼法学的教学机构在许多政法院校是与刑事诉讼法学的教学机构一起设置的。在这样的宏观背景下，民事证据法学研究的滞后就是可以理解的了。

确实，民事证据法学与刑事证据法学有许多相似之处，这些相似之处将共同反映证据法学中体现人类认识规律的内容，体现事物之间经验联系的内容。详细地说，全部证据法学所要解决的首要问题是如何依据案件发生、发展、运动过程中遗留下来的痕迹，判断案件事实存在与否，并依据这样的判定对当事人之间的争议作出权威判定。此种一连串的推理过程中，处于核心地位的即是案件事实的认定过程，查明案件事实，也成为分清是非责任的前提或者基础。不可否认，考虑到事实裁判者和普通人一样具有认识能力的局限性，处于人的认识能力的至上性和非至上性之矛盾的旋涡中，司法制度的设计不能排除案件事实之真伪无法认识的可能，并必须提供与之相对应的具体解决方法，但司法制度所追求的目标仍然是最大限度地发现案件事实。古往今来、横贯中西，没有任何一个国家的司法制度在设计时即放弃发现案件事实的诉讼目标。主动对发现案件事实的舍弃，应当是对司法正义的无视，无视司法正义的司法必将是为时代发展所唾弃的司法。案件事实的发现过程于近代以来均是依据经验、逻辑而进行的推理过程，体现人类认识的规律，反映事物之间的经验联系和逻辑联系。此种反映既存在于民事诉讼中，也存在于刑事诉讼中，并因之表现为两种证据制度的交叉和重叠。

必须看到，民事证据法学与刑事证据法学之不同，其除关注体现事物之间经验联系的人类认识规律之外，更多地要关注《民事诉讼法》所追求的价值目标，民事诉讼运行必须遵循的内部规律，体现民事诉讼的基本特点和基本要求。因此，民事证据法学除应研究与刑事证据法学一样的、体现人类认识规律的共同课题以外，还应当有其自己的、其他证据法学无法替代的任务。如同样是证人出庭，在刑事诉讼和民事诉讼中是否应有区别？或者传闻证据排除规则在两种不同的诉讼中是否应该一样对待？同样是证据的提供，刑事诉讼中的证据提供和民事诉讼中的证据提供有无差别？如果有，差别何在？差别的原因又是什么？同样是非法证据排除规则，民事诉讼中的非法证据排除规则又有哪些特殊内容？其基本原理何在？当然，民事证据的使用和刑事证据的使用同样重要，因此有认真研究的必要。

必须说明的问题是，中国特色社会主义法治建设不仅要体现社会主义文化的要求，而且要体现中国优秀传统法律文化底蕴，并要吸收现代国家的法治建设成果。我国民事证据法学的研究不仅要立足中国共产党领导的民事司法体制建设，还要吸收中外优秀的法律制度内容，为我所用。在两大法系的法律制度建设以及法学理论研究中，两大法系体现出自身的特点和发展规律，这突出地表现为大陆法系国家法学研究的理性主义色彩及以法学理论为基础或者出发点的制度建设，以及英美法系国家的经验主义、实用主义的法学研究风格及以之为基础的经验主义立法方法。两者各有千秋，并在现代发展中表现为相互借鉴或者一定程度趋同之特征。为此，民事证据法学的研究，不仅要注意借鉴中外先进的立法经验、研究成果，还要注意两大法系国家和地区的法治建设、法治发展的差异与趋同之特征，正确把握民事诉讼法学、民事证据法学的内在规律。

庆幸的是，笔者长期以来致力于民事证据法学的研究，掌握了大量第一手的先发现代国家的证据制度以及证据法学理论资料，并在与实务部门的合作过程中，较为广泛地接触民事证据运用之实践，对民事证据法学的诸多问题进行过深入的思考，研究过诸多民事证据法学的课题。笔者愿意将这样的成果写下来，以求能够在一定程度上缓解民事证据法学研究的不足，丰富民事证据法学的理论研究，助力法学人才培养。

赵信会
2020 年 5 月

目　录

第一章　证据制度概述

证据制度首先涉及许多基础性的内容或者概念，如什么是证据？证据立法模式是怎样的？民事证据与民事实体法、民事程序法的关系是怎样的？证据有哪些属性？尽管这些内容是证据制度的基本内容，许多概念也都是法律职业人员以及学习法律的人员耳熟能详的，但是对这些概念的理解并非完全一致，相当数量的法律职业者还难以精确界定。这些概念既是民事证据制度学习的基础，也和民事证据制度的其他内容结合在一起，是整个民事证据制度不可分割的环节。

‖第一节　证据和证据法‖

一、证据的概念

（一）境外立法和理论对证据的界定

1. 材料说

沃克认为凡是能够或者有可能证明（关联性的审查和预先判断）或者削弱对案件事实证明的一切材料都是证据。英国证据法学家摩菲则更多地看重证据对案件事实的证明意义，认为证据是能够说服法官认定某个事实为真实的或者可能的任何材料。美国加利福尼亚州证据法采取这样的立法模式，其第140条规定："证据是指被提供用以证明某一事实存在或者不存在的证言、文书、物品或其他可感知物。"在英美法系国家和地区，材料说是主要学说，并为《美国联邦证据规则》以及其他采用《美国联邦证据规则》模式的美国的州所采纳。

2. 事实说

边沁和威格摩尔采用证据事实说的观点。边沁认为，就其字义而言，证据就是指示给法官并希望在法官的脑海中产生某事实存在或不存在之说服效果的另外一种事实；威格摩尔则认为，证据既非法律原则也非逻辑原则，而是任何一个或一束已知的事实，其目的是用来在法庭审判中为审判的部分提供具有肯定或否定性力量的说服。

3. 方法说

美国密歇根州证据法对证据的界定采用方法说的观点，规定证据是指可以通过其合乎逻辑地推论出某一事实之存在的方法。方法说与大陆法系国家和地区的根据说有一定的相似性。《俄罗斯联邦民事诉讼法》第 49 条规定，法院依法定程序作为确定案情、证明当事人要求和反驳是否正当的根据的任何事实材料，以及其他对于正确解决案件有意义的情况，都是民事案件的证据。在对证据的界定上侧重证据的诉讼结果和功能，但在内容上不仅限于客观事实，还包括事实以外的材料。我国台湾地区也有部分学者持此观点，如林胜光、陈世雄、吴光陆认为："证据者，足使法院认定当事人之主张为真实之凭据者，谓之。"

此外，在我国台湾地区占主导地位的证据观是动态的证据观，即根据诉讼的动态过程理解证据，并给予不同阶段的证据以不同称谓。对于诉讼开始时当事人提交法庭的、用于证明案件事实的材料，理论上被称为证据方法。证据方法是法院在以后的诉讼中，特别是法庭调查阶段将依五官作用得调查之有形物，法院也只能以之才能获得心证。在法庭调查阶段，法官或者其他的事实裁判者将根据法定程序对证据方法进行调查，并就其证据能力、证明力等形成初步判断。我国台湾地区学者将其他事实裁判者对证据方法形成的此种认识和判断称为证据资料。这体现了大陆法系国家和地区分散审理、非集中审理的特点，并考虑到事实裁判者就证据方法的判断有为上诉法院审查的可能性。大陆法系国家和地区的事实裁判者一般将对证据的审查情况记入案卷；在法庭审理结束时，事实裁判者将依据当事人提交的证据方法，根据法庭调查阶段形成的证据资料认定案件事实，其中作为案件事实裁决依据的证据方法被称为证据原因。证据原因与证据资料有一定联系。证据方法能否最终成为证据原因，依赖于法院判断，必须以证据资料为基础，才能进一步确定证据原因。不过依据法院的判断或者依据证据资料，不具备证据能力的证据以及证明力不高、使用成本较高的证据可能被排除。对此我国台湾地区学者王甲乙曾有经典论述："证据一语，在有形方面，指法院为取得某事项之认定资料，而作为调查对象之有形物而言（证据方法）。在无形方面，指因调查证据，由证据方法获得心证形成之资料而言（证据资料）。在结果方面，指就该事项，能使法院确信之原因而言（证据原因）。"①

必须注意，英美法系国家和地区的材料说、事实说等证据概念比较强调案

① 王甲乙等著：《民事诉讼法新论》，台湾三民书局 1989 年版，第 336 页。

件审理终结的诉讼阶段，如果其能够削弱或者促进对案件事实的证明都可以作为证据。其优点在于何为证据是比较清楚的，结论是比较稳定的。英美法系国家和地区的上诉制度采用事后审查制，对于初审事实裁判者作为裁判依据的证据，上诉审原则上不予审查，上诉案件的审理也不向上诉法院移交证据材料。材料说或者事实说的证据观能够体现初审阶段证据的确定性，无须待二审法院或者其他法院在对当事人收集的证据资料是否具有证据能力为判断，与英美法系国家和地区的诉讼制度有一定的对应性和适应性。其不足之处在于其无法反映诉讼的动态过程。当事人在诉讼开始时提交的用于证明自己主张的案件事实或者反驳对方主张的案件事实的材料应如何归类是不清楚的。同时，其对证据概念的界定较多侧重事实裁判者的认识和判断过程，而忽略其他诉讼参与人的认识过程。当然，英美法系国家和地区的立法并不禁止当事人提交那些后来未被法庭采信的材料，当事人可以向法庭提交其认为能够证明自己案件事实，否认对方案件事实的所有证据材料。与大陆法系国家和地区的证据审查不同，在英美法系国家和地区，法院于审理前的准备阶段即开始其证据审查工作。大陆法系国家和地区在法庭调查中的集中证据审查，在英美法系国家和地区被分割为两个部分，其中审理前的证据审查是由职业法官进行的对证据资格的审查。事实裁判者在法庭审理阶段进行的审查主要是证据的可信性审查和证明力审查，这样的审查不为上诉法院再审查。"上诉法院极端不愿意推翻事实审被认定是真实的案件事实，确实地，上诉法院常愿意假定事实审理者发现了真实的事实，并以之支持其判决。"① 其背景就是对抗制下消极的法院，无法积极地对陪审团可能出现的错误予以程序中的干涉。为此，必须设计一整套完整的陪审团错误裁判的预防机制，即证据排除规则。这就要求在审判前的程序中，由法官主持审查证据是否具有关联性，有关联性的证据是否基于其他原因应当被排除在程序之外。大陆法系国家和地区的动态证据观较好地反映诉讼动态过程，体现了诉讼中作为证据方法的客观存在与各诉讼主体、审判主体之间的主客观关系。同时也能够很好地处理好诉讼早期证据的开放性与审理终结时证据的限定性之间的辩证关系，具有较大的科学性。

（二）我国理论对证据的界定

我国诉讼法学理论受西方国家证据理论的影响形成了大致与西方国家相似的理论，主要包括以下几种：

1. 原因说

原因说又称为方法说和条件说，认为证据就是认定案件事实的原因。造成

① David A. Binder，Paul Bergman，Fact Investigation. West Publishing. Co. 1984. p134.

法官对于诉讼案件中证明对象的真实性确信无疑的任何原因都是证据。强调行为之间、事实之间的因果关系，而且体现了对裁判者自由判断的尊重。其缺点主要有：一是忽略了证据的程序性，没有从诉讼动态发展的角度理解证据，很难有针对性地概括各种不同诉讼阶段对证据的不同要求；二是没有体现削弱案件事实证明的证据材料的地位和作用。事实上，案件事实的证明过程中，不仅有些案件事实本身即是消极事实、否定事实，而且与负担举证证明责任当事人对案件事实的证明活动，相伴而存在的常常是不负担举证证明责任当事人的反驳活动。与诉讼证明一样，当事人的反驳活动也应当以证据来进行；三是民事诉讼中认定案件事实除依据证据之外，还可以通过其他方式或者道具来实现，如一方当事人的诉讼自认、司法认知、前诉判决确定等，不能简单地将案件事实的认定方法等同于证据。

2. 事实说

事实说认为证据就是能够证明案件事实的所有客观事实。该观点的突出特点在于强调证据是案件发生、发展过程中所遗留下来的客观痕迹，强调证据对案件证明事实的积极意义。该观点除具有方法说所具有的未体现证据的程序性、未体现能够削弱案件事实证明之材料的地位等不足之外，学术界对其的批评主要集中于其过分偏重证据的客观性，并认为实际上许多证据本身就不是客观的，这些证据可能正是以一定的主观形式存在，并进入诉讼中来。同时，即使客观存在的证据，也必须通过认识主体认识其证明价值，并将其引入诉讼中去，否则客观存在的证据，将失去其诉讼意义。

3. 结果说

结果说认为证据是经过法庭上的公开调查并最终被证据调查程序确定为可以作为事实认定或者否定依据的所有结果都是证据。其在一定程度上克服了原因说和事实说的部分弱点，认可削弱案件事实的证明材料在诉讼中的价值和意义，这也和诉讼制度、诉讼理论上对反证的认可相一致。同时，该观点还体现了对证据的合法性的重视，体现了诉讼过程中发现案件真实的价值目标与其他价值目标的协调与平衡，能够在较大程度上体现现代诉讼制度的要求。其缺点在于不能很好地反映诉讼过程的程序性以及在这种程序过程中的证据存在形式。

4. 材料说

材料说力图从程序上界定证据，认为证据是当事人提出的或者法院依职权收集的有可能证明案件事实或者削弱案件事实证明的一切材料。其比较多地注意了诉讼的过程性和证据的程序性，降低了证据准入的门槛，克服了事实说极端偏爱证据客观性的缺点。该观点的缺点在于没有关注诉讼的最后阶段，对法院作为认定案件事实依据的证据体现不够。

二、民事证据与民事实体法、民事程序法

（一）民事证据与民事实体法

其一，民事实体法在许多情况下决定证据证明的方向以及证据的数量和质量。对于证明的对象学术上有许多争议，但都不否认当事人争议的民事实体事实应成为证明对象。而民事实体法规定产生某种特殊民事实体法律后果必须具备的条件，结合到具体诉讼中，就是确定具体案件中需要证明的、可以导致当事人所追求的民事实体法律后果的具体要件事实。由此，民事实体法决定证明对象，并因此指导当事人提供与收集证据。对于同一事件或者同一民事纠纷，当事人选择的民事实体法不同，诉讼证明方向也有本质差异。

其二，民事实体法决定当事人在具体诉讼中的证据提供。一般情况下负举证证明责任的一方当事人负有最先提出证据的义务，同时其也有较大的举证负担，对方当事人只有在阻止举证证明责任负担方当事人证明的意义上才需要提供证据，证明的程度也不需要太高。同时对方当事人也不需要就举证方主张的所有事实为抗辩，他只要证明其中的一项要件事实不成立或者处于真伪不明状态即实现其诉讼目的。而一般理解举证证明责任规范应当由民事实体法决定或者从某种意义上说，它应当是民事实体法规范之一。

其三，民事实体法还决定某些证据的资格条件。例如，继承法明确规定遗嘱成立的条件，公证遗嘱必须由两名以上的公证员公证并加盖公证机构的公章，口头遗嘱必须在紧急的情况下才可以适用，并必须由两名以上的无利害关系人作为证人。

其四，某些民事实体法规则还直接指导司法者的推理活动和当事人利用证据进行证明的活动。比较典型的是民事实体法上的推定法则，例如，在作品上署名人视为著作权人，动产的占有人视为动产物权的所有人。英国婚姻法上也有类似的推定，如丈夫知道妻子犯有重婚罪，仍然与她发生性关系，便不可反驳地推定丈夫已宽恕了这一犯罪，放弃了追究妻子有关责任的权利。

（二）民事证据与民事程序法

其一，民事证据的提供、审查与判断都需要在民事程序的进行中完成。因此证据的运作过程同民事诉讼程序糅合在一起，不可分割，剥离了证据的民事程序是空洞的，离开了民事程序法的证据没有生命力。

其二，在民事实体法之外，民事程序法也能够限定证据证明对象的范围。例如，规定诉讼自认的规范是民事程序法规范，而不属于民事实体法规范，关于司法认知的规范也是民事程序法规范，这些规范能够在较大程度上限缩诉讼证明的对象，减少诉讼证明的负担。

其三，民事程序法规定证据提供方面法院与当事人之间的界限。辩论主义条件下当事人就案件事实承担收集和提供证据的责任，法院不承担证据收集责任；职权探知主义条件下为保护国家利益、社会公共利益、第三人合法权益，法院例外地承担证据收集与提供的责任。

其四，决定当事人对案件事实证明程度的证明标准，与举证证明责任规则不同，具体由民事程序法规定。

正是基于以上原因，沃克说："由于证据是诉讼程序的一部分，所以任何创设程序规则的法定权利都包括创设证据规则的权利。因此，作为诉讼程序一部分的证据，便局限于规定证明事实之方法的狭义上，而不包括什么需要事实的证明。"①

三、民事证据法的立法模式

（一）国外证据法立法模式介绍

1. 英美国家和地区的证据法立法模式

英美法系国家和地区一般有单独的证据法典。例如，英国1968年和1972年《民事证据法》、1984年《治安和刑事证据法》（*the Police and Criminal Evidence Act*），澳大利亚《1995年证据法》（*Evidence Act* 1995）、《1998年证据规则》（修正案）［*Evidence Regulations*（*Amendment*）1998］、《1994年涉外证据法》（*Foreign Evidence Act* 1994）、《1992年公司（证据）修正法》［*Corporations Legislation*（*Evidence*）*Amendment Act* 1992］。英美国家和地区证据法的特征主要是：

其一，主要是关于证据资格的规定。英美法系国家和地区的证据资格规定主要是消极的证据资格规定，并主要体现为证据排除规则。必须注意证据排除规则主要为法官适用，当事人对法官适用证据排除规则不满时，可以向上诉法院上诉。证据排除规则虽然规定比较严格，但法官适用时仍有较大的自主裁量权。"虽然可采性受排除规则的严格限制，但还包含着相当程度的个人裁量在里面。当法官就特定证据的相关性作出裁判时，裁量的因素最明显，可能还会成为适用特定的排除规则例外的依据。"② 学者也正是从这样的意义上认为，英美法系国家和地区的司法越来越表现为弹性司法。同时，应注意的问题是，英美法系国家和地区的证据法中还较为详细地规定了法官对陪审团证据评价和

① ［英］罗纳德·沃克著：《英美证据法概述》，王莹文、李浩译，西南政法学院印行1983年版，第4页。

② ［英］詹尼·麦克埃文著：《现代证据法与对抗式程序》，蔡巍译，法律出版社2006年版，第111页。

事实评价的指示。“虽然不能指示陪审团作出有罪判决，但可以指示陪审团作无罪判决，并有权在适当的案件中就事实问题充分表达自己的看法。因为法官对证据以及处理事实的相关性方面富有经验，所以陪审团应该得到法官的支持也是对的。”①

其二，当事人及其诉讼代理人在诉讼过程中居于主导地位。首先，这表现在对证人的询问不似大陆法系国家和地区一样，由法官主导询问程序，而是由当事人及其当事人的诉讼代理人主导询问程序，这样的询问也被称为交叉询问，包括申请证人方当事人的主询问和对方当事人的反询问。上诉法院的法官斯图尔特·史密斯在概括当事人主导与法官的地位之关系时说：“总的说来，在有经验的律师进行交叉询问时，法官除了澄清自己不理解的事情或者陪审团不理解的事情外，不应该介入。如果他希望对尚未提及的事情进行提问，则最好等到询问或交叉询问结束后再开始。”② 其次，在英美法系中对证据的异议（objection to evidence）也主要由当事人提出。在英美法系国家和地区，对证据的异议必须在对方提出证据时提出，证据异议的目的一是在证据被接受之前提请法庭注意并许可法官决定可采性问题；二是为上诉的目的针对不利判决实现自我保护。一方当事人为投机地取得反对证人对自己有利的回答许可证据提出，而在对自己的案件不利的情况下，提出强有力的攻击是不可能被许可的。证据的提出完全由当事人主导和决定，除非在特定的为实现公正之目标的场合，“法官不能主动干预当事人是否提出异议的意思表示，如果当事人没有在证据提出时提出适当的异议，意味着其放弃了对可采性的合理异议的权利。尽管该证据有其内在的不可采性，但仍然为事实裁判者考量”③。

其三，证据法较多关注给予当事人双方公平的机会。这首先表现在英美法系国家和地区的证据法非常强调给予当事人双方对质权（confrontation right），其传闻证据排除规则在宪法上的着力点也是保障当事人通过对质权的行使实现正当程序保护。必须注意，英美法系国家和地区的传闻证据排除规则透过历史的发展建立起诸多例外，在这些例外与宪法规定的正当程序权利协调之处理上，走过了曲折的发展道路。1895 年 Mattox v. United States 案件中确立了可靠性原则，认为宪法在生效时已经认可死者的声明是宪法要求的一个例外，因此比死者声明更可靠的、此前经过交叉询问的、宣誓过的，并记录在控方笔录的

① ［英］詹尼·麦克埃文著：《现代证据法与对抗式程序》，蔡巍译，法律出版社 2006 年版，第 111 页。

② ［英］詹尼·麦克埃文著：《现代证据法与对抗式程序》，蔡巍译，法律出版社 2006 年版，第 123 页。

③ David A. Binder，Paul Bergman，Fact Investigation. West Publishing. Co. 1984. p13.

已经死亡之证人的证词具有可采性。1980 年的 Ohio v. Roberts 案件以后，美国联邦最高法院采取的原则是，传统的传闻证据排除规则例外以可靠性作为检验标准，而传统传闻证据排除规则例外以外的其他例外则应当以宪法规定的对质条款为衡量标准。而美国 2004 年的 Crawford v. Washington 案件中将对质权保障作为衡量传闻证据排除规则例外的唯一标准。"宪法规定的对质权以及在诉讼中进行交叉询问的方式是确定可靠性的唯一方式……没有对质权就没有可靠性。①" 其次，也表现或者体现在其证据开示制度中，证据开示不仅使得当事人可以从对方获得对自己有利的证据，还可以了解对方的证据资料，在避免证据突袭的基础上，保证当事人证据交叉询问的权利。学者也是从正当程序保护的角度认为交叉询问与证据开示制度有密切联系。"交叉询问制度与证据开示制度密切相关，证据开示是交叉询问的准备，交叉询问是证据开示的延续。②"

其四，证据制度不仅关注发现真实的目标，而且注重其他重大社会价值。

2. 大陆法系国家和地区的证据法立法模式

大陆法系国家和地区一般没有单独的证据法，其民事证据制度规定于民事诉讼法之中。例如，日本的民事证据制度主要体现在《日本民事诉讼法》第二编第三章专门规定的民事证据制度内容；《法国民事诉讼法》第七编专门规定了民事证据制度，并名之为"提出证据"；德国的民事证据制度也体现在《民事诉讼法》中，其第二编第一章第五节直接规定的是"证据调查的一般规定"。大陆法系国家和地区的民事证据制度的基本特征可以概括为以下几个方面：

其一，证据制度重点关注证据调查程序和调查方法。在大陆法系国家和地区的民事诉讼法中少有证据资格的规定，相反拥有丰富的、大量的证据调查方法和证据调查程序的规定。例如，《法国民事诉讼法》规定民事证据制度的第七编，不似英美法系国家和地区一样重点规制证据资格，相反规定的是向法院提交证据的程序。《日本民事诉讼法》规定民事证据制度的第三章第一节作为总则，也没有证据资格的规定，总则重点规定的证据调查的一般方法或者一般原则。这包括无需证明的事实、申请证明，不需要调查证据的情况等。在这些国家和地区看来，拥有丰富的法律专业知识和相对于普通民众的丰富生活经验，能够保证职业法官对证据资格之有无作出自由公正的判断，这些国家和地区的自由心证主义也很少限定在对证据之证明价值的评价上，相反可以覆盖裁判者对证据能力的自由判断。因此，大陆法系国家和地区"在证据的相关性及可采性的判断上，永远不可能排除法官的自由裁量权，甚至有人提出了弹性

---

① 樊崇义、李静：《传闻证据规则的基本问题及其在我国的适用》，载《证据科学》2008 年第 3 期。

② 吴丹红：《交叉询问制度的中国问题》，载《西部法律评论》2008 年第 1 期。

司法的主张"[1]。

其二，法官在证据调查程序中居于主导地位。这首先表现在对证人和当事人的询问方面，与英美法系国家和地区当事人及其诉讼代理人主导的交叉询问不同，大陆法系国家和地区对证人和当事人的询问则主要由法官实施。[2]"在大陆法系尽管当事人的律师在许多方面指导、限定司法调查，职业法官仍然负责调查及裁决。"[3] 如《日本民事诉讼法》第195条规定了受命法官询问证人的具体场所，即以法庭内询问为原则、法庭外询问为例外。在具体询问的程序上，虽然《日本民事诉讼法》第202条第1款规定，询问证人，按申请询问该证人的当事人、其他当事人、审判长的顺序进行。但其第2款随之规定，审判长认为必要时，听取当事人的意见后，可以变更前款规定的程序。在询问当事人方面，《日本民事诉讼法》第207条第1款规定，法院根据申请或依职权，可以询问当事人本人。在对证人证言的询问与判断方面，法律制度不是担心法官的职权询问制度，而是担心法官在询问证人时因不够敏感和缺乏经验而发生错误，从而侧重要求"法官必须始终在证人证据上保持清醒，以避免在询问过程中自己犯错误的这一可能性并且能正确评价证言"[4]。尽管与英美法系国家和地区一样采用辩论主义，主张当事人在事实的主张和证据的提出方面承担主体责任，但考虑到当事人的实际情况，大陆法系国家和地区的立法趋势是发挥法官能动性，以弥补当事人自身能力的不足。

其三，证据制度比较偏爱发现真实的目标。在大陆法系国家和地区的民事诉讼中除规定有证人拒证权之外，较少非法证据排除规则的规定和内容。而一般认为非法证据排除规则尊重发现真实以外的其他价值目标，并在必要的情况下可以牺牲发现真实的价值目标。"建立非法证据排除规则的目的并不是为排除而排除……真正的目的是通过排除非法证据，来惩戒、禁止侦查人员侵犯公民权利的行为，从而为侦查人员的强制侦查行为建立一个明确的法律界限。"[5] 同时，与英美法系国家和地区的民事诉讼采取盖然性占优的证明标准不同，大陆法系国家和地区的民事诉讼一般采取高度盖然性的证明标准。学者认为出现

---

① ［英］詹尼·麦克埃文著：《现代证据法与对抗式程序》，蔡巍译，法律出版社2006年版，第110页。

② 大陆法系国家和地区坚持当事人和证人之间的分离，秉持当事人不可以是证人的原则，即使当事人如证人一样被询问时，也必须坚持证人与当事人的分离。即"谁在诉讼中能被当作当事人被询问，则不允许被作为证人被听审"。

③ John H. Langbein. Historical Foundations of the Law of Evidence：A View from the Ryder Sources. Columbia Law Review. 1996. No. 5. p1168.

④ ［德］汉斯－约阿希姆·穆泽拉克著：《德国民事诉讼法基础教程》，周翠译，中国政法大学出版社2005年版，第256页。

⑤ 陈瑞华：《刑诉中的非法证据排除问题研究》，载《法学》2003年第6期。

这种情况的原因在于两大法系国家和地区对司法的认识不同。英美法系国家和地区承认司法的不确定性，并以相对公正或者程序公正为目标，将胜诉的判决给予能够对案件事实作出盖然性占优证明的当事人；大陆法系国家和地区则更多地强调发现真实的目标，并力图借助发现案件真实裁决案件，实现立法机关颁布的立法所追求的制定法目标或者秩序。[①]

（二）中国民事证据法的立法模式

中国没有制定单独的民事证据法，最高人民法院 2019 年 12 月 25 日发布的《新民事证据规定》还没有上升为法律。民事诉讼证据制度主要存在于《民事诉讼法》中，并体现为《民事诉讼法》的第六章。当然，这并非说其他的法律中没有民事证据制度的内容，民事实体法中不乏民事证据资格的规定，也不乏举证证明责任分配的规定。必须注意，理论上就我国民事证据法的立法模式曾经有过激烈的争论，并形成了多种观点。有相当数量的学者主张应该参照英美法系国家和地区证据法的立法模式制定单行的民事证据法，这些学者还进一步将此种理念付诸实践，起草了《民事证据法》（草案）。不过传统观点的作用相当明显，并成功地阻止了单独民事证据法的制定。依传统观点，制定单独的民事证据法将会抽空《民事诉讼法》的内容，导致《民事诉讼法》的非操作性。折中的观点认为可以在民法典编撰的过程中，搭民法典的便车，于其中规定民事证据法的内容。

‖第二节　证据的属性‖

一、证据属性概述

（一）证据属性的概念

证据属性是指证据之作为证据必须具有的内在的质的规定性，即缺少了证据属性的其中任何一个方面，当事人提出的或者法院收集的材料都不能成为证据。证据的属性在一定程度上决定证据的证据能力，决定法院在最后认定案件事实存在与否时可否以之作为基础。

（二）在证据属性上的争论

必须注意，在证据必须具备的属性方面存在激烈的争论，并形成了多种观

① 也有学者从另外的角度解释大陆法系国家和地区采取高度盖然性证明标准的原因，并形成了多种学说。其中一种观点认为高度盖然性的证明标准体现了司法制度对原告的敌意，因为通常是提起诉讼的原告谋求改变现状；另一种观点则认为高度盖然性的证明标准能够促进公众对法院裁判的接受和认可，并借此实现纠纷的确定性解决。

点。通说认为证据必须同时具备客观性、关联性和合法性三个属性，通说也被称为三性说。反对的观点则认为证据不需要具有客观性，但必须具有关联性和合法性。其基本依据一是许多证据形式本身就体现为一种主观形式，如证人证言、鉴定意见、当事人陈述，不能将这些具备外在主观形式的证据归类于客观材料；二是离开了诉讼主体的判断，证据的客观性没有任何意义。作为客观存在的证据，能够成为证据，并在具体的诉讼证明中发挥作用，其必须为人们认识和利用。在采取辩论主义的背景下，客观存在的证据首先必须为当事人所认识，并且该当事人认为该证据对证明自己的案件是有利的，此时，才能进入当事人的视野，并经过当事人进入裁判者的视野。另外的否定观点认为，即使作为定案依据的证据也可能不是客观的，否则就不可能出现冤假错案。“不仅当事人提供的和司法机关收集的证据中有真有假，司法机关审查判断之后用作定案根据的证据中也会有真有假，否则就不会有冤假错案了。”① 否定证据客观性的观点无法否定的问题是，现代民事司法制度都采取各种方法禁止伪造证据，也采取各种方法力图发现证据材料中的客观内核。即使在强调正当程序的英美法系国家和地区，证据制度也要求证据必须具备可靠性②，否则法官应当否定其可采性，并将之排除于诉讼程序。认识到证据客观性否定说的极端性，有学者在承认客观性的同时对之做折中理解，在他们看来“证据的客观性既应当在同证据的主观性相对立的背景下理解，又要在同证据的主观性相统一的意义上理解。只有从它们既对立又统一的两个方面予以同时而又兼顾性的考察和认识，才能真正揭示证据的本性和证据的功能”③。对证据客观性做折中性理解的另一种做法是承认证据是实实在在的材料，但主张对证据的查证不能采用证实的方法，相反应采取证伪的方法。“证据作为一种实实在在存在的材料无所谓真假，那么法官依据什么样的标准确定证据的采信与否呢……可行的方法是当事人关于证据的陈述未被证明为虚假。”④ 反对证据三性说的另一种观点，主张证据必须具有客观性、关联性，但认为证据不需要具备合法性。在他们看来，证据既不需要具有合法的形式，也不需要具有合法的内容，甚至对收

---

① 何家弘、刘品新主编：《证据法学》（第四版），法律出版社 2011 年版，第 104 页；另外可以参见何家弘、张卫平主编：《简明证据法学》，中国人民大学出版社 2018 年版，第 18～19 页。

② 证据的可靠性是一个需审判法官在证据提交于陪审团之前决定的法律问题，与证据资格（competence of evidence）不同，可靠性并不涉及证人的个体特征；与证据的可信性（credibility of evidence）不同，可靠性并不涉及证人的可信性，可靠性仅涉及证据的内在质量。Robert Rosenthal. JD. Suggestibility, Reliability and the Legal Process. Developmental Review. 2002. Vol. 22. p337.

③ 汤维建：《关于证据属性的若干思考和讨论——以证据的客观性为中心》，载何家弘主编：《证据学论坛》（第一卷），中国检察出版社 2001 年版，第 156 页。

④ 俞敏：《证据学问题的语言学哲学初步思考》，载《北京大学法律评论》2002 年第 4 卷第 2 辑，第 443 页。

集证据的程序和方法法律上也不应限制，只有这样才能最大限度地实现发现真实的目标。此种观点的最大问题在于过分偏重发现真实的目标，忽略了民事诉讼价值目标的多元化特征。同时这样的理解也不符合现代各国民事诉讼制度发展的现实。即使偏爱发现真实目标的大陆法系国家和地区也不否认发现真实以外的其他的诉讼价值目标，否则就很难解释这些国家和地区民事诉讼制度中的当事人拒证权了。也有部分学者认为证据不需要具有客观性和合法性，只需要具备关联性就可以了，在他们看来，“证据的关联性恰恰把主观认识的客观化要求结合起来，把证据的真伪检验与程序正义结合起来，同时把法官的能动性考虑进来看待证据属性，所以，证据的关联性是证据最基本的属性”①。

（三）理解证据属性应注意的问题

我们认为否定证据属性在证据制度中的地位是最简单的方法，但也是没有实际意义的方法。个别学者提出的以“证据适格性”代替“证据属性”的观点确实能够在一定程度上消弭理论界对证据属性的分歧，具有搁置争议的创新。② 存在的问题是，搁置论无法具体说明如何判断证据是否具有适格性，事实上，为了解决证据是否有适格性，即能否最终作为认定案件事实的依据，裁判者仍然要回到证据的属性上来。

同时对证据属性的理解也必须考虑各国不同的司法运行机制，在英美法系国家和地区，司法体制的运行采取二元化的审判组织和阶段化审理过程，法庭审理前的审理决定证据能否进入法庭并为陪审团接触，即决定证据有无证据资格（competence of evidence）。例如，就证人而言，“证据资格涉及的是特定的个体能否作为证人的资格（capability / capacity），如果智力条件充分到可观察、记忆陈述事实并且有陈述事实之义务感的人都可以作为证人，具有证人资格，证人资格是一个法律问题，必须在证词给出之前由法官预先决定”③。而决定证据有无资格的因素是证据的关联性，尽管证据关联性反映事物之间的经验联系，但法官作为社会成员中的一员，可以对证据与证明对象是否存在经验联系作出判断。同时，法律为追求特定的价值目标，还将某些虽然具有关联性但影响司法所追求的其他重大价值目标实现的证据排除于诉讼程序之外，使之无法与陪审团接触。“要使证据被法庭接受，它必须既是相关的又是可采的。

① 肖建华：《证据属性之判断——比较法与法学方法论的启示》，载《甘肃政法学院学报》2006年第3期。

② 纪格非：《对“证据属性”在证据制度中基础地位的质疑》，载《山东师范大学学报》（人文社会科学版）2005年第1期。

③ Robert Rosenthal JD. Suggestibility, Reliability and the Legal Process. Developmental Review. 2002. Vol. 22. p334.

相关事实的范围要比可采事实的范围更为广泛。"[①] 也正是从这样的意义上，一般认为法官对证据资格的审查和决定属于法律适用的范畴，当事人对之不服的可以向上诉法院上诉。陪审团在诉讼过程的第二个阶段即法庭审理阶段对证据有无可信性以及当事人主张的事实或者反驳对方的事实是否存在作出判断，并在此基础上作出判决。陪审团对证据可信性的评价是在听取考量所有的证人证词、所有的证据方法以及交叉询问中当事人对之的异议以及相反的证据的基础上完成的，此种判断和"听众判断发言者之发言是否真实并无不同。在审判的语境下，可信性问题并不是由审理法官决定的法律问题，相反，可信性评价的责任唯有陪审团承担"[②]。而且陪审团对证据可信性的审查无需说明理由，也不被上诉法院审查，具有决定的权威性和不可置疑性。"人们所熟悉的上诉规则是上诉法院极端不愿意推翻被事实审理者认定为真实的案件事实。确实，上诉法院常愿意假定事实审理者发现了真实的事实，并以之支持其判决。[③]"当然，这并非意味着陪审团对证据可信性以及案件事实的认定就必然是正确的、客观的，尽管审判过程中法官常常向陪审团发出告诫，提醒陪审团不予采信特定的、有损害的证据，或者告诫其仅仅为有限的目的使用这些证据，但到目前为止的研究已经表明，"陪审员经常对法官的告诫充耳不闻，而且部分研究人员发现法官的不予考量的告诫不仅使陪审员不理睬该指示，相反使其按照与指示对立的方式行事"[④]。

大陆法系国家和地区的司法不存在和英美法系一样的阶段化的审判过程以及二元化的审判组织，采信证据或者否定证据在诉讼中作用的任务均由法官承担，法官不仅要判断证据与待证案件事实之间有无关联性，还要判断证据是否是客观的或者可信的，同时还要判断证据是否属于法律规定的应予排除的情形，以保障实现发现真实与其他价值目标之间的平衡。也正是从这样的意义上，有人认为大陆法系国家和地区的法官权力很大。不过，大陆法系国家和地区的法官必须对其证据评价和事实认定进行论证，并集中体现在判决书的判决理由中。当然，这并非意味着英美法系国家和地区不存在判决理由的论证，只是说两大法系判决理由的侧重点不同。英美法系国家和地区判决理由的论证重点集中在法律的适用方面，目的主要是体现判例之创制法律的正当性，并在当

---

① ［英］罗纳德·沃克著：《英美证据法概述》，王莹文、李浩译，西南政法学院印行 1983 年版，第 11 页。

② Robert Rosenthal JD. Suggestibility，Reliability and the Legal Process. Developmental Review. 2002. Vol. 22. p337.

③ David A Binder，Paul Bergman，Fact Investigation. West Publishing. Co. 1984. p7.

④ Dae Hao Lee，Daniel A. Krauss，Joel Lieberman，The Effects of Judicial Admonitions on Hearsay Evidence. International Journal of Law and Psychiatry. 2005（28）. p590.

事人以外获得意义。“地区法院判决书推理的对象一般局限于当事人，意义不大，而上诉法院以上的法院判决书推理针对的对象并不局限于当事人，还包括法律执业者，因而极其重要。”① 大陆法系国家和地区判决理由的论证目的不在于创制新的法律，相反在于促进当事人对判决书的接受与认可。因此，其论证的重点是证据的评价和事实的认定。“法官在判决书‘理由’部分表述的内容，主要是列举具体的证据来对构成案件争执焦点的事实存在与否作出判断。”② 除此以外，与英美法系国家和地区的司法不同，大陆法系国家和地区的初审判决包括初审判决对证据的评价和事实的认定，均可以作为上诉的对象为上诉法院审查，并可以由上诉法院作出相反的认定。上诉法院对初审法院证据评价和事实的继续审查，不仅是大陆法系国家和地区的司法之重要特征，而且是其获得正当性的重要方式。尽管如此，初审法院的法官仍然努力在判决书中论证其证据评价的正当性，包括证据属性上的关联性、合法性、客观性等。

二、证据的关联性

（一）概述

1. 证据关联性的概念

证据关联性是指作为认定案件事实依据的证据具有的能够根据其自身或者结合其他证据合理推导出案件事实存在或者不存在的属性。斯蒂芬认为关联性是指，“所采用的任何两个事实关系如此紧密，以致按照事件的一般过程，其中一事实以其自身或与其他事实一道，而证明或者使得另一事实在过去、现在或将来可能存在或不存在”③。

2. 证据关联性的决定因素

决定证据关联性的是事物间的逻辑联系、经验和当事人引入的争点。詹尼·麦克埃文认为，“法院主要采用归纳法、经验进行推理，法律没有提供相关性的检验标准，作为一种策略要靠逻辑和经验去判断相关性”④。在民事诉讼中当事人引入的争点是诉讼证明对象，也是证明的靶子，是确定证据有无关联性的起点。凡是能够助推案件事实证明或者妨碍案件事实证明的材料都是有相关性的，能够助推案件事实证明的证据有积极证明作用，学理上称为本证；削弱对案件事实证明的证据，对案件事实的证明起消极的阻碍作用，学理上称为

---

① ［澳大利亚］斯贝格尔曼：《人权、法治与判决书的推理》，载《人民法院报》2003年11月24日。

② 王亚新著：《对抗与判定——日本民事诉讼的基本结构》，清华大学出版社2002年版，第293页。

③ ［美］乔恩·R. 华尔兹著：《刑事证据大全》，何家弘等译，中国人民公安大学出版社1993年版，第64页。

④ ［英］詹尼·麦克埃文著：《现代证据法与对抗式程序》，蔡巍译，法律出版社2006年版，第89页。

反证。

事物之间的逻辑联系是决定证据能否促进案件事实证明或者削弱案件事实证明的核心要素，并可以表现为多种形式。有些证据与案件事实的联系非常紧密，以至于根据该项证据即可以推导出案件事实的存在。这样的证据学理上称为直接证据。对于直接证据而言，其一般与案件发生、发展具有同步性和重叠性，能够直接推导出案件事实存在或者不存在；有些证据与案件事实的联系不是特别紧密，它需要与其他的事实结合在一起才能推导出案件事实存在与否。这样的证据学理上称为间接证据。对于间接证据而言其可能产生在案件之前，如交通事故案件中，汽车在这之前的速度可以作为确定过错程度的间接证据，并因此有关联性。丈夫与另一妇女之间的以前的亲昵行为可以证明后来的通奸是否成立的证据。间接证据也有可能产生在系争事实以后，私生子的容貌与血型可能是确定亲子关系的证据，某人在某日活着可能成为证明其不久前还活着的证据。当然间接证据也有可能与系争事实同时发生。例如，一对已婚男女在旅馆里一起过夜的事实可以作为通奸的间接证据。

必须注意，证据材料与待证案件事实之间的联系是客观存在的，它可能体现为事物之间的因果关系，也可以体现事物之间的相伴发生的关系，也可以表现为事物之间必然的同时发生的关系。司法裁判者的经验即表现为对事物之间客观联系的认识，司法裁判者常常把事物之间的恒常联系通过归纳等推理方法上升为经验法则，并以之指导人们认识和生活，体现人之作为社会主体的理性和能动性。具体到关联性的判断上，即是司法裁判者根据其对事物之间客观联系的既往认识或者自己的生活经验判断当事人提交的证据材料与待证案件事实之间是否有关联性。除此以外，司法裁判者的经验或者认识能力还决定其对事物之间客观联系的把握能力，并因此决定可以进入司法程序中的证据类型。换言之，由人认识能力的有限性所决定，常常存在的事实是相当数量的事物之间的客观联系处于人类认识能力所及的范围以外，并因之使得本身具有案件事实证明力的证据无法被认可。华尔兹在论述相关性和人类知识水平之关系时说，“相关性有时候依赖于人类那不断增长的知识和在特殊领域内的专门知识。过去有一段时间，武器鉴定证据——所谓的弹道学证据曾被认为不具有相关性，甚至是荒谬的”①。

3. 证据关联性的判断方法

美国证据法学家乔恩·R. 华尔兹认为，检验关联性应判断三个关键性问题：所提的证据是用来证明什么的（问题是什么）？这是本案中的实质性问题

① ［美］乔恩·R. 华尔兹著：《刑事证据大全》，何家弘等译，中国人民公安大学出版社 1993 年版，第 66 页。

吗？所提的证据对该问题有证明性（它能帮助确认该问题）吗？[①] 前两个问题涉及待证案件事实及其有无证明必要，即能否最终成为证明对象？后一个问题涉及所提证据与待证案件事实有无关联性？对这两个问题的综合回答和追问被称为实质性判断方法，包括两个步骤：先确定证明对象，随即考察当事人提出该证据的目的，是否有助于推进或者削弱案件事实的证明。裁判者考察该证据是否具有推进或者削弱证明功能的具体方法通常有两种：其一，直线式。即根据间接证据所形成的推论，再形成层进性的关系，推论出最终案件事实的一种方式。美国学者格雷厄姆曾举例生动地说明该论点。一个男子写情书给一个女子，就有可能爱上她（假设一）……一个男子爱上一个女子，就有可能要独占她（假设二）……一个男子爱上了一个已婚女子并欲独占她，就想除掉她的丈夫（假设三）……一个男子想要除掉他所爱上的女子的丈夫，就有可能打算这样做（假设四）……最后，一个男子打算除掉他所爱女子的丈夫，他可能就是杀人凶手（假设五）。其二，并列式。间接证据可以推论出类似事实就具有关联性的方式。例如，甲与乙订立一项口头租约，乙授予甲在其土地上夏季放牧牲畜的权利。随后，双方就乙是否保留给自己一定数目的家畜在出租土地上放牧的权利发生争执。有以下证据：第一，当事人双方在前几年夏天曾就同一块土地订立类似的租约，而乙曾保留其放牧的权利。第二，当事人双方在同一年夏天曾就不同面积的土地并以不同条件订立租约，但乙都保留其放牧权利。第三，乙在几年前曾以相同面积的土地租给丙，而在与现在这次同甲订立的租约相类似的租约中，保留其放牧权利。第四，乙在今年夏天与包括甲在内的许多人订立了几项租约，租约条件各不相同，但是在其中五项租约中，乙都保留了放牧权。在这种情况下，证据关联性程度与该项租约履行条件近似情况成正比。因条件相似，第一项间接证据与第三项间接证据具有更强的关联性；由于条件不同，第二项和第四项间接证据就很难证明乙保留了放牧权。

（二）无关联性的证据

事物之间的联系是客观的，法律无法赋予没有联系的事物以联系，但是法律可以把事物之间的恒常联系上升为法律，以指导司法裁判者的事实认定，借此实现司法效益和司法统一的司法目标。反过来说，法律也可以把常给裁判者造成混淆，特别是可能给予英美法系国家和地区的外行裁判者造成混淆的材料排除于诉讼之外，法律对之采取的方法是以立法方式否定其与特定案件事实的关联性。

1. 相似事实

某人在其他场合曾以某种方式实施行为是无关联性的，不能因为行为相似

① ［美］乔恩·R. 华尔兹著：《刑事证据大全》，何家弘等译，中国人民公安大学出版社 1993 年版，第 65 页。

而证明该人在争议事件发生的场合也以同样方式实施了系争的行为。英国著名的法官赫谢尔在马金案中指出，起诉方为了根据被告过去的犯罪行为或品格得出他很可能犯了正被审理之罪的结论，提出证明被告过去有过起诉书所控之罪以外罪行的证据，这无疑是不充分的。不过相似事实无关联性原则也有一定例外，如果其与系争事实有逻辑上的联系，则不能排除其关联性。例如，在强奸犯罪诉讼中，被告以前与受害人关系暧昧的证据，即与可能得到了被害人同意这一事实有关。英国发生的“浴室里的新娘案”中已与被告举行结婚仪式的新娘淹死在浴缸里，这之前新娘做了有利于被告的人身保险。被告抗辩说，新娘死亡是癫痫病发作导致的。与被告举行结婚仪式的以前两名妇女也同样淹死在浴缸里，被告也因为她们的死亡获得了经济上的利益。法院最后认定，关于新娘死亡以前和被告因之取得利益的情况，对现在争议的案件有关联性。

2. 品格证据

所谓品格，美国证据法学家麦考密克认为，品格是指对某人性情总的描述，或者说是指对与某人一般特征有关的性情总的描述，如诚实、节酒或温和。一个人品格好坏的事实一般与他在本案中是否实施了某种行为的争议无关，即是说品格证据没有关联性。“一般规则是一个人的品格或者一种特定品格的证据在证明这个人于特定环境下实施了与此品格相一致的行为上不具有相关性。”[①] 在民事诉讼中当事人的品格一般不具有关联性，不过在某些特定的案件中当事人的品格可能具有关联性。例如，在诽谤案中，原告的声誉如何不仅决定诽谤能否成立，而且能够影响赔偿的数额。详言之，如果原告的声誉正如被告所传播的一样，则被告广而告之的是原告的实际情况，不构成诽谤；反之，如果原告的声誉很好，而被告编造事实、污蔑原告，则构成诽谤。当然，当事人的名誉作为争点时，有些国家的法律要求作为品格的证据只能采用特定的形式——特殊行为、证人的意见以及主体的荣誉。另外需注意的是，民事诉讼证人的品格可能影响裁判者对其证言的判断，早期对证人的要求首先是或者说唯一条件是证人必须具有较高的声誉，这样的证人也被称为模范证人，在伊斯兰地区称为“委派证人”。伊斯兰地区的口头证词规则也是基于对提供书面证据之人的道德品质的认可而有生命力。“被涉及的书面材料本身并不被看作是法律证据，而是被看作是在有道德高尚的证人在场时一人对另一人所说的话的书面记录。”[②] 而在欧洲中世纪的教会诉讼中，虽然一般的发展趋势是要求

---

① ［美］乔恩·R. 华尔兹著：《刑事证据大全》，何家弘等译，中国人民公安大学出版社1993年版，第69页。

② ［美］克利福德·吉尔兹：《地方性知识：事实与法律的比较透视》，邓正平译，载梁治平主编：《法律的文化解释》，生活·读书·新知三联出版社1998年版，第102页。

证人出席法庭，并说出其对争点事实的个人知识，要求证人就其在场时发生的事情作证，而不是陈述道听途说的传闻。但在相当数量的案件中，司法裁判者仍然考量证人的当地声誉，甚至以之作为充分的证明①。

3. 以后或者随后的补救措施（subsequent remedial measures）

以后或者随后的补救措施是指在事件或者纠纷发生以后，一方当事人采取的防止以后事件发生的积极措施，或者对受害人给予的必要救助。当事人在事件发生以后，作出的补救措施不能作为证明该当事人存在过失、故意或者应当承担责任的证据。当事人事后实施积极的补救措施与事件的发生之间以及与采取措施的当事人存在过错之间没有关联性。例如，交通事故发生以后，道路交通管理部门采取积极措施改善涉事路段的视线状况，并不能因此证明交通管理部门存在主观过错。美国《联邦证据规则》规定，产品责任侵权案件中的被告在事故发生后对产品所做的补救性设计，不能作为证明产品瑕疵的证据。②同样的，当事人于纠纷发生以后作出要求和解的意思表示或者在和解中作出的让步，不能作为证明该当事人存在过错甚至应当承担责任的证据。最高人民法院 2015 年 1 月 30 日发布的《关于适用〈中华人民共和国民事诉讼法〉若干问题的解释》（以下简称《民诉法司法解释》）第 107 条规定，在诉讼中，当事人为达成调解协议或者和解协议作出妥协而认可的事实，不得在后续的诉讼中作为对其不利的根据，但法律另有规定或者当事人均同意的除外。当然，这并非意味着当事人随后采取的补救措施没有任何证明价值，例如，可以用于反驳被告作出的没有其他安全措施处理该问题的主张，在特定物坠落致人损害的侵权诉讼中，也可以用于证明被告对于特定物享有管理权或者所有权。

三、证据的合法性

（一）概述

证据的合法性是指作为认定案件事实或者影响案件事实认定之依据的证据必须符合法律规定的条件。之所以证据必须具备合法性，原因在于民事诉讼尤其是现代民事诉讼追求的价值目标是多元的，除透过各种程序机制促进发现真实的目标之实现外，民事诉讼的运行还必须兼顾其他重大的价值目标，如人权保障、正当程序权利保障、特定情况下的秘密维护、对特定职业的维护等。

（二）证据合法性的内容

一般认为中国民事诉讼中的证据合法性包括以下内容：

---

① 证人的当地声誉被称为 fama，它可以直接翻译成声誉或者谣言，在 Gratian 收集的早期文本中，较清晰的是 fama 可以作为促使某人对刑事控告做免罚宣誓，即使在没有控告人和证人的情况下也是如此。Charles Donahue J. R. Biology and the Origins of English Jury. Law and History Review. 1999. No. 3. p. 574.

② 不过美国各州法律对此的做法并非完全一致，有认可其关联性的，有否认其关联性的。

1. 证据的形式必须合法

首先，证据必须是法律规定的证据种类，《民事诉讼法》第63条规定的证据：当事人陈述、书证、物证、视听资料、电子数据、证人证言、鉴定意见、勘验笔录。当事人提交法庭或者法院收集的证据都必须属于《民事诉讼法》第63条规定的一种或者几种证据形式，理论上认为法庭不能承认法律规定形式之外的其他证据形式，学者也称此种证据分类方式为封闭式的证据立法。[①] 必须注意司法实践上的做法并非完全是封闭式的，事实上早在2012年《民事诉讼法》修改引入电子数据这一证据形式之前，司法实践上已经认可了QQ聊天记录以及电子邮件的证据资格。2012年《民事诉讼法》虽然没有认可专家辅助人的陈述可以作为证据形式，但最高人民法院2015年1月6日发布的《关于审理环境民事公益诉讼案件适用法律若干问题的解释》事实上已经认可了专家辅助人意见的证据资格，其第15条第2款规定："前款规定的专家意见经质证，可以作为认定事实的根据。"其次，对于某些特定的证据，法律规定了特定的形式，此时证据必须具备这些法律规定的条件。民法具体规定了遗嘱的形式，因此主张遗嘱继承的当事人提交的遗嘱必须符合法律规定的遗嘱成立条件，否则不能作为认定遗嘱继承成立的证据。

2. 证据的收集必须合法

其一，证据取得的主体必须合法。德国民事诉讼理论上称证据取得主体的合法为证据取得的禁止，按之，证据的禁止是基于不合法的证据收集程序产生的。在民事诉讼中，收集和提交证据的责任主要由当事人承担，当事人是民事证据调查的主体。值得注意的是，民事诉讼中当事人委托第三人取证是否有违证据的合法性？民事诉讼中不具有管辖权的法院依职权收集的证据是否具有合法性？对于前一问题，我们认为当事人委托第三人收集证据不是诉讼行为，不影响当事人作为民事诉讼法律关系的主体，不影响当事人向法庭提交第三人收集的证据。当事人与第三人的关系不是民事诉讼法律关系，而是民事实体法律关系。民事实体法律关系的基本原则是法无禁止即可为，由此当事人委托第三人收集证据是没有问题的。事实上，当事人委托第三人收集证据已经是司法实践中的较为普遍的现象了，诉讼代理人常常扮演帮助当事人收集证据的角色。同时，我国民事诉讼法也规定了当事人可以在不经法庭许可的情况下委托第三人提供鉴定意见。[②] 对于后一个问题我们倾向于做肯定性回答。理由在于按照《民事诉讼法》的规定，在移送管辖中移送法院并不因为其移送行为而使其之前的行为无效。而且划分管辖的基本目的是方便当事人诉讼、便于人民法院调

① 龙宗智：《证据分类制度及其改革》，载《法学研究》2005年第5期。

② 参见《新民事证据规定》第41条。

查收集证据、便于人民法院查明案情、便于人民法院对生效裁判的执行。认可移送法院在移送前的证据调查权，并承认其效力不影响民事诉讼管辖制度所追求的价值目标。

其二，证据取得的程序合法。即是说即使有证据收集权的机关或者个人，其收集证据也必须依据法律规定的严格程序进行。与刑事诉讼不同，民事诉讼中的证据收集程序相对自由，主要是因为作为经常的民事证据调查的主体的一般民事诉讼当事人侵犯他人合法权益的可能性相对较小，即使在法院行使民事证据调查权的情形下，也不存在太大的违法收集证据的可能性。为此，民事诉讼中证据取得的合法更多地强调或者追求证据收集中如何保障证据的客观，保障证据不因为证据收集行为或者程序而失真。但这并非意味着一般当事人的民事证据调查或者法院的证据调查不存在侵犯他人合法权益的情形。对此，我们要进一步结合民事诉讼中的非法证据排除规则理解之。

其三，证据收集的方法合法。证据收集的方法合法与证据收集程序合法有一体两面的关系，一般情况下的证据收集程序违法往往伴随证据收集方法的违法。不过，我们这里更多地强调询问当事人、证人时必须禁止诱导性询问。应当注意，在我国的民事诉讼中采取职权进行主义原则，法官在对当事人、证人的询问中居于主导地位，而且诱导性询问影响证人证词和当事人陈述的可靠性。诱导性询问使证人、当事人等陈述的内容是诱导者置入的内容，而不是其自身感知、记忆的案件事实。自然科学的研究表明，特定的询问方法能够影响证人报告的准确性，甚至能促使证人陈述从未发生过的经历。研究同样揭示常常无法从准确的陈述中区分出非准确的陈述。①

3. 证据的内容以及调查程序必须合法

其一，证据的内容必须合法。证据的内容合法在德国法上称为证据使用的自主性禁止，主要是指证据的取得符合法律的规定，但由于证据自身的内容存在瑕疵，一旦在诉讼中使用会侵犯法律保护的其他重大的社会价值。当然，对之反对意见认为“证据的非法有其特定的视角和基础，对于证据非法的法律界定，实质上并不涉及证据本身的证明品性及能力等，主要是指取证行为是否合法”②。

其二，证据的调查程序必须合法。证据调查程序是指证据评价的程序而非狭义上的证据收集与提供，证据调查程序必须合法，是指证据的证据能力以及证据证明力的评价都必须经过法定程序进行。按照《民事诉讼法》的规定，

① Robert Rosenthal JD. Suggestibility, Reliability and the Legal Process. Developmental Review. 2002. Vol. 22. p338.

② 许尚豪：《非法证据之“非法”的法律思考》，载《法学论坛》2013 年第 5 期。

人民法院认定案件事实的所有证据都必须经过当事人质证，未经当事人质证的证据不能作为认定案件事实的依据。《民事诉讼法》对证据调查程序的规定不仅有效地保障当事人的正当程序权利，保障当事人的对质权，使遭受证据不利于当事人有在国家依法设立的法庭上发表自己意见的机会。同时，也是《民事诉讼法》规定的直接原则和言词原则的必然要求。

（三）民事诉讼中的非法证据排除规则

非法证据排除规则是证据必须具备合法性的延伸，与证据合法性要求具有一体两面的关系，它要求排除以非法的方法或者非法程序收集的证据。与刑事诉讼学理上对建立或者引入非法证据排除规则的几乎一致的声音①不同，反对的声音一直伴随着处于主导地位的民事非法证据排除规则肯定说。我国台湾地区学者杨建华教授以在民事诉讼上实行自由心证主义为理由，从正面否定民事诉讼非法证据排除的必要性。② 而我国台湾地区学者雷万来教授则是从法律秩序维护方法的分离说，来全面否定民事诉讼非法证据排除，认为即使违法取得的证据方法，仅可能发生相应的刑事或民事责任问题，对证据的适格性没有任何影响。③ 在我国大陆除一般学者坚持民事诉讼中应引入非法证据排除规则以外，④ 也有坚定的反对者或者强烈的反对声音。反对者认为非法证据排除规则仅仅适用于刑事诉讼和行政诉讼中那些涉及法律实施官员侵犯公民宪法权利的情形，应当删除最高人民法院透过司法解释确立起来的民事诉讼非法证据排除规则。⑤ 也有学者以英美法系国家和地区一般不承认民事非法证据排除规则为理由，主张取消民事非法证据排除规则。“美国非法证据排除规则仍然是刑事诉讼领域里的规则，它是不适用民事诉讼的，对于私人以违法方式即入室盗窃、装窃听器、强行进入他人住宅取得的证据，除非是在警察的授意下实施的，法院是不予排除的。”⑥

首先，完全排除民事诉讼中的非法证据排除规则是武断的，是不符合现代民事诉讼的规律的。现代民事司法制度以及研究民事司法制度的现代学者都承

---

① 当然，针对刑事诉讼中的非法证据排除规则并非没有质疑的声音，其中卡普兰认为非法证据排除规则并非不容置疑，也不是对传统做法的自然延续，同时对非法证据排除规则的价值和成本所进行的实证主义考察是特别没有说服力的。参见［美］约翰·卡普兰：《非法证据排除规则的限度》，陈虎译，载《刑事法评论》2008 年第 22 卷，第 259 页。

② 杨建华著：《民事诉讼法要论》，台北三民书局 1993 年版，第 282 页。

③ 雷万来著：《民事证据法论》，瑞兴图书股份有限公司 1996 年版，第 20 页。

④ 毕玉谦：《民事诉讼上的非法证据排除：理论学说与认定标准》，载《证据科学》2012 年第 4 期。

⑤ 郑旭著：《非法证据排除规则》，中国法制出版社 2009 年版，第 110 ~ 111 页。

⑥ 陈娴灵：《民事非法证据排除规则之商榷》，载《河北法学》2007 年第 6 期。

认现代民事司法不仅追求发现真实的诉讼目标[①]，而且注意发现真实的目标与其他诉讼价值目标的协调，以实现多元化的诉讼价值目标的平衡。在诉讼价值目标平衡的过程中，法律认可发现真实之外的其他目标，并在特定的情况下决定为了其他重大的社会价值目标宁愿牺牲发现真实的诉讼目标。由此非法证据排除规则才有了意义。“在事实的发现方面，非法证据排除规则并非形式主义的、学究气的方法论，而是有意识地支付一定的代价，而这代价正是自由社会为保护重要的价值准则和自由所愿意付出的。”[②] 事实上，最高人民法院也已经通过司法解释的形式确立民事诉讼中的非法证据排除规则。这最早体现在最高人民法院曾作出法复〔1995〕2号《关于未经对方当事人同意私自录制其谈话取得的资料不能作为证据使用的批复》，它规定，证据的取得必须合法，只有经过合法途径取得的证据才能作为定案的根据。未经对方当事人同意私自录制其谈话，系不合法行为，以这种手段取得的录音资料，不能作为证据使用。2001年的《民事证据规定》进一步完善了民事非法证据排除规则，将民事非法证据排除规则扩展适用于所有的证据形式，同时提高了认定民事非法证据之“非法”的门槛，将大量的有合理的证据立证价值的证据保留在民事诉讼程序中，在实现实体公正与程序公正、发现真实与其他价值目标的保护之平衡上迈出了坚实的一步。其第68条规定，以侵害他人合法权益或者违反法律禁止性规定的方法取得的证据，不能作为认定案件事实的依据。2015年《民事诉讼法解释》第106条进一步规定，对以严重侵害他人合法权益、违反法律禁止性规定或者严重违背公序良俗的方法形成或者获取的证据，不得作为认定案件事实的根据。不过《新民事证据规定》则实质上取消了民事非法证据排除规则。

其次，应当区别民事非法证据排除规则和刑事非法证据排除规则。就一般的刑事案件而言，调查收集证据的负担控诉任务和职能的国家机关，其行使国家追诉的公权力，很容易侵犯被调查人人权，特别是犯罪嫌疑人、被告人的人权，因此有必要透过建立非法证据排除规则“为侦查人员的强制侦查行为建立一个明确的法律界限。”[③] 事实上，越强调非法证据排除规则之重要性的地区，其执行追诉任务的警察侵犯公民个人权利的发生越普遍。例如，美国“相对于大多数发达国家，是一个更为多样化的社会，这一事实可能会降低少

---

① 即使在以发现真实作为目标的大陆法系国家和地区，也有学者研究得出了相反的结论，认为民事诉讼的目标不是发现真实，而是权威地解决纠纷，实现社会的安宁。

② ［意］莫诺·卡佩莱蒂著：《当事人基本程序保障权与未来的民事诉权》，徐昕译，法律出版社2000年版，第57页。

③ 林喜芬：《非法收集的证据的程序性制裁机制》，载《北方法学》2008年第2期。

数群体的公民认同感，该群体的隐私最为容易受到警察的侵犯”。[①] 即使在刑事诉讼中非法证据排除的范围上仍然有地区上的差异和观点上的分歧，我国大陆地区刑事诉讼法学界的强有力的观点是彻底排除非法收集的言词证据，而不能排除“毒树之果”的证据适格性。“排除毒树之果对于非法取证行为，无疑是最彻底的釜底抽薪的治疗方案，但问题是付出的代价过于沉重——如果毒树之果也予以排除，有可能彻底堵住了查明案件事实真相的大门。”[②] 刑事诉讼中过于偏重非法证据排除规则的另一个原因是刑事诉讼中还没有抑制警察非法收集证据行为的其他更好的方法，[③] 民事赔偿常常不具有可行性，主要是因为非法收集证据行为一般是警察的职务行为，造成的损害通常由国家承担，民事赔偿不具有抑制性。追究刑事责任也具有现实的不可行性，不仅因为并非所有的非法收集证据行为都构成犯罪，而且因为很多非法证据收集行为是集体决定后采取的，具有刑事追究上的目标不确定性。

而在民事诉讼中，尽管有非法收集证据的情形，但双方当事人之间的地位是平等的，不存在双方力量的过分悬殊和一方对另一方的高压，损害被调查人人身权利和财产权利的现象并非民事诉讼的常态。同时因为非法收集证据行为受到侵害的被害人一般情况下也有其他的救济措施和救济手段，为此适用民事非法证据排除规则应当采取审慎的态度。必须考虑非法收集证据行为的违法程度，并在违法行为程度较为严重的情况下，才有必要启动民事非法证据排除规则。事实上 2015 年《民事诉讼法解释》相对于《民事证据规定》而言，已经体现了对非法取证行为程度的重视，并将非法取证行为定位于“严重侵犯他人合法权益”“严重违背公序良俗”。学者进一步提出这种严重违法程度应达到构成刑事犯罪的程度。“为便于操作，应当将取证行为是否属于‘刑事犯罪’，界定为证据是否合法的限度标，具体来说，就是看行为是否被法院判定有罪。”[④] 必须注意，有学者提出民事非法证据排除规则适用时应采取利益衡平的方法，即非法收集的证据的价值小于非法取证行为所致的损害时排除非法证据，否则不予排除非法证据。[⑤] 我们认为最高人民法院《民事诉讼法解释》

---

① ［美］约翰·卡普兰著：《非法证据排除规则的限度》，陈虎译，载《刑事法评论》2008 年第 22 卷，第 260 页。

② 汪建成：《中国需要什么样的非法证据排除规则》，载《环球法律评论》2006 年第 5 期。

③ 我国已经有学者提出刑事非法证据排除的最终确定要结合证据种类、侵犯人权的程度以及可否替代等多元要素。参见卞建林：《我国非法证据排除的若干重要问题》，载《国家检察官学院学报》2007 年第 1 期；另外可参见杨宇冠著：《非法证据排除规则》，中国人民公安大学出版社 2002 年版，第 270 页。

④ 许尚豪：《非法证据之“非法”的法律思考》，载《法学论坛》2013 年第 5 期。

⑤ 李浩：《民事判决中的非法证据排除规则》，载《现代法学》2012 年第 2 期。

中提到的“严重侵犯他人合法权益”和“严重违背公序良俗”与利益衡量不具有完全对应性和一致性。在具体的司法实践中对之的把握不仅要考虑非法收取的证据价值，该证据有无替代的证据，还要考虑受害人有无其他的救济渠道以及违法取证行为的社会影响。质言之，如果非法收集证据的价值较高，且没有替代之的其他证据，则一般情况下不应排除非法证据。考虑到民事诉讼中对当事人陈述这一证据形式的认可和重视，不可替代的证据会越来越少。如果对受害人有其他的民事救济手段，则可以倚重其他救济手段，而排除非法证据排除的适用。如果非法取证行为社会影响较大，有可能在社会上产生较大的辐射效应，则应该启动非法证据排除规则。

最后，应该结合民事诉讼的法理处理民事非法证据排除规则适用的其他问题。其一，非法证据调查程序的启动问题。证据属性之调查属于辅助事实之调查，属于法院依职权调查的范畴，因此非法证据调查程序可以基于当事人申请启动，也可以由法院依职权启动①。其二，关于非法证据的证明，不存在举证证明责任的负担问题。一方面非法证据之“非法”的证明属于法院依职权调查的事项；另一方面举证证明责任的负担针对的一般是民事诉讼中的证明对象，而程序事实和辅助事实不是民事诉讼证明的对象。存在非法收集证据行为与否，当事人可以向法院提交证据，法院也可以依职权调查收集证据，并在确信存在非法证据收集行为时结合其他元素确定排除与否。

① 在非法证据调查程序的启动上，有学者提出“非法证据排除必须由被侵害的人提出动议，理由是他有对自己基本权利的自治权”。汪建成：《中国需要什么样的非法证据排除规则》，载《环球法律评论》2006 年第 5 期。

第二章　民事证据制度的历史沿革

研究或者学习民事证据制度的历史之必须树立的观念是民事证据制度是整个法律制度的组成部分，民事证据制度的发展与其他法律制度的发展一样必然受各国经济、文化、政治制度的影响，甚至在地理决定论的视野里面，自然环境、地理特征也可能成为影响国家政治发展、法律发展、制度选择的重要因素。肇因于各国独特的经济、文化、政治特点，各个国家和地区的民事证据制度的历史发展也体现为各自独特的发展道路，表现出差异化特征。尽管如此，学者为方便理解之考量，为易于概括之目的，把法律制度相似的国家和地区概括为一个法系。尽管学者们对当今世界的法系数量之划分还存在争议，但我们认为，从法律适用的具体过程看，从处理立法机关和司法机关关系的模式上看，从处理法律与社会发展之间矛盾的方法看，我们倾向于两大法系说的观点，即当今世界的法系可以分为普通法系和大陆法系。前者又被称为判例法系，后者又被称为民法法系或者成文法系。

不同法系国家和地区的法律制度采取了不同的发展道路，表现出不同的发展风格。在英美法系国家和地区法律制度的发展更多地依赖具体适用法律的司法人员，法律制度发展过程中解决法律的稳定性或者滞后性与社会发展之矛盾的方法①，是通过法官造法的方式实现的。为解决法律的滞后与社会发展之矛盾，实现整个社会的公平与公正，解决具体争议案件的法官可以不受既有的判例或者既有立法的拘束，创制出新的判例来。这种新的判例作为法律的渊源，

---

① 法律制度的有限性除包含法律制度的滞后性之外，还包括法律的不合目的性，适用于一般情况能够导致正义的法律，适用于个别情况时可能是不公正的。对之柏拉图认为，法律绝不可能发布一种既约束所有的人，同时又对每一个个人都真正最有利、无伤害的命令，法律在任何时候都不能完全准确地给所有的每个成员作出所谓的善德。不周延性，即任何法律在适用的过程中都可能遇到的，立法机关在立法时无法预见到的、已经于法律制定时、现实存在的特殊情况。梅利曼认为，绝大多数立法的历史表明，立法机关并不能预见法官所可能遇到的所有问题。模糊性，原因在于制定法所适用的文字是模糊的。贝卡利亚认为，世界上的事物比用来描绘他们的词语要丰富得多。而洛克则认为，当我们用词把形成的抽象概念固定下来的时候，我们就有发生错误的危险，词不应看作事物的准确图画，它们不过是某些观念的任意规定的符号而已，不过是凭借历史偶然性选择的符号而已，随时都有改变的可能。

其中概括提炼出来的法律要旨或者法律规则（legal rule）对其后法官案件的审理有约束力。以该约束力之为基础的法律一般称为判例法。我们常常将普通法国家和地区判例拘束力概括为两个方面，一方面表现为判例可以作为法律渊源而发生的要求同级法院及其下级法院遵守的效力，借此，当事人也可以了解法律制度的具体内容，指导自己的生产和生活，实现法律的可预期性、确定性、稳定性。另一方面的表现则是判例拘束力的相对性，即同级法院可以突破既有判例的规定，创制出新的判例来。正是通过对既有判例的突破和新判例的创制，英美法系国家和地区的法律制度，借助法官之手，实现了法律制度的发展。这样的发展没有随之的立法权的争夺，也没有权力争夺之情形的暴力革命和流血。法律制度的发展体现了明显的改良主义色彩和非阶段化特征。

与之相对应的大陆法系国家和地区，法律制度的发展更多地置重于立法人员，而非司法人员。在大陆法系国家和地区对司法的不信任或者一定程度上的敌视有非常悠久的传统，可以追溯至古罗马法时期。古罗马的君主制在塞维鲁时期发展到了登峰造极的程度，在那时，通过皇权的扩张，在社会上确立了一项基本的原则，即“君主喜欢的东西就具有法律效力”，与之相对的即是“君主不受法律的约束”。作为法律重要渊源的是君主谕令，甚至法学理论也获得了高于法院判决的地位。在大陆法系国家和地区的学者看来，制定法总是改革的工具，是法律灵活性的承载者。制定法可以随时由立法机关创制、废除，是保障法律制度之灵活性价值的重要手段。与对制定法的青睐，相对应的则是对判例法的鄙视，在他们看来，英美法系国家和地区中的法律规则或者法律原则总是针对或者指向具体案件，而不是抽象的社会关系，概括性低、宏观意义不大。“英国法律中的 legal rule 不能完全精确地与大陆法系中的法律规范一一对译，legal rule 是针对具体案件的，是在审理这个案件时，并为了解决这个案件而提出来的，它不能放在更高的水平。”① 近代的法典编撰运动则进一步表现出更多地、更极端地对法官的不信任，这种不信任不仅表现为法律条文的卷帙浩繁，1794 年普鲁士民法典有 1.9 万个条文，1832 年俄罗斯民法典有 4.2 万个条文，德国民法典有 2385 个条文。更表现为大陆法系国家和地区对法官的要求上。在近代法典编撰的倡导者拿破仑看来，法官的活动是机械式的，法律可以被划分成简单的几何公式是可能的，任何一个能识字并能将两个思想联系在一起的人，就能作出法律上的裁决。尽管通常时期或者和平时期，法律局限性克服的重要方法之一是法律的修订或者完善，但制定法发展历史上的每一次大规模的立法运动或者称为法典编撰都伴随着立法权的更迭，以及作为立法权

---

① ［法］勒内·达维著：《当代主要法律体系》，上海译文出版社 1984 年版，第 338 页。

之基础的政权之变更。这样的政权变更往往伴随着革命以及与革命相关的流血，同时政权变更的阶段性也使法律制度的发展表现出明显的阶段性和革命性特征。

必须注意，两大法系的形成与分野并不是自古以来就存在的，而是历史发展中形成的。其实最早在哲学上提出衡平法思想的是古希腊哲学家亚里士多德。亚里士多德在批判柏拉图理念论①的基础上，论证了制定法以及严格规则主义的可能性②。同时，其继承柏拉图的理论观点，反对严格按照成文法的规定治理国家，并借此提出衡平法的思想。按照他的理解，衡平即是在法律过于原则而不能有效地、科学地解决具体问题时，对法律进行的必要的补正。古罗马在其历史上、在其早期也不是置重实体法律规定的实体法，不是置重制定法而否认习惯法和法官能动性的机械主义法律制度。在早期的罗马中，处于支配地位的绝对不是成文法律，“法律在罗马人的法令宝库中远不占有优越的地位，它只涉及罗马人生活中的一个相当有限的范围。罗马人依靠其十分独特的司法组织，使诉讼程序成为法律进步的巨大推动力”③。古罗马的多元法律渊源，按照其影响顺序之高低可以概括为：习惯、告示、元老院决议、法律、帝敕、法学家解答。而习惯的发现和认可关键是要依赖审理案件的法官，法官通过发布裁判官告示的方式完成此种功能。这样的方式与其后形成的英国普通法有极大的相似性。英国皇帝诺曼底登陆以后，非常尊重英格兰当地的习惯，采取王权收缩之方式，社会关系的调整主要交由当地的习惯。如果纠纷的发生有可能损害到国王的利益或者影响到王国的和平，才有了皇室通过法院介入纠纷的必要性。通过纠纷解决宣布习惯法认可的权利与义务，并解决纠纷。学者对此的概括是，“与其说是立法机关，不如说是司法机关，法院通过诉讼确定某种权利是否应给予承认，并确定如何保护，而先例拘束力又确保了司法确认的权利的效力”④。

为实现民事证据法律制度历史发展的较为清晰的梳理，我们拟以大陆法系国家和地区的民事证据制度的发展作为参照，因为这样的参照可以给现代的研

---

① 按照柏拉图的理念论，每一个具体事物都有与之相对应的理念，人们不可能从具体事物中概括出类似的规定性，因此也难以完成抽象法之制定的任务。这也成为柏拉图反对完全按照成文法治理国家的原因，他更多地将国家治理的责任寄托于哲学王。

② 亚里士多德承认具体事物具有其各自的独特性，这样的独特性可以为作为认识主体的个体所认识，并体现为主体认识层面的感官对象的实在性，同时，认识主体也可以认识到具体事物与其他类似事物的共相或者观念，而这种共相或观念是第二性的实在。以之为规则主义之确立提供了认识论基础。

③ 徐国栋著：《民法基本原则解释》，中国政法大学出版社1992年版，第178页。

④ ［法］勒内·达维著：《英国法与法国法》，舒杨、刘晓星译，西南政法学院印行1983年版，第6页。

究人员以更加清晰的认识，便于其把握。但考虑到两大法系国家和地区在历史发展早期的趋同性，阶段化的梳理不能放弃共同起始点的认可。

‖第一节　神示证据制度‖

神示证据制度是由特定人员按照某种神圣的仪式获取神灵对案件的意旨，并以神灵的启示为依据裁决案件、解决纠纷的一种证据制度和审判方式①。必须说明的是神示证据制度存在的正当性，在于初民时代的人类认识能力极其低下，人们无法认识无限多样的自然现象、社会现象，也无法认识已经发生的案件事实。而解决纠纷的必要又要求必须解决纠纷。文明的发展或者人的认识能力的提高，在两大法系国家呈现出不同的发展路径。与欧亚大陆比较早的文明发展以及相对成熟的、成体系的自然科学、人文社会科学，特别是哲学的发展相比，作为普通法发源地的英国的文明发展以及人的认识能力的提高则是较晚的事情了，在欧亚大陆的哲学家、科学家享有崇高社会地位的情况下，英伦半岛仍然处于尚武好斗的文化氛围中。英国人“与世隔绝，并且很迟才有文化知识”②。“日耳曼族尚武，一般不识字，英王亨利一世仅会阅读书册，便得一个‘文人’的称号。”③ 因此，神示证据制度虽然作为两大法系国家和地区最早的民事证据制度，但两大法系神示证据制度却有不同的存在时间，这样我们在研究的过程中可能使用与大陆法系国家早期完全不在一个时间段上的英美的证据制度，以丰富研究的视野，增加研究的说服力。而且由于神示证据制度退出历史舞台是一个缓慢的、具有地区化差异的过程，这样的特点也给我们交叉使用各种时代的神示证据材料提供正当性理由。

一、神示证据的裁判方法

神示证据的裁判方法之划分主要依据审判过程中获取神灵意旨的方式或者中介，根据获取神灵意旨方法的不同，一般将神示证据裁判方法划分为如下几种。

---

① 笔者于2019年6月2日以“神示证据制度”为主题词在中国期刊网上进行了搜索，共获得25个搜索结果；而以“神明裁判”为主题词的搜索获得了19个对应的搜索结果。对神示证据制度界定的著作也比较少，有些证据法学的著作或者教材甚至略过了证据制度的历史沿革这一环节。少有的界定也极为简略，没有涵盖神示证据制度的基本内容。

② ［美］博登海默著：《法理学——法律哲学与法律方法》，邓正来译，中国政法大学出版社1999年版，第445页。

③ ［美］莫里斯著：《法律发达史》，王学文译，中国政法大学出版社2003年版，第99页。

（一）宣誓

神示裁判中的宣誓是指纠纷中的当事人双方或者一方必须在庄严、神圣的仪式中向神灵宣誓，并依据当事人宣誓时的表现获取神灵意旨、裁决案件的方法。依照该方法，如果当事人不敢对神宣誓，或者对神宣誓时流露出恐惧的神色，或者在宣誓后的一定时间内出现了遭受某些报应的迹象，则可以据此断定对方主张的事实或者陈述是真实的。神示证据时代的宣誓主要有：其一，说明自己清白的宣誓。例如，公元前 17 世纪的《汉谟拉比法典》第 126 条规定，设若某人并没有失落什么，而声称其失落了某物，并诬陷自己的邻居，则他的邻居应在神前宣誓来揭穿对方没有失落什么，并要求控告的一方加倍偿还其所贪图的物品。其二，强制宣誓。裁判者要求当事人进行的宣誓。例如，《萨利法典》第 58 条规定，如果有人杀了人而交出自己所有的财产，但还是不够偿付依法应支付的赔偿和罚款，则他必须提出 12 个共同宣誓人，他们将宣誓说："在地上、地下，除了已交出的东西以外，并没有任何财产。"其三，自愿宣誓。当事人双方自愿选择以宣誓的方法解决自己的纠纷。其四，补充宣誓。在德国普通法时代，如果负担证明责任的当事人所提供的证据虽不充分，但在证明程度上已经超出一半，那么经过该当事人的某种宣誓后，法官即可认定该待证事实为真。前两种宣誓是由诉讼中的被告进行的宣誓，第三种宣誓的宣誓主体是双方当事人，最后一种宣誓的宣誓主体是负担举证责任的当事人。当然有些宣誓可以由双方当事人针对同一个问题作出，如公元 9 世纪英国盎格鲁—撒克逊法律中规定："索赔被窃财物的原告誓词是：'我在上帝面前宣誓，指控他就是盗窃我财物的人。这既不是出于仇恨、嫉妒或其他非法目的，也不是基于不实传言或信念。'被告人的誓词为：'我在上帝面前宣誓，对于他对我的指控，我在行为和意图上都是无罪的。'"

宣誓具有概括性，宣誓中的肯定或否定仅仅是概括地表明诉因的正当性，真实的宣誓带有宣誓人的自我一般评价的意味，而不是相信誓言与经验现实相关联。特别是在辅助宣誓的情况下，辅助宣誓人并不是旨在证明其辅助的当事人在该具体案件中是正当的，并不是明确地表示辅助宣誓人有关于作为系争事实的个人知识或者经验，而是对其当事人的可信性以及誓词的纯洁性宣誓。因此更多的是对当事人的道德评价。辅助宣誓通常由部落共同群体中的 12 个辅助宣誓人来进行。

（二）水审和火审

之所以将水审和火审放在一起，而不是将火审作为独立的神示裁判方法，是因为火审与水审中的热水审具有相同的机理，不具有作为单独的神示裁判方法的必要性。

水审又分为冷水审和热水审。其一，冷水审。将被控告的人投入河水中以检验其是否有罪。标准分为两个：一是沉没为有罪。例如《汉谟拉比法典》第2条规定："设若某人控他人行妖术，而又不能证实其事，则被控行妖术的人应走近河边，被投入河中，如果他被河水制服，则揭发者可以取得他的房屋，反之，如果河水为这人证明清白，使之安然无恙，则控告他行妖术的人应被处死，而投河者将取得揭发者的房屋。"二是以浮出为有罪，沉没为无罪。例如，古代日耳曼法规定："将嫌疑人的手脚捆在一起，成弓背屈肢状，再用一根绳子系在腰部，慢慢放入水中，然后投入水中。根据他的头发长度在绳上打个结，如果他的身体沉入水中的深度足以使那个绳结没入水中，则被告人清白。"① 之所以在冷水审中采取两种完全不同的标准，可能的因为是不同的部落或者民族对水的认识不同。有些部落认为水仅仅是一种普通的物质，并具有直接显示神灵意旨的功能，神灵意旨的显示只能通过水之对被测试人员的惩罚来完成。这样其采取的方法即可能就是以沉入水中为败诉，浮在水中为胜诉；而另外一些民族或者部落把水看成不同于一般物质的特殊物质，有些甚至将之作为万物的起源。采用浮于水败诉的日耳曼即有水崇拜传统，认为水是圣洁的，不能容纳有污点的心灵，而只有纯洁的人、正直诚实的人才可能为纯洁的水所容纳和接受。其二，热水审。热水审又称为沸水审，是放置物品于沸水中，令被告人用手取出来验证其是否有罪的方法，具体操作时，让被告用手从沸水中捞出物品，接着包扎好其烫伤的手，同时向神祈祷，过一段时间，在古代日耳曼一般是经过3天的时间，再根据其烫伤的手的恢复程度，断定其是否有罪。如果手上的烫伤好转，法官则认为是神意所致，因而他便是诚实无罪的，如果伤口溃烂，就被认为是神对他的惩罚，由此断定他的陈述是虚假的，他也是有罪的。而火审则是要求被告人接受火或者烧红的铁的考验，以显示神意。例如，《麦玛威法》规定："凡犯盗窃罪，必须交付审判。"如在审判中为火所灼伤，即认为不能经受火的考验，处以死刑。反之如果不为火灼伤，则可允许其主人代付罚金，免除死刑。在古代日耳曼，被告需拿着热铁走9步远的距离，然后包扎，经过3天时间，如果伤口治愈，则宣告被告无罪，如果伤口化脓，则宣告被告有罪。

（三）决斗

其一，决斗的前提。当事人对案件事实陈述发生矛盾，原告提出愿以自己的生命证明自己对被告的控告是真实的；被告一方又提不出证明自己无罪的证据。

---

① 徐凤侠、林嘉志：《论神示证据制度》，载《绥化学院学报》2006年第2期。

其二，决斗的程序。决斗前双方必须对神宣誓，如果一方在宣誓时神情恍惚，宣读誓词错误，则认为神的旨意已经出现，决斗已经没有必要。决斗的人必须属于同一等级，不同等级的人不能同场决斗。决斗使用的器械在各个不同等级是不一样的，上流社会的人用剑，一般的平民只能使用木棍。有些国家的法律规定，决斗时允许休息 3 次，每次 1 小时。决斗要进行到一方战死为止，被杀死的一方被认为没有神的帮助，因此是有罪的。如果一方不敢决斗，则以失败论处。

（四）圣谷审

圣谷审则要求被测试的当事人快速地吞食面包或者渗润有神灵色彩的圣物。古代印度的圣谷审，要求被测试人员在严格的、正式宗教仪式下吞食供奉神灵若干天的谷物、干粮，并于 3 天后观察被测试人员是否有生理异常。如果被测试人员有拉肚子、肠胃炎等生理现象出现，则推定神灵并不保护被测试人，可以判决其败诉；反之，可以判决其胜诉。而古代法兰克圣谷审，则要求被测试的当事人在庄严仪式下快速吃下大麦面包或者是干奶酪，干奶酪也一般用大麦面做成，难以消化。在整个测试过程不允许被测试人员喝水，如果其能够完成指定的任务，顺利地将规定数量的面包或者干奶酪吃下去，且没有发生生理异常，则可以判决其胜诉；反之，如果没有完成任务，或者虽然完成任务，但出现了生理异常，则可以判决其败诉。

二、中国古代的神示证据裁判方法

中国社会的发展也经历过人的认识能力极其低下，人们匍匐于大自然脚下的时代，因此，其民事证据制度也经历过其他国家一样的神示裁判阶段，只不过该阶段的开始以及终结有其自身的特点。

（一）独角兽审判

独角兽审判又可以称为神羊审判，是中国古代较为独特的神示裁判方法。具体程序上是于严格的、庄重的仪式之下，根据神羊对当事人的态度决定案件的裁判走向。根据东汉班固《白虎通·是应》记载，在尧舜时期任大理的皋陶即开始使用神羊判案的方法。对于神羊裁判中的具体裁判方法，王充在《论衡·是应》中有记载：“獬者，一角之羊也，性知有罪。皋陶治狱，其罪疑者，令羊触之，有罪则触，无罪则不触。……故皋陶敬羊，起坐视之。”历史上也有春秋时期齐庄公于公元前 550 年采用神羊裁判方法审理案件的记载，其基本情况与程序是：王里国与中里徼因讼三年，庄公欲杀两人，担心错杀，欲放两人，担心纵容犯罪。于是在齐国神社审理案件，要求当事人盟誓，同时找来神羊。王里国陈述完毕，羊无动于衷，而当中里徼陈述至一半时神羊跃起触之，庄公遂判其败诉。

（二）水审

对于中国古代有无水审的神判形式，传统上研究的较少。一般理解“法”字中三点水是指法的平等适用的思想，许慎《说文解字》：“灋，刑也，平之如水，从水；廌，所以触之不直者；去之，从去。”后人进一步研究在宁夏发现的金鼎，发现对于“灋”字不能做如上解释。其基本依据是平等的观念在很晚才予流行，在当时不可能有平等观念，最可能的解释是诉诸水审的神示裁判方法。进一步地研究，“去”也不是指不追究当事人责任的意思，“去”与“器”谐音，古代审判中当事人双方均抱着一个防止羊抵伤的器具，为羊所触者并不必然有罪，还要看该当事人，被抵入水后，是沉于水还是浮于水。有认为沉于水有罪，也有认为浮于水有罪。

（三）占卜

关于占卜是否属于神示裁判方法，理论界存在争议，形成了证据判断方法说、证据方法说、刑罚方法说。在我们看来，最早出现占卜的商朝还没有以证据裁判的思想，所以证据判断方法说、证据方法说就因此失去了基础。占卜虽然也用于预测吉凶，但在审判中就是用来作出判断，并决定是否用刑，从此意义上说其本质上属于一种神判方法。“与‘以兽触人’的裁判制度一样，古代中国的刑罚制度也将占卜的方法用于难以明断的案件，一方面反映出过于尊神的思想倾向，另一方面则体现出社会控制的深层目的。”① 占卜的工具称为“卜”，其具体制作方法是：先由专门官吏在磨光的龟甲或者兽骨上凿出一个圆洞，然后再用火烧烤，使圆洞四周形成许多不规则裂纹，构成一系列无规则图形。具体的程序是：问卜人从多个“卜”中抽取一个“卜”出来，将其交给主持占卜的官吏，并由他解答所问事情之吉凶，在具体诉讼中即是决定案件处理之走向。

三、神示证据制度的历史评价

（一）神示证据制度的历史进步性

1. 与人的认识能力、认识水平相对应

初民时代人类的认识能力极其低下，无法认识诸多的自然现象，风雨雷电、地质变化、人的生老死亡均在人的认识能力之外。对之，人类的祖先即将之诉诸神灵，甚至将各种特有的现象都与特定的神灵结合、对应起来，以获得对这些现象的解释以及解决这些问题的方法。认识阶段还处在学者所谓的告知

---

① 陈浩然著：《证据学原理》，华东理工大学出版社2002年版，第154页。

真理的阶段。这样的话，于案件裁决困难之情形下，诉诸神灵裁判也是可以理解的了，基于此原因，甚至有学者认为神示证据制度是人类社会早期的解决案件事实真伪不明的举证责任分配制度。

2. 具有一定的科学性和合理性

这种合理性的认识论依据是说谎导致的紧张必然影响当事人在神示审判中的行为：宣誓时不能正常宣誓、决斗中无法集中精力、吞食面包中唾液分泌减少等。正是依据神示证据制度的相对合理性，现代审判制度中仍然能够看到神示裁判的痕迹。如测谎仪、证人宣誓等。

3. 能够较好地维护社会生产力，并实现对社会生产力的保护

与当事人的纠纷解决目标相关，当时的纠纷解决目标并不是查清案件事实，制裁违法，主要是权威地解决纠纷、实现社会和谐，防止同态复仇，保护生产力。对辅助宣誓人的依赖，促使人们更加重视社会团结、和谐，同时，神示裁判更加倾向于采取各种方法降低有罪判决率。在逐出部落或者处以死刑作为常见刑罚方法的时代，有罪判决即意味着社会生产力的破坏。中世纪以被告沉入水中为无罪，即旨在降低有罪判决率。考虑到中世纪人的典型的节制饮食的生活风格，人们发胖的可能性不大，即使有个别胖的人，也可以在审前快速地减肥，因之冷水审中沉入水中的机会增多，特别是在入水前充分呼吸时更是如此。主持神示裁判的祭祀人员也有义务尽可能地作出对被测试人有利的解释，贡献于降低有罪判决率。主持神示裁判的人认为其有责任促使其认为正确的结果，如在缺乏或有较少怀疑的情况下，降低烙铁的温度，或较为自由灵活地解释手上的伤情。

4. 神示裁判更多关注未来，而非系争历史事实，对现代恢复性司法之建立有积极启发意义

在神示裁判中，神职人员更多地关注被测试人能否于将来的生活中回归部落和群体，能否于未来生活中去除其人格污点，如果其能够悔过自新，则可以通过对神示裁判的操控判决其无罪，否则判决其有罪。“神示裁判中的裁判是面向未来的，一旦上帝作出了有利于被试的判决，判决即赋予其一个全新法律状态，而不是使其过去的行为因之有效。”① 由于判决仅是对当下法律状态的判断，即使判决中的当事人不能主张其之前无罪，也不影响其法律状态。现代法庭中的人类正义是后视的，是基于对发生事实之主张的确信所作的宣示，而中世纪审判中上帝的正义是面向未来的，宣示了被审判人员的全新的法律状态。

---

① Ho H. L. The Legitimacy of Medieval Proof. Journal of law and Religion. Vol. 9. 2002 - 2003. Issue. 2. p283.

5. 能比较权威地解决纠纷

每一个纠纷中的获得无可争议的裁决的愿望都是可以理解的，未终局的争议可能导致其他纠纷的爆发或纠纷的再度发生。借助神灵的启示，神示裁判使裁判者免受败诉当事人及其亲属报复。中世纪社会中裁判者对作出判决的责任，并非伴之以对判决不满当事人的保护机制，一旦法官践行了该责任，其将如何保护自身免受败诉当事人及其愤怒的亲属的伤害呢？通过神示裁判，棘手的问题伴之以无可挑战的权威之解决而得以解决，裁判的神圣资源使当事人难以拒绝对其不利的判决，也使其支持者从反抗的义务中获得解放。支持者也从报复对方当事人的义务中获得解脱，同态复仇因此得到化解。

（二）神示证据制度的消极性

1. 神示证据制度是一种非理性的审判制度

人的认识能力低下，案件审理更注重判决本身，而不是具体案件的证明。中世纪审判中没有事实的证明过程，没有案件事实和法律的界分，能看到的仅是另一种界分，区分是否以及如何由当事人或替代人提交检测和检测结果。审判决定集中于第一个阶段，一旦争议事项提交万能的神灵，证明被视为是当然的，以此观点，判决优越于证明本身。同时为神示证据予以认识论的辩护也缺乏彻底性，近代的研究表明说谎必然导致紧张的命题并非是全真命题，并非具有不可挑战的科学性和权威性。“紧张可能不是说谎导致的心理反应，可能是基于其他的因素，如作为案件的被告在性侵案件中被问及与少年儿童发生性行为的问题。而且心理反应可能是一种经历性的反应，而不是紧张”①。

2. 出现操控的可能性比较大，裁判者的主观恣意不好控制

并非审判的所有方面均做了严格规定，如在冷水审中，沉入水中持续的时间及身体沉入程度未做规定；热水审中，锅的形状、大小、水深以及放入水中的石头重量、形状均属于裁量的事项。在检验过程中事实的以上自由从一个方面表明证明可能被操控；另一个可以操控的方面是对证明结果解释的自由性。

第二节　法定证据制度

在西欧历史上，法定证据制度的产生是与神示证据制度的消亡相伴发生的，但法定证据对神示证据的取代并不是一蹴而就的，其中经过了漫长的过程，甚至出现过较大的历史反复。1818 年法国国会才明令废除司法决斗，其后其他国家才相继以立法的形式废止了司法决斗这样一种神示证据制度。

---

① Kathleen. Coulborn Faller. The Polygraph, Its Use in Cases of Alleged Sexual Abuse: An Exploratory Study. Child Abuse & Neglect. 1997. No. 10. p994.

一、法定证据制度产生的历史背景

法定证据制度又称为形式证据制度，是指法律根据各种证据的不同形式，对其证明力的大小以及如何审查判断和运用证据预先明文规定，法官审理案件必须据此作出判决，而不得自由评断和取舍。

1. 纠问制诉讼的要求

初民社会是一个世俗权力微弱的社会，没有形成集中的权力，神示证据制度和弹劾式诉讼程序与之具有对应和共生关系。但在初民社会后期，特别是古罗马后期，王权处于较为强大和发达时期，这一阶段的罗马也称为帝制罗马。强大的王权越来越不满足纠纷过程中的消极角色，其理由在于王权试图在各个领域树立或者进一步巩固自己的权威以及以王权统治为核心的社会秩序。“神判的结果常常超脱王权者的预想而不能任由王权者控制，所以用神判法来建立封建王权权威的设想是不可行的，反而威胁到封建王权的安全。为树立和维护封建王权权威和统治秩序，必须明确危及王权安全的责任人及其责任（责任观念开始发达），这就需要查明案件事实以明确责任人及其责任。但是，这一任务无法由神判来承担。通常情况下，神判的方法与纠纷的事实并无必然联系，当事人双方的游泳水平高低不同与案件事实的真伪并无逻辑上和现实上的联系，利用水审法则极可能产生认定事实的偏误。”[①] 在这种情况下，王权就越来越多地负起追诉罪犯、解决纷争的责任，国王的官吏可以不待被害者提起诉讼就指明被告，并收集、审查证据，作出被告是否应受惩罚的判断。这种纠纷解决程序已经与裁判者消极的弹劾式诉讼程序分道扬镳，同时与责任观念的发达相联系，要求裁判者通过积极的职权行为查明案件事实，并进一步明确责任人和责任形式。为此，已不可能再依靠诉诸神意而脱离人们日常认识方法的一系列仪式，裁判者认识案件事实的着眼点必须从对超自然神灵的依赖，转向对实质证据的关注。这样，一定范围的痕迹和物品、与案件有关的人们的陈述，以及被告本人的陈述等开始被作为认定犯罪是否发生、谁从事了犯罪的根据。欧洲大陆上实质证据制度开始代替神示证据制度，走上历史舞台。同时，诉讼制度的重心从世俗审判转向教会审判，教会审判中，神职人员在法的掌握上有优势，但是世俗经验欠缺，导致事实认定的非科学性。[②] 以立法的形式规

---

① 邵明：《神明裁判及其蕴涵精神之追问》，http：//www. civillaw. com. cn/weizhang/default. =23686.

② 教会法庭审理的案件范围非常广泛，一般包括不守约定引发的纠纷、名誉伤害案件、性犯罪案件、不出席礼拜仪式案件、遗嘱认定与遗嘱执行案件、什一税案件。这些案件并非全部与宗教仪式有关，有相当多的涉及世俗生活。同时，具备宗教知识的教职人员除参与宗教法庭作为宗教法官以外，还有多种职业，如参与国家政治、社会生活，作为教职界代表参加教职会议、担任政府公职等。参见刘诚著：《英国中世纪教会研究》，首都师范大学出版社 1996 年版，第 123～125 页。

定证据的证明力的最初动因是约束裁判者的权力。

2. 社会生活关系相对简单是法定证据得以产生的客观物质条件

社会关系简单稳定，以抽象出来的规则判断事实之间的关系出现错误的可能性不大。陈浩然教授指出："在农业社会中，人类社会的匿名性程度很低，个体的行为与社会整体利益保持着十分紧密的联系；而小型的自然经济模式又决定了社会纠纷的相对单纯，与纠纷相互联系的行为事实在判断和认定上并不存在严重的障碍。"①

3. 人类认识能力的提高为法定证据制度产生提供了知识基础

陈朴生教授曾谓："迨至中世纪以后，人类思想开始逐渐发达，深知事实之真伪，非依经验与理性，不易获得公平合理之判断，乃注重证人证言及被告之陈述，证据制度，渐行建立。"② 古希腊已经明确地将人类面临的自然界作为认识对象，并力求认识各种自然现象出现的原因，亚里士多德将古代科学分为实用科学和理论科学。中世纪科学在古希腊哲学的基础上进一步发展，确立了诸多作为现代科学基础的科学理论，如关于宇宙天体的"日心说"，关于传统物理学的牛顿力学等。③

4. 法定证据制度产生前的司法专断是法定证据制度产生的直接诱因

操控神示裁判并使裁判的结果尽可能地向免除被测试人责任的方向发展，是主持神示裁判人员的责任和义务，只不过，在神示裁判后期这样的权力存在被神职人员滥用的现象，并在较大程度上导致了神职人员的恣意以及神示裁判权威性的降低。于是在神示证据制度后期出现了越来越多的对神示证据制度的怀疑。1164 年《克拉灵顿法令》的规定并非无稽之谈，该法令规定在"神明考验"中被判无罪的被告人必须在 40 天内离开该领地。1176 年的《北汉普顿法令》同样表达了人们对神明裁判的怀疑。"如果一个人在我们主人国王的法官面前被指控犯有杀人罪、盗窃罪、抢劫罪，或者窝藏了伪造货币或纵火的罪犯……就让他接受水的考验。如果他失败了，就让他失去一只脚……如果他被考验证明无罪，就让他去找来保人并允许他留在王国内，除非他被指控犯有杀人罪或者其他邪恶重罪……如果他受到了上面所说的邪恶重罪的指控，尽管他已经通过了水的考验，他也必须在 40 天内带着他的动产离开这个王国。"以后的立法才开始采取明确废止的方法。

---

① 陈浩然著：《证据学原理》，华东理工大学出版社 2002 年版，第 164 页。

② 陈朴生：《刑事证据法序说》，载刁荣华主编：《比较刑事证据法各论》，汉林出版社 1984 年版，第 5 页。

③ 白才儒：《中世纪中西科学技术发展的哲学思考》，载《四川师范大学学报》1989 年第 3 期。

二、法定证据制度的具体内容

（一）证据的分类

依据各种不同证据的证明力对证据作了分类。分为完全的证据和不完全的证据。依据完全的证据可以直接作出裁判，而不完全的证据没有这样的效力；对于不完全的证据又分为不太完全的、一半以上完全的、不完全的。1857 年《俄罗斯帝国法规全书》规定的完全的证据包括：被告人自白、书面证据、具有专门知识的人的证明、亲自勘验所取得的勘验材料、与案件无关的人所作的证言。[①] 不完全的证据包括：受审人相互之间的攀供、询问四邻所得知关于犯罪嫌疑人的个人情况和行为、实施犯罪行为的案件、表白自己的宣言。[②] 而 1670 年法国刑事裁判王令下的法定证据制度将所有的证据按其不同的价值分为三个等级：完全证据、半证据、不完全证据。当然，法律对证据证明力的规定完全立足于证据的外在形式，不涉及个案中证据的具体情况。一般情况下物证还不可能成为认定罪责的主要手段，感知犯罪或其迹象的人所做陈述具有压倒性的重大意义。

（二）证据判断的原则

1. 被告人自白唯一原则

被告人自白具有最高证明效力，仅凭被告人自白就可以直接作出裁判。当然对于被告人自白也有限制条件，以保证自白的客观性。《俄罗斯帝国法规全书》规定下列条件下的被告人自白具有完全的证据效力：“被告人在健全的理智下自动作出的陈述、被告人在法庭上向法官作出的明确陈述、被告人陈述的内容与过去的行为完全一致、被告人陈述的真实性和可靠性不能使人有所怀疑、被告人在法庭外做的自白经过具有信用的证人之证言加以证明。”

2. 证据形式原则

其一，不同形式的证据有不同证明力。法兰克王国颁布的法律规定，在土地纠纷中，使用证人证言为主要证据，证人证言的证明力高于一般书证。1216

---

① 当然，对于与案件无关的证人出具的证言是否具有完全证明力，各个国家做法也不完全相同，例如在盎格鲁—撒克逊的 13 世纪的刑事程序中，没有证人的案件被看作是疑难案件，不管间接证据如何明显，如果没有似白昼一样清晰的证明，被告不能被判决有罪。这意味着必须有两个无可置疑的证人予以证明。参见 Richard M. Fraher，Conviction According to Conscience：The Medieval Jurists' Debate Concerning Judicial Discretion and Law of Proof. Law and History Review. 1989. No. 1. p24. 陈浩然则指出，在相当多的地区完全的证人并无完全的证明力，必须有两个完全证人相互一致的证词才能构成一个独立的证据。完全证人的基本条件是：（1）两个证人之间无任何利害关系；（2）两个证人陈述的内容完全一致；（3）必须陈述自己感知、经历或者经验的事实；（4）证人作证处于善良目的；（5）证人提供的证词必须经过宣誓。参见陈浩然著：《证据学原理》，华东理工大学出版社 2002 年版，第 168 页。

② 毕玉谦著：《民事证据法及其程序功能》，法律出版社 1997 年版，第 81 页。

年《教皇英诺森二世教令》规定，一名女子证言的效力只能算作男子的一半，并且必须由至少一名男子的证言加以补充。贵族证言的效力高于平民证言，教士的证言高于俗人，基督教徒的证言高于犹太人的证言。当然，证人证言效力的优先并非绝对的，部分法律也规定于特定诉讼中书证有较高证明力。例如，《利普里安法典》第62条第8款规定："当发生财产所有权诉讼时，能举出相关成文书证者，其权利理所当然应受到承认和保障。"其二，对于一些特定案件必须有法律规定的特定证据才能认定事实，作出裁判。《俄罗斯帝国法规全书》第312条规定："审理强奸案件必须具备下列情况才能定罪量刑：能够切实证明确有强暴行为的证据；证明被害人曾呼喊求救的证人；她的身上或被告人身上，或者两人身上显露血迹、精斑或衣服被撕破，能够证明有过抗拒；立即或在当日报告。"英国证据学家斯通则概括有了完整的证明就必须作出判决，否则不能作出判决。《卡洛林纳法典》规定："能够认定有罪并科处刑罚的只能根据以下三种情况：（1）两名以上目击证人关于犯罪主要事实的一致证言；（2）经过合法程序获得的被告自白；（3）现行犯在实行犯罪的过程中被当场捕获并持有凶器或赃物，且经过刑讯仍不自白。"

法定证据在最终的事实认定上，以立法的方式规定了认定要件事实必须具备的条件，但是按照我国学者的分析，法定证据原则实际上是在两个维度上发挥作用的，并表现为两个不同的原则：积极的法定证据原则和消极的法定证据原则。按照前者不达到法律规定的证据要件，则法官即使确信被告有罪也不得认定罪责并科处刑罚；反过来看，如果达到了法定的要件，即使法官对被告的罪责还存在疑问，也不得不依法宣告其有罪并科处刑罚。消极的法定证据原则在证据达不到法律规定的标准时对法官的要求与积极的法定证据原则一样，但在证据达到法定要件时却允许法官保留怀疑的态度，进一步收集证据乃至对被告作其他处分。① 积极的法定证据盛行于法定证据的早期，并能够代表法定证据的典型特征。但积极的法定证据必然导致刑事案件中对被告人自白的过分依赖，为一定程度地缓解这一情况，消极的法定证据制度，许可裁判者在证据已经达到完全的证明时，仍可以进一步地收集证据。不过这一约束并不十分明显，在证据达到法定的条件时，是否继续证明一般依赖裁判者的自主裁量。当然，也有个别的立法把对某些完全证明后的补充证据规定为裁判者的义务。例如，法国1670年王令则更进一步要求自白必须要有一半完全的证据加以补充才能作为认定罪责的根据；1853年《奥地利刑事诉讼法》也规定被告人的供述必须与重要特点和有关犯罪行为的现有资料相符合；1857年《俄罗斯帝国

---

① 王亚新：《关于自由心证原则历史和现状的比较法研究——刑事诉讼中发现案件真相与抑制主观随意性的问题》，载《比较法研究》1993年第2期。

法规全书》要求口供所陈述的行为情况的可靠性和真实性不能使人有所怀疑。[①] 对于消极的法定证据制度乔纳森·科恩教授给予了积极评价："在旧制度下法律同样具有这种要求的含义，即一名正直的法官在作出有罪判决之前也应该对充分证据的存在达到确信的程度。"[②]

3. 职权取证原则

控诉和审判的职能合一，裁判者承担了许多不属于司法范围的功能。在法定证据背景下，裁判者不仅是最后的裁决作出者、事实认定者，还是证据收集者、提供者，诉讼案件的当事人还不具有现代当事人的诉讼地位和诉讼主体资格，其仅有的功能是提供案件线索。这样的案件线索提供功能也并非为当事人独享，裁判者自身也可以根据当事人以外的人的举报或者依据自己的职权发现案件线索。同时，受害人或者受害人的近亲属本身并没有直接启动诉讼程序的功能，程序的启动最终由法官来决定。在欧洲大陆，英诺森三世启动了两项重要的改革，开启了法定证据的新时代，即废除神示裁判和引入纠问制程序（inquisitorial procedure），禁止神示证据制度，要求有学识的法理学家，无论是教会法院，还是世俗法院，重新设计证明法则；采纳 ex officio 纠问程序，伴随或者取代传统的控诉程序（accusatorial process），程序的启动也由作为私人的原告转移给行使公权力的治安法官，许可教会或者世俗政府发动反对犯罪的公共战争（public campaign）。[③] 有学者提出正是因为中世纪司法兼具控诉和审判职能，控诉应当属于司法范畴，检察机关行使控诉权，因而应当属于司法机关的范畴。

4. 对采证方式规定了严格的程序和要件

由于被告的自白在法定证据制度中的重要地位，获得被告人自白就成了裁判者审结案件的最方便、最快捷的方式。而且由于刑讯在当时的时代背景下，具有法律上的合法性和情理上的容许性，刑讯逼供就是当时普遍施行的方法。为了在刑讯拷问方面抑制纠问官吏的恣意，法定证据制度一般在拷问的要件、程序、程度以及口供的记录方式上都做了详细的规定。例如，法国 1670 年王令下的法定证据制度规定，拷问必须在满足：可判死刑的重罪案件、犯罪本身确实发生、存在达到半完全证据程度的重要证据这三项要件时才能进行。《卡洛林纳法典》更进一步规定了作为拷问要件的各种嫌疑情况。对拷问的程度，法国 1670 年王令根据被告的人格及犯罪的重大性规定了通常与特别两种拷问。

① A. Esmein, A History of Continental Criminal Procedure, The Law Book Exchange, Ltd, 2000.

② 何家弘：《为"自由心证"正名》，载《法学杂志》1997 年第 6 期。

③ Richard M. Fraher, Conviction According to Conscience: The Medieval Jurists' Debate Concerning Judicial Discretion and Law of Proof. Law and History Review. 1989. No. 1. p25.

关于拷问时在场的官员和人数、讯问方法及口供的记录方式等程序，两个法典都有详细规定。如果违反上述规定，则发生两方面的法律效果，一是取得的口供失去证据能力，不能作为证据认定罪责；二是担任拷问的法官被追究行政乃至刑事责任。

法定证据制度除一般地规定了取得被告人自白的程序、条件之外，同时规定某些证据不能作为认定案件事实的依据。其目的是保护软弱的法官免受外来力量的影响和不当干涉，也为了防止贪财的法官经不住贿赂的诱惑。这样，诉讼当事人及其亲属和有利害关系的第三人没有作证的资格，其证据被认为是虚伪的，应当完全予以排除的。① 例如，法兰西王国的习惯法规定，当事人的子女、亲属或其他有牵连的人都不能充当证人；被判过刑的人也不能充当证人；农奴既不能对自由人提起诉讼，也不能充当反对自由人的证人。② 对证据资格方面的限制与排除，主要涉及证人这样一种证据形式，由于证人以及言词证据在中世纪具有特别重要的意义，而对证人资格的限制常常造成发现事实的障碍。

三、对法定证据制度的历史评价

（一）法定证据制度的历史进步性

1. 从政治上讲，法定证据制度是适应封建君主中央集权的政治需要而建立的

作为诉讼制度的重要组成部分，法定证据制度适应当时社会的历史发展，将审查、判断证据的权力赋予法律而非法官，即用法律明确规定各种证据的证明力和运用规则，从而结束了各封建领主控制、运用证据的混乱状态③。与领主割据以及制定法的阙如相关，各地有各自的习惯法，④ 也有各地各自的审判方法和审判规则，以颁布统一的证据证明力规则的方式，既可以不触及当地的

---

① ［美］约翰·梅利曼著：《大陆法系》，顾培东等译，西南政法学院印行 1983 年版，第 135 页。

② 陈盛清主编：《外国法制史》，北京大学出版社 1987 年版，第 102 页。

③ 中世纪初日耳曼人对欧洲大陆的影响体现了较大的国家差异，在法国日耳曼人的入侵导致了法国封建制的产生，此种封建制虽然有法兰克权贵宣誓效忠皇帝，并因此使其成为王室附庸，不过王室的附庸还有自己的附庸，且其不能直接对王室效忠。封建盛期附庸关系上下可分十级或者二十级。对意大利促进了城市相对于王权的独立，对德国同样也促进了封建制的产生，但此种封建制背景下王室的附庸通常没有自己的附庸。参见［美］C. 沃伦·霍莱斯特著：《欧洲中世纪简史》，陶松寿译，商务印书馆 1988 年版，第 115 ~ 134 页。

④ 法国大革命前的民谚说，五个人在一起就有可能有五种法律，“五人五法”也由此流传开来。1789 年以前的法国大概有 60 余种区域性习惯法和 300 多种地方性习惯法同时运行。著名法学家伏尔泰曾经调侃说，如果“一个人骑马从法国的一个省到另一个省，他所要适用的法律如他要换的马匹一样多”。参见何勤华著：《英国法律发达史》，法律出版社 2001 年版，第 16 页。

习惯法或者地方立法，也可以在一定程度上实现对地方政权的控制。

2. 更多地体现了人类理性的作用

其一，法定证据制度要求法官必须按照法律对证据证明力、证据判断规则的预先规定来审理案件，有利于消除在运用证据中的混乱状态，从而有力地限制了法官的司法专横；其二，法定证据制度体现了人们对事物之间的相互关系和社会生活关系的提炼与概括，以及与这种概括相关的对认识行为的指导，反映了人类认识水平的提高。法定证据制度作为对神示证据制度的否定，其基本的依据是当时社会的发展和科学技术水平的提高。进入中世纪以后自然科学得到较大的发展，这种发展与经院哲学对古希腊自然理性的反动形成鲜明的对比，自然科学的进步使得人类对自然现象的解释开始诉诸人类的理性和经验，而不是诉诸彼岸世界的神灵。法定证据制度的出现就是以科学与理性的张扬为背景和支撑，并与这样的科学精神相符。法定证据制度对证据证明力的规定，不仅依据人类的理性，而且表现为人类长期生活经验的总结。“在种种关于证据证明力的规则后面，有着几个世纪以来人们在诉讼实践中的经验积累。也可以说，这些规则反映了当时所能达到的科学和认识水平，有着合理的内核。”①必须注意，法定证据制度的进步性是相对神示证据制度而言的，而不是现代的自由心证的证据制度。法定证据制度使人类从寻求告知真理向自我发现真理转变，体现了人类认识方向的显著改变。在英国，陪审团适用以前已经开始有了法定证据制度的萌芽，例如已经开始了文书证明案件事实的程序，研究表明在格伦维尔时代使用文书已经是一种一般的证明方式了，那时陪审团审判还是一种例外。其文书包括两类：一是相当于现代公文书的机关记录（records），核心的是被登记入皇家法院的决定、终局合约、书面专利等；二是加封印的私人文书，在非陪审团参与审理的情况下可以依据其为伪造或者经过法庭检查，使之无效。除此以外，案件也可以由当事人提供证人的方式加以证明。这样的实践开始于格伦维尔时期，被称为 secta 或 sequela，常被翻译为 suit②。

3. 法定证据制度的出现，确立了裁判必须依据证据的思想，为现代证据制度的产生提供了必要的前提和基础

法定证据制度的建立使得证据裁判主义的原则得到广泛推广，近代诉讼观念中发现真实的要求以及追求形式要件的目的都直接起源于传统的法定证据制度。法定证据制度一方面注意到了裁判者主观能动性的发挥；另一方面注意到了对裁判者的约束和制约。从一定程度上说，法定证据制度产生的直接诱因是

---

① 王亚新：《关于自由心证原则历史和现状的比较法研究——刑事诉讼中发现案件真相与抑制主观随意性的问题》，载《比较法研究》1993 年第 2 期。

② Mike Macnair，Vicinage and the Antecedents of the Jury，Law and History Review. 1999. No. 3. pp550 –552.

对裁判者的约束。诚如前文所述，在神示证据的历史延续时期，裁判者已经获得了较为广泛的认定事实的权力，这种权力虽然仍然是假诸神灵之口，但不可否认的是裁判者已经可以自主地判断证据，并可以拷问的方式取得被告人的供述，审判又采取秘密审理的方式，缺乏监督的司法权力导致了全面的司法恣意和司法擅断。"在警察时代，大陆法系之国家，因采极端弹压政策，以严酷之刑罚科诸犯人，具有报应作用，乃当时之刑事裁判，采纠问方式，并无所谓诉讼，裁判官仅凭片面调查之证据，而为判断，其审判程序并不公开，且许以拷问方法取供；其裁判系凭证人之证言、被告之供述或其他物证，采证据裁判主义，虽较诸中世纪以前所行之神明裁判、决斗裁判大有进步，但裁判之擅断，既未能防止，且于被告自由之保障，故不重视"①。

（二）法定证据制度的历史局限性

其一，法定证据制度依据证据的外在形式划分证据，并赋予其不同的证明力，在后期难以反映复杂多变的社会关系，其限制司法专断、追求公正解决纠纷的初衷走向了反面。言词证据并不必然地具有高于书证的证明力，在现代民事诉讼中有许多国家仍然采用书证优先的证据评价原则，即使在法定证据时代，也有认为机关记录具有较高证明力的立法先例。同时有些地区的法定证据制度规定，在涉及个人身份的案件中，由同族人作证或者提供亲戚不仅是一种要求，而且一般也是一种结论性的证明方式。这样的规定同样不具有合理性，在涉及与族人以外的其他人的身份关系纠纷中，同族之族人的证言或者亲戚的证言必然带有较大的倾向性，从而影响其证明力。两个以上的证人证言并不必然优越于单个证人的证言，女人的证言并非总是不如男人的证言，贵族和僧侣并不总是吐露真言。

其二，严重侵犯被告人的人权，并造成了大量的错误案件。由于法律规定被告人自白有证据之王的证明效力，仅凭被告人自白就可以作出裁判②，而且法律不关心口供的具体获取方法和途径，只要法官把起诉方提交的证据包括被告人自白加在一起能够构成一个完整的证明，他就必须作出有罪判决。法定证据制度背景下，法官还同时是追诉程序的启动者。其启动追诉程序的前提是对被告人实施犯罪行为有了足够的怀疑，或者其自认为的足够怀疑，这样的怀疑促使裁判者进一步往认定被告人有罪的方向去努力。"数十年来的经验研究表

---

① 陈朴生：《刑事证据法序说》，载刁荣华主编：《比较刑事证据法各论》，汉林出版社 1984 年版，第 33 页。

② 也有人认为被告人自白仅是良好的半个证明，一般要求两个目击证人定罪的刻板规则在许多案件中难以满足，这样的结果导致虽然不具有完全证明力的被告人自白成为诉讼中的关键证据，欧洲大陆刑事诉讼不得不将审判的中心置于口供上。参见李昌盛：《法定证据制度与刑讯——兼与张友好教授商榷》，载《人民法院报》2006 年 5 月 26 日，第 4 版。

明，人们的信念不仅不是完善的，而且抵制改变。一旦形成了一定的观念，则其不会因而对挑战观念真实性的证据而调整改变观念的强度，而且对观念的维持或者不轻易动摇一直占据主导地位。”① 作为肩负维护中央集权之责任的法官，也有积极义务打击犯罪、维护社会稳定，这些因素结合起来促进了刑讯逼供现象的泛滥和猖獗。最终的结果导致了非常高的定罪率，“任何一个法理学家均知道拷讯代表了一种危险的调查方法，它不管被告是否有罪均可以获得自白，这颠覆了宽恕犯罪甚于谴责无辜的传统法理”②，而且严重背离了发现真实的诉讼目标。被告人在“棰楚之下”违心地承认犯罪事实的现象比比皆是，走向了发现案件真实之目的的反面。“审讯是一种绝好的发明。它一方面可以使一个意志薄弱的无辜者被判有罪，另一方面也可以使一个意志坚强的有罪者被判无罪。而且这种做法与‘发现真理’的基本原则背道而驰，因为它是通过肉体折磨来‘查明’案件事实的”③。进一步地侵犯了诉讼当事人的人权。“事实上在法定证据原则确立后的欧洲历史上，经常发生无限制乃至达到惨无人道程度的刑讯拷问。其中最著名的就是16世纪到17世纪的魔女裁判和法国绝对君主制后期的刑事裁判。”④

其三，法定证据制度体现了对裁判者的约束，但该约束与其他的司法制度格格不入。如书面审理、秘密审理、当事人的诉讼客体化、上诉制度的匮乏⑤等，因此难以发挥其约束裁判者的实际功能。事实上与书面审理相对应的言词审理，与秘密审理相对应的公开审理以及被赋予诉讼主体地位的当事人等都是对事实裁判者的约束，并依此促使审判权的公正、客观行使。越来越多的学者开始认识到，公开审理重要的价值目标不是教育民众遵守法律，更多的是通过公开审判实现对裁判权的约束，保障裁判的正当性。学者在论及判决理由的公开时

---

① Alafair S. Burke, Improving Prosecutorial Decision Making: Some Lessons of Cognitive Science. William and Mary Law Review. 2006. No. 2. p1593.

② Richard M. Fraher, Conviction According to Conscience: The Medieval Jurists' Debate Concerning Judicial Discretion and Law of Proof. Law and History Review. 1989. No. 1. p29.

③ 何家弘：《司法证明方式和证据规则的历史沿革——对西方证据法的再认识》，载《外国法译评》（法学译丛）1999年第4期。

④ 王亚新：《关于自由心证原则历史和现状的比较法研究——刑事诉讼中发现案件真相与抑制主观随意性的问题》，载《比较法研究》，1993年第2期。

⑤ 在英国的普通法中原来并不存在上诉制度，直到1875年引入上诉制度，上诉的具体方法是凭借指明公判录存在错误的再审令启动上诉程序。不过教会法院中存在严格的法院审级，其中副主教法院、主教教区法院、主教法院为初审法院，两个大主教主持的大教区法院为上诉法院，教皇法庭为最高审级的法院。参见［英］R.J. 沃克著：《英国法渊源》，夏勇、夏道虎译，西南政法学院印行1983年版，第38、86页。

指出，“法官对公众恪尽职责最基本的方式，就是公开判决的推理过程。”① 同样的，学者在对直接原则和言词原则的内容予以详细界定的基础上指出，言词原则和直接原则所追求的目标或者其价值表现为有利于发现案件的实体真实、有助于诉讼公正的实现、有助于提高诉讼效益等。② 必须说明的是，所有权力都有不受限制并发挥至其边界的倾向性，“在缺乏限制方法的刑事司法体制中，法官有滥用裁量权的可感知的冲动”③。法定证据制度不许可裁判者以间接证据作出判决的最初动因也在于限制裁判者的冲动和权力滥用。

‖第三节　自由心证的证据制度‖

1790 年 12 月 16 日，法国著名法学家、国会议员杜波尔向国会递交了以自由心证制度代替法定证据制度的改革草案，经过激烈的辩论，改革派取得了胜利。1791 年 1 月 18 日，宪法会议通过了杜波尔的改革草案并于 9 月 29 日发布训令，正式宣布法官必须以自己的自由心证作为裁判的唯一依据。1808 年《法国刑事诉讼法》是最早采纳自由心证制度的法典。其第 342 条规定：“法律不要求陪审法官报告他们建立确信的方法，法律不给他们预定一些规则，使他们必须按照这些规则来决定，法律可规定的是要他们集中精神，在自己的良心深处探求对所提供的反对被告人的证据和对被告人的辩护手段在自己的理性里发生了什么印象。”……法律只向他们提出一个所能概括他们职务上全部尺度的问题：“你们真诚地确信吗?”继法国之后，欧洲大陆各国的诉讼立法，如 1877 年的《德国刑事诉讼法》、1892 年沙皇俄国的《刑事诉讼条例》等，也都将自由心证制度确立下来。

一、自由心证制度及其产生背景

（一）自由心证制度的概念

自由心证制度主要是指一切证据证明力的大小以及证据的取舍和运用，法律不预先作出规定，均由法官根据自己的良心、理性自由判断，并根据其内心确信认定案件事实的一种证据制度。

尽管有学者从比较法的角度研究法定证据制度和自由心证制度，将法定评价与自由评价的对象限定为证据能力即证据资格，结论是英美法系国家和地区

---

① ［澳大利亚］斯贝格尔曼：《人权、法治与判决书的推理》，载《人民法院报》2003 年 11 月 24 日。

② 陈永生：《论直接原则与诉讼案件的移送及庭前审查》，载《法律科学》2001 年第 3 期。

③ Richard M. Fraher, Conviction According to Conscience: The Medieval Jurists' Debate Concerning Judicial Discretion and Law of Proof. Law and History Review. 1989. No. 1. p28.

的证据评价制度是法定证据制度，而大陆法系国家和地区的证据评价制度是自由心证制度。[①] 不过，从历史发展的角度看，自由心证制度所针对的对象是证据的证明力，而非证据能力[②]，是指对证据的证明力大小以及案件事实的认定，由司法裁判人员根据自己的良心和理性自由判断，否则即无法反映自由心证制度相对法定证据制度的历史进步意义，也会在一定程度上否定或者抹杀几代法律职业者为引入自由心证制度所做的努力和牺牲。

相对于法定证据制度，自由心证制度将法律制度建构立足于司法者，而非立法者。制度建构者认为由于司法案件的复杂性、具体性，甚至可以说具体案件的运行有着千差万别的属性，将对证据证明力的评价交给司法者，能够更加具体、科学地判断证据的证明力。由此，与法定证据制度不同，自由心证不是脱离具体案件的运行，仅仅根据证据的外在形式而决定证据的证明力，更不是预先决定证据的证明力，而是放在具体案件中，由裁判者根据证据的内容以及与其他证据的相互关系来确定证据证明力。“证据之间的互相关系必然要求证据证明力的判断要结合各种不同的证据综合进行。”[③] 在具体案件发生前，或者说抽象地看，各种不同形式的证据在价值上是平等的，换言之，与法定证据制度所确立的证据等级原则分道扬镳的是，自由心证制度确立了证据平等主义。“与法定证据相对，自由心证制度采证据平等主义，自由心证原则视各种证据的价值在法律上平等，具体的证据价值的高低由事实裁判者进行能动的自由判断。”[④]

（二）自由心证制度产生的背景

1. 资产阶级人文思想为自由心证制度提供了理论基础

启蒙运动发生在十八世纪的欧洲，最初产生在英国，而后发展到法国、德国与俄国。此外，荷兰、比利时等国也有波及。英国的洛克以及霍布斯等是启蒙运动的早期鼓手，孟德斯鸠、伏尔泰则是启蒙运动的中期呐喊者。启蒙运动的思想家提出的基本理念是天赋人权、法律面前人人平等和三权分立，这些观念都在冲击和批判着法定证据制度。按照“天赋人权和人人生而自由”的原

---

① 参见汤维建：《英美证据法学的理性主义传统（译序）》，载［美］肯尼斯·S. 布荣等著：《麦考密克论证据》，汤维建等译，中国政法大学出版社 2004 年版；何家弘：《对法定证据制度的再认识与证据采信标准的规范化》，载《中国法学》2005 年第 3 期；王福华：《我国民事证据的认定规则及其模式选择》，载《法学评论》2000 年第 3 期；张友好：《经验与规则之间：为法定证据辩护》，载《中国刑事法杂志》2005 年第 6 期。

② 在此方面也有学者认为自由心证的对象包括证据的取舍和证据证明力大小的判断，这实际上是一种折中的说法，没有触及自由心证制度的本质。参见倪业群、陈祖权：《自由心证：证据评价模式和标准》，载《社会科学家》2004 年第 2 期。

③ 樊崇义著：《刑事证据法原理与适用》，中国人民公安大学出版社 2001 年版，第 60 页。

④ 倪业群、陈祖权：《自由心证：证据评价模式和标准》，载《社会科学家》2004 年第 2 期。

则，法官只能依据自己的良心和理性自由地判断证据，而法定证据制度却要求法官按照法律预先的规定来机械地判断证据，违反了人性，是对人的理性的压抑；主张人权、反对神权，这样刑讯逼供和以之为基础的被告人自白唯一原则遭到否定。“由于拷问作为封建专制权力工具的作用和滥用的恶果，也由于刑罚人道化（刑罚体系从生命刑、身体刑向以自由刑为中心转化）的时代潮流，拷问的残忍性、非人道性已显得十分突出，因而刑讯逼供成为启蒙思想家（伏尔泰、孟德斯鸠、贝卡利亚等）猛烈攻击的对象”①。主张平等、反对等级，这样以身份等级为基础的证据等级原则被否定，同时以证据证明力判断中立法者优于司法者的法定证据的根据被否定；强调个性和个体主体地位的肯定，主张发挥个人的主观能动性，这样职权取证原则被否定。

2. 诉讼形式和诉讼结构的变化是自由心证产生的制度条件

资产阶级取得政权以后废除了中世纪纠问制诉讼模式，代之以辩论式诉讼模式。建立弹劾式诉讼程序的设想与法国的人民主权思想结合导致了法国陪审制的建立，因为在当时的法国人看来由普通民众组成的陪审团审理案件，最能体现人民主权思想；陪审团不积极地调查证据，当事人在诉讼中扮演主导地位的诉讼程序是典型的弹劾制诉讼程序。② 辩论式模式的基本特征是裁判者消极、中立，当事人地位平等。必须注意的是所有的证据都不可能是中立的，必然是有利于一方当事人的，尽管有利于一方当事人的证据之收集，最终有利于案件事实的查明，但在双方当事人对立之情况下，有价值的证据只能是有利于一方当事人的证据。这样，法定证据中的职权取证必然影响当事人之间的平等，影响裁判者的中立和消极，并最终背离对抗制的要求。

3. 科学的进步为自由心证制度产生提供了知识基础

必须注意法定证据制度对证据的偏爱或者轻视在一定程度上与科学发展的局限相勾连。对被告人自白的重视一方面出于对查明犯罪、处罚犯罪、维护社会稳定的既定目标；另一方面认识方法的欠缺也是重要的原因。学者在对我国传统上重视刑讯和自白进行分析时指出，重视刑讯和自白“方法上的原因是由于我国演绎不发达……缺乏规则权威，依赖司法人员的自由裁量”③。古代伊斯兰地区对道德证人的重视也是源自人们实现实然与应然统一的认识能力之困难，在杂乱的事实与必须经过思考的、决定的判决事实之间实现完整的统一或者一致非常困难，道德证人以其道德品质、清晰的陈述可以在较大程度上缓

① 王亚新：《关于自由心证原则历史和现状的比较法研究——刑事诉讼中发现案件真相与抑制主观随意性的问题》，载《比较法研究》1993 年第 2 期。

② 李昌道、董茂云：《陪审制度比较研究》，载《比较法研究》2003 年第 1 期。

③ Michael Hirst, Confessions as Proof Innocence. The Cambridge Law Journal. 1998. No. 2.

解此种矛盾①。法定证据之对特定证据形式的证明力的限制也肇因于科学发展的滞后。法定证据制度最轻视的证据是物证，甚至很少有认可其证明力的情形。之所以如此，就是因为当时的科学技术的发展还未给人们提供认识其价值的认识道具，痕迹、毛发、皮屑②等都无法借助传统的科学技术实现其与案件事实的关联。现代科学技术的发展使得人们可以充分挖掘任何一种证据形式所包含的与案件关联的信息和内容，历史上毫无意义的证据获得了其时代新生。事实上，早在17世纪哲学家们就著书立说论证人类具有普遍认识能力的观点。笛卡尔在其《方法论》的开篇即断言：良知也好，理性也罢，对所有的人来说都是天赋的、平等的，并认为这种理性是人类的最终依据，从而引起了一般科学的变革③。

4. 社会关系的复杂化和社会生产力的快速发展是自由心证产生的客观物质基础

5. 实验哲学为自由心证制度的确立提供了方法论基础

实验哲学在方法论上的特征表现为崇尚观察、注重尝试、不断纠错。该方法与中世纪经院哲学所采取的教条主义方法截然对立，它也必然冲击以经院哲学为方法论基础的法定证据制度。伯特拉·罗素在谈到实验哲学之与司法的关系时说：信仰科学的人们所相信的是“尝试，而不是教条；以证据为基础，而不是迷信权威”，现代法官也应如此。伏尔泰在抨击他那个时代的法定证据制度时，大声疾呼：“评价……证言的价值和证人的可信性应是法官的工作。”拿破仑在关注民法典的制定时，头脑中也萦绕着这样一个问题：类似这样的一些原则——一个诚实的证人的证言不可能被认定为证据，而两个恶棍的证言却必须接纳为完全的证据——是无法接受的。法定证据制度必然为注重观察、反对教条的实验哲学所唾弃，而自由心证制度恰恰与实验哲学意气相投。④

二、自由心证制度的基本内容

必须注意，自由心证制度有其自身历史发展的过程，并在不同的历史时期

---

① 当然，这样的做法还能够缓解司法裁判者无法对证人证词作出准确判断的困惑，以道德证人的品质确保证词的可靠性。［美］克利福德·吉尔兹：《地方性知识：事实与法律的比较透视》，邓正来译，载梁治平主编：《法律的文化解释》，生活·读书·新知三联出版社1998年版，第102页。

② 在没有DNA技术的情况下，毛发、皮屑、痕迹都没有任何证据意义，但是DNA技术的出现和发展使这一切都有了价值和意义。参见赵信会：《子女利益最佳原则下的婚生子女否认之诉》，载《理论学刊》2019年第2期。

③ ［日］大木雅夫著：《比较法》，范愉译，法律出版社1999年版，第28~29页。

④ ［意］莫诺·卡佩莱蒂等著：《当事人基本程序保障权与未来的民事诉讼》，徐昕译，法律出版社2000年版，第139页。

有不同的制度侧重点。自由心证制度早期，体现法定证据之对法官主观能动性极端限制、对法官极端不信任的反动和彻底否定，自由心证制度建构的侧重点是极大地释放了法官认识案件事实的主动性、积极性，自由心证制度的重心撤销对法官认定案件事实的所有限制。这体现在法国刑事诉讼法就自由心证制度的规定上，也体现在法国的法律职业者对证明标准的抵触方面。“法国大革命导致证据法的急剧简单化，此改革又反过来促使大陆法系的律师不赞成或者至少是忽视对证明标准的提炼与概括。”① 深受法国法影响的德国法在自由心证制度早期也采取彻底的自由心证主义，“德国于制定现行法制之初……深受当时法国法制之影响，乃在信任法院法官之教养、诚实及独立性之前提下，改采法国制之自由心证主义。”② 在英美法系国家和地区，证明标准的第一次变革便是彻底放弃证明标准，“在明确表述证明标准方式上的第一次变革是将裁判事项交由陪审团的良心及理解，从那时开始普通法的证明标准向内心确信演变(inner conviction)”③。不过，随着自由心证制度的发展，立法者开始重视对裁判者自由心证的约束，并努力在发挥裁判者的主观能动性和约束裁判者事实认定的任意性之间取得平衡。这样，自由心证制度的多种内在约束机制随之建立起来。

（一）裁判者的自由必须以证据为基础

与法定证据制度不同，自由心证制度承认裁判者依据自己的理性、良心、知识和经验对证据证明力以及案件事实存在与否的内心确信，不会和法定证据一样在裁判者没有确信时要求认定案件事实，或者在裁判者已经形成确信时禁止裁判者认定案件事实。但是裁判者的确信也绝不是任意的、凭空产生的确信，裁判者的确信必须以证据为基础。以裁判者为基础的确信或者事实认定在证据法学上称为证据裁判主义。证据裁判主义与口供主义相对应，其并非完全排除口供的证据资格，而是反对法定证据之下的被告人自白唯一原则，要求案件事实的认定必须依据具有证据能力的证据。④ 事实上，在现代民事诉讼中符合条件的被告人自白和民事诉讼中的当事人陈述都是重要的证据形式。自由心证与证据裁判主义在本质上是一致的、有机统一的，裁判者的自由体现为依据知识和经验对证据有无证明力以及证明力之大小自由判断，并可以自由地根据知识和经验从证据推导出案件事实的存在或者不存在；而证据裁判体现了对裁

---

① John H. Langbein, Historical Foundations of the Law of Evidence: A View From the Ryder Sources, Columbia Law Review. 1996. No. 5.

② 雷万来著：《民事证据法论》，台北瑞兴图书股份有限公司 1997 年版，第 85 页。

③ John H. Langbein, Historical Foundations of the Law of Evidence: A View From the Ryder Sources, Columbia Law Review. 1996. No. 5.

④ 夏红：《证据裁判原则之功能分析》，载《辽宁师范大学学报》（社会科学版）2019 年第 1 期。

判者的约束，体现了自由心证中裁判者自由和约束的统一与平衡。可以说，在追求对裁判者事实认定之任意性予以约束的目标上自由心证主义与法定证据主义是一致的。

（二）自由心证制度含有一系列内外部约束机制

自由心证主义下裁判者认定证据证明力以及认定案件事实的自由不是绝对的，相反是受限制的，这在现代自由心证制度中表现得尤为突出。首先，自由心证不得违反法律的强制性规定。为了方便裁判者的证据评价和事实认定，促进司法的统一和快捷，在特定的情况下将事物之间的经验联系上升为法律规定，而且为追求特定的价值目标，以立法的方式对裁判者的证据评价和事实认定予以限制，规定在某些特定的情况下，裁判者必须为法律规定的事实判断，否则即是违反法律的规定。这在各国的推定制度中表现得比较明显。另外，法律为实现特定的价值目标还可以例外地对特定证据的证明力予以限制，并规定必须有其他证据支持的情况下，法院才能作出案件事实是否存在的推理。其次，自由心证不得违反逻辑法则和经验法则。逻辑法则实际上是人们在长期的认识活动中总结出来的指导认识活动进行的认识规则，体现了认识活动的规律，背离了这些规则即导致认识活动的非科学性。经验法则是认识主体"在社会实践中依据经验所归纳出来的，有关性质、状态以及事物间联系的知识，它们是在特定的时空范围内带有普遍性的规律和现象"①。如果这样的认识还仅停留在认识层面还只能称之为事物之间的恒常的、稳定的联系，而只有事物之间的经验联系用以指导认识主体的认识活动时，这样的事物之间的客观的经验联系，才能表现为经验法则。经验法则不同于个人之间的经验的上升与概括，而是社会主体之间共享的经验的上升与概括，具有主体间性。"盖经验法则，系本吾人生活之经验，而为判断证据证明力之基础……既非仅凭裁判官之知识及办案经验，亦非违背事理或为不合理之推断，尤非单纯为裁判官之主观经验。"② 再次，自由心证必须达到法律规定的证明标准。法律根据诉讼的类型不同规定了不同的证明标准，证明标准制度首先是裁判者自由心证的约束道具或者约束器，以促使裁判者的自由心证更加客观化，更具有正当性。尽管有学者指出，"法律并不是如科学一般有序地指向真实，不过法律并不能被轻视，法律的目标不是真实，而是公正，至少是人格尊严及有普遍性的当事人平等的人类价值"③。但背离真实目标的诉讼体制、司法体制在现代司法中是不存在的，即使在追求程序正义的现代英美法系国家和地区，其学者也认为

① 李江海：《经验法则及其诉讼功能》，载《证据科学》2008年第4期。

② 陈朴生著：《刑事证据法》，台北三民书局1979年版，第572页。

③ James Boyd White，Legal Knowledge. Harvard Law Review. 2002. No. 5. p1398.

“追求真实相对于其他价值，如国家安全、包含家庭关系、抑制强制讯问方法等，有较高的优越性，但并不必然地居于高于一切的地位”①。最后，裁判者对自由心证必须做逻辑上的论证。《新民事证据规定》97 条第 1 款规定，人民法院应当在裁判文书中阐明证据是否采纳的理由。一般认为《新民事证据规定》确立的判决理由的论证制度就是心证公开制度，而且心证公开制度与判决理由的论证制度可以在相互置换的意义上理解。“各国民事诉讼法均规定了判决理由的说明制度，即心证公开，以保证裁判的客观性。”在我们看来，心证公开以其涉及的内容为标准，可以分为心证理由的公开和心证结果的公开；以其公开的时间为标准，可以分为心证过程中的公开和心证形成后的公开；以其针对的对象为标准，可以分为对当事人的公开和对社会公众的公开。判决理由的论证主要针对的是裁判者心证形成的原因，其发生于心证已经最终形成后的时间阶段。这样，判决理由的论证与心证公开不是同一层次的概念，判决理由的论证属于心证公开的一种方式，是心证公开的下位概念。

三、对自由心证制度的评价

体现了资产阶级改革封建证据制度的时代要求，并且，在政治上适应资产阶级自由民主的思想，具有一定的历史进步意义。

其一，自由心证制度的确立，推动了诉讼制度的民主化，引起了诉讼结构的变革。

其二，对于诉讼参与人来讲，自由心证制度代替法定证据制度，使被告人获得辩护权，确定了当事人的诉讼权利平等，使公民的基本权利在法律上得到一定程度的尊重，无疑是证据制度史上的一大进步。

其三，自由心证制度的确立，对于法官、陪审官来讲，也使其从法定证据制度的束缚下获得解放，对于证据的审查判断，对于案件事实的认定，完全听凭法官根据自己的理性和良心自由判断，从而为法官查明案件事实真相提供了某种可能性。

第四节　英美法系国家的证据制度演变

陪审团审判以前的英美法系国家和地区的证据制度，也是神示证据制度，公元 11 世纪前后诺曼征服以后，采取了温和的方法，以司法权以及司法体制的竞争控制了英伦半岛。有观点认为：证据制度的发展与陪审制有一定的关

---

① J. F. Nijboer, Common Law Tradition in Evidence Scholarship Observed from a Continental Perpective. The American Journal of Comparative Law. 1993. No. 2. p325.

系。在他们看来，从中世纪到现在，促使 Anglo - American 的证据法充满生机与活力的因素一直是防止陪审团审判的缺陷，尽管陪审制有其价值，不过仍充满危险。陪审员未受法律培训，决定也无须理由，无须对其裁判结果承担持续的责任，而且其判决难以审查，错误的风险以及此种裁决机制的偏颇无可避免。自中世纪以来证据法伴随着陪审制本身虽有些许变化，但防止陪审制固有缺陷的证据法的基本使命是恒久的。尽管也有学者反对将英美证据法的发展，特别证据排除规则的出现与陪审团联系起来，认为证据排除规则是陪审团出现很久以后的事情。但是在陪审团作为一种司法审判方法或者司法审判机制之前，不存在需要证据裁判的问题，也更谈不上证据制度的发展了。“17 世纪以前的陪审团是知情陪审团，可以根据其在审判前于法庭外获得的关于案件的个人知识，而不依赖任何证人作出判决。”①

一、知情陪审团与证据制度阙如

早期陪审团的组成人员是审判前了解案件事实的人，陪审团的角色表现为证人角色。“近期研究的主导倾向是强调中世纪后期陪审团的司法功能，不过有相当数量的中世纪后期普通法上的法学理论为下述观点提供证据：陪审员在某种意义上是证人，或者说陪审团的裁决是提交于法庭的一种证据形式，法庭依据提交给它的一定数量的证据形式作出裁决。”② 研究表明对知情陪审团的异议的方式与对证人的异议方式完全相同，即均是以不了解案件事实作为重要的异议方法。“如果当事人拟向陪审团提出可能的异议，其仅仅和在教会法院对证人的异议一样指出这些陪审员例外的因素就可以了。”③ 陪审团的组成或者陪审员的遴选方面坚持审判地原则，中世纪早期审判中常常召集一些本地人作为对案件事实的一种证明方式，这被广泛使用，此原则被称为审判地原则。陪审团作出的裁决也被认为是一种证明方式，陪审团的裁决经过异议程序被纠正以后，陪审员将被判处伪证罪。

知情陪审团背景下，证据法没有得到发展。陪审团根据自己的知识作出判决，无须其他证据，也不存在判断证据、收集、提供证据的规则。审判地原则，决定陪审员自己是有关于案件或者案件当事人的知识。Maitland 认为中世纪的自我探寻（self - informing）事实的陪审团机制未为证据法的发展留下空间。如果陪审团认为需要更多的信息，则其将通过咨询消息灵通的人，而不是

---

① Wigmore，Evidence，2d. sec. 2032. 1923. p291.

② Charles Donahue JR. Biology and the Origins of English Jury. Law and History Review. 1999. No. 3. p546.

③ Charles Donahue JR. p546.

将其传唤至法庭获得之。中世纪的陪审团在法庭上的任务是说，而不是听，不是听取证据，而是宣告先期形成的判决。更重要的是早期的证明更多不是一种对案件事实的证明，而是一种概括性证明，证明案件当事人的信誉、声誉及品德。①

其时英美法系国家和地区仍然有少量的证据规则，不过这些证据规则与陪审团并无关系。文书证据规则早于陪审团产生，在中世纪早期就已经存在，而陪审团的发展是12 世纪以后的事情。文书证据规则要求在涉及与抄本是否存在及其内容有关的纠纷中应当优先使用文书证明，而涉及遗产纠纷、不动产纠纷、合同及产权转让诉讼，应由加封的私人文书证明。特定的诉讼中还坚持最佳证人原则。涉及人身关系的诉讼中，当事人的同族人员或者亲戚不仅是必需的，而且是较高的证明方式。没有传闻证据排除规则。陪审团为避免承担伪证罪，审判前审慎地甄别信息的真伪，诉讼中为防止过于频繁出现当事人对判决的异议以及此异议程序后的判决被推翻，裁判者也可以排除一些明显不可靠的信息。

二、非知情陪审团以及证据法的发展

（一）非知情陪审团向知情陪审团的转变

审判地原则在实践中遇到了问题，案件事实常有多个，且多个案件事实不在同一地点。如合同在一个郡订立，在另一个郡履行并被违反。缓解审判地原则困难的方法是寻找一些见多识广的陪审员，他们又被称为专家团体，并以 Venire facias 传唤之。见多识广的人不了解案件具体情况，为此需要寻找对案件或者案件当事人有自己知识的人，即在专家之外的证人，这些证人被传唤至法庭。于是证据法的发展有了可能。“研究表明，陪审团在80%的情况下都倾向于相信证人，而且可能给予提供正确信息的证人与提供错误信息的证人以同样的信任。证人的自信，而不是证词的准确性决定陪审员是否相信证词。”②而“证据法是以陪审制为背景制定的，重要的是不能让陪审团看到不宜在裁判时考虑的东西”③。

（二）知情陪审团之下的证据规则

其一，书证优先规则。加盖封印的文件具有绝对性效力的规则是在较早时期形成的，并适用于1285 年以前的债务诉讼之外的其他诉讼中。沃克认为英

---

① John H. Langbein, Historical Foundation of the Law of Evidence: A View from the Ryder Sources. Columbia Law Review. 1996. No. 5. p1170.

② Elizabetb F. Loftus, Eyewitness Testimony: Psychological Research and Legal Thought. Crime and Justice, 1981. No. 2. p129.

③ M. N. Howard, P. Crane and D. A. Hochberg, Phipson on Evidence. 14ed. Sweet and Maxwell, London. 1990. p1.

美法比较重视证据的神圣性，只有已盖印章的契约才能提起诉讼，同时不适用于债务诉讼。

其二，有利害关系的当事人不能作为证人。必须由当事人以外的其他证据证明案件事实。与案件有利害关系的当事人不能作为证人，阻止了受害人、侵害人的证词，这些证词常为案件的证明必不可少，而且在原始治疗时代，伤害常致死亡，但要求遂行人身损害赔偿诉讼的原告必须健在的规则扼杀了许多诉求。不过在1900年以前侵权法在整体上无关紧要，其仅为法律大树的一个嫩芽。到19世纪中叶，当事人不能作证的规则发生了根本变化，英国《1851年证据法》和《1869年证据再修正法》使当事人获得了作证资格。只要当事人愿意，他既可以就自己涉讼的事实作证，也可以要求对方作证。《美国联邦证据规则》第601条也规定了当事人的证人资格。

其三，传闻规则进一步发展。在陪审团的审判功能与证人功能重叠时，陪审团被期望依照自己的知识作出判决，在某些类型的诉讼中，提供证人是必不可少的。到17世纪末以前，陪审团被要求依据在法庭上提交于其面前的证据裁判案件，证人提供的证词必须是自己亲自看到或听到的事情，如果许可证人就他人了解的事实作证，则证据规则将被阉割，整个审判程序的发展将受到损害。Gilbert说，尽管证人可能基于宣誓作证，但说出案件事实的人并未宣誓，如果证人在法庭上陈述但又不宣誓作证，则其将不应为法庭采信。

其四，非法证据排除规则开始出现。这主要涉及自白，在证据法发展的早期历史中，传闻作为一般事项、供认作为特殊事项被承认并不存在任何问题，Lord Sumner在Ibrahim v. R. 案中指出排除规则应当回溯到Hale。但必须注意在早期的一些法典中，并没有明确限制控诉中承认的接受，仅提出在被告未受暴力强制时的自愿陈述可以被接受。被告供认的真正的排除规则开始于17世纪中期，这主要体现在反对自我归罪的特权方面。该特权确立之前，英国及欧洲教会法庭采取一种令被告人宣誓的方式裁决案件，审理中，法官既是讯问人，也是裁决人，而且被告不知道控告者、控告的内容、控告的证据。被告必须宣誓回答，如果讯问人根据被告的回答认定被告人有罪，则可以直接裁决其有罪，如果讯问人认为被告没有真实回答，是在撒谎，则可以直接裁决其犯有伪证罪，如果嫌疑人拒绝回答讯问人的问题，讯问人也可以直接裁决嫌疑人有罪，此时的罪名可能是藐视法庭罪。①

必须注意，以上证据规则并不必然与陪审团存在内在关联性。书证优先规则、有利害关系的人不能作为证人规则，主要不是基于对陪审团的不信任，而

① ［美］弗洛伊德·菲尼：《非法自白应否在刑事诉讼中作为证据使用》，郭志媛译，载《中国法学》2002年第4期，第159页。

是基于对当事人的主观倾向性可能导致的不可靠存在担心。非法证据排除规则主要是因为法律比较野蛮，处罚非常严重，处于限制警察并尽可能实现降低有罪判决率的考虑。18世纪一些野蛮的法律充满暴力，在那样一个时代每一个重罪都被判处死刑或流放，法律实施人员包括没有纪律约束的警察，他们缺乏中央观察委员会和监察人员的约束。没有法律救济机制，没有上诉机制，司法程序因此不得不设计一套人为的规则，以保护被告人免受危险，这些危险现在已为其他更合理的方法免除。

三、对抗制与英美法系证据规则的发展

（一）对抗制出现前的防治裁判错误的方法

中世纪陪审团与法官的关系中，法官并不是如现在一般消极，为防止将来的判决在异议程序中被推翻，法官总是在审判程序中即采取积极措施，控制陪审团的证据评价、事实认定及案件裁判。其中最常用的控制方法是通过指示机制与陪审团讨论案件，并使可能的错误预先得到纠正。为了实现实质的指导陪审团、控制并纠正可能出现的错误，审理过程中的法官不是和今天的法官一样仅仅是消极地主持审判程序，并让当事人的代理人、辩护人独领风骚，而是相当积极。在17世纪及18世纪早期，法官审核证人及被告，并如大陆法系国家和地区的法官一样主宰整个审判程序，同时法官还要在法庭上就听审证据及当事人的争论制作书面记录，这被称为法官笔记。法官笔记的目的是于审判结束时概括并指示陪审团。① 逻辑以及实践中可能出现的情况是法官对陪审团的控制或者法官与陪审团的案件讨论没有按照法官设计的路线进行的情况，可能的处理措施是对陪审团的处罚，法院可能对拒绝配合的陪审员作出没收土地或者财产的处罚。“早期的陪审制中，也会出现对陪审员实行监禁直至其作出有罪裁决为止的现象。如星座法院中，对于拒绝作出有罪裁决的陪审员，法院可能对其处以没收土地或财产的处罚。”②

（二）对抗制的出现及发展

1. 对抗制的出现及导致的法庭审理结构的变化

17世纪以前还不是对抗制，刑事审判中采用被告人自行辩护的方法，审判的主要目的是给予被告人面对指控就对其不利的证据亲自陈述的机会。③ 辩护律师在事实问题上的参与是被禁止的，当时的基本观念是被告人本人辩护有

---

① John H. Langbein，Historical Foundation of the Law of Evidence：A View from the Ryder Sources. Columbia Law Review. 1996. No. 5. p1177.

② Vidmar，Neil. World Jury Systems. Oxford University Press. 2000. p55.

③ John. H Longbein，《对抗制的起源》，邵夏虹译，载《研究生法学》2008年第2期，第145页。

助于查明案件事实。对于错误的起诉，被告本人也可以很好地通过无辜辩护得到澄清。但 17 世纪末的几个案件都在很大程度上导致了错误的定罪，并因此颠覆了以上观念。这些案件分别是 1678—1680 年的天主教阴谋案、1683 年的麦酒店谋杀案、1685 年的血腥巡回裁判案。司法不公已是当时普遍的共识，英国借助 1688—1689 年的光荣革命，于 1896 年通过了《叛国审判法》，允许被起诉叛国罪的被告人在审理案件前与审理案件时拥有辩护律师协助辩护。后来进一步扩展到其他的刑事案件的审理中。律师主导审判带来的结果之一就是降低了法官及被告人在法庭上的作用。“在主询问和交叉询问证人的过程中，英国的法官对发生的事情几乎是陌生的，至于被告人，他无须自我辩护，以至于即使用一个竹竿顶着他的帽子并以此代替他出庭，也不会有什么不同。”①

2. 现代证据规则的成形及发展

传闻证据排除规则。现代的传闻规则可以追溯至 1603 年的 Walter. Raleigh 案，不过该案却是依据被告朋友 Gobham 未到庭的强制自白判决被告犯叛国罪。该案受到广泛谴责，1675—1690 年才确立了口头传闻和笔录证言传闻的排除规则。非法证据排除规则。到 1775 年英国法官曼斯菲尔德爵士阐明不适当的自白应予排除，“这样的询问和自白不能在审判中被用作反对被告人的证据”②。几年后，另一个英国法庭更为清晰地阐明了排除规则：“通过抱有某种希望的奉承或者使人产生恐惧的刑讯从被告人处强行取得的自白，当其被作为有罪证据加以考虑时是如此值得疑问，以至于不应给予其任何信任，因此它应被排除。”③

非法证据排除规则特别是非法供认的排除规则，在理论上也开始发生变化，从最早确保供认的真实性，到对公共机关的信念之维护。Wigmore 在 1949 年提出，法院逐渐走出其传统的理论依据——按照传统理解排除供认主要是确保供认的真实性——开始了近一个世纪或者更短的时间，排除规则为法院高级委员会及星座法庭宣告，排除规则应与反对自我归罪的特权相联系。

最佳证据规则。吉尔伯特在其 1754 年出版的《证据法》中，首次提出了最佳证据规则。具体内容为：其一，书证的证明力高于口头证据；其二，公文书高于私文书；其三，物证的证明力被忽视。不过，这整体上不属于证据排除的范畴，而属于证据评价的范畴；而且该规则在非知情陪审团时就已经存在，其与陪审团的转变并没有任何关系，其以后的存在只是一种历史延续原因造成的存在。

① John H. Langbein, Historical Foundation of the Law of Evidence: A View from the Ryder Sources. Columbia Law Review. 1996. No. 5. p150.

② Rudd's case, Leadch. Cr. C. 115. 118. Eng. Rep. 160. 161. （1775）

③ Warickshall's case. Leadch. Cr. C. 263. 263 – 264. Eng. Rep. 234. 234 – 235. （K. B. 1783）

第三章　民事证据的种类和分类

案例导入：

甲与乙因合伙购买奖券发生争议，甲称其与乙在QQ上约定两人合伙购买奖券，其中甲负责技术分析，乙负责出资，双方约定利润分配比例为甲20%，乙80%。在双方的合力下，中一等奖1个，二等奖13个，扣除税款后合计获利润470多万元，按约定甲应得93万余元。乙仅向甲支付了10万元。双方为此发生纠纷，甲将乙诉上法庭。甲提供的证据有：（1）QQ上的两人聊天的部分记录，表明两人确实存在过合伙，但关于合伙分成的约定已经不存在了；（2）甲在与乙打电话的过程中做的电话录音，内容是乙承认双方有二八分成的约定，但自己能给10万元已经很不错了；（3）QQ上乙通知甲中奖，并邀请甲一同领奖的内容；（4）乙给甲汇款10万元的通知单；（5）奖券销售处的工作人员的证言，说该体育奖券均是外国足球方面的，一般是年轻人所买，没有向老年人卖过。乙反驳说自己没有与对方签订协议，也没有中奖，自己给他10万元纯是基于朋友之间的义气。乙提供的证据有：（1）乙的陈述，奖券是自己母亲所买，不是自己所买；（2）乙的母亲的证言说该奖券确实是自己所买；（3）领奖处的工作人员称该奖券的奖金确实由乙的母亲领走；（4）乙的陈述：自己给甲10万元出于自己的义气和对朋友的帮助，不是给甲的中奖分成。

第一节　民事证据的种类

民事证据种类是根据法律规定和民事证据的外在表现形式对民事证据所作的分类，在我国民事诉讼中有重要的意义。首先，民事证据的种类合法或者民事证据的形式合法是民事证据合法性的重要内容。当事人向法院提交的证据必须是《民事诉讼法》第63条规定的证据形式，理论上认为法律规定的证据形式以外的证据不得向法院提交，即使当事人提交于法院，法院也不能以之作为认定案件事实的依据。其次，当事人向法院提交不同形式的民事证据的方法是不同的。根据《民事诉讼法》以及《民事诉讼法解释》当事人向法院提交书证必须提交原件，提交外文书证的还必须提交中文译本；向人民法院提交物证的必须提交原物，不得提交复制品或者照片；向人民法院提交证人证言的，必须传唤证人出席法庭，接受审判人员和当事人双方的询问；向人民法院提交鉴定意见的，必须提交书面鉴定意见书，法律对鉴定意见书的形式内容做了严格规定；向法院提交电子证据除可以在网络全面覆盖的法院直接上网提交外，对于电子数据发布信息主体还需要借助其他的证据形式，甚至需要公证部门的公证来完成。再次，对不同形式的民事证据应该采取不同的质证形式。证人证言主要是反映证人对案件事实的感知、记忆、陈述过程，由于其中含有证人对案件事实的主观认识活动，因此证人证言质证中侧重质疑证人感知、记忆、陈述的准确性。当然，审判人员在司法实践中总结出了许多证人证言的判断方法，丰富了民事证据法学的理论研究。这些方法包括利害关系判断法、矛盾刺破法等，不管何种方法，其核心都是考察证人证言是否客观。对于鉴定意见，除必须做必要的形式审查外，还必须进一步审查鉴定人的专业领域、鉴定人鉴定的过程、鉴定的材料、鉴定人的技术水平等因素。而对于书证的质疑在实践中通常围绕着书证是否为真实、书证的内容是否真实即书证是否全面反映案件的运动发展过程。最后，不同形式的民事证据在民事诉讼中的地位可能是不一样的。由于书面材料常常是民事法律行为实施的载体，因此书证在民事诉讼中具有不同于刑事诉讼的地位。同时，由于很多民事案件的发生缺乏相应的证人、物证，加之实体当事人常常是诉讼当事人，其了解案件发生、发展的全部过程，因此民事诉讼当事人陈述就具有刑事诉讼中犯罪嫌疑人、被告人自白不曾有的意义和价值。

一、英美法系国家和地区的民事证据种类及其特征

（一）民事证据种类

英国的民事证据分为三类：分别是口头证据（testimony）、文书证据（document evidence）、实物证据（real evidence）。英国大百科全书中关于证据的分类也采取以上分类方法，同时对每一种类民事证据的界定也比较宽泛。如针对文书证据，英国1968年《民事证据法》第10条规定：“文书除书面形式外，还包括地图、图表、图纸、图画、照片、唱片、磁带、声迹等，以及收录有关可见图像加以复制的影片、底片、磁带或其他装置。”美国民事司法采取二元制的体制，即各州和联邦法院系统各自采取不同的司法体制，也采取分离的或者二元化的民事证据制度。各州民事证据法上的规定有一定不同，有的州将证据分为人证（testimony of witness）、实物证据（real or physical evidence）、

文书（document or writing）三类；有的州将证据分为人证、书面证据、实物、司法认知（judicial notice）四类。有学者认为，《美国联邦证据规则》将证据分为司法认知、品格证据、人证、传闻证据、鉴定或者辨认、文书证据。其基本依据是《联邦证据规则》规定的各章名称，如第二章是司法认知，而第九章是鉴定与辨认。[①] 事实上在美国联邦法院系统中，传闻证据和品格证据都是属于应当排除的证据，虽然《美国联邦证据规则》规定了各种例外，但从基本原则上是应当排除品格证据和传闻证据的。另外，可以看出《美国联邦证据规则》在人证以及鉴定与辨认中都规定了许多证据内容，因此断定《美国联邦证据规则》对证据种类是开放的。澳大利亚《1995 年证据法》规定的证据种类是人证、书证以及其他证据。在谈到其他证据时该证据法第 52 条规定："本法并不影响澳大利亚的其他法律或者实践上的规则发挥作用，这些规则许可提出书证以及人证以外的其他证据方法。"[②]

（二）民事证据种类规定的特征

1. 证据种类上的开放性

英美法系国家和地区民事证据方面的立法虽然仅仅规定了三种主要的民事证据形式或者种类，但法律从来没有将民事证据限定为以上三类，此三类以外的证据，只要能够促进对案件事实的证明或者能够削弱对案件事实的证明都可以作为证据。同时，对于某一具体民事证据种类在内容上也不做严格限制。例如，书证的具体内容，前述英国 1968 年《民事证据法》第 10 条的规定，在书证上极其宽容，并不是说一定要写在书面材料上的才可以。Peter Murphy 指出："采用各种类型的无论是法律还是非法律的词汇来组成等同划一的术语，以此来鉴别和分辨不同种类的证据是不可能的事情……对证据的探索，是一种最贴近实际的命题，不能随心所欲地创设一种系统的或一成不变的定式，而是适应现实生活中的不同情况和需要，证据制度贯穿于每个诉讼阶段的所有实际法律过程，它并不单纯地受制于学理上的归纳分类。"[③] 詹尼·麦克埃文则认为，在对抗制审判中，法院要依靠大量的、对证人证言真实性和可靠性的看法判案，获得观察和听取证人作证的机会相当重要。法庭除了考虑证人提供的证据内容，还要考虑证人的表情和举止、行为。证人身材高大、体格健壮或者有残疾都可能有相关性。

---

① 张永泉著：《民事诉讼证据原理研究》，厦门大学出版社 2005 年版，第 44 页。

② Adducing of other evidence not affected This Act（other than this Part）does not affect the operation of any Australian law or rule of practice so far as it permits evidence to be adduced in a way other than by witnesses giving evidence or documents being tendered in evidence.

③ Peter Murphy. A Practical Approach to Evidence，Blackstone Press Limited. 1992. p. 5.

2. 证据种类上比较概括

当事人的陈述、证人的作证等都统一地规定为人证，而对于证人虽有专家证人和普通证人的区分，但在诉讼权利和诉讼地位的规定上，并不把两者区别开来。采用相同的传唤方法、询问方法。而且专家证人和普通证人一样都是当事人的证人，而不是法院的证人。

3. 没有规定勘验笔录这样一种证据形式，代之以实物证据

有学者指出，“所谓实物证据一词是用于那些虽然在形态上各不相同但却有一个共同的特征，即可供事实审理者对有关物体、人身、场所或环境予以观察并得出结论，以便通过自己的感知作用于特定的目的”①。另外的观点则认为，“实物证据是指针对案件中的系争事实，通过对该类证据的外观便可使事实审理者从中亲自感受，并得出有关结论”②。当然，英美法系国家和地区对物证范围的认识并非完全一致，例如，我国民事证据中的视听资料在英国被归入文书证据中，而在美国却是物证的一种重要形式。根据物证对裁判者心证形成的不同影响方式，美国证据法律制度将物证分为实在证据和示意证据。实在证据，是指当事人可以将之提交到法庭，并在法庭上向陪审团或者其他事实裁判者展示的实物证据。对此种证据审查的方法是当事人双方律师之间的交叉询问，核心是该物证提取过程中是否存在环节上的中断；而示意证据，它不是真正的原物或实在的东西，而是仅仅用于作解释或说明目的的实物材料。是一种视觉或听觉的辅助材料，如绘图、模型或照片。③ 示意证据分为选定的示意证据和复制的示意证据，前者主要是指选定的样本，后者则是指复制品。示意证据具有证明力必须具备两个要素，这也是辩论的基本内容：其一，该展示物表明的状况不得与争议事件发生时存在的状况有实质性差异；其二，必须由具备相应知识的人作证说明该示意证据材料真实且公正地表现了其本意要表明的事实。④ 麦考密克将以上两种实物证据（即实在证据和示意证据）统一称为展示证据，但仍然区别实在证据和示意证据。展示证据中的“示意物证还常常恰当，并且令人满意被用来代替实物证据。……在交易中所实际涉及的，或者当时出现的物件可能会丢失或者无法提出，或者证人无法证明法庭上出现的物件就是原先他们所观察的同一物件”⑤。必须注意，在英美法系国家和地区的学

---

① Peter Murphy. A Practical Approach to Evidence，Blackstone Press Limited. 1992. p549.

② Jack H · Friendenthal. Michael Singer. The Law of Evidence，the Foundation Press Inc. 1985. p226.

③ ［美］乔恩·R. 华尔兹著：《刑事证据大全》，何家弘等译，中国人民公安大学出版社 1993 年版，第 48 页。

④ ［美］乔恩·R. 华尔兹著：《刑事证据大全》，何家弘等译，中国人民公安大学出版社 1993 年版，第 49 页。

⑤ ［美］麦考密克：《麦考密克论证据》，中国政法大学出版社 2004 年版，第 439 页。

理上，也有证据法学家将实物证据称为勘验（atopic preference），这些实物是勘验的对象，又可以称为“实况观感证据”①。

英美法系国家和地区在民事证据种类上采取开放性态度的基本原因是英美法的判例法传统和经验主义。Murphy 认为，英美证据法并没有把证据的种类限定在一定的范围内，而是开放性的，以适应社会发展过程中可能出现的那些未知信息资源，同时也为法院在民事诉讼活动过程中创设新的司法先例预设了空间范围，完全符合其判例法的传统。而经验主义要求司法制度应当根据实际生活中的经验予以调整，不能是抽象理论概括出来的一成不变的条文。

二、大陆法系国家和地区的民事证据种类及其特征

（一）民事证据种类

1. 德国和日本的民事证据种类

德国和日本的民事证据种类包括勘验、人证、鉴定、书证和询问当事人。对证据方法的规定主要是规定证据调查程序的附带产品，立法并不是刻意规定证据方法或者证据种类。如在勘验方面，《德国民事诉讼法》第 371 条规定，申请勘验应标明勘验标的，并提出应证明的事实。第 372 条规定，受诉法院可以命令鉴定人一人或者数人参与勘验。学者认为大陆法系国家和地区勘验证据不仅包括——如同法律中的称谓和措辞所规定的一样——法官对物品的视觉感知，而且包括法官借助感官对人、物或电子文件之性质的直接感受。即勘验证据不仅包括看这样一种感觉方式，而且包括听、尝、闻和触觉等感觉方式。勘验中可以借助鉴定人的帮助，但勘验与鉴定的区别在于勘验更多地决定于法官个人的感受，而不是鉴定人的感受，“如果被聘任的鉴定人只在法官感知的时候提供帮助，则涉及的是勘验；如果相反由鉴定人本人通过利用他专业上的专门知识实施勘验并仅告知法官以结果，则涉及鉴定证据”②。在勘验客体处于法官无法达到的地方时，则法院的法官可以将勘验任务委托给勘验助手，该助手是法院的帮手，不是证人，也不是鉴定人。他与鉴定人的区别在于他不需要任何专门知识。如果负举证证明责任的当事人拒绝勘验，则其应承担败诉的结果，对方当事人拒绝勘验则可以按照证明妨碍制度处理。第三人一般不能拒绝勘验，但如果第三人享有拒证权时则可以拒绝。第三人的拒绝勘验行为是否合法，由法院在听审当事人后通过中间判决先行裁判。该判决所涉及的人可以即时抗告形式对之声明不服。

---

① Leon Letwin. Evidence Law：Commentary，Problems and Cases. Matthew. Bender and Co. 1986. p21.

② ［德］汉斯－约阿希姆·穆泽拉克著：《德国民事诉讼法基础教程》，周翠译，中国政法大学出版社 2005 年版，第 254 页。

2. 法国的民事证据种类

法国的民事证据种类规定于民事实体法中，其民事证据种类分为包括书证、人证、推定、当事人自认、宣誓。必须注意推定并不是一种证据种类，实际上是一种事实认定的方法或者方式；当事人诉讼自认的功能是限制诉讼证明的范围，对于当事人诉讼自认的事实不需要再作为证明对象，对于当事人没有诉讼自认的事实，仍然需要证据证明。因此，诉讼自认也不能作为一种证据方法，仅能作为限制证明对象的道具。

3. 意大利的民事证据种类

《意大利民事诉讼法》将民事证据分为可自由判断的证据和法定证据。自由证据被称为自定证据，而法定证据必须借助法律的规定才能确定其证明力。包括书证、当事人自认、当事人宣誓、确定性推定以及证人证言。立法及实践上把间接证据（circumstance evidence）作为一种推定来对待，认为在推定与间接证据之间存在着一种逻辑关系：两者均为媒体或者中介，从一种已知事实推导出另一未知事实，因而使得两者之间存在着间接的关联关系①。没有专家鉴定，但有技术咨询。法官可以获取专家的意见和建议，专家作为法院的辅助人员发挥作用，协助法官获取证据和评价证据的效力，专家意见对法官自由评价证据价值和认定案件事实没有任何约束力。

（二）大陆法系国家和地区证据种类规定上的特征

1. 承认鉴定人地位的独特性

将鉴定人作为法院的辅助人，认为其任务是协助法院解决专门的专业问题。因此，法律上对鉴定人的要求比较高，管理也比较严格。

2. 没有物证这样一种证据种类

大陆法系国家和地区立法上并未直接规定物证的内容，通常将物证作为勘验、鉴定或保全的对象和内容。法官根据感觉的作用，直接经过检查物体的性质、状态及事物的现象而得到的结果作为证明资料的调查证据方法叫作勘验。作为勘验对象的物或场所叫作勘验物。如果把书证所记载的内容意思不作证据而检查文书所用的纸张的质地和笔迹或者把询问证人的陈述不作证据，而检查其姿容和身体，均属勘验。② 原因也许是在大陆法系国家和地区的人们看来，案件在发生、发展过程中遗留下来的客观痕迹，本身没有任何意义，必须由有关主体去认识它，并赋予其意义；同时，民事证据意义的发现不能委诸于当事人，只能交由法院判断。对于客观痕迹，大陆法系国家和地区又认为它是独立

---

① Mauro Cappelletti, Joseph M. Perillo. Civil Procedure in Italy. Martinus Nijhoff. 1985. p189.

② ［日］兼子一、竹下守夫著：《日本民事诉讼法》，白绿铉译，法律出版社1996年版，第127～128页。

于当事人之外的，因此不承认当事人自身对其的观察、认识和分析，而强调由法院依职权去观察这些客观的痕迹，这种情况，在大陆法系国家和地区被称为勘验或者鉴定。

3. 民事证据种类不是封闭的

没有任何一个国家和地区的立法规定，证据只有以下几种，相反许可证据随时代的发展增加不同的种类。这可以从以下几个方面看出：其一，立法对民事证据种类没有明确限定；其二，各国关于民事证据种类的规定，在形式上也是不同的；其三，仅规定民事证据调查的程序，而不规定民事证据调查对象。

4. 对某一种类的民事证据形式，也没有立法上的限定性

我国台湾地区“民事诉讼法”第363条规定：“图书、照片、录音、录像、软硬磁碟、打卡片等均可表达人类的思想，被视为准文书，作为证据方法时，适用文书的规定。”

三、我国民事证据的种类

（一）我国民事证据的种类及其特征

2012年《民事诉讼法》第63条规定：“民事诉讼中的证据有以下几种：当事人陈述、书证、物证、视听资料、电子数据、证人证言、鉴定意见、勘验笔录。”相对于1991年《民事诉讼法》对民事证据种类的规定，2012年《民事诉讼法》对证据种类规定的变化：一是增加了电子数据这样一种证据形式。此变化适应了社会生活发展变化的现实需要，事实上从21世纪开始以数字信息作为媒介从事民商事法律行为的现象逐渐普遍，电子商务也成为一种重要的商务形式。在这样的背景下，如果仍然将电子数据排除于民事证据种类之外，结果将是背离发现真实的诉讼目标，远离司法本应当追求的正义。二是将鉴定结论改为鉴定意见。该修改符合我国鉴定制度改革的实际情况，体现了鉴定人出具的鉴定报告所具有的可以质疑的属性，并与《民事诉讼法》规定的鉴定人出庭、专家辅助人制度相呼应、协调。三是将当事人陈述前移，由原来的第五位提升为第一位，体现了民事诉讼的特点，符合民事诉讼的规律。

相对于其他国家和地区的立法，我国《民事诉讼法》关于民事证据种类的规定具有以下几个特征。

1. 民事证据种类上采取封闭主义立法方法

立法形式采取的表述方式在民事证据中有以下几种：当事人的陈述、书证、物证、视听资料、电子数据、证人证言、鉴定意见、勘验笔录。即是说，其他种类的证据范畴，都在合法的证据种类以外。民事诉讼理论一般也认为民事证据的合法性包括收集主体合法、收集程序合法、证据形式合法、证据调查

程序合法。民事证据种类上的封闭主义方法，最早可以追溯到苏联民事诉讼中的“诉讼形式许可规则”。按照该规则，证据的关联性由证据的内容决定，证据的许可性“则是与证据的诉讼形式有关的，也就是决定于诉讼证明手段的性质，而不管证据中的材料内容如何”①。剔除证据的任何一方面，包括证据的形式，就等于取消了整个证据。当然，封闭主义的民事证据种类规定方法，也在较大程度上反映了立法对司法的不信任，以及这种不信任背景下的对裁判者自由采信证据的限制。悖论可能在于有着悠久立法优先主义传统的大陆法系国家和地区，在民事证据种类的规定上，却没有采取封闭主义的立法方法。民事证据种类上的封闭主义方法，虽然能够实现证据形式的法定性、明确性，便于约束裁判者的自由裁量权，不过其缺点极其明显，那就是缺乏民事证据种类的开放与包容，无法适应社会生活的发展与变化。

2. 倾向于更加具体、细致的证据分类方式

以言词证据为例，我国《民事诉讼法》规定的言词证据包括当事人陈述、证人证言，而在英美法系国家和地区，当事人在作为证据方法时与证人具有相同的诉讼地位，并采取相同的询问方法。就言词证据中的证人而言，我国《民事诉讼法》将证人证言与鉴定意见严格区别开来，在出席法庭、询问方法方面都做严格不同的规定，而在英美法系国家和地区，虽然有一般证人和专家证人的区分，但两者在诉讼地位、询问方法等方面没有太大的区别，立法也将之一起规定。同时与两大法系国家和地区均不同的是，我国《民事诉讼法》将视听资料作为一种单独的证据形式，而非将其规定为书证或者物证。将勘验笔录与物证分别作为证据形式规定，将视听资料与电子数据分别规定。

（二）几种特殊的民事证据种类

1. 书证

书证是以文字、符号、图画等所表达的思想内容来证明案件事实的书面文件。必须注意，这里的书面文件是广义的，而不是狭义的，书证记载的内容可以纸张为载体，也可以其布帛、木材、石头、塑料等为载体。书证的特点包括：

其一，书证不是一般的物品，而是用文字符号等表达一定思想内容的物品。换句话说，书证不是依靠其外在形式、自身存在证明案件事实的，而是依靠其记载的内容证明案件事实。反过来讲，如果书面文件不是以其记载的内容证明案件事实，而是以其自身的存在情况证明案件事实，如以某人的驾驶证遗留在现场证明案件的当事人，驾驶证这样一个书面文件就是作为物证形式出现的。

---

① ［苏联］特列乌什尼科夫著：《苏联民事诉讼中的证据与证明》，李衍译，西南政法学院印行1983年版，转引自何家弘、张卫平主编：《简明证据法学》，中国人民大学出版社2018年版，第28页。

其二，书证有较强的稳定性。详细地说就是，书证记载的思想内容，一般情况下消失的可能性比较小，容易被保存下来。书证的稳定性也是相对于其他民事证据而言的，民事证据中的痕迹等物证，受自然环境的影响比较大，很难长时间存在；证人证言随着时间的推移以及证人年龄的增长，证人证言所能揭示的案件事实的信息量也会逐渐减少。这在较大程度上体现了人类记忆随时间而递减的规律。

其三，书证有较高的证明力。书证较高的证明力是相对于物证等证据形式而言，物证在一般情况下不能单独证明案件事实存在与否，因此一般表现为间接证据。而由于民商事法律关系的往来往往采用书面形式，特定书面形式的存在结合其内容就能够证明特定的民事法律关系的发生、变更和终止，因此在相当多的情况下书证具有单独证明案件事实的能力。例如，借条的存在结合其内容可以证明借贷法律关系的发生及其具体内容，结婚证的存在结合其内容可以证明特定主体之间存在合法有效的婚姻关系。

书证依据内容可以分为处分书证和报道书证。处分书证是指当事人透过特定的书面文件处分民事权利和民事义务，通过特定的书面文件实现法律关系的产生、变更和终止，如当事人之间订立的书面合同、当事人之间的解除合同协议等。报道性书证虽然不能单独导致民事实体法律关系的发生、变更和终止，但是可以在一定程度上反映民事法律行为发生的时间、地点、参加的人员、具体的背景等，如会议记录、会计账簿等。两种书证的证明力不同。处分性书证常与案件事实有直接关联性，可以单独证明案件事实；报道性书证一般与案件事实没有直接关联性，证明力较弱；同时对两种书证的审查方式也有区别。对于处分性书证不仅要审查其形式，而且还要审查其内容是否符合法律的规定，能否产生法律规定的效果，而对于报道性书证则重点审查其形式。

根据制作的主体不同，书证可以分为公文书、私文书。划分两种文书的意义在我国有历史性的变化。根据2001年最高人民法院颁布的《民事证据规定》，两种文书的证明力不同。《民事证据规定》第77条规定："国家机关、社会团体依职权制作的公文书证的证明力一般大于其他书证。"而2015年《民事诉讼法解释》则赋予两种书证以不同的审查方式，即裁判者一般情况下应当推定国家机关或者有社会管理职能的组织在其职权范围内制作的公文书所记载的事项为真实，[①] 而对于私文书法院不能推定其为真实，提供私文书的当事人要采取必要的措施证明其真实性，法院也应当对其真实性进行认真审查。私文书证的真实性，由主张以私文书证证明案件事实的当事人承担举证责任。[②] 但是，私文书证由制

① 参见《民事诉讼法解释》第114条。
② 具体可参见《新民事证据规定》第92条第1款。

作者或者其代理人签名、盖章或捺印的，推定为真实。[①] 私文书证上有删除、涂改、增添或者其他形式瑕疵的，人民法院应当综合案件的具体情况判断其证明力。[②]

书证根据形式要求不同可以分为普通书证和特别书证。普通书证和特别书证之间的区别在于其发生效力的条件不同，普通书证往往是制作人签字盖章即具有效力，而特别书证还必须履行其他必要的程序。普通书证与特别书证的划分一般是针对能够导致特定民事实体法律关系发生、变更、终止的书面文件而言的。

书证根据其制作的方法和使用的对象分为原本、复印件、誊本、摘录本、抄本或者正本与副本。原本是书证的原件，其伴随书证制作主体的书证制作行为而产生，没有经过任何中间环节或者第二手的环节。必须注意正本和副本都是原本，正本和副本区别的依据在于其不同的使用对象。如果书证的原本是按照其制作的目的而使用则一般称为原本，否则附带使用时则为副本。例如，提交于人民法院的起诉状，是按照其制作目的使用的，旨在启动民事诉讼程序，则其为正本；相对而言，送达给被告人的起诉状副本不能体现制作该诉状的直接目的，因此称为副本。誊本和抄本都是在原本的基础上，依据原本摘抄或者誊写而产生出来的。摘录本是誊本、抄本的一种特殊形式，是没有全部摘抄的抄本或者誊本。复印件是在原本的基础上借助复印工作而形成的在形式上、内容上与原件基本相似的第二手文件。原本与复印件等划分的意义在于两种情况下的书证提交要求以及证明力方面都有不同。《民事诉讼法》第70条规定："书证应当提交原件，物证应当提交原物，提交原件或者原物确有困难的，可以提交复制品、照片、副本、节录本。"《民事诉讼法解释》第111条规定："《民事诉讼法》第70条规定的提交书证原件确有困难，包括下列情形：（1）书证原件遗失、灭失或者毁损的；（2）原件在对方当事人控制之下，经合法通知提交而拒不提交的；（3）原件在他人控制之下，而其有权不提交的；（4）原件因篇幅或者体积过大而不便提交的；（5）承担举证证明责任的当事人通过申请人民法院调查收集或者其他方式无法获得书证原件的。"同时，《新民事证据规定》第90条第5项还规定，"无法与原件、原物核对的复制件、复制品"不能单独作为认定案件事实的依据。

我国《民事诉讼法》对书证提交的要求与英美法系国家和地区的最佳证据原则有异曲同工之妙。最佳证据规则中的主要内容是当事人提供书证应当提供书证原件，一般认为这一规则的理论基础是预防欺诈，但威格摩尔认为规则

---

① 具体可参见《新民事证据规定》第92条第2款。

② 具体可参见《新民事证据规定》第92条第3款。

的合理性的基本前提在于书面陈述在法律上的中心地位。正是因为这种中心地位，向法院提供文书的确切表达就具有非同一般的重要性，尤其是在涉及执行的或者处分性文书的案件中……细微的文字差异就意味着巨大的权利变动。[①]另外的考虑是：其一，通常应用复制文书的手段很可能会存在严重损害文书准确性的机会；其二，那些据称是对文书内容的记忆的口头证言，可能冒着比一般的关于其他情况的口头证言更大的出错风险。

2. 视听资料

以录音磁带、录像带、电影胶片或电子计算机相关设备存储的为证明案件事实的音响、活动影像和图形，统称为“视听资料”。视听资料一般可分为三种类型：其一，视觉资料。也称无声录像资料，包括图片、摄影胶卷、幻灯片、投影片、无声录像带、无声影片、无声机读件等；其二，听觉资料。也称录音资料，包括唱片、录音带等；其三，声像资料。也称音像资料或音形资料，包括电影片、电视片、录音录像片、声像光盘等。我国《民事诉讼法》中规定的视听资料包括录音资料和影像资料。

尽管《民事诉讼法》将视听资料作为一种独立的证据形式，但民事诉讼法学者倾向于将其作为书证的一种形式。理由一是其他国家和地区一般也是将视听资料等归入书证中。如前述英国 1968 年《民事证据法》第 10 条的规定以及我国台湾地区“民事诉讼法”第 363 条的规定。《美国联邦证据规则》第 1001 条规定的书证也包括各种电子形式的证据。文字和录音包括文字、字母、单词、数字或其替代物，通过书写、打字、印刷、影印、照相、磁脉冲、机械或电子录音或其他形式的数据汇编记载下来。一是符合书证的基本要求。一般认为书证是一种物件或者物品，且该物件是一定文字、符号、图表等的载体，当然这些文字、符号、图表等记载代表一定的意义和内容、含义，并能证明案件事实。《新民事证据规定》第 99 条第 2 款第 2 句话规定：“关于书证的规定适用于视听资料、电子数据；存储在电子计算机等电子介质中的视听资料，适用电子数据的规定。”

必须注意视听资料和一般书证仍然存在区别，首先，两者的载体不同。书证使用的是一般载体，借助的是纸张、图表、布匹等，而视听资料借助的是录音或者录像等。其次，两者体现的符号不同。一般的是书证文字、图表等，而视听资料是声音、图像，更为连续和生动，反映的含义、思想更加全面。再次，对其是否真实的审查方法不同。对于书证一般要审查其是否是原件，如果不是原件的话要审查其是否和原件一致，如果是处分性书证还要看其是否符合

① ［美］肯尼斯·S. 布荣等著：《麦考密克论证据》，汤维建等译，中国政法大学出版社 2004 年版，第 465 页。

法律规定的条件；对于视听资料的审查主要看其是否有剪切，并在此基础上审查其内容。最后，复制过程中失真的可能性大小不同。书证在复印、复制的过程中相对容易被篡改，而视听资料被篡改的可能性较小。

3. 电子数据

电子数据是指通过电子邮件、电子数据交换、网上聊天记录、博客、微博客、手机短信、电子签名、域名等形成或者存储在电子介质中的信息。《民事诉讼法解释》第116条规定："存储在电子介质中的录音资料和影像资料，适用电子数据的规定。"电子数据是2012年《民事诉讼法》新规定的一种证据形式，在数字化、信息化时代具有广泛的适用性和非常高的证明价值。《新民事证据规定》第14条规定："电子数据包括下列信息、电子文件：（1）网页、博客、微博客等网络平台发布的信息；（2）手机短信、电子邮件、即时通信、通信群组等网络应用服务的通信信息；（3）用户注册信息、身份认证信息、电子交易记录、通信记录、登录日志等信息；（4）文档、图片、音频、视频、数字证书、计算机程序等电子文件；（5）其他以数字化形式存储、处理、传输的能够证明案件事实的信息。"

学者们将电子证据的特征概括为以下几点：（1）电子证据的无形性。电子证据是以数字信息的方式存在于各种电子介质中，如QQ号、微信号、邮箱、微博客等，与传统载体不同，这些电子介质不能依靠通常的方法予以识别。（2）电子证据的快速传递性。电子证据的传递可以借助数字网络系统、信息系统实现快速传递，不受时间、空间的限制，且可以非常快地传递到收件人处。（3）电子证据的稳定性和安全性。相对于其他证据形式而言，电子数据一旦形成就难以篡改、删除。当然，这并非说电子数据的制作人不可以撤销已经制作的电子数据、不可以删除已经制作的电子数据，确实，一般情况下制作人都是可以删除自己制作的电子数据的。但删除是受限制的，一方面，电子数据一旦发送给其他主体，则制作人仅能删除其电子介质中存在的电子数据，但不能删除其他主体即接收人电子介质中的电子数据；另一方面，现代技术的发展已经使得恢复被删除的电子数据成为可能，当然，被删除的电子数据的恢复目前还可能受到时间的限制。

电子数据与一般书证的区别首先是载体不同。书证的载体是一般的纸张、布匹、木材等有形载体，而电子证据主要以数字信息为载体。其次，确定制作主体的方式不同。对于一般书证，其制作主体的确定主要依靠笔迹鉴别，在将视听资料作为书证的国家还以声音辨别、人物辨别等方式确认。而对于电子证据一般要查找信息终端所在处，查找电子介质的所有人或者管理人。再次，固定和提交方式不同。书证直接提交原本即可，而电子数据的提交一般要通过预先公证，并于公证的情况下将其内容提交法庭。特殊的情况可以当庭采集。《新民事证据规定》第15条第2款规定："当事人以电子数据作为证据的，应当提供原件。电子数据的制作者制作的与原件一致的副本，或者直接来源于电子数据的打印件或其他可以显示、识别的输出介质，视为电子数据的原件。"最后，可否复制不同。书证可以复制，电子数据不好复制。

人民法院对于电子数据的真实性，应当结合下列因素综合判断：（1）电子数据的生成、存储、传输所依赖的计算机系统的硬件、软件环境是否完整、可靠；（2）电子数据的生成、存储、传输所依赖的计算机系统的硬件、软件环境是否处于正常运行状态，或者不处于正常运行状态时对电子数据的生成、存储、传输是否有影响；（3）电子数据的生成、存储、传输所依赖的计算机系统的硬件、软件环境是否具备有效地防止出错的监测、核查手段；（4）电子数据是否被完整地保存、传输、提取，保存、传输、提取的方法是否可靠；（5）电子数据是否在正常的往来活动中形成和存储；（6）保存、传输、提取电子数据的主体是否适当；（7）影响电子数据完整性和可靠性的其他因素。人民法院认为有必要的，可以通过鉴定或者勘验等方法，审查判断电子数据的真实性。① 电子数据存在下列情形的，人民法院可以确认其真实性，但有足以反驳的相反证据的除外：（1）由当事人提交或者保管的于己不利的电子数据；（2）由记录和保存电子数据的中立第三方平台提供或者确认的；（3）在正常业务活动中形成的；（4）以档案管理方式保管的；（5）以当事人约定的方式保存、传输、提取的。电子数据的内容经公证机关公证的，人民法院应当确认其真实性，但有相反证据足以推翻的除外。②

4. 物证与勘验笔录

在我国民事诉讼中，物证与勘验笔录是两种独立的证据形式，之所以将之放置在一起梳理，主要是因为两者之间有非常紧密的关系，勘验笔录来源于物证，物证是勘验的对象。"勘验者，法官以五官作用于诉讼程序，观察某事实，而查验物体之行为也。勘验人依五官作用为止，不以视觉为限，听觉、嗅觉、味觉、触觉等皆为勘验。其查验之物体，谓勘验之标的物，勘验之标的不以物为限，如查验某人之身体，即以人为勘验标的物也。"③ 正是由于这样的原因，其他国家鲜有同时承认两种证据形式的，英美法系国家和地区认可物证，而不认可勘验笔录；大陆法系国家认可勘验，而不认可物证。苏联例外地采取了和英美法系国家一样的态度，规定勘验不能作为直接证明手段，"只是

---

① 具体可参见《新民事证据规定》第93条。

② 具体可参见《新民事证据规定》第94条。

③ 王甲乙主编：《民事诉讼法新论》，台北广益印书局1983年版，第437页。

在一些特殊情形下作为证明案件事实的辅助性措施"[①]。同时，我国理论上就勘验笔录与物证之间的关系长期存在争执，并不能形成统一的意见。

物证是指以其物质存在的固有特征发挥证明作用的物品或者痕迹。其特征一是具有较强客观性，物证是不依赖于主体的主观意识而独立存在的客观实在物。一是物证一般情况下不能作为直接证据。物证是客观存在的实在物，必须由认识主体认识其价值，并将其提交法庭。这样的过程往往是物证与其他证明手段、证明方法相结合的过程。一是相当数量的物证受自然原因影响较大，不宜长期保存。勘验笔录的概念有很多，其中仅针对民事诉讼而做的界定就是人民法院指派的勘验人员对案件的诉讼标的物和有关证据，经过现场勘验、调查所做的记录。其特点有以下几个方面：（1）派生性。勘验笔录是勘验客体派生出来的，不具有独立性；（2）综合性。其是对现场、痕迹、物证等进行的综合性记录；（3）规范性。勘验必须符合法律规定的要求，包括主体、程序、内容、技术等方面。

物证所具有的客观独立性以及不宜长期保存的属性决定了勘验在民事诉讼中的必要性，部分学者将勘验在民事诉讼中存在的必要性与人类的记忆规律联系起来，并认为是人类记忆规律使然。在他们看来，勘验对象对普通人来说极易产生闪光灯效应，而对于大量长期、相似地从事勘验、检查行为的人员来说却司空见惯；同类性质的案件往往极具相似性，而相似性是引起人类记忆混淆，并影响识记、保存、再现和回忆的重要因素；民事诉讼案件的办理常常历时几年或者更长时间；记忆是复制过去，人将过去所发生的一切，依自己的主观重新复制。在复制过程中，会以自己的主观填补遗忘的部分。这些遗忘的部分，人类会靠自己的想象、希望、畏惧来填补，心理学家称之为创意的遗忘（creative forgetting）或想象的记忆（imaginative memory）。[②]

关于物证和勘验笔录的关系，我国大陆学者大体形成了以下观点：

其一，物证否定论，认为物证不能作为一种独立的方法。理由是物证与待证事实之间的联系，需要认识主体发现，离开了认识主体物证没有任何法律意义。同时大陆法系国家和地区一般也不以物证作为一种证据方法，而将其作为勘验和鉴定的对象。[③]

其二，勘验笔录否定论，认为勘验笔录不能作为一种独立的证据方法。民事证据只有书证、人证、物证三种，物证完全可以吸收勘验笔录。理由是如果将勘验、检查笔录看作独立的证据存在一系列重大的理论问题，包括模糊勘验

---

① 毕玉谦著：《民事证据法判例与实务研究》，法律出版社2002年版，第43页。

② 蒋丽华：《论勘验检查笔录》，载《证据学论坛》第6卷，第366页。

③ 张永泉著：《民事诉讼证据原理研究》，厦门大学出版社2005年版，第54页。

检查笔录、鉴定意见的性质，无法解释毁灭证据的概念，抹杀勘验检查笔录对客体的依赖关系，造成证据力的混乱，两者均存在时，以何者为准?[①] 该观点存在的问题在于，有相当数量的案件办案周期比较长，而物证又特别依赖外部环境，有因为外部自然原因灭失的可能，此时如何完成案件的证明任务?

其三，区别勘验和勘验笔录，并同时将物证与勘验笔录作为两种并列的证据形式。何家弘教授认为勘验是一种证据收集的方法，是指调查人员对与案件有关的场所、物品、尸体或人身进行观察、检查，以便发现和收集证据、了解案件有关情况的活动。勘验笔录是勘验过程和勘验结果的记录，本身也是勘验活动的结果。同时他进一步承认勘验笔录本身就是一种证据形式，“利用勘验记录可以证明勘验发现的情况，证明勘验收集的实物证据与待证事实的关联及其可靠性”[②]。

其四，将勘验笔录归于其他证据形式。一般认为勘验笔录应当属于实物证据，少数观点或者认为勘验笔录应该是书证的一种，或者认为勘验笔录应该属于言词证据。后一种观点的主要依据是勘验、检查笔录能够起到帮助侦查主体回忆和再现的功能，是侦查主体作为证人作证的补充与辅助。[③] 适用的前提和背景是勘验笔录的制作主体，包括刑事案件中的警察也必须出庭作证，以体现诉讼法规定的直接原则。[④]

我们倾向于第二种观点，倾向于只承认物证的证据资格，而不承认勘验笔录的证据资格。考虑到诉讼过程中不同的勘验主体以及个别诉讼案件周期长且物证容易灭失的现实情况，认为应当区别不同主体的勘验和勘验笔录。其中法院的勘验是一种证据调查行为，勘验笔录应当作为法院证据调查的一种结果；其他机关包括公安、检察机关本身不是司法证明的判断者，因此也不具有证据调查的权力。其对物证现场等的勘验，仅仅能够作为对证据的一种保全方法，对于他们做的保全，法院要进一步审查，确定其保全的是否全面，有无主观因素，并在最终意义上决定，这种保全的证据是否有证据资格、证明力大小等，在否定其证据资格的情况下，应当认为控方没有履行其证明责任。那种认为公安机关、检察机关所作的勘验笔录对法院具有必须适用的效力的观点，是完全错误的。

---

① 裴苍岭:《论证据资料》，载《中外法学》1997 年第 6 期。

② 何家弘主编:《证据调查实用教程》，中国人民大学出版社 2000 年版，第 347 页。

③ 刘志鹏、赵欣、蒋丽华:《现场勘验质量控制问题初探》，载《江西警察学院学报》2013 年第 5 期。

④ 警察出庭作证为许多学者支持，并已经成为一种制度现实。龙宗智:《中国作证制度之三大怪现状评析》，载《中国律师》2001 年第 1 期。

第二节　证据的分类

一、证据分类概述

证据的分类，又称为学理分类，是指理论界在研究证据的过程中依据不同的标准，为更好地适用证据而进行的划分。证据分类肇始于英国证据法学家边沁，其在《司法证据原理》中把证据分为实物证据和人证、自愿证据和强制证据、言词证据和宣誓证据以及书证、直接证据和间接证据、原始证据和传来证据等。我们将证据分类与证据种类之间的关系概括为以下几点：其一，两者划分的标准不同。证据的种类直接源于法律的规定，而证据的分类则依据证据在诉讼中的不同的功能，并从不同的侧面研究证据；其二，划分的结果不同。证据的分类是依据法律的规定进行，仅能产生一元化的划分结果。而证据的分类可以从不同的标准进行，并使证据分类体现多元化的划分结果；其三，开放程度不同。证据的种类相对稳定、封闭，而随着研究的深入，对证据分类的研究也会逐渐深入，可能会出现证据分类的新标准，可以说证据的分类是开放的；其四，在中国划分的意义不同。不具备法定形式的证据被作为非法证据处理，而证据的分类对证据采信、证据评价会产生一定的影响。

二、原始证据与传来证据

（一）概述

根据证据的不同来源可以将证据划分为原始证据和传来证据。原始证据，又称为“原生证据”，是指直接来源于案件的发生、发展运动过程，是案件发生发展与客观外界相互作用留下来的材料，又称为第一手的材料。传来证据，又称为“派生证据”，不是直接来源于案件的发生、发展过程，而是由原始证据派生出来的证据，又称为第二手材料。划分原始证据与传来证据不是依据证据的外在表现形式，而是依据证据的来源，有些证据尽管在外观上是复制品，但其可能是原始证据。例如，侵犯知识产权案件中复印的商标、盗版的光碟，尽管是复制品，但由于直接来源于案件的发生发展，因此是原始证据。

必须注意，传来证据不同于传闻证据。传闻证据是指用于在法庭上证明待证事项的、在法庭外作出的陈述或者在法庭外发生的行为。[①] 或者说传闻证据就是提交的用于证明事实主张的、于庭外陈述的口头证言或者书面证言或者暗指

① Hearsay is a statement or assertive conduct which was made or occurred out of court and is offered in court to prove the truth of the matter asserted.

性行为，并使当事人无法行使其对质权的证据。从狭义上看，传闻证据系专就言词而言，即证人并非陈述自己亲身经历之事实，而仅就他人在审判外所为之陈述（原供述），代为提出以作自己之供述者而言。广义上看，包括证人在庭外做的书面证词，被当事人收集提交法庭作为认定案件事实的证据。传闻证据与传来证据的区别主要有：其一，适用范围不同。传来证据适用于各种二手材料、证据，传闻证据只适用于证词、书面笔录证言以及其他具有暗示意义的行为。有些证据虽然属于传来证据，但不一定是传闻证据。例如，提交法庭的书证复印件是传来证据，但不是传闻证据。有些证据虽然属于原始证据但可能是传闻证据，如提交于法庭的证人出具的书面证言；其二，划分标准不同。传来证据的划分主要是依据来源，传闻证据的认定主要依据提供证词的人能否到庭陈述，能否为当事人交叉询问之；其三，确认效果不同。确认属于传闻证据的证据无证据资格，传闻证据必须排除的原则，被称为传闻证据排除规则。确认传来证据与原始证据有较大差异的不可信，在英美法系不可信是审判阶段衡量的内容。

（二）划分的意义

划分原始证据和传来证据是因为两种证据的可靠性不同，原始证据由于直接来源于案件发生发展的运动过程，是案件发生发展与外界相互作用而遗留下来的，没有经过其他的、另外的中间环节，相对而言能够比较客观地反映案件事实的原貌；而传来证据往往经过了中间环节和认识主体的主观加工，在这样的过程中原始信息有可能被遗漏或者被扭曲，因此相对原始证据而言，其可靠性就打了折扣。而且，原始证据流转或者经过的环节越多，失真的可能性越大，证据也越不可靠。因此，在具体案件办理过程中，当事人收集证据、法院审查证据，要优先选择原始证据，这样的原则在英美法系国家和地区称为“最佳证据原则”。

（三）中国民事诉讼中的传来证据

其一，传来证据不能单独作为认定案件事实的依据，必须由其他的证据予以补强。《新民事证据规定》第 90 条第 5 项规定：“无法与原件、原物核对的复印件、复制品不能单独作为认定案件事实的依据。”其二，相对于原始证据而言，传来证据的证明力较弱。《民事证据规定》第 77 条第三项规定：“原始证据的证明力一般大于传来证据。”不过，《新民事证据规定》已经取消该项内容。其三，特定情况下，可以直接适用传来证据。原始证据无法取得的情况下，公安部《道路交通事故处理程序规定》第 8 条第 2 款规定：“发生财产损失事故，并具有前款第二项至第五项情形之一，车辆可以移动，当事人可以在报警后，在确保安全的原则下对现场拍照或者标划停车位置，将车辆移至不妨碍交通的地点等候处理。”

三、本证与反证

根据证据提出的目的是支持还是反驳负担举证证明责任当事人的事实主张，将证据分为本证与反证。本证（affirmative evidence）是负有举证证明责任的一方当事人为证明其主张的事实成立，而提供的证据；反证（rebuttal evidence）则指不负担举证证明责任的一方当事人为反驳对方主张的事实，阻碍对方当事人的证明活动而提供的证据。

划分本证与反证的意义主要有：其一，证据提交的程度不同。本证是负担举证证明责任的当事人为证明其主张的案件事实而提供的证据，为实现证明目的，负担举证证明责任的当事人提交的本证对案件事实的证明必须达到法律规定的证明标准。一般情况下，按照高度盖然性的证明标准，对本证提交的程度要求比较高；其二，提供证据的先后不同。在具体的诉讼中，负担举证证明责任的当事人负有最先提供证据支持其事实主张的义务，如果负担举证证明责任的当事人未能提供本证，或者提供的本证不足以支持其主张的案件事实，则不负担举证证明责任的当事人没有必要向法庭提交反证。在英美法系国家和地区，负担举证证明责任的当事人，一般情况下是原告，必须率先提出证据，且其证据必须达到一定的程度，否则，如果法官认为在任何一个理智的陪审员看来原告提供的证据都不能支持其主张，则可以不经审判直接驳回原告的诉讼请求。这样的判决也被称为直接判决；其三，在证据提供上的责任形式不同。负担举证证明责任的当事人必须提出本证，否则将要承担败诉的后果；而反证是否提出不负担证明责任的当事人享有较大的选择权。近来有学者提出反证的提出责任概念，认为不负担证明责任的当事人需要提出反证，且提出反证不困难的情况下有责任提供反证。

反证根据其证明的案件事实不同可以分为直接反证和间接反证。在负担举证证明责任的当事人以间接本证证明间接事实，然后希望借经验法则推导出案件事实时，相对人可以提供证据证明间接事实之不存在。相对人提出的该种反证被称为直接反证。① 间接反证是不负担证明责任当事人提出的可以证明其他不利于主要事实推定之间接事实的证据。“所谓间接反证就是，反证人对于其负有证明责任的某间接事实所实施的反证。”② 间接反证存在的情况是对系争的案件事实负担举证证明责任的当事人，虽然不能提供直接证据证明系争案件事实的存在，但提供了充足的间接本证，证明了多个间接事实的存在，裁判者

---

① 雷万来著：《民事证据法论》，台北瑞兴图书股份有限公司1997年版，第273页。

② ［日］高桥宏志著：《民事诉讼法——制度与理论的深层分析》，林剑锋译，法律出版社2003年版，第448页。

可以根据其证明的间接事实，依据经验法则推导出直接事实的存在，并因此使裁判者的心证判断不利于不负担举证证明责任的当事人。此时不负担举证证明责任的当事人，为改变此种不利情况，提供反证证明能够阻止该司法推理的其他间接事实的存在，并因此改变司法裁判者的心证状态。当然，不负担举证证明责任的当事人对间接反证证明的间接事实负有确定责任，有些学者也称之为证明责任，“间接反证时必须对作为反证的事实，达到证明程度。”① 但对于间接反证需要达到的程度，在理解上有分歧。我们认为，间接反证对间接事实的证明必须达到结合经验法则以及主张方证明的间接事实可以阻止依照经验法则所进行的对主要事实存在的推理。“就裁判之可能性的观点而言，在只求主要事实无法认定之基本要求下，间接反证之证明度只需达到足以决定，以该主要事实为构成要件之法律效果发生与否之程度即可。”②

四、直接证据与间接证据

根据证据对案件事实的证明程度或者证据的证明力可以将其划分为直接证据和间接证据，直接证据是指与案件事实有非常强的关联性，可以直接证明案件事实存在或者不存在的证据。间接证据是指与案件事实之间的关联性较小，不能单独证明案件事实的存在或者不存在，而必须和其他证据结合在一起才能实现对案件事实的证明目的的证据。

相较而言，直接证据具有如下特点：

其一，直接证据常与案件事实具有直接对应性，可以单独、直接证明案件事实，因此使用直接证据证明案件事实，不需要借助逻辑推理，证明过程比较简单，司法裁判者的事实认定过程也相对直接。也是由于这样的原因，古今中外的裁判者都比较青睐直接证据。“陪审员会在较大程度上低估间接证据、高估直接证据。调查表明陪审员对于证人辨认给予的评价高于其实际价值的5倍，相反关于法庭间接证据的研究表明，人们容易被说服不给予这些证据以任何价值。”③ 这主要是因为间接证据与案件事实没有直接的对应性，从间接证据到案件事实要经过复杂的推理过程，同时，以间接证据为基础的推理还常常是非结论性的推理，学者称这样的特性为间接证据推理的多元化。“依据间接证据为基础的推理可能”向完全不同的方向展开，“即使这两个方向上的推理的可能性也许是不相同的，这种开放的推理是各种形式的间接证据具有的内在

① ［日］兼子一、竹下守夫著：《日本民事诉讼法》，白绿铉译，法律出版社1996年版，第111页。

② 雷万来著：《民事证据法论》，台北瑞兴图书股份有限公司1997年版，第273页。

③ Kevin Jon Heller, The Cognitive Psychology of Circumstantial Evidence. Michigan Law Review. 2006. No. 2.

品质。”

其二，直接证据多表现为言词证据，并因此具有一定的不稳定性。言词证据首先受认识主体的影响，认识主体的认识能力、认识兴趣、与当事人的关系等都在不同程度上影响言词证据的客观性。其次，证人对其感知到的案件事实的记忆能力也有不同，且随着时间的推移记忆内容逐渐减少。换言之，在言词证据提交到法庭的三个阶段中，都有主观因素的影响。① 而间接证据多表现为实物证据或者其他的书面证据，具有较强的稳定性，以此为基础的诉讼证明和事实认定相对而言比较可靠。研究表明在刑事案件中68%的错误有罪判决源自直接证据方面的问题，只有9%源自间接证据方面的问题。基于此，Wigmore指出，一般地断言某类证据有更优于其他证据的证明价值是有问题的，有些学者甚至主张间接证据优于直接证据。“相对于未经间接证据证实的直接证据对案件提供的证明价值而言，同时出现的有较好真实性的间接证据构成了事实确信的坚实基础。”②

其三，直接证据在一般的诉讼中往往是一种稀缺资源。这主要是案件发生发展的规律决定的，相当数量的案件不是即时发生并完成的，甚至法律关系的设立也必须经过多个阶段或者包含多个事实，这样案件发生发展的运动与外界的相互作用也往往是发散的、零散的。另外有些案件事实，特别是涉及主观状态的事实基本上没有与之对应的直接证据予以证明。在美国根据联邦民事权利法案雇员可以基于雇主的歧视行为起诉雇主，但考虑到雇员证明的难度，美国联邦最高法院于1973年创制出了包含三个组成部分的证明构架，据此原告可以间接证据证明案件。有学者甚至从直接证据也需要查证的角度，否定直接证据的存在，在他们看来正是需要用其他证据佐证所谓的“直接证据”，所以可以说直接证据是不存在的。③

使用间接证据时应当注意的问题有以下几个：（1）间接证据不仅可以联合其他的间接证据以证明案件事实的存在或者不存在，还可以佐证直接证据的客观性。必须注意，间接证据对直接证据客观性的印证与补强证据规则下间接证据对被补强证据的补强之间还有一定区别。通说认为，补强证据规则下补强证据补强的是被补强证据的证明力，而不是补强主证据的证据能力。我国台湾学者陈朴生在论及自白补强规则时说：“自白补强证据之必要性，亦即为担保其真实性之程序上条件。唯自白之补强系证据价值问题，故必其有证据能力，

---

① Brinkley Messick. Evidence：From Memory to Achieve. Islamic Law and Society. 2002. No. 2.

② Kevin Jon Heller，The Cognitive Psychology of Circumstantial Evidence. Michigan Law Review. 2006. No. 2.

③ 李昌盛：《“直接证据” 真的存在吗?》，载《人民法院报》2014 年 2 月 28 日。

始发生自白补强问题。”[①]（2）在使用间接证据时必须慎重处理间接证据之间的关系。由于间接证据与案件事实之间的关联不是一元的，相反可能是多元的，为此当事人以间接事实证明案件事实时，必须注意其他的可能性；法院以间接证据认定案件事实时也注意其他经验法则存在的可能性，防止发生错误的判断。同时，不同的间接证据与案件事实的连接方向也可能是不同的，特别是在间接反证提出的情况下，使用间接证据时要保证间接证据结合在一起对案件事实的证明应当达到法律规定的证明标准。[②]（3）必须重视间接证据在诉讼中的作用。不仅因为间接证据是证据的常见形式，更重要的是裁判者在相当大的程度上存在忽视间接证据的倾向。心理学的研究表明，相对于直接证据而言，间接证据一般不会提供一致的故事结构，而且较为抽象，裁判者更愿意使用直接证据而非间接证据。

---

① 陈朴生著：《刑事证据法》，台北三民书局1992年版，第336页。

② 这种情况和刑事案件有一定不同，由于在刑事诉讼中采取非常高的证明标准，因此，刑事诉讼中间接证据的使用必须达到与间接证据之间能够相互印证，且能够形成统一的证据链条的情况，不能有任何合理的怀疑。

第四章　当事人陈述

案例导入：

案例1：原告诉称被告王伟年13岁，经常到原告家玩耍，一天趁原告家人不备，将原告装有3000元人民币的烟盒拿走，故要求被告监护人赔偿人民币3000元。诉讼中被告辩称，其虽然经常到原告家玩耍，但没有拿原告装钱的烟盒。法院经审理查明，原、被告系邻居，平时相处很好，被告经常到原告家玩耍，原告对待被告像对待自己的孩子一样。原告曾将3000元人民币装入一个烟盒中，准备为孩子办理城镇户口。后来发现钱不见了。事情发生后，原、被告曾经到乡镇法律服务所要求调解，被告父母均否认孩子拿了钱，调解无效，原告到法院起诉。

审理中原告提供了下列证据：（1）调解时法律事务所向被告王伟取证，王伟承认拿了钱，并有录音为证；（2）证人张某、陈某证实，诉讼前王伟向他们说过拿钱的事实；（3）王伟承认看见过烟盒中装的钱，并能够描述钱在烟盒中的放法。法院最后判决，被告虽是无民事诉讼行为能力人，但能够正确表达意思，判决被告的监护人赔偿原告人民币3000元。

案例2：原告张某向人民法院诉称被告赵某从其处借款人民币10万元，用于其个体生产经营，借期届满以后，经过多次催要被告赵某拒不返还，遂向法院起诉，要求法院判令被告赵某支付本金和利息，并由被告赵某承担全部的诉讼费用。原告为此向法院提供了由被告赵某签字的借条原件一份。被告赵某辩称，虽然从原告处借款10万元，该项借款也确实促进了其创业，但是被告已经偿还了该笔借款，并向法院陈述了还款的具体时间、地点和过程。为支持其抗辩，被告提供了由原告张某返还给其的借条原件。对于同一笔借款为何出现两份借条，原告、被告均无法作出说明。审理过程中当事人双方的共同朋友王某愿意出庭作证，其在作证的过程中，证实原告曾经向其陈述被告赵某已经偿还了借款，只是由于赵某没有按时还款，所以为惩罚他，才向法院起诉。法院据王某的证言，判决驳回原告的诉讼请求。

尽管不能从犯罪嫌疑人、被告人自白的角度理解民事诉讼中的当事人陈述[①]，但不可否认民事诉讼法一直将当事人陈述作为重要的证据方法[②]，2012年《民事诉讼法》甚至将其列为第一位的民事诉讼证据种类。不过，《民事诉讼法》关于当事人陈述之使用的规定相当粗略，体现为《民事诉讼法》第75条[③]，《民事诉讼法解释》对之也无具体规定。《新民事证据规定》第64条第1款规定，人民法院认为有必要的，可以要求当事人本人到场，就案件的有关事实接受询问。但对于何为必要，也未作具体规定。理论上对当事人陈述的范围、当事人陈述与其他证据的关系也缺乏具体研究，有必要对之认真梳理。

第一节　当事人陈述概述

一、当事人陈述的概念和特点

（一）当事人陈述的概念

对于何为民事诉讼中的当事人陈述，理论上争议颇大，实务上也没有明确的界定，相反处于一种我不说你也明白，我说也说不清，一切跟着感觉走的状态。理论上对民事诉讼当事人陈述的界定有采取广义界定的方法的，认为当事人陈述的内容不仅包括当事人关于案件事实的叙述与说明，而且包括当事人关于请求法院根据实体法作出对其有利判决的陈述。[④] 也有将之限定为事实领域里的，认为当事人陈述的内容可以分为两种情况：一是对自己不利的陈述，包括承认对方主张的对自己不利的事实；二是陈述对自己有利的事实。[⑤] 我们认为，理解何为民事诉讼中的当事人陈述不能简单地从民事诉讼法律关系的角度，以当事人向法院提出的书面的或者口头陈述为标准，相反，应当从民事诉讼证明和认定案件事实的角度界定当事人陈述。

据此，我们认为当事人陈述是民事诉讼当事人就案件事实向人民法院所作的陈述。这样当事人向法院提出的具体的民事实体权利要求，尽管有非常重要的

---

① 关于被告人自白的价值之论述，参见牟军著：《自白制度研究》，中国人民公安大学出版社2006年版，第43～50页。

② 也有学者提出中国民事诉讼法长期以来没有把当事人所作的对自己有利的陈述作为证据方法的传统，并在批判传统的基础上，认为应当将当事人陈述作为一种证据方法。参见张永泉著：《民事诉讼证据原理研究》，厦门大学出版社2005年版，第96页。

③ 《民事诉讼法》第75条规定："人民法院对当事人的陈述，应当结合本案的其他证据，审查确定能否作为认定事实的根据。"

④ 毕玉谦著：《民事证据原理与实务研究》，人民法院出版社2003年版，第271页。

⑤ 何文燕、刘波：《我国当事人陈述制度之检讨与重构》，载《法律科学》2007年第2期。

意义，可以体现不告不理的原则，并能够实现对法院裁判的约束，但其不属于证据法上的民事诉讼当事人陈述；当事人针对证据的证据能力和证明力所作的陈述，虽然可以影响裁判者对证据的评价以及据之展开的事实认定活动，但当事人对证据的证据能力和证明力的陈述无法约束法院的证据评价，特别是不能以之实现对案件事实的证明，也不能限定民事诉讼证明对象的范围。为此，也应当将之排除于民事证据法上所界定的民事诉讼当事人陈述之外。当事人陈述必须是当事人在案件审理的过程中向法庭所做的陈述，当事人在法庭上的陈述看似针对对方当事人的请求或者事实主张，但从民事诉讼法律关系的角度看，当事人的陈述应是向法庭做的陈述。当事人在庭外就案件事实所做的陈述对裁判者的事实认定活动无法产生影响，不能作为我们这里所谓的当事人陈述。当然，当事人于法庭之外向其他人或者对方当事人所做的关于案件事实的陈述，并非没有任何法律效力。如果当事人在庭外所做的陈述，能够为一定的形式所固定，则固定该陈述的形式即可以演变为一种证据。同时，直接原则和言词原则已经成为民事诉讼法的基本原则的情况下，当事人向法院所做的陈述可以书面形式作出，也可以口头方式作出，而且从发展的趋势看，当事人陈述主要是以口头方式作出。最后，理解当事人陈述需要注意的另一个问题是诉讼代理人就案件事实向法庭所做的陈述与当事人陈述的关系。诉讼代理人是在民事诉讼中依据法律的规定或者依据当事人、当事人的法定代理人的委托代理当事人实施诉讼行为的人，可以弥补当事人专业知识之不足，最大限度地维护当事人的合法权益。必须注意，并非所有的民事诉讼行为都是可以由诉讼代理人代为行使的，有些民事诉讼行为的实施与当事人的特定诉讼身份息息相关，只能由当事人实施，不能由诉讼代理人代理，例如，生效裁判所确定的义务的履行，对案件事实的了解和基于此种了解而向法庭所做的关于案件事实的陈述等。基于此，相当数量国家和地区的民事诉讼法许可法院命令当事人到场，即出席法庭。在德国实务上，地方法院中有53%的法院就受理之事件一半以上命当事人本人到场，而20%的法院就受理事件之大部分命当事人到场。“当事人本人不到场，他要叫他的代理人来的话，一定要该代理人对于见闻知识、事实状况有所了解，而可能阐明要件事实，为必要陈述者，始可免受不到场之处罚。”①

（二）当事人陈述的特点

当事人陈述所具有的特点其一是当事人一般情况下亲历了民事法律关系发

① 邱联恭等：《当事人本人供述之功能》，载民事诉讼法学研究会：《民事诉讼法之研讨》（三）台北元照出版公司1989年版，第633页。

生、发展的全过程[①]，最了解案件事实，因而一般情况下的民事诉讼当事人陈述可以涉及民事诉讼的全部案件事实，甚至可以超过民事诉讼审理所关涉的主要事实以外的其他事实，包括生活事实。当事人对案件事实的陈述最全面，也最生动、最容易为裁判者接受。当事人陈述“促使陪审员极其容易地完成案件事实的建构，将此种叙述直接诠释为其心理上的、理解上的相似剧本要简单得多。确实，建构程序自动发生，如同沉醉于其所阅读的书籍一样”[②]。其二，当事人一般与案件处理结果有利害关系，当事人陈述具有较大的主观性和倾向性，一般情况下当事人会做有利于自己的陈述，回避对自己不利的陈述。也正是处于这样的原因，很多学者认为当事人陈述是最不可靠的证据，“讯问当事人不能被看作非常可靠的证据手段”。测谎仪除应用于一般证人外，更多地应用于当事人，以检测当事人陈述的客观性。同样的，也是为了减少当事人陈述的主观成分，促进其客观性，有学者提出应当加诸当事人真实陈述的义务，即当事人不得故意做不真实的陈述，或者对他方当事人所做的真实陈述做无端争执。若当事人违背此义务，则法官可以依据自由裁量权对该当事人作出对其不利的评价。[③] 其三，当事人陈述具有诉讼上的复杂性。从陈述的方向上看，当事人的陈述可以是向法院提出其他人没有提出来的案件事实，也可以是对他方当事人提出的案件事实以表明态度的方式予以陈述；从具体事实内容上看，当事人陈述可以直接针对能够导致民事实体法律关系发生、变更、终止的直接事实，也可以针对能够根据经验法则或者法律规定能够推导出主要事实来的间接事实或者推定的基础事实。有必要对之做不同的处理和对待。其四，当事人陈述的调查方法，在大陆法系国家和地区与英美法系国家和地区略有不同。前者采用独立的调查方法。对当事人陈述的适用前提、询问程序、审查方式等均不同于其他证据，特别是与证人这样一个证据方法区别开来。证人也被界定为当事人以外的第三人，由此当事人不具有证人适格性；而后者则采用和调查证人一样的调查方法。在英美法系国家和地区的民事诉讼中，甚至不可能在证人之外看到当事人陈述这样的字眼。

二、关于当事人陈述可否作为证据的争论

当事人陈述作为一种证据形式在神示证据制度和法定证据时代是不存在问

---

① 民事诉讼当事人适格的最通常的确定标准是直接利害关系标准，即与案件争议的诉讼标的有直接利害关系的公民、法人或者其他组织可以作为民事案件的当事人，他们参与了民事实体法律关系的成立、变更、终止的全部过程。特殊情况下的当事人与案件没有直接利害关系，不具有这样的优势。

② Kevin Jon Heller, the Cognitive Psychology of Circumstantial Evidence. Michigan Law Review. 2006. No. 2.

③ 程春华主编：《民事证据法专论》，厦门大学出版社 2001 年版，第 381 页。

题的，也没有其可否作为证据的争论。事实上，神示证据制度时代，当事人陈述的内容、陈述时的表现以及当事人的宣誓都是裁判的基本考量因素，甚至可以据此作出裁判。古希腊、古罗马的正义女神，都是蒙目的，根本上表明正义女神是认真倾听当事人陈述，并据对当事人陈述的判断作出裁决。① 为保障裁判者更加客观地判断当事人的陈述，防止裁判者的判断受时间影响，神示证据时代采集中审理制度，一般于当天完成审判任务②。法定证据制度时代，与刑事案件中的当事人口供具有证据之王的做法一致，民事诉讼中也非常重视当事人陈述的作用。探求案件事实的真相不仅依靠其他证据方法，更多地依赖当事人陈述以及当事人陈述时所表现出来的案件信息。“一个刑事或者民事的案子一产生，到法庭里面来的首先就是当事人，法官首先要问当事人”③。落实到中国传统司法中来，就是我们的祖先创造出了一系列审核与判断当事人陈述之真假的方法，这些方法被概括为“五声听讼”。

对当事人陈述重视的消极作用包括将被告人自白作为证据之王的消极作用是促进了裁判者对当事人陈述的过分依赖，以及这种依赖之下裁判者以野蛮方法对当事人陈述的获取。从现代司法的角度看，野蛮获取当事人陈述的方法不仅侵犯当事人的人权，而且无法保障当事人陈述的真实性，使对当事人陈述的重视失去了基础。“由于此种打人逼供的方法，以取得口供来当证据之方式实在太野蛮，在严刑之下任何不真实的话都会成为供述”④。

依此，在刑事诉讼中出现了反对被告人供述主义的证据裁判主义，在民事诉讼中，也开始更加重视当事人陈述以外的证据，而不是当事人陈述。而考虑到许多案件，特别是民事案件没有当事人陈述以外的其他证据，如果彻底排除当事人陈述，就可能背离司法正义的追求。与案件有利害关系的当事人不能作为证人，阻止了受害人、侵害人的证词，这些证词常对案件的证明必不可少，而且在原始治疗时代，伤害常致死亡，但要求遂行人身损害赔偿诉讼的原告必须健在的规则扼杀了许多诉求。到 19 世纪中叶，当事人不能作证的规则才发生了根本变化，英国《1851 年证据法》和《1869 年证据再修正法》使当事人

---

① 郭建：《蒙目正义女神之由来》，载《人民法院报》2003 年 6 月 30 日。

② 在罗马，自十二铜表法到西塞罗时期的民事诉讼不能超过一天，诉答、证明、辩论均须在同一天进行，并须于日落前作出判决。否则案件必须另行择日审理，至少以前开庭的许多事项必须重复。Eric A. Posner. the Parole Evidence Rule, the Plain Meaning Rule and the Principles of Contractual Interpretation. University of Pennsylvania Law Review. 1998. No. 2. 同样的情况也可以在古希腊时期对苏格拉底的审判模式中得到佐证，对此具体参见柏拉图著：《苏格拉底的申辩》，吴飞译，华夏出版社 2007 年版。

③ 邱联恭等：《当事人本人供述之功能》，载民事诉讼法学研究会：《民事诉讼法之研讨》（三）台北元照出版公司 1989 年版，第 662 页。

④ 邱联恭等：《当事人本人供述之功能》，载民事诉讼法学研究会：《民事诉讼法之研讨》（三）台北元照出版公司 1989 年版，第 663 页。

获得了作证资格。只要当事人愿意，他既可以就自己涉讼的事实作证，也可以要求对方作证。《美国联邦证据规则》第601条也规定了当事人的证人资格。

在我国有学者指出，西方国家一般不承认当事人陈述的证据能力，认为当事人与案件有直接利害关系，由于他们的诉讼地位，他们对案件事实的陈述缺乏可靠性，并不能直接作为证据，而应视为诉讼证明的对象。要求当事人陈述对自己不利的案件事实，未免强人所难，在现实上具有不可操作性。同时认为没有人能为自己的案件作证。① 在他们看来，“当事人所作的对自己有利的陈述，实质上是其提出的事实主张，构成其在诉讼中的证明对象，而不是证明手段或者证据方法”②。也有人认为“西方国家一般都不把当事人陈述作为一种独立的证据形式，甚至独立的证据方式，而是把当事人陈述和在诉讼中的承认与他们在诉讼中实行的自由处分原则与辩论原则相联系”③。21世纪以来已经有越来越多的学者倾向于认可民事诉讼当事人陈述的证据资格，只是认可方法有一定的区别。部分学者认为可以将当事人陈述作为证据方法使用，但必须采取非常谨慎的态度，对之应当认真审查判断，以决定当事人陈述是否具有证据能力以及证明力的大小。④ 部分学者则认为应该把当事人陈述作为一种证据方法，而且不应该作为一种补充性的证据方法，可以将当事人陈述与其他证据方法并列。不过，在赋予当事人陈述以证据资格时，应同时规定当事人的真实义务⑤。

当然，已经有更多的学者从比较法的立场，特别是借鉴主要大陆法系国家和地区民事诉讼制度的做法将民事诉讼当事人陈述划分为作为证据手段的当事人询问和作为确定证明对象手段的当事人听取。当事人听取主要作为当事人向法庭引入案件事实的一种手段或者道具，在采辩论主义的案件中，对于当事人有利的案件事实必须由当事人向法院提出，当事人向法院提出对自己有利的事实，在民事诉讼中称为“主张”。如果当事人没有向法院主张对自己有利的事实，即使法院发现对该当事人有利的案件事实是存在的，也不能据该项事实对该当事人作出有利的判断。当然，实践中常常发生的情形当事人未向法院主张对己有利之事实，非因为其自愿放弃主张的机会，而是由于各种主客观的原因，没有认识到向法庭主张特定事实的意义。此时，法院有必要行使阐明权，向当事人晓谕某一事实在案件中的重要性，并由当事人决定是否向法院主张该事实。“在实际的诉讼中，当事人的知识、经验、经济能力等往往是不充分

---

① 齐树洁著：《程序正义与司法改革》，厦门大学出版社2004年版，第234页。

② 张永泉著：《民事证据采信制度》，中国人民大学出版社2003年版，第130页。

③ 毕玉谦著：《民事证据原理与实务研究》，人民法院出版社2003年版，第271页。

④ 毕玉谦著：《民事证据原理与实务研究》，人民法院出版社2003年版，第272页。

⑤ 张永泉著：《民事诉讼证据原理研究》，厦门大学出版社2005年版，第85~86页。

的，而且在双方当事人之间也不能说是对等的。为了对此予以补充、协调，进而使双方当事人展开充实的辩论，法院的协助则是不可或缺的。”①。正是认可在案件事实阐明，特别是民事诉讼证明对象确定方面的当事人主体地位以及该主体地位之实现中的现实困境，才有法院职权发问、阐明的必要。“当事人听取”的表述方法，体现了当事人主体与法院协助之间的平衡关系和主从关系。同时，作为阐明案件事实方法的当事人听取，不能以已经有他方当事人提出为已足，必须有负有主张责任的当事人向法院为陈述。换句话说，在阐明事实方面，民事诉讼不采事实引入上的共通性原则。“当事人询问中即使对主要事实已为陈述，若无当事人听取之陈述，即无可审判之事实，基于辩论主义，仍不得将该当事人询问所陈述之事实作为判决之基础”②。当事人陈述中的另一个内容是当事人询问，之所以称为当事人询问主要是因为法院可以根据当事人的申请或者依据职权对当事人进行询问，以获取查明案件事实的证据资料，也正是从这样的意义上说，作为当事人询问的当事人陈述不是作为确定民事诉讼证明对象的手段，而是证明案件事实的方法。“设立当事人询问制度旨在通过获取当事人就其见闻的陈述，帮助法院查明案件事实。在当事人询问程序中，被询问的当事人如同证人一样提供证言，获取的当事人陈述用以证明案件事实。根据证据法理论，当事人作为证明媒介，属于证据方法。当事人陈述包含的信息用于证明案件事实，属于证据资料”③。必须注意，“证据资料”与“诉讼资料”两个概念的区别，在辩论主义原则下，当事人通过辩论决定事实的范围，为此当事人所提供的资料包括陈述，属于诉讼资料；而当事人提供的用于证明主张事实或者反驳事实的材料为证据材料。“证据资料只认定诉讼资料而不能去补充诉讼资料。当询问当事人的时候，当事人是作为证据方法进行调查的客体，而不是辩论的主体即诉讼资料的提供者，所以这时所陈述的证据资料与辩论本身截然不同”④。在我们看来，2012 年《民事诉讼法》规定为证据手段的当事人陈述应当是指学者们普遍认可的当事人询问，而非当事人听取。事实上来自实务方面的意见也认可了这样的理解，“参考大陆法系国家的经验，将人民法院询问时的当事人陈述作为一种特殊情形……这种设计与大陆法系国家将询问当事人作为证据方法的做法是一致的”⑤。

---

① 肖建华、王勇：《民事诉讼当事人陈述制度的正当化》，载《国家检察官学院学报》2017 年第 1 期。

② 杨建华主编：《海峡两岸民事程序法论》，台湾月旦出版社 1997 年版，第 320 页。

③ 包冰锋：《中国语境下的当事人询问制度》，载《西南民族大学学报》（人文社会科学版）2017 年第 11 期。

④ ［日］兼子一、竹下守夫著：《日本民事诉讼法》，白绿铉译，法律出版社 1995 年版，第 100 页。

⑤ 沈德咏著：《最高人民法院民事诉讼法司法解释理解与适用》，人民法院出版社 2015 年版，第 364 页。

三、作为当事人询问的当事人陈述

一般认为2012年《民事诉讼法》虽然认可当事人陈述的证据能力，但由于缺乏该证据方法的使用程序之规定，特别是通过其第75条的规定事实上否定了当事人陈述在民事诉讼中作为证据方法的可行性①。为解决这一问题，《民事诉讼法解释》对作为证据方法的当事人陈述进一步细化，初步构建了我国民事诉讼中作为证据方法的当事人陈述制度②。

(一) 当事人询问概述

对当事人询问的界定应该从区分当事人询问与当事人听取的角度来进行，事实上学者已经在对两者的界分上进行了不懈努力。并形成了两种鲜明对立的界分方法，即价值分析法和功能分析法③。事实上价值分析法会最终否定民事诉讼当事人陈述的证据价值，“将不利陈述看作自认，属于免证事实，不能作为证据使用；将有利陈述作为待证事实，属于证明对象，也不能作为证据使用。由此得出的结论就是当事人陈述不能作为证据资料使用或者作为证据资料使用的当事人陈述缺少正当性”④。而功能分析法考虑两种不同当事人陈述在民事诉讼中的功能，可以助力回溯性地界定当事人听取和当事人询问。据之，我们认为作为当事人询问的当事人陈述是当事人就民事诉讼中的间接事实依照法律规定的程序所做的陈述。按之，当事人就能够导致民事实体法律关系发生、变更、终止的主要事实向法院所做的陈述以及不负担举证证明责任的当事人就对方主张的于己不利的事实所为的承认，均属于当事人听取的范畴，主要功能是引入或者限制民事诉讼证明对象。而当事人对证据事实或者辅助事实向法院所做的陈述属于当事人质证权行使的范畴，尽管其最终可能影响当事人对

---

① 《民事诉讼法》第75条规定：“人民法院对当事人的陈述，应当结合本案的其他证据，审查确定能否作为认定事实的根据。当事人拒绝陈述的，不影响人民法院根据证据认定案件事实。”

② 《民事诉讼法解释》第110条规定：“人民法院认为有必要的，可以要求当事人本人到庭，就案件有关事实接受询问。在询问当事人之前，可以要求其签署保证书。保证书应当载明据实陈述、如有虚假陈述愿意接受处罚等内容。当事人应当在保证书上签名或者捺印。负有举证证明责任的当事人拒绝到庭、拒绝接受询问或者拒绝签署保证书，待证事实又欠缺其他证据证明的，人民法院对其主张的事实不予认定。”

③ 国内持价值分析法的学者，可以参见：李浩：《当事人陈述：比较、借鉴与重构》，载《现代法学》2005年第3期；王福华：《当事人陈述的制度化处理》，载《当代法学》2004年第2期；陈文曲：《民事诉讼当事人陈述独立证据价值之否定》，载《学海》2007年第2期。持功能分析法的学者可以参见：王亚新、陈杭平：《论作为证据的当事人陈述》，载《政法论坛》2006年第6期；何文燕、刘波：《我国当事人陈述制度之检讨与重构——兼评民诉法〈修改建议稿（第三稿）及立法理由〉第十七章》，载《法律科学》2007年第2期；司吉梅：《反思与重构：当事人陈述分化的中国进路》，载《学术与探索》2018年第6期。

④ 李浩：《当事人陈述：比较、借鉴与重构》，载《现代法学》2005年第3期。

案件事实的证明，但当事人为陈述的目的主要是影响裁判者对证据的采信和判断，并非直接证明案件事实，因此我们也将之排除于当事人询问的范围。

作为当事人询问的当事人陈述之特点的理解，可以从与作为当事人听取的当事人陈述比较的角度进行。在我们看来两者的区别主要有以下几个方面：

其一，针对的对象不同。作为当事人听取的当事人陈述主要针对案件的要件事实或者主要事实，即能够导致民事实体法律关系发生、变更、终止的事实；而作为当事人询问的当事人陈述针对的对象是能够根据经验法则推导出案件事实存在或者不存在的间接事实。必须注意，间接事实有支持负担举证证明责任当事人主张事实的，也有反驳负担举证证明责任当事人主张之事实的，作为当事人询问的当事人陈述在此种不同的间接事实上应否有所区别？我们倾向于做否定回答，主要理由在于裁判者心证的形成是一个漫长的过程，要在最后的法庭评议和宣判阶段才能完成，于此之前裁判者就案件事实的心证均是暂时心证，不能以裁判者已经形成暂时的心证为理由否定对积极的间接事实的反驳①。

其二，功能不同。作为当事人听取的当事人陈述，其在民事诉讼中的功能主要是引入和限制民事诉讼证明对象，体现采用辩论主义的民事诉讼案件中的当事人在事实上的处分权。必须注意，当事人在采职权探知主义的案件中并没有事实上的处分权，当事人对于案件事实的引入或者认可并不能限制法院的案件审理范围，但是当事人对案件的主要事实的陈述，也可以帮助法院尽早确定案件审理的方向，提高民事诉讼的效益；作为当事人询问的当事人陈述在民事诉讼中的功能主要是协助法院查明案件事实，当然，这样的协助过程在不同国家和地区的发生路径是不同的。在英美法系国家和地区，虽然司法的目标也包括实现实体正义，但司法的根本目标是解决纠纷，而且这些国家和地区的纠纷解决基础是正当程序的遵守和保护。为此，以当事人陈述作为证据手段协助发现案件事实常表现为当事人的积极态度，当事人的诉讼代理人常将自己的当事人或者对方当事人作为证人一样的证据方法予以询问。而在大陆法系国家和地区，司法的目标是发现真实，并在发现真实的基础上实现制定法追求的法律秩序。为此，当事人陈述作为证据手段协助发现案件真实常常成为裁判者的工作内容和工作任务。

其三，发挥作用的阶段不同。作为当事人听取的当事人陈述，由于其主要的功能是体现在诉讼的早期，在我们国家具体说来就是起诉受理阶段以及审前

---

① 对此，有学者坚持区别对待的做法，认为作为当事人询问的当事人陈述只能针对不负担举证证明责任当事人提出来的、用于反驳的间接事实。“询问的事实不能用于直接反证，即不能用于证明法官经过证据调查和自由心证评价而已经获得确信的同一事实为不真实；但是可以用于间接反证。”参见包冰锋：《中国语境下的当事人询问制度》，载《西南民族大学学报》（人文社会科学版）2017 年第 11 期。

准备阶段，而不是其后的法庭调查阶段，更不是法庭辩论阶段[①]。事实上，为提高审判效率、节约当事人的诉讼成本，现代司法应当致力实现的目标是尽可能地确定案件的争点，而非等待法庭辩论程序遂行之时。各国民事诉讼法为实现案件争点的早期整理和归纳，各自建立了与自己的民事诉讼制度相适应的制度。如《德国民事诉讼法》将第 501 条的准备的权利从初级法院扩大到州法院，并且将原来的“可以”改为“应当”，学者称这样的修改产生了作为“民事诉讼大宪章”条款的第 139 条。“审判长应当致力于让当事人就所有重要的事实为完整的说明，提出有益的申请，尤其是补充对所提出的事实的不充分的说明，并且标明证据手段。为此目的在必要情况下，审判长可与当事人从事实方面和法律方面讨论案件事实情况和争议情况并且提问”[②]。我国 2012 年《民事诉讼法》为实现早期整理争点，规定了多元化的审前准备程序[③]。必须注意，这并非意味着当事人于其后的诉讼阶段不能引入能够导致民事实体法律关系发生、变更或者终止的新的主要事实。相较而言，作为当事人询问的当事人陈述一般发生在法庭调查阶段，当事人在法庭辩论阶段的主要任务是根据当事人在法庭调查阶段就证据的质证，结合经验法则和法律规定来论证自身请求或者反驳的正当性；裁判者在法庭辩论阶段的主要任务是聆听双方当事人的辩论，并对各自的辩论形成一个初步的判断。当然，这并非意味着法庭辩论阶段绝对没有发生当事人询问的可能，事实上，在法庭辩论阶段如果发现确实有新证据提出来的或者需要调取新证据的，完全可以恢复到法庭调查阶段。另外，作为当事人询问的当事人陈述发挥作用的时间和作为一种证据方法向法院申请提出的时间是两个不同的问题。

其四，对当事人诉讼能力的要求上存在明显差别。作为当事人听取的当事人陈述由于能够严重影响当事人的诉讼结果，故要求主张或者为诉讼自认的当事人必须具有诉讼能力，否则除非其行为经过其法定诉讼代理人的追认不应当事人听取之效果；而作为当事人询问的当事人陈述中，对于当事人并无必须具

---

① 在我国有学者指出，作为当事人听取当事人陈述主要发生在法庭辩论阶段，其基本的立足点不是作为当事人听取的当事人陈述，而是法院阐明事实的行为。在他们看来，只有通过法庭辩论阶段的辩论裁判者才能发现当事人陈述之不足，换句话说，对其有利的事实没有提出，才有必要法官行使阐明权，以指导案件当事人之事实主张。参见肖建华、王勇：《民事诉讼当事人陈述制度的正当化》，载《国家检察官学院学报》2017 年第 1 期。

② ［德］鲁道夫·瓦塞尔曼：《从辩论主义到合作主义》，载米夏埃尔·施蒂尔纳主编：《德国民事诉讼法学文萃》，周翠译，中国政法大学出版社 2005 年版，第 364 页。

③ 《民事诉讼法》第 133 条规定：“人民法院对受理的案件，分别情形，予以处理：（1）当事人没有争议，符合督促程序规定条件的，可以转入督促程序；（2）开庭前可以调解的，采取调解方式及时解决纠纷；（3）根据案件情况，确定适用简易程序或者普通程序；（4）需要开庭审理的，通过要求当事人交换证据等方式，明确争议焦点。”

备诉讼能力的要求，当事人只要具有和证人一样的辨别是非、正确表达意思的能力，即具有陈述资格。“当事人询问中为陈述者，并不需有诉讼能力，只需与证人有相同能力即足，且对于他造主张之事实为承认，亦非自认，此均与当事人听取之陈述有所不同”①。原因在于当事人询问仅关涉案件事实的调查，而不直接关涉主要事实的处分，更不直接关涉当事人争议的民事实体权利义务关系。

（二）作为当事人询问的当事人陈述之适用程序

1. 适用作为当事人询问的当事人陈述的条件

适用作为当事人询问的当事人陈述的条件与当事人询问发生或者启动的条件具有同质性，对之不同国家和地区有不同的处理方法。在大陆法系国家和地区，作为当事人询问的当事人陈述被视为一种补充性的证据方法，仅在其他证据无法证明争议的案件事实才有启动之必要。《德国民事诉讼法》第 445 条规定：“一方当事人，对于应该由他证明的事项，不能通过其他的证据方法得到完全的证明，或者未提出其他证据方法时，可以申请就应证明的事实询问对方当事人。”换句话说，“德国的当事人询问具有补充性，即在法官穷尽人证、物证、书证等证据方法后，案件事实仍处于真伪不明，法官无法获得内心确信时才能对当事人进行询问”②。而在日本，当事人可以同时申请询问证人和当事人，但是在询问顺序上，法院应当首先询问证人，然后再询问当事人。也就是说，日本民事诉讼中当事人询问的补充性仅仅体现在法院询问的顺序上。③在英美法系国家和地区，法律对询问当事人并没有限制条件，在法庭审理阶段任何一方当事人的诉讼代理人都可以申请询问本方当事人，也可以申请询问对方当事人。这并非意味着，英美法系国家和地区的法官不能主动询问当事人，事实《美国联邦证据规则》第 617 条（b）规定，法庭可以询问证人，不管该证人是法庭传唤的，还是当事人传唤的。

我国《民事诉讼法解释》第 110 条第 1 款规定，人民法院认为有必要的，可以要求当事人本人到庭，就案件有关事实接受询问。④ 在询问当事人之前，可以要求其签署保证书。据此，我们认为我国的当事人询问不同于英美法系国家和地区的制度，不具有在所有民事诉讼案件中的普遍适用性和一体适用性。但也不能说我们国家的当事人询问就完全具有大陆法系国家和地区那样的补充

---

① 杨建华主编：《海峡两岸民事程序法论》，台北月旦出版社 1997 年版，第 320 页。

② 包冰锋：《中国语境下的当事人询问制度》，载《西南民族大学学报》（人文社会科学版）2017 年第 11 期。

③ ［日］高桥宏志著：《重点讲义民事诉讼法》，张卫平、许可译，法律出版社 2007 年版，第 91 页。

④ 《新民事证据规定》也采取类似的做法，具体可参见《新民事证据规定》第 64 条第 1 款。

性特征。[①] 根据司法实践，这种必要性主要体现在：其一，有虚假诉讼发生的可能。虚假诉讼往往伴随当事人对证据的无异议以及与之相对应的虚假的诉讼自认，虚假法院调解，[②] 此时，裁判者一旦发现有虚假诉讼的可能，就应该就民事实体法律关系发生的背景、目的、双方的条件等问题进行询问，以探明案件事实；其二，当事人提供的证据的客观性从形式上不好判断的情况。此时简单否定该证据虽然比较简单，但有违发现真实的诉讼目标，为此，法院可以积极就该证据的形成背景、时间、地点等问题进行询问[③]；其三，现有的证据无法查明案件事实的情况。尽管现有的事实无法查清当事人争议的案件事实存在与否时，法院可以依据证明责任的分配规范裁决案件，并实现形式上的司法公正。不过，所有国家的司法均不放弃发现案件真实的诉讼目标，为此各个国家也建立了诸多避免证明责任规范适用的制度，例如，德国的表见证明、日本的大致推定、英美法系国家的事实自证原则等。

2. 当事人询问的对象

当事人询问的对象首先不能是能够导致民事法律关系发生、变更、终止的主要事实，即使于当事人询问中当事人陈述的内容涉及主要事实，也不能作为民事诉讼的证据方法。“关于某一事实当事人询问所为陈述纵与当事人听取所为之陈述内容相同，亦仅当事人听取之陈述可信与否问题，无将当事人听取之陈述予以更正余地”[④]。

当事人询问之对象涉及的另一个问题是向谁询问的问题，即被询问的客体之确定问题。顾名思义当事人询问的对象是当事人，而不是当事人以外的其他诉讼参与人。原因在于当事人询问是借助当事人陈述了解案件事实、查明案件事实，而一般情况下案件当事人是案件的直接利害关系人，是案件的亲历者，可以承担通过其陈述查明案件事实的任务。例外在于直接利害关系并非确定民事诉讼当事人的唯一标准，特别是积极倡导形式当事人与实体当事人分离的现代民事司法制度中。诉讼担当背景下，作为担当人的非利害关系人成为案件的当事人，作为被担当人的案件利害关系人却不是案件的诉讼主体。此时，即有

---

① 在我国，确实有学者在借鉴大陆法系国家和地区民事诉讼立法的基础上，主张当事人陈述作为一种证据方法具有补充性。认为“所谓有必要的情形，一般是指证据已经穷尽而待证事实处于真伪不明的情况”。

② 李浩：《虚假诉讼与对调解书的检察监督》，载《法学家》2014 年第 6 期。

③ 事实上，我们的祖先即很好地利用当事人询问这样一种方法，审查表面上符合形式要件的证据的客观性，并因此查明了案件事实，他们以及他们案件办理中表现出来的智慧，也成为中国传统法律文化中闪亮之处。刘永加：《古代发生经济纠纷案件，怎么处理？这些官员堪称楷模!》https：//mp. weixin. qq. com/s? _ _ biz = MjM5MjYwMDUxMQ% 3D% 3D&idx = 6&mid = 2649541060&sn = f383adcbc31d5c33d5e1934f437fe4d1，访问时间 2019 年 7 月 20 日。

④ 杨建华主编：《海峡两岸民事程序法论》，台北月旦出版社 1997 年版，第 320 页。

必要对当事人询问中的对象做细致化的分析，以实现民事诉讼法将其作为证据方法的制度目的。在我们看来，从解明案件事实之角度，诉讼担当背景下当事人询问的对象不能是作为诉讼主体的形式当事人，而应当是案件的实体当事人。这些当事人可能在具体的民事诉讼中作为第三人参与诉讼，也有可能作为案件的共同诉讼人参加诉讼。[①] 同时，作为民事诉讼当事人的不仅包括具有感知、记忆、表达能力的普通自然人，还包括法人以及其他的非法人组织，非法人组织在我国的民事诉讼法中称为“其他组织”。法人、非法人组织这些单位并无感知案件事实的能力，也无从就感知的案件事实向法院为陈述。事实上，单位参加诉讼并非直接参加诉讼，而是由其法定代表人或者负责人代表诉讼。为此，需要进一步追问可否将单位的法定代表人或者主要负责人纳入当事人询问的对象中来。对之肯定性的观点认为，“如果当事人是法人或者其他具有当事人能力的组织，代表单位进行诉讼的自然人可作为当事人被询问”[②]。我们认为单位的法定代表人、主要负责人可否作为当事人询问的对象，应当做具体化分析。于法定代表人、主要负责人不是案件的经办人，不是民事实体法律关系发展运动过程中的实际参与者的情况下，他们不了解案件事实，以其作为当事人询问的对象不能实现当事人询问制度的目的。于法定代表人、主要负责人是案件的经办人员之情况下，由于其既是了解案件事实的人，又是代表当事人行使民事诉权，行使民事实体权利和民事诉讼权利的人，质言之，其对单位的代表权也具有不可替代性，为此应当将当事人询问的对象延伸覆盖之此时的法定代表人、单位主要负责人。

理解当事人询问的对象还应进一步考虑，作为当事人询问的当事人应否受当事人诉讼能力的限制？由于民事诉讼中当事人诉讼权利的行使和诉讼义务的履行，不仅涉及对方当事人相应的诉讼行为之实施，还涉及法院案件事实的认定以及最终裁判的形成。同时，当事人诉讼行为之实施不仅要考量其实体利益上的得失，还需进一步平衡考量实体利益和程序利益，只有这样才能保证其诉讼行为合目的性。为此，民事诉讼行为之行使一般要求当事人必须具有民事诉讼能力，否则当事人实施的行为对自己无效、对他方当事人也无效，对法院也不产生效力。当事人询问制度的目的是透过询问当事人，获取当事人有关案件

---

① 相当数量的学者认可担当人与被担当人于特定的情况下可以共同具有民事诉讼当事人适格，对之我们持反对意见。因为诉讼担当之发生多是因为实体当事人怠于行使诉权或者缺乏行使诉权的能力，而为了维护实体当事人的利益或者为担当人的利益才发生诉讼担当的问题。此时，再赋予被担当人以当事人适格，无法发挥当事人可以对诉讼标的为充分辩论，且促进审判实质化的目的。参见［日］高桥宏志著：《民事诉讼法——制度与理论的深层分析》，林剑锋译，法律出版社2003年版，第215页。

② 包冰锋：《中国语境下的当事人询问制度》，载《西南民族大学学报》（人文社会科学版）2017年第11期。

事实信息的陈述，不涉及当事人民事实体权利和民事诉讼权利的处分。而就案件事实的陈述，只要陈述人有感知案件事实的能力、记忆案件事实的能力、陈述案件事实的能力，则案件事实的陈述就是相当容易的事情了，当事人只要追寻其内心深处的记忆就是顺理成章的了①。为此，在当事人询问中，不要求被询问的当事人具有民事诉讼能力，其只要具备感知、记忆、陈述案件事实的能力就可以了，这样的能力又被学者称为证人能力。缺乏民事诉讼能力的当事人虽然必须由其法定代理人代为实施诉讼行为，但是其可以独立地作为当事人询问的对象，无须其法定代理人代为实施，也无须将法定诉讼代理人纳入当事人询问的对象②。如果被询问的无民事诉讼能力当事人陈述的内容，不是针对案件的间接事实，而是直接指向主要事实，或者是引入对其有利的案件事实，或者是一定程度上承认了对方当事人主张的对己不利的事实，则此时应该如何处理？我们认为，此时由于当事人不具备民事诉讼能力，其对主要事实的陈述不能产生民事诉讼法规定的效力，对有利事实的引入不能产生主张之效力，对不利的事实承认不能产生诉讼自认的效力。法院拟探明案件事实的话，还必须就与之相关的间接事实予以询问，并借此查明案件事实。

理解当事人询问的对象还需进一步追问，被询问的当事人可否由诉讼代理人代为向法庭陈述，代为回答法院提出的问题？我们认为，诉讼代理人是代理当事人实施民事诉讼行为的人，一般情况下其不了解案件事实，没有经历案件的发生、发展过程，将其作为被询问的对象，不能实现当事人询问的制度目的。也正是在这样的背景下，许多国家的民事诉讼法规定了当事人询问中的当事人亲自出庭义务。例如，《德国民事诉讼法》第141条即创设了当事人亲自出庭的义务，如果当事人不出庭，可以采取处罚证人的方法处罚当事人。《日本民事诉讼法》第208条规定："在询问当事人本人的情况下，该当事人无正当理由不出庭，或者拒绝宣誓或陈述时，法院可以认定对方当事人所主张的有关被询问事项为真实。"我国台湾地区"民事诉讼法"第367条之一第4款规定："当事人经法院命其本人到场，无正当理由而不到场者，视为拒绝陈述。但命其到场之通知书系寄存送达或公示送达者，不在此限。例外情况下，当事

① 当然，由于当事人与案件的处理有利害关系，因此其对案件事实的陈述可能受利益驱动的影响，甚至当事人的陈述是虚假的。

② 《日本民事诉讼法》将法定诉讼代理人纳入了当事人询问的对象中，其211条规定："本法中关于询问当事人本人的规定，准用于在诉讼上代表当事人的法定代理人。"但是，这并不妨碍对当事人本人的询问。

人询问的对象可以扩张至民事诉讼的代理人。[①]”根据《民事诉讼法》第 58 条的规定，当事人的工作人员可以作为当事人的诉讼代理人。而在某些特殊情况下，单位的工作人员也是案件的经办人员，了解案件事实，为实现查明案件事实之目标，可以将之作为被询问的对象。

3. 当事人询问程序的启动及其遂行

在当事人询问的启动方面，一般认为既可以由当事人申请而启动，也可以由法院依据职权而启动。[②]“负举证责任的一方当事人可以向法院申请询问自己或对方当事人。法官在案件审理过程中，认为已经进行的证据调查无法认定待证事实的真伪时，可以依职权对当事人进行询问。”[③]前述《德国民事诉讼法》第 445 条规定的当事人询问之启动，是当事人申请背景下的启动，而《德国民事诉讼法》第 448 条规定的当事人询问则由法院依职权启动的。[④]尽管两大法系国家和地区在当事人询问启动方面均承认二元启动主体，但是两大法系国家和地区的做法并非完全一致。在大陆法系国家和地区，当事人申请启动和法院依职权启动方面并没有明显的侧重，如果说有侧重，则程序的启动更加侧重于法院依职权进行的启动，而非当事人申请进行的启动[⑤]。因为查明案件事实不仅关涉当事人诉讼目标的实现与否，更加关涉制定法追求的法律秩序能否得到维护。而在英美法系国家和地区，主要是由当事人而非法院启动当事人询问程序。这主要体现在其证人传唤的规定中。伊利诺伊州最高法院在 1971 年的一个案件中指出：“除非有影响正义实现的其他因素，或者申请的当事人告知法庭怀疑证人的诚实性与正直，法庭一般不能传唤证人，这是一项原则。”[⑥]

当事人询问的主体因两大法系国家和地区的不同诉讼模式而有差异，在大

---

① 在此方面也有学者提出相反的观点，认为不能强迫当事人出席，也不能强迫当事人作证言。“即使某当事人如同证人一样作了证言，这也还是与证人证据存在重大区别，既不能强迫当事人出席，也不能强迫他作出证言。”［德］汉斯－约阿希姆·穆泽拉克：《德国民事诉讼法教程》，周翠译，中国政法大学出版社 2005 年版，第 265 页。

② 当事人申请启动不必限于负担举证证明责任的当事人，不负担举证证明责任的当事人也可以申请法院启动当事人询问程序。参见郝晶晶：《我国当事人陈述制度的规则审视》，载《法商研究》2018 年第 4 期。

③ 姜世明著：《新民事证据法论》，台北新学林出版股份有限公司 2009 年版，第 94 页。

④ 《德国民事诉讼法》第 448 条规定：“如果言词辩论的结果和已经进行的调查证据结果，对于应证事实的真实与否不能提供足够的心证时，法院也可以在当事人一方未提出申请时，不问举证责任的归属，而命令就该事实询问当事人一方或者双方。”

⑤ 我国《民事诉讼法解释》第 110 条规定的当事人询问更多侧重法院依职权启动，而不是当事人申请启动。

⑥ David A. Binder，Paul Bergman. Fact Investigation. West Publishing Co. p215.

陆法系国家和地区当事人询问的主体是法院，而非当事人，换句话说，不存在一方当事人对另一方当事人询问的问题，也不存在当事人之间对质的问题。而在英美法系国家和地区，诉讼程序的遂行主要由当事人及其诉讼代理人主导，因此对证人以及当事人的询问主要由当事人的诉讼代理人实施。尽管有法官询问证人和当事人的规定，但法院这项权力的行使一致处于谦抑状态。上诉法院的法官斯图尔特·史密斯指出："总的来说，在由有经验的律师进行交叉询问时，法官除了澄清自己不理解的事情或者陪审团不理解的事情外，不应该介入。"①

询问当事人时，法院应该命令当事人宣誓或者具结保证。《德国民事诉讼法》和《日本民事诉讼法规定》法院在询问当事人时可以命当事人宣誓②，我国《民事诉讼法司法解释》则规定被询问的当事人必须具结保证③。按照学者的理解，当事人具结保证一方面可以在一定程度上促使当事人真实陈述，防止实践中大量出现的虚假陈述；另一方面可以警示当事人使之了解到其此时的陈述不是民事实体权利和民事程序权利的处分，而是协助法院查明案件事实的行为，进而防止当事人将其在事实、证据、权利方面的处分自由延续至当事人询问环节。中国语境下，于法院命当事人签署保证书或者具结的情况下，少有当事人拒绝的情形，不过，仍应该思考于当事人拒绝签署保证书或者具结时如何处理的问题。在我们看来，当事人拒绝签署保证书或者具结的行为，实际上是一种妨碍民事诉讼的行为，在英美法系国家和地区则被视为藐视法庭的行为，法院可以依据法律规定或者依据其指挥、管理诉讼的权力对该当事人予以处罚。同时，在当事人拒绝签署保证书的情况下，法院可以将当事人的拒绝行为与当事人询问情况下的当事人陈述合并在一起，判断当事人主张的事实或者反驳的事实是否存在。事实上我国台湾地区就是采取的这样的立法体例④，而

① ［英］詹尼.麦克埃文著：《现代证据法与对抗式程序》，蔡巍译，法律出版社2006年版，第123页。

② 《德国民事诉讼法》第452条："当事人一方未宣誓时所作的证言，不能使法院就应证事实的真实与否得到心证时，法院可以命令当事人就其证言宣誓。在询问双方当事人时，就同一事实，可以只命当事人一方宣誓。"《日本民事诉讼法》第207条第1款规定："法院根据申请或者依职权，可以询问当事人本人。在此种情况下，可以使该当事人进行宣誓。"

③ 《民事诉讼法解释》第110条第1款第2条规定："在询问当事人之前，可以要求其签署保证书。"

④ 我国台湾地区"民事诉讼法"第367条之一第3款规定："当事人无正当理由拒绝陈述或具结者，法院得审酌情形，判断应证事实之真伪。"德国也采相同的做法，"如果当事人拒绝宣誓，则如同在拒绝作证时一样法院以同样的方式在考虑全部事实状况特别是考虑拒绝原因的情况下，依照自己的自由确信来裁判。"参见［德］汉斯－约阿希姆·穆泽拉克：《德国民事诉讼法教程》，周翠译，中国政法大学出版社2005年版，第266页。

《日本民事诉讼法》则直接赋予法院认定对方当事人主张的事实为真实①。法院在询问当事人时可以对一方当事人询问，也可以对双方当事人询问。由于双方当事人处于对立地位，一般情况下双方串通作虚假陈述的可能性不大，所以询问一方当事人时可许可对方当事人在场，而且对方当事人在场可以从反面促使当事人的真实陈述。但在一方当事人人数为两人以上时，为防止当事人之间的串通或者相互干扰，法院在询问共同诉讼人之一时，应该命其他共同诉讼人退庭，并可以就共同诉讼人的不同陈述对当事人诘问。在当事人询问遂行中需要注意的另一问题是被询问当事人的诉讼身份问题，换句话说，当事人陈述被作为一种证据方法，是否因此导致当事人具有像证人一样的诉讼身份。对之两大法系国家和地区有不同的处理方法，由于英美法系国家和地区没有将当事人陈述作为一种独立的证据方法，因此其对当事人和证人采取一体对待的方式，被询问的当事人也具有和证人一样的诉讼地位；而在大陆法系国家和地区，当事人陈述是独立于证人证言这样一种证据方法的，因此，当事人询问中，当事人陈述虽然有证明案件事实的功能，但当事人仍然是作为当事人，而非证人出现。

4. 作为当事人询问的当事人陈述的证明力

两大法系国家和地区的民事诉讼法鲜有明确规定作为当事人询问的当事人陈述之证明力的，这主要是因为现代各国在证据评价方面多采自由心证主义，立法不规定证据的证明力，并将之交给裁判者根据具体案件的具体情况有针对性地作出判断。但为促进司法统一性并体现理论对司法实践的指导，我们认为在涉及作为当事人询问的当事人陈述的证明力方面仍应该明确以下问题：

其一，裁判者在认定作为当事人询问的当事人陈述之证明力时，首先必须确认当事人的陈述为真，并同时保证询问过程中不存在违法行为。关于当事人陈述是否为真的判断纯粹属于经验问题，除可以参考当事人是否愿意签署保证书或者具结之外，还可以考虑当事人陈述时的表情、语言、行为等方面的表现综合判断。裁判者还可以就当事人陈述中所涉及的人或者材料进行调查，可以传唤当事人陈述中所涉及的人作为证人，可以就当事人陈述中所涉及的背景、目的等问题进行调查等。这种做法与我国《民事诉讼法》第75条的规定完全吻合，按之，人民法院对当事人的陈述，应当结合本案的其他证据，审查确定能否作为认定事实的根据。当然，判断当事人陈述是否为真的最根本的方法，依然和判断证人证言是否为真的方法一样，即通过提出序列问题，检视当事人陈述中有无矛盾，如果当事人陈述之间并无矛盾，则可以认可其真实性，否则

① 《日本民事诉讼法》第208条规定：“在询问当事人本人的情况下，该当事人无正当理由不出庭或者拒绝宣誓或陈述时，法院可以认定对方当事人所主张的有关询问事项为真实。”

其真实性即值得怀疑。① 而关于作为当事人询问之当事人陈述的合法性问题，在处理过程中，除应当法院依职权进行的诱导询问以外，还应当防止裁判者以其他的非法方式，如胁迫、欺骗等方式取得当事人陈述。

其二，作为当事人询问的当事人陈述不具有直接、单独证明案件事实的证明力。当事人陈述不具有直接证明力是由当事人询问的对象决定的，当事人询问的对象是案件间接事实，不是直接事实，因此从逻辑法则和经验法则的角度看，其与待证案件事实不具有直接对应性。在具体的司法实践中，裁判者应当结合当事人陈述以及其他证据最终确定当事人对案件事实的证明是否达到法律规定的证明标准。

其三，作为当事人询问的当事人陈述可以直接记载于裁判文书中，并作为判决的重要依据。英美法系国家和地区的传统司法是以陪审制为基础设计和运行的，尽管陪审制在某些国家和地区有衰落之趋势，特别是在民事案件中的适用呈现出萎缩状态。不过其司法程序机制仍然以陪审团为基础，初审法院的判决论证主要涉及法律的适用，而不是证据的评价和事实认定问题。为此，当事人陈述虽然可能被作为裁判者认定案件事实的基础，但是当事人陈述的内容以及真假判断等问题出现在裁判文书中的可能性不大。而在大陆法系国家和地区，判决书的论证不仅包括法律适用问题，还包括证据评价以及以之为基础的事实认定问题，为此裁判者必须对证据评价和事实认定过程做充分论证②。这样的论证也必然包括对当事人陈述的记载与评价，为增加裁判的权威性和公信力，裁判者不仅要论证当事人陈述认定为真的具体理由，还要说明其询问的具体过程。

（三）虚假陈述及其治理

一般认为虚假陈述影响对方当事人的举证和法院对案件的审理，浪费司法资源影响分配正义的司法制度目标，为此要采取各种可能的方法治理当事人的虚假陈述。

1. 虚假陈述的认定

有学者指出，民事诉讼虚假陈述的范围应该仅限于基本事实、虚假陈述的主观状态应该由故意状态、虚假陈述的主体也延伸至诉讼代理人③。必须注意，理论上也有对虚假陈述的界定，这些界定概括起来有：其一，认为当事人

---

① 赵信会：《民事证人评价制度的技术建构》，载《现代法学》2010 年第 6 期。

② 当然，目前裁判者的判决书论证还有形式化的嫌疑，对证据评价、事实认定等问题的论证还稍显概括，并缺乏相应的针对性。

③ 熊跃敏、陈亢睿：《当事人虚假陈述的认定与规制——以司法裁决为中心的考察》，载《山东大学学报》（哲学社会科学版）2018 年第 6 期。

虚假陈述是指诉讼当事人以及其他诉讼参与人在参加民事诉讼活动时负有诚实信用义务，不得为达到有利于己方的利益或者损害对方的利益之目的，故意陈述虚假内容或者形成、提供虚假的证据材料；[①] 其二，认为当事人虚假陈述是指当事人向法院做违反真实情况的不实陈述，以期获得不当利益或者影响对方当事人诉讼利益的实现；[②] 其三，认为当事人虚假陈述是指当事人与委托诉讼代理人以推卸己方自认或者为获取不法利益为目的，在民事诉讼进行过程中故意回避、歪曲事实，进而导致影响对方当事人的诉讼利益和法院司法审判的行为；[③] 其四，认为当事人虚假陈述是指当事人及其诉讼代理人在明确知晓案件事实的情况下，为获取有利于己方的裁判为目的或者以阻却对方诉讼利益实现为目的，故意在民事诉讼过程中陈述与案件客观事实不一致的事实的行为。[④]

我们认为，认定民事诉讼中的当事人虚假陈述必须注意以下问题：其一，民事诉讼当事人虚假陈述的主体是当事人，而不是当事人以外的第三人。从趋利避害之人的基本属性上看，当事人在诉讼过程中回避、隐匿对自己不利的事实符合诉讼的基本规律，因此不能像要求证人一样地要求当事人[⑤]。因此，对当事人陈述须有一定的容许度，不能认为所有的与案件事实不一致的当事人陈述均属于虚假陈述。当事人对案件事实的歪曲必须到达一定的程度，这个程度是当事人的虚假陈述已经严重挑战了司法权威，影响法院审判权的顺利行使。其二，虚假陈述发生在民事诉讼的过程中。与刑事案件的办理不同，民事诉讼主要涉及当事人之间的私权纠纷，不涉及国家利益和社会公共利益，尽管民事诉讼的案件解决也具有超出当事人影响的社会公益性，但民事诉讼总体上不涉及国家利益和社会公共利益。民事诉讼当事人以及证人所做的虚假陈述除一定程度上影响法院案件的审理之外，对国家利益和社会公共利益几乎无影响。也正是从这样的意义上刑法所规制的伪证罪也多针对刑事案件的审理，而非民事诉讼的进行。我国《刑法》第 305 条规定：“所谓伪证罪，是指在刑事诉讼中，证人、鉴定人、记录人、翻译人对与案件有重要关系的情节，故意做虚假证明、鉴定、记录、翻译，意图陷害他人或者隐匿罪证的行为。”其三，虚假

---

① 蒋勇主编：《新民事诉讼法与律师实务》，人民法院出版社 2012 年版，第 25 页。

② 巢志雄：《我国民事诉讼诚实信用原则的适用现象、问题与完善——兼以法官民事诉讼的理论与实务判例为参照》，载《比较法研究》2015 年第 3 期。

③ 李福清：《民事诉讼当事人虚假陈述之法律规制》，载《东南司法评论》2014 年第 1 期。

④ 陈巧林：《诚实信用原则到诉讼规则》，载《民事程序法研究》（第 12 辑），厦门大学出版社 2014 年版，第 83 页。

⑤ 学者也指出对证人也不能要求其是完全中立的，证人之所以能够成为证人都可能肇因于其与案件当事人或者案件本身有一定的关系，甚至是利害关系，中立的证人在实践中是不存在的。赵信会：《中立证人观的反思》，载《法学论坛》2011 年第 2 期。

陈述所涉及的案件事实并非所有的案件事实。当事人主张的虚假的主要案件事实，将在诉讼中成为诉讼证明的对象，当事人对他方主张的真实的案件事实为否认，尽管可能是虚假的否认，但导致当事人主张的该项事实为诉讼证明对象之结果。不可否认，民事诉讼的理想状态是主张案件事实的当事人一定主张真实的案件事实，而对方当事人只能对不存在的案件事实为否认，但这只能是民事诉讼的理想状态。事实上，当事人对案件事实没有争议的情况下可能根本没有案件的发生，从理论上讲在很多国家都认为如果当事人之间的争议仅仅是法律上的争议，这样的案件不能构成民事诉讼案件。当事人对他方主张的于己不利的、虚假的事实表示认可，只要被损害国家利益、社会公共利益、第三人合法权益，也能够产生排除证明对象的效果。当然，这并非意味着民事诉讼法律制度鼓励当事人为虚假的主张或者对主张方主张的事实为虚假的争执，事实上为虚假的主张或者为虚假争执的当事人最终要承担败诉的结果，并承担由此发生的诉讼费用，在英美法系的部分国家和地区败诉的一方当事人还要承担胜诉方当事人的律师费用。这本身即是对为虚假主张或者虚假争执的当事人的制裁。必须注意，民事诉讼对当事人制裁的方式完全不同于刑事诉讼中对犯罪嫌疑人、被告人的制裁，让当事人无法获得胜诉利益是民事诉讼中的最有效的制裁手段。[①] 为此，我们更加倾向于当事人虚假陈述的事实是可以作为证明方法的间接事实，而非直接事实。其四，当事人虚假陈述的确定必须考虑对虚假陈述的认定过程。在实际的司法运行过程中，要证明当事人陈述为虚假必须首先确定当事人争议的案件事实的客观样态，才能最终认定当事人陈述为真或者为假，否则谈不上当事人虚假陈述的问题。一般情况下，只有待法院事实认定的阶段才能最终确定当事人陈述与案件事实是否一致。于此情形下，对作虚假陈述的当事人予以处罚的诉讼意义何在、大小均值得怀疑[②]。而在采续审制上诉主义的大陆法系国家和地区，事实认定的最终结果难以初审法院的认定为权威结论，如果在上诉审法院认定的案件事实与当事人初审陈述不一致时，何者具有处罚权仍然是民事诉讼制度运行必须面对的问题。

---

① 这在英美法系国家和地区的集团诉讼中有突出表现，按之，制裁违法行为人的最有效方式是让违法行为人吐出其基于违法行为所获得的不法利益，而不管此种违法利益吐出后的具体去向。“民事诉讼的阻吓功能仅关注侵害人的支付数额，而不关注赔偿的对象，确实地，纯粹地以阻吓为基础的民事诉讼理论对被告支付给受害人，还是完全无关的第三人漠不关心。”参见 Brian T. Fitzpatrick. Do Class Action Lawyers Make Too Little? University of Pennsylvania Law Review. 2010. No. 7.

② 日本著名的民事诉讼法学家高桥宏志对此种情况下以虚假陈述为借口而处罚当事人的正当性提出了质疑，在他看来在诉讼行将结束之日再回过头来对虚假陈述之当事人进行处罚不仅可能导致诉讼迟延的诉讼结果，而且处罚当事人并不会因此影响诉讼的结果，为制裁而进行的制裁没有任何必要。参见［日］高桥宏志著：《民事诉讼法——制度与理论的深层分析》，林剑锋译，法律出版社 2003 年版，第 361 页。

基于以上理由我们认为民事诉讼中的当事人虚假陈述是指当事人为妨碍民事诉讼之目的而就人民法院已经形成确实心证的间接案件事实所作的与案件客观事实不一致的陈述。其构成要件主要包括如下方面：（1）当事人虚假陈述的对象应是案件的间接事实。当事人对案件主要事实所作的虚假的、对他方不利的陈述将成为证明对象，在证明不能的情况下，该当事人应该承担不利的诉讼结果；当事人所作不利于己的、虚假的陈述，只要不损害国家利益、社会公共利益、第三人合法权益，视为当事人的自主处分，应该认可其为真；（2）虚假陈述的主体应该主要限于当事人。原因在于，当事人询问的对象一般仅限于当事人，虽然也有扩张适用的情形，但诉讼代理人由于不了解案件事实，不应成为当事人询问的对象。这并非说，可以放任实践出现的诉讼代理人与当事人恶意串通主张虚假诉讼或者争执真实事实的行为，我们认为，对于这样的严重违背诉讼代理人职业伦理的行为，可以交由其行业协会予以纪律制裁。当然，这并非意味着法院不能对实施虚假诉讼行为的诉讼代理人予以处罚，只是说法院对实施该行为的诉讼代理人的处罚与保障作为当事人询问的当事人陈述的真实性并无关联；（3）虚假陈述的主观状态为故意，且以妨碍民事诉讼的进行为目的。即是说，虚假陈述的当事人必须是明知其陈述与案件的实际情况不符合，而仍为与案件事实不一致的陈述。同时，当事人为虚假陈述的目的不仅是妨碍对方当事人的诉讼证明活动或者反驳活动，更重要的是给法院的案件审理增加障碍；（4）当事人的虚假陈述应是裁判者在审理过程中即时可以认定为虚假的陈述。这样的陈述多涉及裁判者根据当事人已经提交的其他证据已经形成暂时的、但较为确实心证的事实，当事人仍然故意地为否定或者对法院确实认为不可能发生的事实仍为虚假之陈述。其实，《新民事证据规定》即采取这样的态度，其第 63 条第 3 款规定，人民法院认为有必要的，可以要求当事人本人到场，就案件的有关事实接受询问。

2. 当事人虚假陈述的治理

一般认为治理当事人虚假陈述最有效的办法是加诸当事人真实陈述的义务，并对违反真实陈述义务的当事人施以处罚。[①] 我国 2015 年《民事诉讼法解释》实际有采取该道路的意蕴，其要求当事人在保证书中表明真实陈述以及做虚假陈述愿受处罚的意思表示。事实上也有部分国家的法律规定了当事人的真实陈述义务，《德国民事诉讼法》第 138 条第 1 款规定：“当事人应当就事实状况作完全且真实的陈述。”其第 138 条第 4 款规定：“对于某种事实，只有在它既不属于当

① 李树训：《当事人陈述制度适用问题研析》，载《华中师范大学研究生学报》2016 年第 3 期；程春华书，第 381 页；周艳波：《论民事诉讼的真实义务》，载《南开学报》（哲学社会科学版）2015 年第 4 期。

事人自己的行为，又不是当事人自己所感知的对象时，才可以作出不知的陈述。”美国1983年的《联邦民事诉讼规则》也确立了当事人的真实义务，其要求当事人及其诉讼代理人在诉辩文书、申请、证据开示中的披露请求与应答上签名，保证其真实性。签名主要证明：（1）已经检查了此文件；（2）对事实和法律进行合理调查后已经断定，尽其所知所获信息及所确信而言诉辩文书及申请具有充分的根据；（3）已经善意行事，并无任何不当动机。1993年的修改进一步完善了违背真实义务的制裁措施，切实保障了真实义务的制度化①。因此，循着《民事诉讼法》解释的思路，借鉴其他国家的先进做法，我们倾向于明确规定当事人的真实陈述义务。确实，《新民事证据规定》进一步明确规定了当事人的完整陈述义务和真实陈述义务，其第63条第1款规定：“当事人应当就案件事实作真实、完整的陈述。”但考虑到当事人一定程度上的虚假陈述的容许性、法庭调查虚假陈述的回溯性以及民事诉讼的基本特点，我们认为可以加诸当事人真实陈述义务，但对于违背真实义务的处罚应该采取谦抑的态度，应该主要适用于当事人违背真实义务已经挑战法院的权威、挑战了基本的社会良知，并有可能对其他潜在当事人有不正当的引导后果。具体包括：（1）当事人对案件事实的陈述违背自然规律、定律和公式，与众所周知的事实相冲突；（2）当事人对案件事实的陈述明显违背经验法则和社会生活常识；（3）当事人无正当理由对生效裁判确认的事实、公证文书公证的事实为无理由的争执。《新民事证据规定》也基本上采取了这样的态度，当事人前后做不一致陈述时要求当事人说明理由，对故意做虚假陈述的按照妨碍民事诉讼的强制措施处理。②

治理当事人虚假陈述的最基本、最常用的方法，仍然是强调裁判者在案件审理的过程中发挥主动性、能动性，综合运用裁判规则的知识和经验发现、识别当事人所作的虚假陈述，最终透过不采信这样的虚假陈述或者采信虚假陈述背后所折射、反映出来的真实案件信息，阻断虚假陈述当事人获取不当利益的企图。让虚假陈述的当事人不能实现其不当诉讼利益，甚至承担败诉的结果是民事诉讼中的最重要的制裁方法。这样的方法，在具体案件中虽然可能造成虚假陈述当事人之对方当事人的诉讼困难，增加了其诉讼成本，但从超出个案的角度出发，此种温和的虚假陈述治理方法，也可以从反面促使潜在的诉讼当事

---

① 1993年《美国联邦民事诉讼规则》确立的违背真实义务的制裁制度包括以下内容：“（1）为防止大量的制裁申请出现，规定了“安全港”条款。申请人将制裁申请直接送交对方，后者有21天的安全港期间，在该期间内，他可以选择撤回或者修改原来的文件或者否认。只有安全港期间届满，当事人仍不修改时，申请才能提交法院；（2）制裁的目的是防止不良行为，而非给予对方当事人以补偿；（3）法院享有自由裁量权，可以宽恕某些无关紧要的违反义务行为；（4）不仅针对特定的律师，律师事务所也应承担连带责任。”

② 参见《新民事证据规定》第63条第2款和第3款。

人在民事实体法律关系的流转中增强证据意识和法治意识，从而促进整个国家法治化水平的提高。

（四）当事人需负担的其他事实陈述上的义务

根据《民事诉讼法》规定的诚实信用原则，当事人除承担真实陈述义务外，还应当承担具体陈述的义务和完整陈述的义务等。

1. 当事人的具体陈述义务

当事人的具体陈述义务是指当事人陈述不以大概为已足，而必须尽可能具体。“一方面具体化陈述可使法院尽早且容易确定争点之所在，并据此决定证据调查之方向，进行有意义而非天马行空或无益之证据程序，以减少法院劳力、时间、费用之浪费，更可避免重复传唤证人，使其免于受重复询问之劳烦；另一方面，经由要求当事人在书状先行程序、准备程序或言词辩论期日中为具体化之陈述以确定争点，可避免言词辩论期日中遭受来自于对造之突袭，而能进行适当且有效之攻击防御，此实有助于贯彻诉讼权之保障”①。满足具体陈述的义务，要求当事人陈述的案件事实应当尽可能具体，并达到法院可以知晓案件审理的范围、对方可以有针对性地组织防御的程度。“就原告而言，应促使其主张之事实具体化至可适用系争法律规范之程度。从便利被告之防御，以防止其受突袭之目的达成观之最低程度，原告之主张应具体化至使被告借以对之是否接纳该事实之程度”②。对于被告而言，不允许被告对原告主张的支持其请求的案件事实单纯为否认，应明确向法院陈述其否认的具体理由。这在我国台湾地区“民事诉讼法”上称为被告所为的积极否认。因为“向来在民事诉讼上，无条件容忍被告为单纯否认，以致当事人间争点为何常未具体明确，此举不仅使两造攻防之目标无法集中，并且致法院审理之对象未能限缩，造成审理之散漫而无效率”③。

2. 当事人完整陈述的义务

按照后者，则要求当事人对案件事实的陈述，必须达到在其陈述的事实全部成立的情况下其提出的诉讼请求或者反驳能够成立。如果原告没有履行完全陈述的义务，则原告的诉被认为欠缺正当性；如果被告没有履行完全陈述义务，则认为被告的防御缺乏显著性。④ 法院对原告的诉的正当性审查完毕之前，无需对被告防御的显著性存在与否进行审查，法院仅仅依靠原告的陈述进

---

① 沈冠伶：《论民事诉讼程序中当事人之不知陈述》，载《台湾政治大学法律评论》第63期第48页。

② 许士宦：《民事程序法》，载《台大法学论丛》2010年第2期。

③ 许士宦：《民事程序法》，载《台大法学论丛》2010年第2期。

④ ［德］汉斯－约阿希姆·穆泽拉克著：《德国民事诉讼法基础教程》，周翠译，中国政法大学出版社2005年版，第238～240页。

行审查，不作证据调查。例如，原告一方面在陈述中提出要求被告履行合同送货；另一方面又在自己的陈述中表示，该合同已经为双方当事人有效撤销。如果诉缺乏正当性则法院应裁定驳回诉①。当然，法院可以对没有履行完整陈述义务的原告以适当的指示，特别是在当事人本人诉讼中。如果原告的诉正当，则审查被告防御是否显著。如果被告陈述的事实全部成立，原告的诉必须被驳回，则被告的防御是显著的。被告未履行完整陈述的义务，可能导致的后果是被告没有对原告主张的事实为积极的争执，在采辩论主义的案件中，被告可能处于未提出否认的不利状态。

在理解当事人的完整陈述义务时必须注意，当事人陈述的事实没有共通性。即是说被告陈述的对原告有利的，而原告未陈述的事实，不能自动地转化为原告自己的陈述，并治疗其诉的正当性欠缺。例如，原告要求被告履行合同，但自己陈述中包含了合同已撤销的陈述，如果被告在陈述中提出被撤销的合同又为双方当事人所确认，这在大陆法系国家和地区不能自动地转化为原告的陈述，并使原告的诉具有正当性。尧厄尼希指出，如果原告想消除正当性的欠缺，不允许他对有利于自己的被告的陈述争辩，而是至少辅助性的学舌被告的这一陈述。②

在英美法系国家和地区，法律为促进案件的顺畅审理，也要求当事人承担完整陈述的义务。“一位诉讼当事人被要求就构成诉讼的每个原因事实提出一个简明的陈述，并避免不必要的重复”，这一要求被称为法律上的充分性（legal sufficiency）和事实陈述的充分性（factual sufficiency）③。如果当事人的诉辩中缺乏对基本事实的陈述，导致的结果就是法院将裁定当事人的诉辩是不充分的，基于对方当事人的异议，法院将可以于诉讼的任何阶段驳回当事人的诉讼。

3. 不负担举证证明责任方的事实解明义务

当事人的案件事实解明义务主要加诸不负举证证明责任的一方当事人，按照一般理解，通常情况下，不负举证证明责任的一方当事人在诉讼中无需负担说明事实、提供证据的义务，但是在特定的案件中，负担举证证明责任的当事人在缺少其配合的情况下，难以完成案件事实的证明任务。为此，要赋予不负

① 2019 年，某基层人民法院审理的微信群群员诉群主名誉侵权案件，原告以被告群主无正当理由将其踢出微信群为理由主张被告侵权，要求法院判令被告赔礼道歉、赔偿损失。法院以即使群主踢群员出群，也不能支持原告要求被告承担侵权责任为理由，以原告主张的事实明显不能支持其请求为依据，裁定驳回其诉讼。再如，某公司以邮局没有向其及时送达劳动仲裁委员会的仲裁书造成其权利损害为由提起侵权诉讼，法院以原告主张的事实不能支持其诉讼请求而裁定不予受理。

② ［德］奥特马·尧厄尼希著：《民事诉讼法》，周翠译，法律出版社 2005 年版，第 341 页。

③ Jcck H. Friedenthal Mary Kay Kane Arthur R. Miller，Civil Procedure，second edition，West publishing Co. p227.

担举证证明责任的当事人对案件事实的解明义务，否则法院将拟制认为负举证证明责任的当事人主张的事实为真。日本民事诉讼法学家春日伟知郎认为，解明义务的承担必须满足四个条件：其一，负有证明责任的当事人能明确表明自己对权利主张具有合理基础的线索；其二，该当事人客观上处于无法解明事实的状况；其三，对于要求对方当事人解明事实不存在责难的可能性；其四，不负证明责任的当事人具有能易于解明事实的可期待性。①

‖第二节　诉讼自认‖

体现民事诉讼的基本规律，民事诉讼法不仅承认当事人在权利请求和证据提出上的处分权，而且认可当事人在案件事实上的处分权。当事人在案件事实上的处分权，体现在负担举证证明责任的当事人一方即是其有权决定是否主张对其有利的案件事实，体现在不负担举证证明责任的一方即是有权对他方主张的于己不利的事实选择性地表明态度。不负担证明责任的一方当事人对他主张的不利于己案件事实为承认，即属于民事诉讼自认行为。

一、诉讼自认概述

（一）诉讼自认的概念及特征

民事诉讼中的诉讼自认是指不负举证证明责任的一方当事人在诉讼过程中对他方主张的于己不利的事实而向法院所作的承认其存在的陈述。诉讼自认的基础是民事诉讼中的辩论主义，一般认为当事人对诉讼请求的处分体现了民事诉讼中的处分权主义，而当事人对案件事实的处分体现了民事诉讼中的辩论主义。因此对诉讼自认的条件或者特征的理解必须置于辩论主义的理论框架下，否则就无法把握诉讼自认制度的边界，也无法准确地掌握诉讼自认制度的具体适用。

1. 诉讼自认只能适用于辩论主义的案件中

采职权探知主义的案件，当事人对事实的主张与否以及对方对主张事实的态度，不能约束裁判者的案件审理范围，裁判者可以不顾及当事人的主张以及当事人的态度，而为维护国家利益、社会公共利益、第三人合法权益之必要，主动调查当事人未主张或者当事人没有争议的案件事实。2001 年《民事证据规定》第 8 条第 1 款最后一句话提出涉及身份关系的案件除外，即涉及身份案件中当事人对他方主张的不利于己的事实的承认不能产生免除当事人举证的效果。基本的原因是一般身份案件均具有公益性、伦理性，只不过涉及国家利

① ［日］高桥宏志：《民事诉讼法——制度与理论的深层分析》，林剑锋译，法律出版社 2003 年版，第 467 页。

益、社会公共利益、第三人合法权益的案件不限于身份关系案件，还包括其他诸多案件。基于此，2015 年《民事诉讼法》解释第 92 条第 2 款规定："对于涉及身份关系、国家利益、社会公共利益等应当由人民法院依职权调查的事实，不适用前款自认的规定。"《新民事证据规定》第 8 条第 1 款规定，《最高人民法院关于适用〈中华人民共和国民事诉讼法〉的解释》第九十六条第一款规定的事实，不适用有关自认的规定。

2. 诉讼自认只能是对要件事实或者主要事实的承认

民事诉讼法学理论上将民事诉讼中的案件事实分为三大类：其一，民事实体事实。是指与民事实体法律关系的发生、变更、终止相关联的事实，这些事实可以单独或者和其他事实结合在一起导致民事实体法律关系的发生、变更、终止。其中与民事实体法律规范中的条件规范相对应，并能够单独导致民事实体法律关系的发生、变更、终止的民事实体事实为要件事实，学理上也称之为主要事实。当然，这样的对应关系可能是一一对应的关系，也可能不是一一对应的关系，或者说与条件规范中的一个条件相对应的事实是多元的。而和其他事实结合在一起才能导致民事实体法律关系的发生、变更、终止的民事实体事实是间接事实。由于从间接事实推导至要件事实或者主要事实的过程，属于裁判者司法推理的过程，不属于当事人事实处分的范畴，因此辩论主义将间接事实排除在外；其二，民事程序事实。是指能够导致民事诉讼法律关系发生、变更、终止的事实，其直接关涉诉讼程序的进行、中止等事项。由于诉讼程序的控制和管理属于法院审判权的范畴，不属于当事人诉权的范畴，换句话说，法院是民事诉讼程序的主导者。为此，民事程序事实不能由当事人自主处分，法院应当依据职权主动调查，并在此基础上指挥诉讼程序的展开；其三，辅助事实。辅助事实又称为证据事实，是指关涉证据的证据能力和证明力的事实。尽管当事人可以对证据的证据能力和证明力发表意见，体现为当事人的质证权，对证据能力和证明力的审查与判断是法院审判权作用的事项，不是当事人处分的事项[①]。法律和"判例也把本人自认的对象限于主要事实，而对于间接事实的自认和辅助事实的自认则对法院和作出自认的当事人没有拘束力"[②]。《新民事证据规定》在一方承认对方陈述的于己不利之事实可以构成诉讼自认的基础上，进一步规定，当事人自己主动陈述的于己不利的事实，也可以作为诉讼

① 对之也有相反观点，在日本高桥宏志认为诉讼自认可以延伸适用至间接事实和辅助事实。参见高桥宏志：《民事诉讼法——制度与理论的深层分析》，林剑锋译，法律出版社 2003 年版，第 396～400 页。

② ［日］兼子一、竹下守夫著：《日本民事诉讼法》，白绿铉译，法律出版社 1996 年版，第 105 页。

自认的内容。①

3. 诉讼自认只能是不负担举证证明责任的一方当事人所做的承认

体现民事诉讼法的当事人诉讼权利平等原则，不能不承认负担举证证明责任的当事人在事实上的处分权，只不过其对案件事实的处分权不是表现在案件事实的承认方面，而是表现在其对自己有利的案件事实是否向法院主张的问题。换句话说，其可以选择不主张对自己有利的案件事实，如果这样，按照辩论主义的要求，即使法院认为当事人未主张的事实存在，也不能据之作出对该当事人有利的裁判。这比较明显地表现在涉及诉讼时效的案件审理中。对此，最高人民法院2008年8月21日下发的《关于审理民事案件适用诉讼时效制度若干问题的规定》第3条规定，当事人未提出诉讼时效抗辩，人民法院不应对诉讼时效问题进行释明及主动适用诉讼时效的规定进行裁判。

4. 诉讼自认必须基于当事人自愿

当事人处分权的行使必须基于当事人的真实意思表示，这是当事人诉讼请求、事实处分的应有之义。为此，违背当事人的内心真实意思表示所做的承认，不能获得诉讼自认制度的保护。《民事证据规定》第8条第4款规定，当事人在法庭辩论终结前撤回承认并经对方当事人同意，或者有充分证据证明其承认行为是在受胁迫或者重大误解情况下作出且与事实不符的，不能免除对方当事人的举证责任。之所以增加与"事实不符"这样一个限制条件，主要是因为如果违背真实意思所作的承认如果与案件事实的真实情况一致，再否认其自认的效力或者许可当事人撤回其自认已经失去了现实必要性。当然，这并非意味着民事诉讼可以容许一方当事人对另一方的欺诈、胁迫行为的发生，同时法院对当事人进行的胁迫、欺诈行为也不具有容许性。必须注意，《新民事证据规定》已经取消了"与事实不符"这样的限制要求，体现在其第9条规定的诉讼自认的撤销中。

5. 诉讼自认是当事人在诉讼过程中向法院审判人员所作的承认

当事人向法院审判人员的承认可以多种方式作出，2015年《民事诉讼法解释》第92条第1款规定："一方当事人在法庭审理中，或者在起诉状、答辩状、代理词等书面材料中，对于己不利的事实明确表示承认的，另一方当事人无需举证证明。"当事人在诉讼过程中向对方当事人所作的承认以及当事人在诉讼程序以外向对方当事人或者第三人所作的承认，均不能构成诉讼自认，不发生诉讼自认的法律效力。《新民事证据规定》第3条第2款规定，在证据交换、询问、调查过程中，或者在起诉状、答辩状、代理词等书面材料中，当事

---

① 《新民事证据规定》第3条第1款规定："在诉讼过程中，一方当事人陈述的于己不利的事实，或者对于己不利的事实明确表示承认的，另一方当事人无需举证证明。"

人明确承认于己不利的事实的，适用前款规定。当然，这并非说诉讼外自认没有任何法律效力。

（二）诉讼自认与权利自认

权利自认是指诉讼中原告放弃自己的全部或者部分诉讼请求，或者被告承认对方的全部或者部分诉讼请求，从而使诉讼程序终结或者裁判范围缩小的行为。[①] 它包括认诺和舍弃两种具体的制度，认诺是民事中的被告对原告所提出的诉讼请求的全部或一部分明确表示承认，并使诉讼程序终结或者裁判范围缩小的诉讼行为。舍弃是指民事案件中原告对自己提出的诉讼请求的全部或者一部分明确表示放弃，以使诉讼程序终结或者裁判范围缩小的诉讼行为。“诉讼标的的舍弃，乃原告依其诉之声明，所为关于某法律关系之主张，后不复维持之，而向法院为抛弃其主张之陈述。诉讼标的之认诺，乃被告对于原告依诉之声明所为关于某法律关系之主张，并不反对，而向法院为承认其主张之陈述。”[②] 权利自认与诉讼自认的相同法理，均是当事人行使处分权的行为、均不能损害国家利益和社会公共利益、均适用于一般私权案件中、均要求出于当事人的真实意思表示、均需向法院作出等。但两者的区别也比较明显，表现为：

（1）针对的对象不同。诉讼自认针对的是主要事实，而权利自认针对的是当事人的诉讼请求。

（2）效力不同。诉讼自认免除举证方当事人的举证责任，权利自认导致自认一方当事人全部败诉或者部分败诉。当然，对于权利自认的效力在大陆法系国家和地区并非没有争论。有学者认为，自认只是对事实的承认，当然不应当把对权利的认诺纳入诉讼自认制度的效力范围；[③] 兼子一教授则采取比较温和的观点，认为权利认诺和权利自认一样，一旦当事人承认，也具有免除对方当事人证明责任的作用。但这种承认还不能完全排除法院对案件事实的判断。只要作为裁判基础的事实在当事人辩论中出现或存在，法院就有可能依据这些事实作出裁判，而这种裁判的内容完全有可能与当事人的权利认诺不一致，也就出现了当事人之间的权利认诺不能约束法院的结果；[④] 三月章则认为，当事人在诉讼中承认了作为小前提的法律关系，也就不需要通过证据对法律关系加

---

① 在日本有学者对权利自认作扩大理解，使之不仅包括诉讼请求上的承认或者舍弃，还包括对法律意见的陈述。“承认不利于自己的对方当事人的法律上陈述为正当叫作权利自认”。兼子一、竹下守夫，《日本民事诉讼法》，白绿铉译，法律出版社 1996 年版，第 105 页。

② 王甲乙等：《民事诉讼法新论》，台北三民书局出版公司 1981 年版，第 442 页。

③ ［日］菊井维大著：《民事诉讼法》（下），补正版，弘文堂 1968 年版，第 290 页。

④ ［日］兼子一著：《民事诉讼法体系》，酒井书店 1954 年版，第 246 页。

以证明，该法律关系的承认就可以作为法律上推论的基础。①

（3）对诉讼代理人的限制不同。权利自认一般不能由诉讼代理人代为之，可以为权利自认的诉讼代理人必须是经过当事人特别授权的诉讼代理人；诉讼自认如果不涉及对当事人诉讼利益的放弃或对他方当事人诉讼请求的承认，可由一般委托诉讼代理人代理实施。

（4）可否撤销不同。权利自认一经作出即不能撤回，《民事诉讼法》没有当事人可以撤回其权利自认的规定，而根据《民事证据规定》第 8 条第 4 款，诉讼自认经过对方当事人的同意可以撤回。《新民事证据规定》第 9 条进一步认可了诉讼自认的撤销制度。

（5）实施主体不同。诉讼自认的主体既可以是原告也可以是被告，诉讼自认一般是主张者的对方当事人；而认诺只能由诉讼中的被告作出，舍弃只能由诉讼中的原告作出。

（三）诉讼自认的性质

正确理解诉讼自认的性质不仅可以保障当事人更好地行使案件事实上的处分权，防止在诉讼实践中比较猖獗的虚假自认现象发生，还可以很好地指导人民法院对当事人诉讼自认的审查。

必须注意，英美法系国家和地区少有诉讼自认性质的讨论，其关注的重点是诉讼外自认的性质。可能的原因是基于正当程序以及自我负责理论，只要当事人作出诉讼自认即认为产生效力，法院必须认定，当事人无从撤回，无需讨论其性质。英美法系国家和地区就诉讼外自认的观点主要有：（1）诉讼外自认是传闻证据排除规则的一种例外。认为这种诉讼外自认可以作为证据在诉讼中使用。理由在于此种例外符合一般传闻例外的条件，且有较大的可信性。“诉讼外自认，是于法院之外的陈述，在审判中难以接受反询问，所以认为是传闻证据。之所以承认其效力，主要是因为其不仅合乎传闻规则例外的条件，而且比一般的传闻有较大的可信性”；②（2）诉讼外自认是一种间接证据。认为当事人的诉讼外自认，经提供以为不利于彼之证据时，无论自认系出于语言或动作，均可视之为行为而具有间接证据（circumstantial evidence）的性质，并可以作为对当事人现在的不一致的陈述进行质疑。诉讼外自认可以作为一种情况证据，用来影响当事人在法庭中的陈述，特别是在当事人审判中的陈述与诉讼外自认之内容不一致时，其立证价值更大；③（3）将诉讼外自认分为陈述的自认和行为的自认。认为陈述的诉讼外自认可以作为传闻证据排除规则的例

---

① ［日］三月章著：《民事诉讼法（法律学全集）》，有斐阁 1959 年版，第 273 页。

② Edmund M. Morgan，Admissions as an Exception to the hearsay Rule，30，Yale，L. J. 355，(1921).

③ John S. Strahoron，Jr. The hearsay Rule and Admissions，85 U. Pa. L. Rev，484，p576，1937.

外，而行为的诉讼外自认可以作为间接证据。我国《新民事证据规定》似乎与其他大陆法系国家和地区的做法一致，将当事人诉讼外的自认作为证据来对待。其第 18 条规定："双方当事人无争议的事实符合《最高人民法院关于适用〈中华人民共和国民事诉讼法〉的解释》第 96 条第 1 款规定情形的，人民法院可以责令当事人提供有关证据。"

大陆法系国家和地区强调对当事人诉讼自认的审查，追求保障当事人事实上的处分权与发现案件真实的协调与平衡，更多讨论诉讼自认的性质。学者根据其不同的侧重对诉讼自认的性质有不同理解，并因此形成了鲜明对立的两种理论：（1）效果意思说。认为诉讼自认作为一种诉讼行为，只要当事人作出了承认对方主张事实的意思表示就成立，而无需考虑当事人的真实意思与案件事实是否符合。该观点更加关注当事人在事实上的处分权，而不考虑当事人处分与案件事实是否相符，比较不关注发现真实的诉讼目标；（2）观念通知说。认为诉讼自认系当事人依其经验，表示他造主张之事实，确系真实无伪而承认之。观念通知说更加关注诉讼自认与案件真实状况的一致，认为诉讼自认的事实必须是真实的，否则不能产生诉讼自认的后果。在价值目标上较大程度上倾向于发现案件真实的价值目标，相对不十分重视当事人在案件事实上的处分权。学者认为观念通知说更能体现社会民事诉讼观，体现对当事人自由的约束，有利于实现发现真实的目标。

我国民事诉讼自认制度并非一成不变的，而诉讼自认制度的变化也在较大程度上体现了我国对诉讼自认性质理解上的摇摆。最高人民法院 1992 年发布的《关于适用〈中华人民共和国民事诉讼法〉若干问题的意见》首创民事诉讼自认制度，第 75 条第 1 款规定："一方当事人对另一方当事人陈述的案件事实和提出的诉讼请求明确表示承认的，无需举证。"此后经过 2001 年的《民事证据规定》，最终至 2015 年《民事诉讼法解释》和 2019 年的《新民事证据规定》。我们认为，《民事证据规定》所确立的诉讼自认制度更多地体现了效果意思说的理论或者观点，其没有要求诉讼自认必须与案件事实符合的规定，相反，比较强调作出诉讼自认的当事人的真实意思表示。不仅许可诉讼自认当事人按照法律规定的条件撤回已经作出的诉讼自认，而且规定违背当事人真实意思表示所作的与案件事实不符的承认不发生诉讼自认的效力。《民事证据规定》确立的诉讼自认制度与当时的时代背景具有一致性，20 世纪的中国处在从计划经济向社会主义市场经济转型的过程中，法律制度建构中更加注重当事人诉讼主体地位的尊重与呵护，民事诉讼制度更多地体现其自由主义的属性。同时，民事诉讼制度的改革也比较多地参照采自由主义的英美民事诉讼制度。自由主义的诉讼自认制度运行的结果，是当事人双方恶意串通，通过虚假的诉讼自认及其基础上的虚假调解，损害国家利益、社会公共利益和第三人合法权益。与社会的民事诉讼观的倡导相呼应，特别是矫正和治理实践中的虚假诉讼自认和虚假民事诉讼，2015 年《民事诉讼法解释》对诉讼自认制度的规定，也由原来的自由的民事诉讼观转变为社会的民事诉讼观，开始对效果意思说进行必要的限制。其第 92 条第 3 款规定："自认的事实与查明的事实不符的，人民法院不予确认。"《新民事证据规定》也采取了与《民事诉讼法解释》一样的态度。①

不过仍然不能说 2015 年《民事诉讼法解释》规定的诉讼自认制度最终采纳了观念通知说的理论，因为按照观念通知说的理论，当事人诉讼自认的事实必须与案件事实相符，否则不能产生诉讼自认的效力，这样，就从根本上取消当事人在案件事实上的处分权，取消了诉讼自认制度。事实上，效果意思说的诉讼自认制度并不鼓励当事人通过诉讼自认损害国家利益、社会公共利益和第三人合法权益。在几乎所有的现代国家，当事人在民事诉讼中处分权的行使都不是完全自由的，处分权的行使不能与国家利益、社会公共利益、第三人合法权益发生冲突是当事人处分权行使的应有之义。效果意思说之下的诉讼自认制度，也没有弱化法院对当事人诉讼自认的职权审查，法院也不能以效果意思说的理论为自己的懈怠、消极寻找理论依据。

根据 2015 年《民事诉讼法解释》和《新民事证据规定》规定的诉讼自认制度，法院除审查当事人的诉讼自认是否损害国家利益、社会公共利益、第三人合法权益之外，还应当审查当事人的诉讼自认是否与法院查明的案件事实是否一致，并在与法院查明的案件事实不一致的情况下否认其诉讼自认的效力。那么应该如何理解 2015 年《民事诉讼法解释》和《新民事证据规定》的这个内容呢？首先，这个内容并非意味着于当事人诉讼自认的情况下，对方当事人仍然应当提供证据，然后法院根据当事人的举证结合案件事实本身，决定是否认可当事人的诉讼自认。其次，人民法院查明的案件事实应当是非借助负担举证证明责任当事人的证据提供而查明的案件事实。在实践中这样的诉讼自认事实常常包括明显违背公理、定理、常识的事实，明显与人民法院生效裁判确认的事实相冲突的事实，明显与经验法则和逻辑法则冲突的事实，明显与生效的公证文书相冲突的事实，明显违反公序良俗的事实。禁止当事人对这样的事实为相反的诉讼自认，否认其诉讼自认之效力，不是因为当事人的诉讼自认与案件事实的本来面目不符，而是认可其自认效力即可能严重地挑战法院权威、损害司法公信力。对此，我国台湾学者也提出了相似观点，"显著之事实或其他

① 具体可参见《新民事证据规定》第 8 条第 2 款。

法院应予认知之事实，如依认知之程序，确属应予认知之范围，此时已无待适用自认之法则，亦即不应容许不合理之争执及无意义之自认”①。最后，人民法院于此种情况下否认当事人承认的诉讼自认之效力时，带来的结果并非是取消负担举证证明责任当事人之无需举证的诉讼利益，不是要求举证方继续就争议的案件事实提供证据，而是根据法律的规定直接认定“查明的事实”。综合起来，我们认为应当将2015年《民事诉讼法解释》和《新民事证据规定》规定的诉讼自认制度与其规定的司法认知制度结合起来理解和运用。

二、诉讼自认的分类

对诉讼自认分类的目的是更好地理解和适用诉讼自认制度，理论上根据不同的标准对诉讼自认做了多元化的分类。

（一）以当事人的诉讼自认是否附加限制为标准

依据该标准可以将当事人的诉讼自认分为完全的诉讼自认和附加限制的诉讼自认。当事人对于对方当事人主张的不利于己的事实全部承认而不附加任何条件的，称为完全的诉讼自认。当事人作出诉讼自认的同时，又附加有限制条件的，称为附加限制的诉讼自认。《新民事证据规定》第7条规定，一方当事人对于另一方当事人主张的于己不利的事实有所限制或者附加条件予以承认的，由人民法院综合案件情况决定是否构成自认。我们认为，法院在做综合分析时应该具体区分两种不同的情况：（1）诉讼自认时附加独立的攻击与防御方法。例如，承认借款的全部事实，但又主张已经履行了清偿义务。此种附条件的诉讼自认能够产生诉讼自认的效果，其提出的新的独立的攻击与防御方法，视为该当事人主张的新事实。当事人，特别是被告对新事实的主张在民事诉讼理论中称为抗辩，在英美法系国家和地区的民事诉讼制度中称为肯定性防御（affirmative defense）；（2）当事人一方对他方所主张的案件事实，承认其中的一部分，而争执其他部分。例如，原告主张被告借其1万元，被告承认借了5000元。此时当事人的附条件的诉讼自认仅产生部分诉讼自认的效力，即在没有本证证明案件事实的情况下，法院也应认定5000元的借款存在。如果本证证明超过5000元时则该承认将不具备任何效力。

实践中经常出现当事人先承认后又否认的情况，对此必须从理论上予以回

---

① 李学灯著：《证据法比较研究》，五南图书出版公司1992年版，第113页。另外高桥宏志也有针对性的论述，如果认可当事人对显著的事实也可以为相反的诉讼自认，则“就形成任何第三人都不可能相信的事实都会被作为法院判决基础的结果，长此以往将会破坏人们对于法院的信任”。参见［日］高桥宏志：《民事诉讼法——制度与理论的深层分析》，林剑锋译，法律出版社2003年版，第401页。

答。我们认为诉讼自认方随后作出的否认表示，一般不能产生撤销诉讼自认的后果。其理由是《民事诉讼法》采诚实信用原则，不允许当事人在诉讼过程中作矛盾陈述，这具体体现为《民事诉讼法》规定的禁反言制度。另外，诉讼自认方当事人随后作出的否认意思表示也不符合撤回诉讼自认的条件。实践中可能出现的另外一种情况是当事人附加限制诉讼自认时所附加的条件前后不同，此时应该如何处理？我们认为应以对诉讼自认者最不利的承认作为认定的依据，这既不会损害对方当事人的合法权益，也不会增加法院审理的负担，同时也符合当事人在事实上行使处分权的基本要求。

（二）以当事人是否有明确的意思表示为标准

根据该标准可以将当事人的诉讼自认分为明示的诉讼自认与默示的诉讼自认。明示的诉讼自认是指一方当事人对另一方所主张的事实，以口头或书面等明确的意思表示形式予以承认的诉讼自认。2015 年《民事诉讼法解释》第 92 条第 1 款规定的诉讼自认即是明示的诉讼自认。① 默示的诉讼自认，又称准自认或拟制自认，是指在诉讼过程中当事人一方对另一方所主张的事实不明确地表示承认，而法律规定应视为诉讼自认的情况。2015 年《民事诉讼法解释》并未对默示自认有针对性的规定，《新民事证据规定》第 4 条规定，一方当事人对于另一方当事人主张的于已不利的事实有所限制或者附加条件予以承认的，由人民法院综合案件情况决定是否构成自认。

明示诉讼自认和默示诉讼自认，在中国民事诉讼中并无区别，其法律效果相同。默示诉讼自认在经过审判人员说明后，当事人仍没有意思表示的，视为诉讼自认已经发生。在大陆法系国家和地区，默示诉讼自认一般可以在法庭辩论终结前，通过对主张事实的争执而推翻拟制诉讼自认，默示诉讼自认方的这一权利甚至可以延续至第二审程序的进行中。即是说只要在前期的诉讼中没有引用对方主张的事实，此后即可以反驳、否认。相对于大陆法系国家和地区的默示诉讼自认制度，我国对默示诉讼自认制度的规定有一定合理性。根据我国的默示诉讼自认制度，法院可以通过释明权的行使，尽可能早地确定争点事实，便于当事人在诉讼早期有效地组织攻击与防御方法，也方便法院尽早确定案件审理的范围。

实践中常出现的问题是当事人既不作出肯定表示，也不作出否定表示，而是作出对主张的案件事实已经记不住了或者已经忘记的陈述。这种陈述既非肯定，也非否定，大陆法系国家和地区的学者称之为“不知之陈述”。对当事人所为的此种“不知之陈述”应当做如何处理？大陆法系的不同国家有不同的

---

① 2015 年《民事诉讼法解释》第 92 条第 1 款规定：“一方当事人在法庭审理中，或者在起诉状、答辩状、代理词等书面材料中，对于己不利的事实明确表示承认的，另一方当事人无需举证证明。”

处理方法。《日本民事诉讼法》不承认“不知之陈述”可以产生诉讼自认的效力，其第159条第2项规定：“对于对方当事人所主张的事实，作出不知陈述的，则推定为争执了该事实。”日本通说与立法一致，也认为不知之陈述实际上是否认的意思表示，但又提出在将不知陈述认定为否认导致不合理的情况下，排除其争执的效果，即可以有条件地承认为诉讼自认。德国和我国台湾地区则承认当事人的“不知之陈述”在一定情况下可以推定为诉讼自认。德国对推定为诉讼自认的“不知之陈述”规定严格的条件，《德国民事诉讼法》第138条第4项规定：“不知之陈述仅得就非当事人本人之行为与非本人认识范围内之对象为之。”而我国台湾地区则赋予法院决定是否把当事人的“不知之陈述”推定为诉讼自认的自由裁量权，其“民事诉讼法”第280条第2项规定：“当事人对于他造主张之事实，为不知或不记忆之陈述者，应否视同自认，由法院酌情形断定之。”当然，对于法院如何断定，如何促进断定的标准客观化和法院自由裁量权的统一行使，理论上认为应当参照德国法的规定理解。即规定严格条件，在当事人对一方主张的案件事实不可能超出其知识或经验范围的情况下，当事人仍为“不知之陈述”的，推定为诉讼自认。反之，如果当事人的“不知之陈述”所涉及的案件事实超出其知识或者经验范围的，当事人所作的“不知之陈述”具有一定的容许性，应当认定为当事人对该事实进行了争执，因此不能认定为诉讼自认。“凡事实于情理上不能责当事人知悉或记忆者，皆不得因其为不知或不记忆之陈述而视同自认。反之凡某事实于情理上当事人应能知悉或记忆而为不知或不记忆之陈述者，则应视同自认。”①《新民事证据规定》对“不知之陈述”未做具体规定。

在当事人一方特别是被告不出席法庭，法院必须以缺席判决的情况下，当事人缺席法庭可否视为对当事人主张事实的自认？不同国家和地区对之采取不同的处理办法。在英美法系国家和地区民事诉讼的缺席判决采缺席判决主义，即一方缺席法庭审理的情况下，法院则可以拟制认为缺席方自认了主张方主张的全部事实，同时也未提出新的事实，为此可以拟制的诉讼自认为道具判决缺席一方败诉。在大陆法系国家和地区，民事缺席判决采单方辩论主义，一方当事人缺席的情况下，法院必须根据主张方当事人的主张结合其提交的证据以及对方当事人提交的其他诉讼材料，综合判断主张方当事人主张的事实是否存在，并据此作出缺席判决。因此，缺席当事人的缺席不能视为其对主张方主张事实的诉讼自认，当然，单方辩论主义的缺席判决制度其作出缺席判决所依据的证据未经过当事人的质证，其是否具有程序正当性还需要进一步考虑。

---

① 王甲乙、杨建华、郑健才主编：《民事诉讼法新论》，广益印书局1989年版，第338页。

（三）以为诉讼自认的主体为标准

依据该标准可以将诉讼自认分为当事人本人所为的诉讼自认与诉讼代理人所为的诉讼自认。在当事人本人的诉讼自认中，当事人必须具有诉讼能力，否则其对案件事实的承认不发生诉讼自认的效力。法定诉讼代理人由于其参加诉讼可以视为当事人本人参加诉讼，其对不利于被代理人的案件事实所为的承认毫无疑问地可以产生诉讼自认的效力。委托诉讼代理人能否代当事人为诉讼自认要视委托诉讼代理人的代理权限和对案件事实的承认能否导致对当事人实体权利的处分而定。《新民事证据规定》第 5 条第 1 款规定，当事人委托诉讼代理人参加诉讼的，除授权委托书明确排除的事项外，诉讼代理人的自认视为当事人的自认。

实践中经常出现诉讼代理人和当事人或者当事人法定代理人同时到庭参加诉讼的情形，在逻辑上和实践中都可能出现当事人的诉讼行为与委托诉讼代理人的诉讼行为不一致的情形。甚至可能出现委托诉讼代理人在代理权限内承认了对方主张的案件事实，而当事人或者当事人的法定诉讼代理人即时作出否定。此时，尽管不能彻底否认委托诉讼代理人行为的成立，但根据委托诉讼代理人与当事人关系处理的一般原则，即委托诉讼代理人的行为与当事人或者当事人的法定诉讼代理人的行为冲突时，应以当事人的诉讼行为为准，则应该认可当事人或者法定诉讼代理人即时提出的否认行为的效力，并使委托诉讼代理人的承认失去效力。《新证据规定》其实已经采取了这样的态度，其第 5 条第 2 款规定，当事人在场对诉讼代理人的自认明确否认的，不视为自认。实践中常常出现的另外一个情形是，委托诉讼代理人超越代理权限为事实之承认，而同时出庭参加诉讼的当事人或者当事人的法定诉讼代理人不作否认表示，此时应如何认定委托诉讼代理人之承认案件事实的效力。在我们看来，尽管委托诉讼代理人的行为超出了代理权限，同时当事人对委托诉讼代理人的授权须向法院作出，但由于委托诉讼代理人、当事人或者当事人的法定诉讼代理人、法院的审判人员均出席法庭，可以视为当事人或者当事人的法定诉讼代理人对法院作出的向委托诉讼代理人的授权，并认可其诉讼自认的效力。在实践运行中，法院可以行使释明权，通过追问当事人的形式，实现理论和制度自洽。最后，应该注意的问题是，实践中代理当事人的两个委托诉讼代理人所为诉讼承认在内容和范围上不一致。对之我们认为应当根据民事诉讼法代理制度中的单独代理原则予以处理，按照该原则，任何一个委托诉讼代理人的诉讼自认都能发生诉讼自认的法律效力，对于先后所为的诉讼自认应当以对当事人最不利的诉讼自认作为最后处理依据。

三、诉讼自认的效力

（一）诉讼自认的一般效力

首先明确诉讼自认的效力仅介绍诉讼上自认的效力，但诉讼外自认并非全无法律效力。诉讼外自认不能独立地在诉讼中发挥作用，但可以作为证据对诉讼外自认的事实进行证明，此时起证明作用的并非诉讼自认，而是固定诉讼外自认的证据形式，如书证、视听资料等。“诉讼外之自认，仅为证据之一种，并无诉讼上自认之效力。该项自认，纵使与他造所主张之事实相符，仅可为法院依自由心证认定事实上资料，亦即其证据力如何，应由法院判断之。他造得援用此项自认为证据，并非因有此项自认而毋庸举证。”[①] 即使这样的自认是当事人在其他诉讼中作出的，也不影响其诉讼外自认的性质和认定。概言之，“对于诉讼之自认，通常称为正式之自认，对于诉讼外之自认，通常称为证据的自认，或者即仅称之为自认”[②]。诉讼自认的效力可以分别从对诉讼自认方当事人、对方当事人、法院三方的影响方面认识和把握。

1. 诉讼自认对负担举证证明责任的当事人的效力

《新民事证据规定》第 3 条第 1 款规定，在诉讼过程中，一方当事人陈述的于己不利的事实，或者对于己不利的事实明确表示承认的，另一方当事人无需举证证明。《德国民事诉讼法》第 288 条规定：“当事人一方所主张的事实是，在诉讼进行中经对方当事人于言词辩论中自认，或者在受命法官或受托法官前自认而作成记录时，无需再要证据。”

2. 诉讼自认对诉讼自认方当事人的效力

诉讼自认一经作出，诉讼自认的一方即受该诉讼自认的约束，该当事人不能再提出相反的事实陈述，也不能提出反证以推翻对方主张的事实。学者称诉讼自认的这一效力为诉讼自认的绝对效力。诉讼自认拘束自认作出一方的效力，在证据法学理论上又称为禁反言。“禁反言是一个基本公正理论，旨在防止一方当事人剥夺另一方当事人的合理预期，此预期为该当事人的行为所诱发，即使其确切知道或者应当知道对方当事人将依赖对不利的行为。”[③]《新民事证据规定》也并非绝对不允许诉讼自认方当事人撤销其自认，但规定了较为严格的条件[④]

---

① 李学灯著：《证据法比较研究》，台北五南图书出版公司 1992 年版，第 124 页。

② 李学灯著：《证据法比较研究》，台北五南图书出版公司 1992 年版，第 139 页。

③ Jacqulyn A. West，Maintaining the Legal Fiction：Application of the Presumption of Paternity and Paternity by Estoppels in Pennsylvania. Duquesne Law Review. 2004. Spring.

④ 具体可参见《新民事证据规定》第 9 条。

3. 诉讼自认对法院的效力

诉讼自认对法院的拘束力表现为法院不得再对该项事实进行审查，而应当直接认定。即使法院认为该项诉讼自认与实际的情况不符，也不能作出相反的认定。在诉讼自认的性质上基本是采“效果意思说”，而不是“观念通知说”。对当事人双方没有争议的事实，法院必须视同其存在，并将之作为裁判的基础，这是辩论主义的基本要求。诉讼自认不仅对一审法院有拘束力，而且对二审法院和再审法院都有拘束力。当事人提出的与诉讼自认相矛盾的证据法院也毋庸审查。但是诉讼自认与事实矛盾且损害国家利益、社会公共利益、第三人合法权益的情况下，不生诉讼自认的效力。同时诉讼自认还不得与法院根据《民事诉讼法解释》第93条和《新民事证据规定》第8条查明的事实相冲突，与法院以其他方法查明的事实相冲突的诉讼自认，人民法院不予认可。

（二）诉讼自认效力的限制

诉讼自认制度除不适用采职权探知主义的案件之外，还不适用于间接事实、辅助事实和程序事实，同时在理解诉讼自认的效力时还应当注意以下问题。

1. 部分共同诉讼人诉讼自认的效力

我国《民事诉讼法》规定的共同诉讼人包括普通共同诉讼人和必要共同诉讼人，在普通共同诉讼中，由于各个普通共同诉讼人独立地与对方当事人发生民事实体法律关系，各普通共同诉讼人的行为具有独立性，各普通共同诉讼人诉讼行为的实施上采独立实施原则。因此，部分共同诉讼人为诉讼自认无需经过其他共同诉讼人的同意，对其他共同诉讼人也不发生诉讼自认的效力。《新民事证据规定》第6条第1款规定，普通共同诉讼中，共同诉讼人中一人或者数人作出自认，对作出自认的当事人发生效力。而必要共同诉讼中，由于各必要共同诉讼人与对方当事人同处于一个法律关系中，或者同一个法律关系的解决均关涉他们各自的利益，其在对方的关系方面存在利益上的一致性。因此，部分必要共同诉讼人所为的诉讼自认不仅不能对所有的本方当事人发生诉讼自认的效力，对作出诉讼自认的部分必要共同诉讼人也不能产生诉讼自认的效力。其理由一是必要共同诉讼人内部关系处理上有一个原则，有利的及于全体，不利的不及于全体，并不生效力。[①] 诉讼自认行为总体上是有利于对方当事人的行为，其免除了对方的举证负担，并因此有可能增加本方的实体不利益和程序不利益；二是法院对必要共同诉讼中必须作出合一的，而且不能相互矛盾的判决，如果认可部分必要共同诉讼人所为的诉讼自认对该部分必要共同诉讼人有效，而对其他必要共同诉讼人无效，则有可能出现对必要共同诉讼人不

① 赵信会：《必要共同诉讼制度的内部冲突及制衡》，载《河北法学》2004年第5期。

一致的判决。不承认此种情况下的承认的诉讼自认效力，并非意味着部分必要共同诉讼人所为的承认没有任何法律效力，法院可以根据部分必要共同诉讼人所为的承认、其他必要共同诉讼人所为的否认，结合对当事人进行的询问，根据自由心证对主张方主张的案件事实是否存在作出判断。《新民事证据规定》实际上已经采取了这样的态度。①

如果部分必要共同诉讼人为诉讼自认后，其他的必要共同诉讼人知道后未做否认表示时可否视同全体必要共同诉讼人的自认？对之，多数国家和地区的民事诉讼法均未规定，学者也很少研究。我们认为在必要共同诉讼人共同到庭参诉或者法院已经以明确的方式将部分必要共同诉讼人所为承认告知其他共同诉讼人的情况下，其他必要共同诉讼人继续采取回避的态度，则可以推定其他必要共同诉讼人认可了诉讼自认行为，诉讼自认行为对之即发生效力。为保障该项理解在实践中的顺畅执行，实践中遇此情形的法官应当向其他必要共同诉讼人为释明，并最终依据《新民事证据规定》中的拟制诉讼自认处理。对此《新民事证据规定》已经认可②。

2. 诉讼自认的效力可否及于已经有证据证明的事实

尽管作为争点整理的当事人陈述多发生在诉讼的早期，特别是审前准备阶段，不过在大陆法系国家和地区，当事人提出新的攻击与防御方法的时间并没有严格限制。为此，实践中常常出现诉讼后期当事人诉讼自认的事实可能主张方当事人已经有证据证明了，2015 年《民事诉讼法解释》第 92 条第 1 款也已经承认法庭辩论阶段的诉讼自认。这样，对该项事实既有主张方提出的证据证明，也有不负担举证证明责任的当事人诉讼自认，在具体的诉讼实践中，法院是依照证据认定该案件事实呢，还是依据诉讼自认认定该案件事实呢？有学者明确指出对于已经有证据证明之事实，包括有证据证明事实不存在之情形，均不应适用诉讼自认，而应当以证据证明予以认定。“在诉讼中已经证明为非真实之事实，此时本无待于调查其他不必要之证据，法院已有确定之心证，则反于真实之自认，即应解为不生效力。”③《新证据规定》也采此种精神，规定自认事实与查明的事实不符的，人民法院不予确认④。

在我们看来，于已经有证据证明案件事实存在，而当事人又为诉讼自认时，应按照诉讼自认处理案件。因为初审法院对证据的审查与判断还要经过上

---

① 《新民事证据规定》第 6 条第 2 款，第 1 句话规定，必要共同诉讼中，共同诉讼人中一人或者数人作出自认而其他共同诉讼人予以否认的，不发生自认的效力。

② 《新民事证据规定》第 6 条第 2 款规定：“其他共同诉讼人既不承认也不否认，经审判人员说明并询问后仍然不明确表示意见的，视为全体共同诉讼人的自认。”

③ 李学灯著：《证据法比较研究》，台北五南图书出版公司 1992 年版，第 114 页。

④ 参见《新民事证据规定》第 8 条第 2 款。

级法院的审查，并且所有法院对证据的审查判断及其以证据为基础的事实认定，还都需要经过详细的法律论证，这种情况必然会增加法院的工作负担，影响司法效率。相反，直接以当事人诉讼自认认定案件事实，省去了上级法院的审查环节和法院的判决论证环节，有助于提高诉讼效率。对于已经有证据证明为虚假的案件事实，当事人可否为诉讼自认，我们认为，对于证据证明已经虚假的事实，法院不予认定，也需要进行论证，也有影响诉讼效率和司法资源合理配置的嫌疑。同时于当事人承认虚假事实，且不损害国家利益、社会公共利益、第三人合法权益，也不影响法院权威的情况下，认可其诉讼自认的效率也不会有什么样的消极影响。

（三）诉讼自认的撤销

诉讼自认的撤销是指诉讼自认作出后，诉讼自认当事人或其他人员依据法律规定的条件撤回原来的自认表示，并使诉讼自认不发生法律效力的行为。按照《民事诉讼法》规定的诚实信用原则，当事人于民事诉讼中不得为矛盾的陈述、实施前后不一致的行为。为此，一般情况下不承认诉讼当事人的诉讼自认撤销权，以促进民事诉讼程序的安定性、可预期性等目标。根据《新民事证据规定》和《民事诉讼法解释》，在我国当事人可以例外地撤销诉讼自认，并使诉讼自认不发生无需举证之效果的情形包括：

1. 经对方当事人同意而为的撤销

诉讼自认常常使对方当事人获得利益，此种利益即诉讼自认免除了举证方的举证责任，并因此使举证方获得毋庸举证的程序利益，在某些情况下，还可以获得胜诉的实体利益。对于该实体利益和程序利益，也在当事人行使处分权的范畴，获得利益的当事人可以通过处分权的行使放弃该项利益。其处分权的行使方式，即是同意诉讼自认方撤回诉讼自认。《新民事证据规定》第 9 条第 1 款第 1 项认可了此种情况下的诉讼自认撤销，并以对方当事人同意作为条件之一。诉讼自认也使法院获得毋庸调查证据以及以证据为基础进行推理的程序利益，不过该程序利益处于正常的诉讼程序之外，法院许可当事人撤回诉讼自认，虽然放弃了程序利益，但相对于正常情况，也没有增加法院的诉讼负担。不过，法庭辩论终结以后的诉讼自认之撤回可能给法院审判带来更多的消极影响，为此，《新民事证据规定》第 9 条第 1 款第 1 项又将当事人的撤回申请限制在法庭辩论终结前。《新证据规定》在经过对方当事人同意撤销诉讼自认制度方面，没有修改。[①]

2. 当事人对违背真实意思的诉讼自认的撤销

诉讼自认是当事人行使处分权的方式，前提是其意思表示真实，这样当事

① 《新民事证据规定》第 9 条第 1 款第 1 项。

人在胁迫、欺诈之情况下所为的诉讼自认不符合处分权行使的条件，理应撤销。对之我国台湾地区也采取这样的做法，“系被诈欺胁迫或因他人有刑事上应罚之行为”而为的自认可以撤销。我国《新民事证据规定》也肯定了此种情况下的诉讼自认之撤销，其规定，自认是在受胁迫或者重大误解情况下作出的，自认方当事人可以撤销诉讼自认。必须注意，《新民事证据规定》对此种情况下的诉讼自认之撤销施加以时间限制，要求其必须在法庭辩论终结前提出申请。相对于此前的此种情况的撤销，《新民事证据规定》更加注重程序的安定性，而非对实施欺诈行为人的制裁。

3. 根据民事诉讼法的法理也应该承认的诉讼自认撤销

委托代理人代为诉讼自认，但当事人当场提出撤销的，可以撤销。《新民事证据规定》在学者呼吁的基础上，已经承认了此种情况下的诉讼自认撤销[①]。在其他大陆法系国家和地区默示诉讼自认的撤销，它不需要诉讼自认当事人作出撤销的意思表示，只要受诉讼自认不利的一方当事人在法庭辩论终结前或者在二审程序中，对默示诉讼自认的事实为积极争执或者否认的陈述，就可以使默示诉讼自认不再发生效力。

① 《新民事证据规定》第9条第1款规定：“当事人在场对诉讼代理人的自认明确否认的，不视为自认。”

第五章　民事证人制度

案例导入：

上诉人刘某德（原一审被告）因与被上诉人陈某婷（原一审原告）、被上诉人鲍某信（原一审被告）、被上诉人某县某资产管理咨询有限公司（原一审被告）民间借贷纠纷一案，不服一审人民法院的判决，向中级人民法院提出上诉。

一审法院在审理中认定，2014年8月25日被告刘某德打电话给原告陈某婷称要借款20万元，并称自己在被告某资产管理咨询有限公司等原告陈某婷。原告陈某婷随即带其个人银行卡到被告某资产管理咨询有限公司找到被告刘某德，被告刘某德用被告某资产管理咨询有限公司的格式借据1份，内容是：今借到陈某婷人民币贰拾万元整，借款期限1年，月利率1.8%。被告刘某德在借据的“借款单位委托代理人”处签名，并在借据的“担保企业”处加盖了被告某资产管理咨询有限公司的公章，被告某资产管理咨询有限公司的原法定代表人黄某风、被告鲍某信在借据上签名并加盖个人私章。原告陈某婷将其个人在工商银行的银行卡和身份证交给被告刘某德，刘某德从原告的银行卡上转出20万元人民币到其个人银行账户。原告主张争议借款系被告刘某德个人的借款，不属于单位借款，被告某资产管理咨询有限公司和被告鲍某信均属于担保人。被告刘某德辩称，系争的20万元借款系被告某资产管理咨询有限公司所借，只是因为工作失误将章盖错了地方。原告陈某婷为支持其主张，提供借据1份，同时提供了被告某资产管理咨询有限公司的会计王某玲的一份录音证言，证言的大体内容是被告刘某德与王某胜等联合成立了一家担保公司，王某玲也是其中的工作人员，各自联系客户、吸引客户，借钱以后的还钱采取谁的客户谁负责通知，在不能如期还款的情况下，谁的客户谁负责做工作。被告刘某德签了不少单子，客户也比较多，压力比较大。但一审案件审理过程中，王某玲没有出席法庭，双方当事人也没有申请其出庭作证。同时被告刘某德向法庭提交了王某玲的书面证言1份，内容是系争的20万元借款是被告某资产管理咨询有限公司向原告陈某婷所借，自己是该笔现金对公司入账的经手人，了解借款的真实情况。法院依法传唤了被告某资产管理咨询有限公司的原法定代表人黄某风，其陈述内容为，黄某风、刘某德、王某玲三人联合开办了某资产管理咨询有限公司，其时合作方未签订任何合作协议，并将黄某风登记为公司法定代表人、将王某玲登记为股东，被告刘某德并未被登记为股东。后来由于黄某风作为公务员不能参与公司经营，遂将公司股东以及公司的法定代表人身份转让给被告某资产管理咨询有限公司的现法定代表人被告鲍某信。公司实际上是由被告刘某德管理，刘某德也不能称为公司聘用人员，他就是公司的实际控制人。涉及系争的20万元，黄某风认为，自己不知道此笔借款，但应该是谁借款谁还钱，谁支出去谁负责。自己没有向公司投资，也没有取得收益，刘某德、王某玲仅仅给自己2000元到3000元不等的零花钱。

证人证言是我国民事诉讼中重要的证据形式，关于证人作证的制度内容虽然属于微观领域，但其却与其他许多重要的诉讼制度或者价值理念联系在一起。从比较法角度看，两大法系国家的诉讼结构和价值追求方面的差异，不仅影响了其某些重大的诉讼制度，而且在证据制度上留下了深深的烙印。这不仅体现在证人范围方面，而且包括证人的询问方式、证人在诉讼中的地位定性。我国的证人制度，带有较强计划经济和国家干预色彩，许多内容已经不适合现代社会的需要，并成为审判方式改革中需要重点改革的内容。适应社会转型和审判方式改革的需要，对证人制度进行深入研究不仅有较高的理论价值，还有深刻的现实意义。

‖第一节　民事证人制度概述‖

一、证人的概念和特征

（一）证人的概念

证人，顾名思义就是指根据自己了解的案件事实而向法庭提供证言的人。必须注意不同国家和地区对证人的理解和界定不同。在英美法系国家和地区，证人并不一定是当事人以外的第三人，基于其对证据党派性而非中立性的坚守①，英美法系国家和地区的证人不仅包括案件当事人以外的第三人，还包含

---

① 中立证人观的要求常常依据于中立的认识论，这样的中立认识论不仅为大陆法系国家和地区的民事诉讼所青睐，并被作为其民事司法制度的基本哲学指导思想，而且在英美法系国家有部分学者对此持赞同观点。其早期的倡导者是Alvin Goldman，后来在许多证据法学者那里得到支持。“此类规范的社会认识论，明确地在证据法学者那里引起了共鸣，几代证据法学者事实上已经沿袭Alvin Goldman的哲学，并使用Allen和Leiter的概念分析证明规则。”Dale A. Nance. Naturalized Epistemology and the Critique of Evidence Theory. Virginia Law Review. 2001. Vol. 87.

当事人本人。可以像传唤证人一样地传唤当事人出庭作证。另外，在英美法系国家和地区尽管承认证人作证基础上的差异，并将证人分为一般证人和专家证人，但在证人地位的规定方面、传唤方面并没有分别规定，而是一体地予以规定。而在大陆法系国家和地区，基于其对中立性而非党派性的坚守，坚持认为证人和其他的证据方法是独立于当事人的，表现为中立的证据方法，基于此，大陆法系国家和地区民事诉讼法规定的证人不包括当事人本人，其所谓的证人必须是当事人以外的第三人。同时，为了更好地规定依据不同的作证基础而向法庭提供证言的诉讼参与人，大陆法系国家和地区严格区分一般证人和专家证人，并将后者单独命名为鉴定人。

我国传统上属于大陆法系国家，在证人的规定方面也遵从大陆法系国家的一般做法，将当事人排除于证人之外，同时根据证人的作证基础对一般证人和专家证人分别规定，并将专家证人规定为鉴定人。除此以外，我国《民事诉讼法》对证人的规定还有以下几个特点：（1）民事诉讼中的证人不仅包括自然人，还包括单位。《民事诉讼法》第72条规定："凡是知道案件情况的单位和个人，都有义务出庭作证。有关单位的负责人应当支持证人作证。"单位可以作为民事证人的规定，不仅不同于其他国家的民事证人规定，使我国的民事证人具有中国特色，而且也不同于《刑事诉讼法》对证人的规定，并使民事证人制度具有民事特色。（2）在我国，作为证据形式的是证人证言，而非证人本身。作为证据形式的不是直接感知案件事实的人，而是其向法院表述的关于其感知的内容。这样的规定，顺应了司法认知或者诉讼证明的特点，具有其合理性。司法认知或者诉讼证明所借助的不是证人本身，而是其感知的案件事实内容，证人的陈述一经查证属实，法院即可决定采信该证据与否，并可以单独依据该证据或者结合其他证据形式，就当事人主张事实之真伪作出判断。但必须看到直接以证人证言作为证据形式，立法重视的是证人表述的内容或者结果，在证据形式的规定上并未体现对证人陈述的审查过程，特别是没有将当事人的异议或者询问与证人陈述结合起来。职权探知主义模式下，忽视当事人的程序权利和程序主体地位不仅是这一立法的重要原因，而且这一立法也在实质上损害当事人的程序主体地位。

（二）证人的特征

通过对证人与其他证据方法的比较，结合我们自己的认识，这里将证人的特征概括为以下几个方面。

1. 证人具有不可替代性

证人的不可替代性主要是源自证人的作证基础，并是在与其他诉讼参与人参加诉讼、鉴定人提出鉴定意见的行为进行比较的基础上得出的结论。证人是诉讼开始前了解案件事实的人，通过诉讼了解案件事实的人不能作为证人。而事实上，证人了解案件事实都可能基于其与案件或者案件当事人有这样或者那样的关系，或者基于其他因素，并因此使证人对案件事实的了解具有偶然性。尽管案件事实的发生一定会留下一定的痕迹或者被人知晓是必然的，但落实到了解案件事实的某一个具体人上是偶然的。没有了解案件事实的人，无法代替了解案件事实的人向法院提供证言，证人的不可替代性，决定了证人不适用民事诉讼回避制度。

2. 证人在诉讼中的地位具有优先性

证人诉讼地位的优先性是指在证人有可能以不同身份参加诉讼的情况下，应当优先以证人的身份参加诉讼。证人诉讼地位优先性首先肇因于诉讼参与人诉讼身份唯一性原则。按照该原则任何一个诉讼参与人在诉讼中的身份都只能是唯一的，其不可能同时以两个或者两个以上的身份参与诉讼。诉讼身份唯一性原则的根本目的是防止诉讼参与人诉讼身份的冲突，保障诉讼参与人更好地履行其诉讼职能，以实现诉讼程序的活化。其次，证人诉讼地位优先性源自证人的不可替代性。证人以外的其他诉讼参与人，除当事人以外，多数是可以替代的，这特别体现在《民事诉讼法》规定的回避制度中。按之，审判人员、翻译人员、鉴定人等具有法律规定回避情形时应当回避，并由其他的审判人员、翻译人员、鉴定人替代之。于作为自然人的当事人死亡、作为单位的当事人合并分立的，也可以由当事人的权利义务继受人继续作为当事人参与诉讼。

3. 证人作证具有一定的主观性

所有的证人向法庭作证的过程都包括三个不可或缺的阶段，分别是证人对案件事实的感知阶段、证人对案件事实的记忆阶段、证人就案件事实向法庭陈述的阶段①。不仅这三个阶段都有作为认识主体的证人的主观因素介入其中，可能影响证人证言的客观性、真实性，而且多数情况下的证人都与案件或者案件当事人有这样或者那样的关系，中立的证人事实上非常难得。这样主观上，证人也有对其证言进行加工、筛选的主观能动性，这种情况进一步加剧了证人证言的主观性。也正是从这样的意义上，学者也认为证人证言是最不可靠的证据方法。"证人证据是在实践中最经常利用的证据手段，虽然这被公认为是最不可靠的证据手段……证人证据的不可靠性具有不同的理由。"② 也正是基于

① 也有学者把这三个阶段划分为证人的感知和记忆阶段、于诉讼中将作证材料提交于法庭阶段、法庭将证人的作证材料保存于法庭记录阶段。Brinkley Messick. Evidence：From Memory to Achieve. Islamic Law and Society. 2002.（9）No. 2.

② ［德］汉斯－约阿希姆·穆泽拉克著：《德国民事诉讼法基础教程》，周翠译，中国政法大学出版社 2005 年版，第 256 页。

这样的原因，英美法系国家和地区，为防止陪审团受不客观的证人证言影响，创制了许多弹劾证人的方法，这些方法包括证人的“不良之性格”“不荣誉之行为”“作伪证之习性”“个人之历史”等。在英美法系国家和地区，历史上曾经对作为证人的性犯罪中的被害人的证言要求补强，要求对儿童证人的证言进行补强。到目前为止，苏格兰的法律仍然有补强证据的要求，认为一个以上的证人提供的证据不能充分地证明民事或者刑事案件，而且补强必须是针对案件事实的补强，而不是针对证人本身的补强。①

4. 证人的作证能力受时间影响

证人作证能力受时间影响主要是由人的记忆规律决定的。研究表明，人类对对其感知的信息的遗忘量与时间成正比，即时间越长，遗忘越多、记忆越少。当然，证人对其感知信息的遗忘也不是均匀的，而是有波动的。研究证明，在感知之后的开始时期遗忘的速度最快，其后逐渐变慢。正是考虑到这一特征，证人作证的过程中，重要的不仅是要采取各种有效的方法促使证人说真话，更重要的是要撬动证人记忆之点，并依此实现证人作证的目的。有学者将证人的记忆分为可利用的信息和可接触的信息，认为不用提醒就可以获得证人记忆中的可利用信息，而如果想得到更多的信息，则必须透过各种方法提示证人。不过这样的提示常有风险，“暗示性或诱导性询问减少了疏漏，却增加了错误，而且询问者对手中处理的事情越了解，证人越有可能采纳提问中的暗示”②。

二、证人的作证能力

（一）证人作证能力与证人义务

证人的作证能力又被称为证人资格是指了解案件事实的人可以或者应该向法庭作证的资格。必须注意，证人的资格与证人的作证义务是两个相互联系而又有本质区别的问题。作证义务是了解案件事实的人向法院承担的提供其了解案件事实情况的义务，中外民事诉讼制度尽管不同，不过均承认了解案件事实的人有该项义务。美国联邦最高法院在判例中指出：“在国家依法成立的法院面前作证是每一个人的义务，除非其提出支持自己的排除作证的法律理由。”③正是通过证人之该项义务的履行，实现纠纷的妥当解决，在英美法系国家和地区实现平息矛盾的司法目标，在大陆法系国家和地区实现制定法追寻的社会执行。承认该项义务，才使得法院对伪证罪的处罚有了法律依据，才使得某些国

① 詹尼·麦克埃文著：《现代证据法与对抗式程序》，蔡巍译，法律出版社2006年版，第139页。
② 詹尼·麦克埃文著：《现代证据法与对抗式程序》，蔡巍译，法律出版社2006年版，第149页。
③ Robert L. Donian. Edward C. Fisher. Robert. H. Reader. Richard N. Williams. The Evidence Handbook. The Traffic Institute Northwestern University. 1975. p212.

家的法院强制证人作证有了底气。我国民事诉讼制度不仅承认了解案件事实的人对国家承担的该项义务，而且为了便于该项义务的履行和国家机关对不履行义务之了解案件事实的人进行强制，我国民事诉讼法律关系理论传统上采多面说的民事诉讼法律关系理论，将证人作为民事诉讼法律关系的主体之一。我国民事诉讼法也非常重视证人的作证义务，甚至长期以来将证人的作证义务与证人的作证能力在相互置换的意义上使用。《民事诉讼法》第72条规定："凡是知道案件情况的单位和个人，都有义务出庭作证。不能正确表达意思的人，不能作证。"据此，我国有学者认为具备证人资格的条件有三个，即知道案情、能够正确表达意思、能够认识作证的法律后果并有承担相应法律责任的能力。也就是说，在我国了解案件事实的人，不管其与案件或者诉讼当事人有怎样的关系，都必须作为证人，具有证人的适格性。证人作证义务与证人资格统一的立法或者观点，其基础是强调证人对国家负有的作证义务的一元性或者该国家义务的至上性，要么不承认其他证人所负担的其他义务之存在，要么否认其重要性。事实上，所有了解案件事实的人在与国家形成法律关系的同时，还可能处于其他法律关系中，并在其他法律关系中承担义务。了解案件事实的人可能处于多元法律关系中，在市场经济背景下具有更大的可能性，另外的可能性还在于了解案件事实的人所负担的其他义务具有相对于作证义务的优先性。为此，现代国家的民事诉讼制度承认了解案件事实的人负担义务的多元性以及其他义务具有优先性的可能性，建立了证人作证能力与作证义务适当分离的制度，赋予特定情况下了解案件事实的人或者当事人以拒绝作证的权利。证人作证能力与证人作证义务的关系是证人作证义务和证人作证能力的必要条件，但不是其充分条件。

（二）证人的作证义务

证人负担作证义务的前提是其了解案件事实，并能够向法庭提供其了解的案件事实情况。我国《民事诉讼法》第72条规定的条件实际上就是这样规定的，按之，证人负担作证义务必须同时满足了解案件事实、记忆案件事实、陈述案件事实的能力。而某些英美法系国家和地区，还要求证人必须宣誓并能够理解宣誓的意义。"准确履行提供证据之义务的首要条件是出席法庭，并作口头宣誓。除非证词出现于法官或法官任命的有权审判案件的人之前，证词是非法的。"[①] 证人宣誓也成为一般的规则，"一般规则是：所有证人作证均须宣誓。任何有权听证的人，都有权要求证人宣誓，但通常是法庭书记员或者其他

① Brinkley Messick. Evidence：From Memory to Achieve. Islamic Law and Society. 2002.（9）No. 2.

法庭人员主持证人的誓言”①。我们认为在理解证人的作证义务时应该注意的问题主要有：

1. 儿童的作证义务

对此，《民事诉讼法》未做规定，理论上的研究也比较少，少数研究成果中观点也不一致。有人认为无民事行为能力人无证人资格，田平安教授明确主张无民事行为能力人和限制民事行为能力人不能作为证人，其基本理由有三：其一，无民事行为能力人包括精神病人，而精神病人不能作为证人；其二，待证事实与年龄、智力状况或精神状况相适应，其判断标准难以把握；其三，证人必须出庭，并懂得作证的意义和法律后果，承担相应的义务，而无民事行为能力人缺乏这样的能力。②

关于儿童是否具有证人资格，国外的证人作证制度也有一个漫长的历史发展阶段。最初认为儿童不具有可靠性，因之不具有证人资格。公元1世纪Seneca提出了一个由其学生讨论的逻辑悖论：一个5岁的儿童在提供犯罪人证言的情况下，能否作为其父亲犯谋杀罪的证人。因为这一逻辑悖论，罗马法在涉及家庭成员的法律纠纷中绝对禁止儿童作为证人，家庭成员之间的相互依赖性促使人们推定儿童有可能被诱惑做虚假的、不可靠的证言。③ 英国普通法早期也采取绝对禁止儿童证人的做法。18世纪以年龄为基础的证人分类法取代了绝对排除的立法政策，14岁以上的儿童被假定具有证人资格，除非抗辩方能够以证据推翻该推定，这些少年宣誓并被和成年证人一样对待；相反在涉及14岁以下的儿童证人时，控方在预备性审查阶段承担证明证人能够理解宣誓意义的证明责任。

从目前来看，国外一般不将年龄作为限制证人资格的条件，能否成为证人，依赖于未成年人的理解能力，而其是否有这种理解能力由法官依职权自由裁量。“没有儿童作为证人的最低年龄限制，一般认为14岁以上的儿童均有证人资格，但低于此年龄时，调查证人的心理条件是必需的……在怀疑儿童的证人资格的情况下，承认或排除其证人资格属于法官裁量的范畴。”有些国家的判例甚至明确提出决定一个人是否具有证人资格的不是年龄条件，而是智力条件，毕竟证据制度发展是一个从严格规定证人资格要求向宽松的证人资格要求发展的历史。密西西比州最高法院在判例中明确指出，决定证人资格的因素包括：（1）证人对陈

---

① ［英］罗纳德·沃克著：《英美证据法概述》，王莹文、李浩译，西南政法学院印行1983年版，第97页。

② 田平安主编：《民事诉讼法 诉讼证据篇》，厦门大学出版社2006年版，第39页。

③ Lucy S. Mcgough. Stretching the Blanket：Legal Reports Affecting Child Witness. Learning and Individual Difference（9）（4）1997. p320.

述真实的义务或指示的当下的理解能力或理解水平；（2）在争议的事件发生时证人客观地观察和记录该事件的主观能力；（3）能够充分地保留观察所形成的独立记忆的能力；（4）将观察所得之记忆真实准确地转换为言词的能力。[①]基于此，许多国家的法律明确不限制儿童证人资格。英国《1999 年青少年审判和刑事证据法》第 53 条规定："在刑事诉讼每个阶段，所有人都有资格给出证据，对证人的基本审查是：是否（a）理解向他提出的问题，并且（b）作出能被人理解的回答。"加拿大联邦《1995 年证据法》第 12 条规定："除本法另有规定之外：（a）任何人皆有作证之资格；以及（b）有资格就某一事实作证的人有义务作证。"

但有些国家对之做了适当限制，例如《意大利民事诉讼法》第 248 条规定："只有在某些特殊条件下，认为有必要询问时，方可传唤未满 14 周岁的人不加宣誓直接询问。"中国香港特别行政区《诉讼证据条例》第 3 条规定："下列人士在任何诉讼中无资格作供：（A）年龄 7 岁以下之小童，但法院认为其对接受质询之事实有正确领会并能正确叙述，则不在此限[②]。"英国法律则规定了解案件事实的人由于一些特殊原因，如精神错乱或饮酒而导致丧失理智，丧失证人适格性，除非由于上述原因消失，否则将不会恢复其证人适格性。另外，法院认为不能完全理解宣誓意义和后果的未成年人不得作证。英国判例法并不限制证人年龄，其作证能力取决于对客观事物的理解程度，法官对未成年人是否拥有对案件事实的必要智力和适当理解享有判断权利。

我们认为应当有条件地承认未成年人或者精神病人的证人资格，首先，案件事实性质不同，特定未成年人或者精神病人能够理解该事实的性质和后果，精神病人的精神状况也不都是绝对不能认识行为性质和后果，也有轻度精神病人和间歇性精神病人。其次，未成年人和精神病人也许无法理解诉讼形式和诉讼严肃性，但法律规定的对伪证的制裁以及对证人的询问都是在督促或者保证证人如实作证，而不是在于询问或者制裁本身。而未成年人相对于一般的成年人而言提供伪证的可能性更小，常言说童言无忌，就是这个道理。对于未成年人和精神病人享有资格的条件，我们认为法律不宜做抽象的、一体化的规定。一方面即使同一年龄段的人或者同属于精神病的人，其智力状况和精神也有较

---

① Robert L. Donian. Edward C. Fisher. Robert. H. Reader. Richard N. Williams. The Evidence Handbook. The Traffic Institute Northwestern University. 1975. p216.

② 立法之所以在儿童证言方面持谨慎的态度，主要是因为儿童的作证能力不如成年人，其观念可以概括为三点：（1）儿童的认识能力没有得到充分发展，所以其思维与记忆能力比成人差；（2）儿童通常不能区别真假，而且可能捏造事实与有意说谎，所以儿童的证言不能相信；（3）儿童容易被教唆，所以儿童的证言可能被询问及意见误导。参见李安、冯景旭：《儿童证言的收集与采信》，载《中国刑事法杂志》2006 年第 1 期。

大的差异，他们对待证事实的理解能力也有一定差异。司法实践中，由于立法上未对证人年龄作出明确规定，也无法作出明确限制，对证人生理上、精神上的缺陷标准也无法统一规定。另一方面，诉讼中需要证明的案件事实也林林总总，各不相同，有的较为抽象，如过失、故意、善意、恶意，有的较为简单，如侵害人用棍子打受害人、事故发生时车开得很快等，有的较为专业，有的则较为通俗。同一智力状态的人可能不理解抽象的、专业性强的案件事实，但却能够理解相对简单、通俗的事实。

必须注意，承认儿童的证人资格与对儿童证人的严格审查是密切联系在一起的。儿童证人的审查包括两个方面的问题：一是儿童证人应否具有证人资格。一般地不否认儿童的证人资格并不意味着任何情况下儿童都有证人资格，必须对儿童证人对案件事实的理解能力进行审查，对之当事人也可以提出异议。证人资格的审查与证人证言的判断是两个完全不同的概念，前者较为抽象，后者较为具体，并直接指向证人提供的陈词。二是证人证词的审查，主要是考查儿童证人的证言是否具有可信性。当然，成人证人也必须审查其证词的可信性，只不过相对于成年证人而言，对儿童证词的审查尤其重要，需要特别强调。在英美法系国家和地区，“证人资格是法庭决定的事项，其主要的决定因素是证人的心理条件和生理条件，证人证词的可信性必须严格地由事实审理者决定，在陪审团参加审理的案件中由陪审团决定，在其他情况下由法官决定。其影响因素是各种各样的个性特征，如表面的真实性、获得其声明的知识的机会、准确陈述其所知事项的能力以及通常地其证词被采信的情况”①。研究表明，对儿童证词审查的特殊重要性主要基于儿童认识能力的特殊性，这主要表现在：

其一，儿童在认识与记忆过程中相对成人容易产生记忆混淆。研究表明儿童对开放性提问，不能提供足够信息量，学前儿童甚至在自由回忆中把经历的事件和自己的想象混淆起来，具有创伤性体验的儿童自由回忆效果更差。② 著名证据法学家威格摩尔相信，由于儿童认知活动中存在着幻想成分，儿童证词的某些方面值得怀疑。此意味着即使在没有任何诱导的开放式提问中，儿童证词的可信性也有非常大的挑战，必须认真对待。不过证据法学家威格摩尔也相信儿童证言中存在许多有价值的东西，事实审理者可以从麦麸中分离出小麦。

---

① Robert L. Donian. Edward C. Fisher. Robert. H. Reader. Richard N. Williams. The Evidence Handbook. The Traffic Institute Northwestern University. 1975. p216.

② James M. Lampmen. Vicki L. Smith. The Incredible Child Witness Child Eyewitensses' Sensitivity to Source Credibility Cues. Journal of Applied Psychology. 1995. 80 (5) . p621.

尽管威格摩尔对事实审判者有自信，但现代社会科学研究还没有证明其论断。①

其二，在强迫性诱导询问中儿童提供的证词容易将诱导者或者询问人提出的问题信息与自己了解的真实案件信息混淆，表现出较强的受诱导特征。强迫性提问对证言准确性也有消极影响，研究表明儿童对以“是”的方式的肯定性回答有偏好，这表明儿童相对于成人具有更易受暗示的心理属性。②

其三，影响儿童证言可信性的另一因素是儿童为了受到外界的肯定或者免于承担责任，更容易出现撒谎行为，进而影响其证言可信性。“儿童比成年人更可能撒谎，而且识别出那些儿童撒谎的案件非常难，有研究表明，如果孩子非常小，成年人很难将说真话的孩子从说假话的孩子中间区分开来。”③

目前，德国、荷兰、英国以及美国部分州采用的儿童证言审查方法是“陈述有效性评估技术”，主要使用于儿童性侵害案件中，英国也将之使用于民事案件办理中。主要包括三个阶段：第一个阶段儿童证言采集。在此阶段询问者应当采用尽可能符合认知规律的策略，特别是应当避免强迫性询问以及其他诱导询问方法，促使被询问儿童能够自由回忆，并以之获得更多与案件事实有关的信息。第二个阶段陈述内容准确性的系统评估。将询问采集获得的儿童证言与经过科学实验或者科学研究所确立起来的判定陈述真伪或者是否存在说谎的固定量表予以对比，以判定儿童证言的可信性。因此该阶段也被称为“标准为基础的内容分析”，此阶段在整个儿童证言审核中具有关键意义，直接决定儿童证言是否可信。对照标准，符合参数越多，越可信。评估者审视陈述内容是否具备或缺乏参照标准的要求，陈述内容符合参照标准的个数越多，说明陈述就越准确，越能够证明陈述的内容来自个人的经历，而不是来自虚构。第三个阶段是内容分析的结果评定。评定中主要是使用一系列提问，对分析评估者的证言分析判断予以评定，可以说是判断的再评定，以确定评估者是否受到儿童证言以外的其他因素的影响，特别是被评估人的非言语行为的影响。德国等国家采取的陈述有效性评估技术与理论上提出的事实监督理论有异曲同工之妙。该理论的基础是陈述内容中的非建构性与非组织性内容越多、越准确。因为说谎者倾向于以时间顺序组织或者建构其证言，而非说谎者无需组织和建构其证言，只要追寻其记忆即可以了。学者经过科学研究制定出一个具

---

① Lucy S. Mcgough. Stretching the Blanket：Legal Reports Affecting Child Witness. Learning and Individual Difference（9）（4）1997. p323.

② Carole Pelerson. Melody Grant. Forced – choice. Are forensic interviewers asking the right questions? Canadian Journal of Behavioral Science. 2001. 33（2）. p134.

③ 詹尼·麦克埃文著：《现代证据法与对抗式程序》，蔡巍译，法律出版社2006年版，第197页。

有较大科学性的参数表格，具体对儿童证言的可信性考量并采信时应将儿童的证言及作证过程与参数表对应，从而确定其可信性。

相对于成年人，儿童心理上不成熟，对外界侵害其心理、精神的行为的抵抗力较差，因此可以说儿童是特别易受伤害的证人。由于存在对儿童证言可靠性及可信性的怀疑，常出现对儿童证人的反复询问、多次询问。研究表明与儿童的反复面谈本身就是对儿童的侵害，甚至可以说是虐待。特别是在英美国家，作为受害人的儿童同时也是案件的证人，而且常常是案件的唯一证人，为此对儿童的反复询问就成为经常性的了。有一个案件的儿童先期接受了父母和社会工作者的询问，后来又被儿童保护官员询问了7次，并且儿童保护官员对其中4次的面谈予以录像，这还不包括以后的出庭作证。出庭作证对儿童的心理侵害更大，这些侵害包括出庭本身、作证方式以及律师法官的询问等。因此，必须加强对儿童证人的保护，并在满足当事人的质证权利与保护儿童证人之间实现平衡。目前，我国立法还没有具体规定儿童证人的保护方法，其基本的作证形式是由其法定代理人陪同其出庭作证。国外采取的对儿童证人的保护方法主要有：（1）使用屏风。1987年皇家大法官皮戈特率先使用，并产生了较大的影响力。（2）被告人本人不能对儿童证人交叉询问，在被羁押的被告人确需质询时只能质询其中的书面文件。（3）实时直播。这相当于我国立法及实践中的视频作证，即在开庭审理过程中儿童证人无需出庭，仅需在法庭审理向其直播的情况下，以视频形式作证就可以了。在英国，此种方式主要针对暴力犯罪中14岁以下的证人以及性犯罪的17岁以下的证人。使用该方式，可以由证人提出申请，并经过主持庭审的法官同意，法官对于其决定无需说明理由。（4）录像面谈。此种方法是指在开庭审理前先行询问儿童证人，并用录像记录询问和作证过程、作证内容，开庭审理时，儿童证人即无须出庭作证。此种背景下出现于法庭的证据是传闻证据，在英国其依据是1991年修订的《1988年刑事司法法》中的第324条，目的是提高有罪认定率，并使各方免受法庭上的不必要的煎熬。皮戈特同时认为证人在事发后作出的陈述，比很长时间以后的当庭陈述要可靠得多。不过为平衡保障被告人的对质权，皮戈特虽然不主张开庭审理时被告人的交叉询问，但其在使用录像面谈方法时，常将面谈安排在法官办公室进行，在那里被告可以询问儿童证人，不过此种询问以及关于此种询问的录像并不提供给陪审团，或者说不在法庭上展示。此种方法自20世纪末也开始在美国得到推广，联邦法院在1992年的White V. Illinois案中以传闻规则例外的方式认可了此种方法。

事实上，《新民事证据规定》也采取了这样的立法思路，有条件地赋予无民事行为能力人、限制民事行为能力人以证人资格。其第67条第2款规定：

“待证事实与其年龄、智力状况或者精神健康状况相适应的无民事行为能力人和限制民事行为能力人，可以作为证人。”

2. 单位的作证义务

与刑事诉讼和行政诉讼不同的是，在民事诉讼中单位可以作为证人，具有证人适格性。对此，很多学者从比较法以及证人作证的规律方面予以批判，理由主要有以下方面：（1）单位不可能知道案情，实际掌握案情的充其量只能是单位内部的自然人；（2）单位不能作证，以单位名义作证的只能是自然人，如果单位以书面证词的方式作证，那么该单位证词的形式既同法定证据方法相冲突，又同证言的传闻法则相抵触，证据能力将被直接消灭；（3）既然任何证人的职责与义务最终必然都由单位内部的自然人履行，那么确定单位的证人资格在法律上就没有任何意义。

我们认为不应赋予单位以证人资格。尽管法人或者非法人组织具有民事权利能力和民事行为能力，但是根据《民法总则》的规定，其民事权利能力和民事行为能力都应当在其章程确定的范围内享有。换句话说，超出其章程的范围，法人或者非法人组织均无民事权利能力和民事行为能力。法人或者非法人组织没有感知案件事实、记忆案件事实、陈述案件事实的能力，自然人享有的许多民事权利也无法为法人和非法人组织共享，如肖像权、婚姻自主权、探望权等。按照现代民事诉讼法的要求，证人必须出庭作证，我国《民事诉讼法》第73条规定：“经人民法院通知，证人应当出庭作证。”作为法人或者非法人组织的单位本身不能出席法庭，其法定代表人或者主要负责人虽然可以代表其实施民事法律行为、民事诉讼法律行为，但是法律没有规定法定代表人或者主要负责人可以代表其出庭作证。从实际情况看，单位向法院提供证明材料的情况包括两种情形：其一，单位当中经办案件或者参与民事实体法律关系的当事人就自己感知的案件情况向法院提供证明，此种情况下的证明材料虽然加盖单位的印章，但本质上不影响自然人作为证人主体，应该视为自然人证人向法院提供书面证言。这种情形还包括，单位的工作人员为向法院提供相关的证明材料，根据自己在单位的工作职责查找单位的原始档案材料，并根据原始档案材料向法院出具证明。我们认为，这不影响自然人作为证人的定性，只不过这种情况下自然人对案件事实的感知与案件的发生、发展过程并不同步，而是根据对案件发生、发展的原始记载材料而实现的。因应实际情况，法院为自然人提供的此种证言应该强化其审核环节，必要时可以要求出具证言的自然人向法院提交原始档案材料。其二，单位向法院提供的证明材料不是借助单位内部的职工，而是直接向法院提交书面材料。这些材料包括单位决定、制度，也包括单位活动的即时记载以及单位在民事实体法律关系运行中与其他民事法律关系主体签订的协议、合同等文件。这些文件记载的内容不同，与案件的关联性也不同。在具体形式上有些表现为处分书证，有些表现为报道性书证；有些是原件，有些是复印件。但是这些形式的差别均不影响其书证的属性，法院应当按照《民事诉讼法》对书证的提交要求，要求单位提交，也应当按照审核书证的方法，审核其证据能力和证明力。当然，法院在审核单位提交的书面证明材料时，可以要求书面证明材料的制作人员出庭作证，这种情况仍然不影响单位书面材料的书证性质，只不过在该书面材料之外必须增加其他证明手段，即书面材料的制作人员作为证人出庭作证。

同时，《民事诉讼法》虽然规定了单位的证人资格，但是在该规定之外也一定程度地淡化了单位的证人适格性。《民事诉讼法》第 73 条规定的例外可以不出庭作证的情形主要是针对自然人，《民事诉讼法》第 74 条规定的对证人出庭费用的补偿也难说是针对单位证人的，就单位证人而言，不可能发生住宿费、就餐费、误工费的问题。《民事诉讼法解释》则进一步规定交通、住宿、就餐等必要费用就是指单位工作人员的出差费用。其第 118 条规定："《民事诉讼法》第 74 条规定的证人因履行出庭作证义务而支出的交通、住宿、就餐等必要费用，按照机关事业单位工作人员差旅费用和补贴标准计算；误工损失按照国家上年度职工日平均工资标准计算。"

（三）证人作证义务的排除——拒证权

拒证权又称为特权，"是一条证据规则，证人据此可以拒绝答问或拒绝出示文件"[①]。立法之所以透过拒证权排除证人的作证义务，原因在于立法认可了解案件事实的人处在多元法律关系中，认可其在特定情况下所负担的义务优先于对法院承担的作证义务。为保障了解案件事实的人履行在先义务，并实现发现真实以外的其他重大价值目标，立法排除这些人的作证义务，并在一定程度上牺牲发现案件真实的目标。美国证据法学家乔恩·R. 华尔兹指出：特免权存在的一个基本理由是，社会期望通过保守秘密来促进某种关系，社会极度重视某些关系，宁愿为捍卫保守秘密的性质，甚至不惜失去与案件结局关系重大的情报。[②] 迈克尔·H. 格莱姆在论及拒证权时也指出，"另外一些规则设计的目的是排除证据，且证据的排除完全与证据的质量或者证人的可信性无关，这些原因立足于保护特定价值或者关系的强烈愿望"[③]。转型中的中国民事诉

① ［英］罗纳德·沃克著：《英美证据法概述》，王莹文、李浩译，西南政法学院印行 1983 年版，第 103 页。

② ［美］乔恩·R. 华尔兹著：《刑事证据法大全》，何家弘译，中国人民公安大学出版社 1993 年版，第 137 页。

③ ［美］迈克尔·H. 格莱姆著：《联邦证据法》，法律出版社 1999 年版，第 152 页。

讼法还没有确立民事拒证权制度，这里所介绍的民事拒证权制度是对域外制度的简单梳理。

1. 基于特定亲属关系产生的拒证权

证人享有此种拒证权的原因是立法对特定亲属之间的关系的维护极其重视，为维护特定亲属关系之间的信任，法律宁愿放弃发现案件真实的目标。不过，两大法系国家和地区，对可以赋予拒证权的特定亲属关系的界定有所不同。

英美法系国家和地区的此种拒证权多限于配偶之间，目的维护并促进配偶之间的相互信任以及家庭的和谐与稳定。最早来自普通法上夫妻之间没有为对方提供有利证词或者不利证词的证人资格的规定，“普通法上夫妻无相互间有利或不利作证之能力，所包含之拒证权，其范围显系及于一起信任或不信任之消息”①。威格摩尔在主张配偶之间没有相互为不利或者有利证言的作证资格，且不能强制配偶一方对另一方作不利证言时，可能更多地侧重对于不利证言提供的禁止，并认为结合这种禁止才能真正意味着配偶之间的拒证权的存在。一般认为配偶之间的拒证权只及于合法的夫妻关系存在期间相互传递的信息或者获得的信息，不能扩张适用于结婚前或者离婚后双方间传递的信息，更不能适用于同居之双方。“拒证权之政策仅与合法之婚姻相关联。至于未经结婚而仅系于同居之人，其因同居而自行发掘之信任，实无保护之理由。”②

拒证权所涉及的信息内容主要是不为婚姻当事人双方公开的，且对婚姻当事人可能造成不利的内容。各国法律一般不对之作具体限制，而交由法官在当事人提出申请的情况下自由裁量。但也有个别国家具体规定了享有配偶拒证权的具体内容，英国证据法曾对夫妻享有拒证权的内容作了明确限制，规定夫妻之间的下列交谈内容或者交谈方式，配偶可以享有拒证权：其一，配偶间的通信；其二，夫妻间的性关系。在拒证权的行使上，配偶可以抛弃其拒证权，并因此使得法院可以强制配偶一方向法院提供对另一方不利的证言，配偶拒证权的抛弃不是通过明示的抛弃意思表示而行使，而是因在法定时间内不行使拒证权申请而消失。在配偶拒证权的申请方面，有些立法规定配偶双方均有拒证申请权，有些立法，如英国则将拒证权直接赋予作为证人的配偶一方，而作为当事人的配偶另一方不享有拒证权。多数立法及判例采威格摩尔的观点，将拒证权赋予配偶双方，即任何一方都可以申请法院排除配偶另一方作证的资格和证人能力。必须注意的问题一是配偶之间的拒证权并非全无限制。例如，在配偶双方直接属于案件的双方当事人的情况下，就不得适用配偶之间的拒证权。《美国模范证据法》第216

① ［美］摩根著：《证据法基本问题》，李学灯译，世界书局发行1982年版，第123页。

② ［美］摩根著：《证据法基本问题》，李学灯译，世界书局发行1982年版，第123页。

条规定的配偶拒证权的限制即包含此种情形，其限制的第一项即是“一方所提之诉讼，系婚姻无效、离婚、别居或因他方爱情转移所致损害者”，第二项则是“一方伤害他方之身体，或损害其财产，并包括他方受侵害死亡而生之诉讼”。二是在某些现代国家的诉讼制度中，发展的趋势不是扩大配偶间拒证权的适用，而是限制其适用，更多地增加强制配偶出庭作证得做法。这在英国的刑事诉讼中体现得尤为充分，英国刑事法修改委员会认为，“基于配偶理论上的一体性或者基于被告人的妻子与诉讼结果的利害关系，特别基于可能产生被告人的妻子会支持被告人的偏见，从而反对配偶作证……现在这些规定在判断作证能力和强迫作证的可行性程度时都找不到了”①。

大陆法系国家和地区的特定亲属之间的拒证权则不限于配偶之间，并具有更大的开放性、包容性。《日本民事诉讼法》第196条规定：“证言的内容将使证人或者与证人有下列关系的人受到刑事追究或有罪判决的，证人可以拒绝作证；证人有可能损害上述人的名誉的，亦同：（1）配偶，有四亲等以内血亲或三亲等以内姻亲或曾有该关系者；（2）有监护关系或者被监护关系。”《德国民事诉讼法》第383条规定：“合于下列情形的，有权拒绝作证：（1）是当事人一方的未婚配偶；（2）是当事人一方的配偶，包括婚姻关系已经不存在的；（3）现在是或者过去是当事人一方的直系血亲或直系姻亲，或三亲等以内的旁系血亲，或二亲等以内的旁系姻亲。”英美法系的此种特权仅仅适用于配偶之间，不适用于其他亲属之间。拒证权应当由有可能作为证人之人提出书面申请，《德国民事诉讼法》第386条规定：“拒绝作证的证人，应该在讯问他的期日之前，以书面方式或以在书记科作成记录的方式，或者在该期日里，说明他拒绝作证的原因并释明之。”《日本民事诉讼法》第198条规定：“拒绝证言的理由，应当释明。法院应该对证人的拒证申请，进行审查，并单独作出裁定，对于该项裁定当事人、证人均可以提出即时抗告。”对于可否将证人的拒证行为作为一种证据以评价案件事实，即以证人拒绝作证对作为其亲属的当事人做不利之评价的问题，一般认为“应当拒绝在证据评价范围内对‘拒绝作证’作出评价，这不无道理，与之相比也有观点认为对拒绝作证作出评价—即使有所克制—也是合法的。”②

2. 基于特定职业而产生的拒证权

赋予某些职业者以拒证权，从微观上看涉及对个体合法权益的保护，但从宏观上看却是为了促进特定职业的发展树立特定职业的职业权威。“应予注意

① 詹尼·麦克埃文著：《现代证据法与对抗式程序》，蔡巍译，法律出版社2006年版，第124页。

② ［德］汉斯－约阿希姆·穆泽拉克著：《德国民事诉讼法基础教程》，周翠译，中国政法大学出版社2005年版，第258页。

的是：法律的确尊重这些关系的机密性质。在适当情形下，法律限制当事人公布这些关系人中间私下交流的信息。这是一项公共政策的原则，只能有更有力的、需要在诉讼中全部公之于众的政策取代之。”[①] 律师与当事人之间关系的特权旨在促进律师与当事人之间的充分坦诚的交流，并因之强化对法律之遵守及正义之实现。英美法系国家和地区规定的基于特定职业发生的拒证特权相对比较少，一般包括律师与当事人之间发生的拒证权、基于医患关系发生的拒证权、基于牧师和忏悔者之间的关系产生的拒证权。《美国联邦民事证据规则》重点规定的则是基于律师和其当事人之间关系而产生的职业特权。在英美法系国家和地区，律师与当事人之间的秘密信息包括律师和当事人之间的通信，“律师和当事人之间的口头或书面通信，如果是秘密进行的，并且其目的是获得或者提供法律意见，那么这些口头或书面通信便具有特权性质”[②]。基于律师与当事人之间的关系产生的拒证权，与当事人是否聘请该律师提供诉讼或者非诉讼服务没有任何关系，即使是当事人仅仅以咨询的目的与律师进行的交流或者通信，也在特权作用的范畴。但律师与当事人之间的通信必须与正在进行或者将要进行的诉讼有关，否则将不发生拒证权的问题。另外，律师与当事人之间的信息交流，不仅限于律师本人与当事人之间的信息交流，还包括当事人与律师代表人之间的信息交流，这些代表人包括律师的助手、书记员、案卷管理人员等。而当事人既包括公民个人，也包括组织；既包括公权力组织，也包括纯粹私权组织。至于何者享有该项特权，理论上认识不一致。有人认为，只有案件的当事人或者证人才可以主张法定的职业特权，即律师和当事人均享有拒证权。[③] 也有人认为只有当事人才能享有基于特定职业而产生的拒证权，律师或者其他职业人员不享有该项特权。这里的当事人包括原诉讼中的当事人、当事人的监护人、代表人、顾问、权利义务继受人等，这些人员在以后的诉讼中，就律师在前诉讼中或者法律服务中了解到当事人的信息，当事人可以行使拒证权。具体实践的运行方式是一方当事人申请传唤证人或者法庭决定传唤证人时，享有拒证权的当事人可以提出拒证申请，最终由法院裁定[④]。当然，后一种观点的主张者同时认为，律师可以为当事人的目的行使基于特定职业关系而产生拒证权。

---

① ［英］罗纳德·沃克著：《英美证据法概述》，王莹文、李浩译，西南政法学院印行 1983 年版，第 106 页。

② ［英］罗纳德·沃克著：《英美证据法概述》，王莹文、李浩译，西南政法学院印行 1983 年版，第 106 页。

③ ［英］罗纳德·沃克著：《英美证据法概述》，王莹文、李浩译，西南政法学院印行 1983 年版，第 108 页。

④ ［美］迈克尔·H. 格莱姆著：《联邦证据法》，法律出版社 1999 年版，第 158 页。

相比之下，大陆法系国家、地区则规定的比较宽泛，例如，《日本民事诉讼法》第197条第1款第（2）项规定："医师、牙科医师、药剂师、医药品商人、助产士、律师、代办人、辩护人、公证人，有职于宗教、祈祷或祭祀的人，或者曾任此等职务的人在职务上所获知的应保密的事实受到询问的，可以拒绝证言。"按照《德国民事诉讼法》的规定，依据特定职业享有的拒证特权，在提出申请时，须引用其职务上的宣誓为保证即可。

3. 基于特定职务而产生的拒证权

基于特定职务而产生的拒证权是指享有或者曾行使公权力的公职人员为维护公共利益，可以就其履行职责过程中所知悉的信息拒绝向法院作证。《日本民事诉讼法》第191条规定："把公务员或者曾任公务员的人作为证人询问其职务上的秘密时，法院应得到有关监督官厅的认可。"该条第2款规定："本条前款规定的认可，除非有损公共利益或者明显地有碍履行公务的情况，不得拒绝。"据之，公务人员在一般情况下，就其履行职责过程中所知悉的秘密不享有拒证权，除非这些秘密的提供损害公共利益或者明显有碍公务之履行。只是在程序上，询问公务人员必须经过有关官厅的许可。而《德国民事诉讼法》甚至没有认可公务人员的拒证权，其仅规定了对部长、议员询问的特殊地点。但不能说德国没有建立基于特定的职务所产生的拒证权。例如，根据1971年的《联邦部长法》，联邦政府成员，对于职务上获知的事实不具有证人义务，相应的州法也规定了州长的证人义务豁免权。法官和官员属于职务上保密范围内的事实只允许他们在获得上级机构的作证许可以后，才能作证。联邦总统如果其作证将会给联邦或者某个联邦州带来不利益，也可以拒绝作证。美国1999年《统一证据规则》第502（c）（7）规定："政府官员或者政府机构的代理和律师之间的信息交流，不能作为律师免证特权的内容，除非该信息涉及正在进行的调查、请求、诉讼，而且法院认为公开这些信息将严重损害政府官员、代理人为公共利益提出请求，或者实施正在进行的调查、诉讼、程序的能力。"质言之，公务人员一般情况下不能主张拒证权，只有在这些信息涉及正在进行的调查、请求、诉讼，而且信息公开将严重地影响他们为公共利益而实施的行为时，公务人员或者其代理人才可以主张拒证权。

第二节　证人的作证方式与证人证言的审查

证人的作证方式与对证人证言的审查有一定的关联性，可以从某种意义上说，不符合法律规定的作证方式将直接影响法院对证人陈述之证明力的评价，在有些国家和地区甚至直接影响证人的适格性。当然，两者也有一定的区别，法院对证人证言的审查除审查证人的作证方式以外，还要认真审查和判断证人证言的真实性、客观性或者可信性。

一、证人的作证方式

（一）证人作证必须坚持意见证据排除规则

意见证据排除规则简称为意见规则，是指证人只能陈述自己亲身感受和经历的事实，而不得陈述对该事实的意见或者结论。按照该规则，证人只能就其了解的案件事实向法庭作证，而不能向法庭提供该事实可能导致的结果，也不能向法庭说明基于这些事实可能得到的结论或者意见。证人只能根据自己感知案件事实所获得的知识向法院作证，这些知识直接透过其五官感知而获得。意见证据排除规则的基础在于法官、当事人、证人在诉讼中各自有其独特的诉讼身份，各自有其自己的诉讼职能，只有各守其诉讼身份、各司其诉讼职能才能促进诉讼程序的活化，促进司法制度所追求的司法目标的实现。除非早期的裁判者是知情裁判者之外，现代司法中，证人的职责是向法院提供案件信息，法院的职责是根据证人提供的案件信息，认定案件事实，并根据案件事实作出最后的判决。“根据提交的证据得出事实结论或者作出事实推理是事实裁判者专属领域，如果许可证人作出事实结论则有可能侵犯事实裁判者的排他性权力。”①《新民事证据规定》第 72 条第 1 款规定：“证人应当客观陈述其亲身感知的事实，作证时不得使用猜测、推断或者评论性语言。”

但意见证据规则并非没有例外。首先的例外是英美法系国家和地区的专家证人、大陆法系国家和地区的鉴定人其作证方式不受意见证据规则的限制。在涉及案件专门性事实问题的情况下，单纯地依靠普通证人就鉴定材料所为的感知向法庭提供证言，无法实现事实裁判者根据证据推导出案件事实存在与否的结论。因为案件所涉及的材料或者问题超出了人类一般的知识领域，具有相当强的专业性，为此，需要在某些专门领域里有特殊技能的“专家”提供意见或者解释，以帮助事实裁判者判断案件事实。其次，证人提供的所谓“意见”或者“结论”是基于人类共同的观察或者经验，并且与案件事实不可分离，否则向事实裁判者描述案件事实将是不可能的。根据《美国联邦证据规则》第 701 条的规定，如果意见是基于陈述者的合理理解，或者有助于事实发现者对案件事实的认定，则证人可以提供意见证据。

---

① Robert L. Donian. Edward C. Fisher. Robert. H. Reader. Richard N. Williams. The Evidence Handbook. The Traffic Institute Northwestern University. 1975. p124.

(二)传闻证据排除规则与证人出庭作证

1. 传闻证据排除规则

传闻证据就是提交的用于证明事实主张的，于庭外陈述的口头证言或者书面证言或者暗指性行为，并使当事人无法行使其对质权的证据。从狭义上看，传闻证据系专指言词而言，即证人并非陈述自己亲身经历之事实，而仅就他人在审判外所为之陈述，代为提出以作自己之陈述者而言。广义上看包括证人在庭外做的书面证词，被当事人收集提交法庭作为认定案件事实的证据。美国证据法学者罗特斯坦因（Rothstein）认为，传闻证据是在法庭之外作出却在法庭之内作为证据使用的口头的或者书面的陈述，用于证明该证据本身所涉及事件的真实性。英国证据法学家麦考密克（McCormick）也认为传闻证据是指在法院之外作出的、在法院之内作为证据使用的陈述，或者是口头的，或者是书面的，用于证明该陈述本身所声明的事件的真实性。一般来说，传闻证据的形成过程涉及两个主体——原陈述人（声明者 declarant）和证人，涉及两个环节——原陈述人在庭外对事实的感知和陈述以及法庭上证人对前者陈述的转述。从下面的例子中，或许可以更直观地看到传闻证据的形成过程。证人甲在法庭上说："上个周末，邻居乙（声明者）曾对我说，'我昨天下午看见丙鬼鬼祟祟地从丁家院子里出来'。"邻居乙没有出庭。这就是一个典型的传闻证据。在这里，法庭上的证人是甲，原陈述人是乙，乙看到"丙鬼鬼祟祟地从丁家院子里出来"（简称事实 X）并对甲陈述，这是第一个环节，甲再把从乙那里听到的事实 X 向法庭陈述，这是第二个环节。在这个过程中，一共经历了三个阶段。另一个阶段即是乙对案件事实的感知阶段。

传闻证据规则（the hearsay rule）又称反传闻规则（the rule against Hearsay），是指在审判中一般不能采纳传闻证据，已经在法庭上提出的，不得交陪审团作为评议的依据。"简单地说，传闻证据规则是指禁止证人仅是背诵、复述其他人告知其的案件信息，不管是以口头方式还是以书面方式。"①《美国联邦证据规则》第 802 条规定："传闻证据，除本法或联邦最高法院依法定授权制定的其他规则或国会立法另有规定外，不予采纳。"澳大利亚《1995 年证据法》第 59 条规定："不得采纳他人先前陈述的证据，以证明该人陈述所宣称的事实。"与英美法系国家和地区直接规定传闻证据排除规则不同，大陆法系国家和地区一般情况下并不是直接规定传闻证据规则，而是通过其他的原则或者制度反射性地确立传闻证据排除规则。一般认为大陆法系国家和地区的传闻证据排除规则或者当事人的对质权是透过直接原则和言词原则确立，并表

---

① Robert L. Donian. Edward C. Fisher. Robert. H. Reader. Richard N. Williams. The Evidence Handbook. The Traffic Institute Northwestern University. 1975. p36.

现为以下内容：（1）在场原则。要求法庭审判必须于双方当事人均到场的情况下进行；（2）证人出庭规则；（3）直接采证原则。要求证据的调查和采用应当以直接言词的形式为之，一般情况下不能委托其他法院或法官帮助采证；（4）审理不间断原则；（5）法官不更换原则①。

传闻证据排除规则的法理基础主要有：其一，传闻证据被歪曲或者错误的可能。心理学的研究表明，信息传递过程不仅是简单的信息传递，还包括信息的接收者的故事建构过程，这样的建构过程一方面依赖传递的信息的完整性，另一方面依赖信息接收者之前的信息基础。换句话说，接收者之前的价值趋向、理解能力、认识基础等均对信息的接收与建构产生影响。“主体按照一定的序列接受信息……在形成一定信息层的同时，将每一信息组织融入先前的内容中去，直到完整的理解最终完成。新的信息越呈现出与先前信息的一致性，则新的信息越容易被同化、吸收。”② 这样信息的加工与故事的建构，必然伴随信息的失真。其二，真正了解案件事实的人不出席法庭，影响事实裁判者对证人证言的评价。事实裁判者评价证人证言时，不仅要审核证人证言的陈述，还要观察作证的证人的各种表现。证人在法庭上的表现，如表情、动作、眼神等在英美法系国家和地区被作为行为证据（demeanor of witness），可以作为裁判者认定案件事实的重要基础；而在大陆法系国家和地区，证人在法庭上的行为表现影响事实裁判者对证人的品格之对证言真实性的判断，在一定程度上会增加或者贬损证人证言的证明价值。传闻证据背景下，真正了解案件事实的人未出席法庭，裁判者无法观察其陈述案件事实的行为表现。其三，适用传闻证据影响遭受证据不利益的当事人的对质权。对质权，简单地说就是指遭受证据不利益的当事人有在国家依法设立的法庭上对该证据提出异议的权利，其来自宪法制度中的正当程序条款。而传闻证据适用的情形，证人不是依据自己感知的事实向法庭作证，而是依据声明者陈述的事实向法庭作证。当事人无法对声明者感知案件事实的过程、地点、能力等问题提出自己的疑问，无法对证言的可信性、真实性提出异议。同时，在英美法系国家和地区，传闻证据最终是依据声明者的庭外陈述向法庭作证，声明者未出席法庭，也未履行宣誓义务，不具备作证条件。

当然，传闻证据规则并非没有例外，“从宪法的层次，一概禁止所有的传闻将会彻底摧垮从普通法的证据规则中发展起来的传闻证据例外”③。在英美

---

① 熊秋红：《刑事证人作证制度之反思》，载《政法论坛》2009 年第 5 期。

② Kevin Jon Heller, The Cognitive Psychology of Circumstantial Evidence. Michigan Law Review. 2006. No. 2.

③ Charles R. Nesson, Yochai Benkler. Constitutional Hearsay: Requiring Foundational Testing and Corrobaoration Under the Constitutional Clause. Virginia Law Review. 1995. No. 1.

法系国家和地区，人们耳熟能详的传闻证据排除规则例外包括：陈述者所陈述的内容是有关主体在紧急的情况下，下意识发生的行为或者陈述，而且作出陈述的主体其后参加法庭审理实际上成为不可能；关于日常行为、活动的记录；刺激的发泄。陈述者因受某事件或情况刺激处于极度兴奋状态中所作的与该令人吃惊的事件或情况有关的陈述；出于医疗诊断或治疗目的的陈述等。是否赋予传闻证据以例外的证据资格，英美法系国家和地区对不同时期的传闻证据采纳不同标准。美国联邦法院认为从普通法的证据规则发展起来的传统的传闻证据排除规则的例外，其合理性或者依据在于其可靠性，当事人行使对质权的实际意义不大。“根据坚实依据的传闻排除规则例外标准，能被承认的陈述具有如此强的真实性，以至于对抗制下的检验对可靠性将无任何裨益”[①]；而传统传闻证据排除规则例外以外的其他例外，必须符合宪法规定的对质条款，否则不能作为传闻证据排除规则的例外认定和处理。

2. 证人出庭作证

按照传闻证据排除规则，证人必须以出庭向法庭陈述的方式向法院作证，证人提供的书面证言作为传闻证据应当予以排除。《民事诉讼法》第 73 条规定：“经人民法院通知，证人应当出庭作证。有下列情形之一的，经人民法院许可，可以通过书面证言、视听传输技术或者视听资料等方式作证：（1）因健康原因不能出庭的；（2）因路途遥远，交通不便不能出庭的；（3）因自然灾害等不可抗力不能出庭的；（4）其他有正当理由不能出庭的。”当然，也有学者指出，我国《民事诉讼法》确立的证人出庭作证制度过于严格，是对直接原则和言词原则的盲目崇拜，应进一步扩大书面证言的适用范围，使其包括证人不必出庭作证的情形和不宜出庭作证的情形。[②] 我们认为理解证人出庭作证在实践中应该注意以下问题：

其一，证人的申请与传唤。传唤证人一般地应该由当事人提出申请，法院对当事人的传唤证人申请经审查后许可的，应以通知的形式通知证人出庭作证。当事人于先期没有申请的情况下，于开庭审理时拟申请传唤证人的，须经过对方当事人的同意，并经过法院许可。《民事诉讼法解释》第 107 条第 3 款规定：“未经人民法院通知，证人不得出庭作证，但双方当事人同意并经人民法院准许的除外。”该条解释第 2 款规定：“对于涉及国家利益、社会公共利益、第三人合法权益的案件以及涉及程序事实的情形，人民法院可以依据职权

① Lucy S. Mcgough, Stretching the Blanket: Legal Reforms Affecting Child Witness. Learning and Individual Difference. 1997. No. 4.

② 周成泓：《民事证人书面证言作证论》，载《西部法律评论》2015 年第 6 期。

通知证人出庭作证。"① 另外，我们认为在涉及间接事实的证明以及依据间接事实作事实认定的司法推理过程中，如果人民法院认为有必要，也可以依据职权传唤证人。因为间接事实的认定以及依间接事实进行的推理是法院职权的范畴，为促进司法推理的正确进行，完全可以由法院传唤证人。这甚至被以司法消极、当事人主导司法程序著称的英美法系国家和地区得到认可，"为促进正义，在间接证据显示出合理的必要性时，法官可以传唤当事人没有传唤的证人以发现真实，当事人有机会对之交叉询问"②。法院依据职权传唤的证人，被称为法庭证人（court's witness）。

其二，证人出庭作证必须具结保证。《民事诉讼法解释》第 119 条规定："人民法院在证人出庭作证前应当告知其如实作证的义务以及作伪证的法律后果，并责令其签署保证书，但无民事行为能力人和限制民事行为能力人除外。证人拒绝签署保证书的，不得出庭作证。"确立证人具结保证制度，目的是督促证人客观作证，保证书的签署也能够在一定程度上证明法院已经向证人解明了证人的作证义务，为以后制裁作伪证的证人提供了基础。《民事诉讼法解释》第 189 条第 2 款规定："诉讼参与人或者其他人有下列行为之一的，人民法院可以适用《民事诉讼法》第 111 条的规定处理：……（二）证人签署保证书后作虚假证言，妨碍人民法院审理案件的。"我国的证人具结保证制度与英美法系国家和地区的证人宣誓制度有相同的机理，不过似乎更加严格，证人能够宣誓并理解宣誓的意义是证人享有作证资格的重要条件③。

其三，如何促使证人出庭作证。证人不出庭作证突出地表现在刑事诉讼中，而不是表现在民事诉讼中。在民事诉讼中由于证人多数情况下可能与案件或者案件一方当事人有这样或者那样的关系，而且证人多是由一方当事人延请，证人出庭作证相对不是问题，不过，"潜在的证人位于当事人可以采取动员或做工作行动的范围之内就成为常见的现象，虽然当事人动员证人的成本大小不一、难易程度不等，但多数情况下毕竟是一种负担"④。为此民事证人作证制度的设计，也应考虑如何促使证人出庭作证的问题。首先，我国民事诉讼法一定程度上规定了督促证人出庭作证的制度，这包括以下几个方面：（1）将证人出庭作证作为证人的义务，建立了"以出庭作证为原则、以不出庭作证为例外"的民事

---

① 《民事诉讼法解释》第 117 条第 2 款规定："符合本解释第九十六条第一款规定情形的，人民法院可以依职权通知证人出庭作证。"

② Robert L. Donian. Edward C. Fisher. Robert. H. Reader. Richard N. Williams. The Evidence Handbook. The Traffic Institute Northwestern University. 1975. p215.

③ 关于英美法系国家和地区证人宣誓的具体形式和内容，参见［英］罗纳德·沃克著：《英美证据法概述》，王莹文、李浩译，西南政法学院印行 1983 年版，第 97 页。

④ 王亚新、陈杭平：《证人出庭作证的一个分析框架》，载《中国法学》2005 年第 1 期。

证人作证制度，具体体现在《民事诉讼法》第73条的规定。《新民事证据规定》进一步规定，双方当事人同意证人以其他方式作证并经人民法院准许的，证人可以不出庭作证。[①]（2）建立了证人出庭作证的补偿制度。《民事诉讼法》第74条规定："证人因履行出庭作证义务而支出的交通、住宿、就餐等必要费用以及误工损失，由败诉一方当事人负担。当事人申请证人作证的，由该当事人先行垫付；当事人没有申请，人民法院通知证人作证的，由人民法院先行垫付。"证人出庭作证的费用补偿制度，拟在从正面调动证人出庭作证的积极性。（3）对无正当理由不出庭作证的证人证言的证明力进行了限制。《民事证据规定》第69条第5项规定："无正当理由未出庭作证的证人证言，不能单独作为认定案件事实的依据。"《新民事证据规定》在此基础上进一步规定，无正当理由未出庭的证人以书面等方式提供的证言，不得作为认定案件事实的根据。[②]

尽管立法上有明确鼓励证人出庭作证的规定，尽管民事案件中证人出庭作证多是经过当事人的动员，证人不出庭并不具有刑事诉讼中的那种紧迫性，但是民事诉讼中证人不出庭作证也是困扰法院审理和当事人诉讼的一个顽疾，特别是证人证言不利于与当事人有一定利害关系的证人，他们不愿意因为提供对当事人不利的证言，而影响其与当事人在其后的生活关系。

为此许多学者建议采取强制证人出庭的方法，来解决证人拒不出庭的问题。

对此支持理由有：一是域外也采取了强制证人出庭的做法。《俄罗斯民事诉讼法》第62条规定："如果拒绝或规避提供证言，证人应承担《俄罗斯联邦共和国刑法典》第182条规定的责任，如果故意提供伪证，则须承担《俄罗斯联邦共和国刑法典》第181条规定的责任。"《美国联邦民事诉讼规则》第53条第4款第2项规定："如果证人不出庭或不提供证言没有充分的理由，将会被处以藐视法庭罪，并且承担因其未出庭而产生的合理诉讼费用包括律师费用等。"《日本民事诉讼法》第192条规定："证人没有正当理由而不出庭的，法院以裁定命令其支付由此产生的诉讼费用，并处以10万日元以下的罚款。"第193条规定："证人没有正当的理由而不出庭时，处以10万日元以下的罚金或者拘留。"另外规定必要时可以命令拘传证人。二是《刑事诉讼法》已经建立了强制证人出庭作证制度。其第188条规定："经人民法院通知，证人没有正当理由不出庭作证的，人民法院可以强制其到庭，但是被告人的配偶、父母、子女除外。证人没有正当理由拒绝出庭或者出庭后拒绝作证的，予

---

① 参见《新民事证据规定》第68条第2款。

② 参见《新民事证据规定》第68条第3款。

以训诫，情节严重的，经院长批准，处十日以下的拘留。”

反对理由有：一是中国缺乏强制证人出庭的文化环境。从证人作证及其出庭情况看，传统中国的和谐文化、中庸文化不仅不鼓励人民在当事人双方的争斗中，支持一方对抗另一方，而是鼓励人们调和当事人之间的矛盾。二是证人在性质上已经极端地接近当事人的证人，不宜对证人采取强制办法。“尽管现实中出庭作证的证人在性质上已极端接近当事人的证人，但在法理上因应证人这一基本属性，然而在法律规范上，却不宜规定针对证人的强制措施，而应采取间接地向当事人施加压力以促使证人出庭作证的立法方式。”① 三是证人作证必须包含三个不可分离的认识阶段，即感知、记忆、陈述三个阶段，证人可以依据任何一个认识阶段的断裂来对抗作证，并使强制证人出庭作证的目的无法实现。事实上，一个不愿意向法庭作证的人宁可因藐视法庭而短暂入狱，也不愿意承受作证带来的后果。② 另一个选择是，虽然出席法庭，但在法庭上拒绝作证或者顾左右而言他。

对之，我们认为不应当一体反对强制证人出庭作证，但必须认识到强制证人出庭作证手段的有限性，将强制证人出庭作证作为一种补充方法或者辅助方法，在不得已的情况下适用之。2012 年《民事诉讼法》没有规定强制证人出庭作证手段，但是将证人出庭作证规定为证人的普遍义务。必须在普遍的证人出庭作证义务与促使其出庭的措施之间取得平衡。即应当在立法上规定强制证人作证的刚性规定，以体现证人对国家义务之履行的刚性。只不过，考虑到证人出庭作证的成本以及证人作证的客观规律，应借鉴《刑事诉讼法》的规定限制证人出庭的范围，规定只有在当事人对证人证言有异议，且证人证言为影响案件事实认定之不可或缺的证据时，才可以强制证人出庭作证。此种情况下，强制证人出庭作证措施的采取，也可以使证人获得“必须向法庭陈述、必须作客观陈述”的正当性，并以之对抗可能对其产生敌视的、遭受证言不利益的一方当事人。另外，民事案件中强制证人作证，也应当与其他促进证人出庭的措施结合起来，不仅应当注重发挥当事人动员证人出庭作证的作用，还应该强化对证人的思想教育，尽可能地使证人在了解出庭作证意义的情况下出庭作证。

二、证人证言的审查与判断

证人证言的审查判断除根据《民事诉讼法》设定的证人出庭作证的原则外，依据《新民事证据规定》第 68 条第 3 款的规定，不能以无正当理由不出

---

① 王亚新：《民事诉讼中的证人出庭作证》，载《中外法学》2005 年第 2 期。

② 詹尼·麦克埃文著：《现代证据法与对抗式程序》，蔡巍译，法律出版社 2006 年版，第 127 页。

庭作证的证人证言单独作为认定案件事实的依据外，还应该根据证人证言的特殊性，有针对性地审查与判断，并综合采取多种审核判断方法，一般不应单纯地以一种方法对证人证言的真实性、证明力作出判断。

（一）依据证人身份审核证人证言

证人身份不能单独决定证人证言的真实性、证明力问题，但是证人身份能够在一定程度上影响证人证言的真实性、可信性，并因此成为证人证言审核的重要内容。《新民事证据规定》第96条规定："人民法院认定证人证言，可以通过对证人的智力状况、品德、知识、经验、法律意识和专业技能等的综合分析作出判断。"

1. 证人的年龄、智力、精神状态

《民事诉讼法》第72条第2款规定："不能正确表达意思的人，不能作证。"从而直接排除"不能正确表达意思的人"的证人资格。而且即使可以正确表达意思的人，其在具有证人资格的前提下，其证言的真实性、可靠性也受其年龄、智力、精神状态的影响。儿童证人相对成年的、精神正常的证人而言，不仅其辨别是非的能力较弱，有相当数量的成人可理解、可认识的对象或者信息无法进入儿童的认识领域。进一步的研究还表明，在对外界事物的认识和记忆方面，儿童比成年人忘得更快，年龄越小记忆消失得越快。[①] 相对于成人，儿童最有可能忘记的是细节问题，并且儿童更可能撒谎，而"识别出那些儿童撒谎的案件非常困难。已经有证据表明，如果孩子非常小，成年人很难将说真话的孩子从说假话的孩子中间区分出来"[②]。儿童更可能说谎的主要原因可能不在于儿童本身，而在于相对于成年人而言，儿童更容易受到外界的诱导，并进而使儿童"撒谎"的可能性增大。研究表明，对儿童的诱导性询问方法非常丰富，主要包括：(1) 访问者的偏见（interviewer bias），意味着询问人在询问时即对特定事实的发生有先入为主的偏见（priori beliefs），因此，访问者将有意或无意地设计访谈，以从被访谈人处获得与其先见一致的陈述。(2) 依据成年人的高社会地位（adults with high statsu），父母、警察等由于他们较高的社会地位，或者从儿童的角度看，他们有儿童无法抗拒的权威，这种权威会强烈地影响儿童，并使儿童将成年人的观点、看法融入自己的陈述中。(3) 有偏见的询问者（biased interviewers）。与访问者的偏见不同，这里访问人员会一直重复一个问题，直到被询问儿童提供的应答与其期待的假说一致，并最终以其假说作为最后的陈述。其他的还有奖励与惩罚、强制性选择提问、

---

① 詹尼·麦克埃文著：《现代证据法与对抗式程序》，蔡巍译，法律出版社2006年版，第195页。

② 詹尼·麦克埃文著：《现代证据法与对抗式程序》，蔡巍译，法律出版社2006年版，第197页。

是或者否的形式性提问、社会刻板印象、同伴压力等方法①。

也正是从这样的意义上有学者指出，对儿童证人的调查不宜采取与成人一样的证据调查方法，应当尽可能地采用口头证言之外的调查方法。② 而在美国的证据制度中则要求必须以其他的证据补强儿童证人的证言，学者也认为美国证据制度的此种规定相对于排除儿童的证人资格的证据制度具有更大的科学性。"此种配制使美国的证据法要求以其他证据或间接证据补强儿童证词……相对于罗马法，盎格鲁-撒克逊的儿童证人规则是一个进步，因为它认为儿童证人有潜在的可信性，如果当事人能够证明儿童的能力，则其具有完全的证人资格。"③

2. 证人的品格

根据品格证据排除规则，一个人的品格不能用来证明该当事人实施了系争的与其品格相一致的行为。也有很多学者反对以证人的品格作为衡量证词真实性、可信性的依据。威格摩尔认为："对枝节问题撒谎的人比对重要事实撒谎的人更可能是一个坚定的撒谎者。"④ 不过，他反对将该原则规定为法律原则。尽管如此，证人的品格仍然是证言评价中裁判者重点考虑的一个因素。可能的原因在于证人的品格常使证人作出与其品格相一致的陈述，并体现出证人言行中的一贯性以及内在无意识性。在明确规定品格证据排除规则的国家和地区，也将证人品格的考量作为品格证据排除规则的例外。《美国联邦证据规则》第404条（5）（3）将证人的品格直接规定为品格证据排除规则的例外。当事人"为证明证人因其不良品格而不堪信任，可以就声誉问题反询问证人。即使证人就是民事诉讼的当事人或者刑事诉讼的起诉人，也同样适用"⑤。申请传唤证人的一方则可以提供证据证明自己的证人在品格上是没有瑕疵的，由此实现其证明或者反证的目的。"法庭程序规则包括双方当事人争议证人诚实性的内容，对提供证人方而言，其可以通过进一步提供特别公正的证人以支持其证人，……对方可以贬损、逐字地攻击他方证人，实现方法是以公正的证人完成之，他们是损害对手提供证词的证人的诚实性的唯一方法。"⑥

---

① Robert Rosenthal, J. D. Suggestibility, Reliability, and the Legal Process. Developmental Review. 2002. No. 2.

② Marcia Sue Cohen - Loiebman, Ma, Mcate, Atr - Bc, Draw and Tell: Drawings within the Context of Child Sexual Abuse Investigations. The Arts in Psychotherapy. 1999. No. 3.

③ Lucy S. Mcgough. Stretching the Blanket: Legal Reforms Affecting Child Witness. Learning and Individual Difference 1997. No. 4.

④ 詹尼·麦克埃文著：《现代证据法与对抗式程序》，蔡巍译，法律出版社2006年版，第140页。

⑤ ［英］罗纳德·沃克著：《英美证据法概述》，王莹文、李浩译，西南政法学院印行1983年版，第29页。

⑥ Brinkley Messick. From Memory to Achieve. Islamic Law and Society. 2002. No. 2.

必须注意，并非证人的所有品格均与证人证言的审查判断有关联，只有证人是否诚实的品格才与证人证言的评价有关，其他的证人乐于助人、勤学上进等品格与证人证言的真实性没有关联。“而只有证人是否诚实的品格才与其证言的可信性有关，其他品行与证人诚实与否无关。”① 对证人品格的攻击除可以提供相应的证人证明被告有不诚实的名声或者声誉以外，也可以提供其他的资料证明被告有不诚实的行为或者不诚信的行为，这些资料可以包括对证人的不良行为处罚记录、裁判文书等。

3. 证人与案件或者案件当事人的利害关系

尽管由于了解案件事实的人一般均与案件或者案件当事人有这样或者那样的关系，从而决定了其在场的必然性，但中立的证人仍然是司法制度所追求的理想目标，换句话说，民事诉讼中更希望中立的证人出庭作证。而且从词源学的角度看，证人（testi to tres）即意味着第三方，stare 意味着站立，证人即是由第三方提供其所观察到的事件或者条件的有关信息。其第三方表明证人与案件没有利害关系，因之可能提供真实真言而不是其他。② 证人倾向于作对作为当事人的其亲属有利的证言，符合人性之趋利避害的特征，同时特定个体倾向于在特定的群体中被认可，并借此获得于特定群体中的归属感。在现代社会，归属感是人类较高层次的心理需要，而在人类早期归属于特定群体是个体生存的基本条件。“人类作为一个社会动物，往往依赖其他人——父母、朋友、陌生人——获得继续存在，在人类早期相互依赖是信息交流的必要条件。”③ 同时，在人类早期也把驱逐特定的个体于部落之外，作为对特定个体的最严厉的处罚，其与死刑判决甚至具有同样的严厉性。

体现该项认识规律，《民事证据规定》第 77 条第 5 项规定：“证人提供的对与其有亲属或者其他密切关系的当事人有利的证言，其证明力一般小于其他证人证言。”对之在理解的过程中应注意几个问题：其一，证人对其有亲属或者其他密切关系的当事人有利的证言，并不必然是虚假的。在逻辑上和经验上，也都存在该当事人主张的事实确实存在，而与其亲属关系或者其他密切关系当事人据实陈述的情形，此种情况下一体地否定该证人证言的证明力是不适当的。其二，证人与当事人之间的利害关系更多影响的是证人证言的真实性、可信性，而非其与案件事实的关联性，所以更多关涉该项证人证言是否可以采

① 汪诸豪：《美国法中基于品格证据的证人弹劾》，载《比较法研究》2015 年第 2 期。

② Chris William Sanchirico. Evidence, Procedure, and the Upside of Cognitive Error. Stanford Law Review. 2004. No. 2.

③ Kevin Jon Heller, The Cognitive Psychology of Circumstantial Evidence. Michigan Law Review. 2006. No. 270.

信的问题，而非证明力问题。其三，证人提供的对其有亲属关系或者其他密切关系的当事人有利的证言的真实性应该多作审查，并需在一定程度上保持怀疑态度，但并非说其所作的对与其有亲属关系的当事人不利的证言就具有绝对可靠性。裁判者应当就证人与当事人的关系、证人了解案件事实的具体情况等问题，进行更加细致的询问和了解。对之，《新民事证据规定》第90条第3项规定，与一方当事人或者其代理人有利害关系的证人陈述的证言不能单独作为认定案件事实的依据。

（二）对证人出庭陈述的审核

1. 证人出庭作证时的行为表现

证人出庭作证时的表现与证人证言的真实性具有一定的关联性，一般而言，诚实作证的人在诉讼中更加从容、镇定，证言也更加流畅，作证也更加铿锵有力。相反，提供虚假证词的人往往表现得比较慌张、注意力无法集中，证言也断断续续。关联性的内部机理是提供虚假证言的证人，一般情况下伴随着内心的紧张或者一定程度上的恐惧。

基于该关联性在证据制度的历史与现实中出现了三种证据评价机制或者评价方法：

其一，神示证据制度。神示证据制度时代依据当事人在神示裁判中的表现作出案件的最后判定，学者也大多对神示证据制度的合理性作积极的评价。

其二，中国的五声听讼制度。中国传统司法中创造出的五声听讼审判方法的基本机理也是说谎的人必然会产生心理上的紧张，而心理上的紧张必然在行为中表现出来。表现在眼光、言词、听力、表情等方面，而裁判者又反过来根据这些表现判断证人、当事人陈述的真实性。现代学者甚至将之与自由心证制度进行比较，并称之为古典自由心证。

其三，测谎仪及其广泛适用。测谎仪又称为波动仪，它依赖的是被测对象的自主反应机制（autonomic system arousal）在波动仪上的体现，如心率、呼吸以及相应的皮肤电感反应（galvanic skin response），其基本的假定是说谎会导致心理紧张，反过来这些心理紧张导致被测对象的自主心理反应的增强。在证据一对一时或者缺乏其他证据的情况下，当事人和裁判者使用波动仪的倾向明显增加。在此背景下，Cross 和 Saxe 在评论美国技术评价办公室的支持性研究时说："在特定的条件下波动仪能够比一般情况在一定程度上改善谎言辨别率，然而，波动仪的使用仍导致高比率的肯定性错误和否定性错误。"① 在我国也有学者对测谎仪的使用持肯定态度，"测谎仪是现代科学技术发展的成

① Cross T.，Saxe. L. A critique of the validity of polygraph testing in child sexual abuse cases. Journal of Child Sexual Abuse，1992. No. 1.

果，对被测对象所提取的真实性含量比较高，且有助于案件事实真相的揭露、发掘”[①]。学者不仅重视测谎仪在证据评价时的积极意义，还将其作为一种证据形式对待，将之作为当事人陈述，认为测谎结论本质上是当事人陈述。

我们赞同以测谎仪作为一种证人证言审核判断的方法，但只能以之为一种辅助方法或者手段。这主要是因为说谎的人并不一定会产生紧张的心理，说谎导致心理上的紧张并不具有必然性或者周延性。有相当数量的当事人或者证人对说谎已经习以为常，或者说说谎已经成为其生活方式或者生活习惯，此时任何情况下的说谎，都不可能导致心理紧张。Faller 认为性侵害中的被告人可能对说谎习以为常，说谎行为可能并不会导致被测试者的心理紧张。他进一步将被测的性侵害被告人不可能产生心理紧张的原因概括为四个方面：（1）许多性侵害者有人格障碍，在说谎时没有紧张体验，因之在采取波动仪试验的情况下不可能产生预期的说谎反应；（2）性侵害人员往往有认识上的扭曲性，常常将其行为合理化，因之影响其波动仪上体现出来的心理反应；（3）性侵害者可能对说谎所致的紧张已经麻木不仁了，他们常以一定方式说谎，不仅持续若干年，而且内容上包括对性侵害行为的说谎；（4）临床医生常建议性侵害者一般会将自己的谎言歪曲成真实。[②] 反过来看，法庭审理过程中的当事人、证人的心理紧张可能并不是由于说谎导致的，换句话说，审判过程中导致心理紧张的因素有很多，如对案件发生时的恐怖情景的回忆、法庭上的庄严的气氛、被害人对侵害行为的再次心理经历等都有可能导致当事人和证人心理紧张。[③] 正是出于这样的考虑，甚至有学者提出禁止在法庭上使用测谎仪。“测谎器和测谎仪不允许在法庭上使用，实际上它们只是衡量手掌出汗程度的简单仪器，只能表明神经紧张。”[④] 另外，不能将测谎结论归类为一种特定的证据方法。以测谎仪为鉴定结论，无法说明的是测谎仪之使用与五声听讼、神明裁判有一定的相似的机理，而在后两种裁判形式中被测试对象的心理反应的观察并不需要特定仪器的使用，也不需要特定的专家的介入；以测谎结论为当事人陈述则在混淆当事人陈述和当事人陈述检测、判断之区别的同时，无法解决作为当事人陈述的测谎仪何以能够扩大使用于其他提供言词证据的人，并最终否定了其可以作为证人证言审核判断辅助方法的属性。

---

① 汤维建：《测谎仪：科学证据和法官自由心证的结合》，载《人民法院报》2009 年 8 月 30 日，第 3 版。

② Kathleen. Coulborn Faller. The Polygraph，Its Use in Cases of Alleged Sexual Abuse：An Exploratory Study. Child Abuse & Neglect，1997. No. 10.

③ Kathleen. Coulborn Faller. The Polygraph，Its Use in Cases of Alleged Sexual Abuse：An Exploratory Study. Child Abuse & Neglect，1997. No. 10.

④ 詹尼·麦克埃文著：《现代证据法与对抗式程序》，蔡巍译，法律出版社 2006 年版，第 139 页。

2. 询问证人

尽管《新民事证据规定》第73条规定，证人应当就其作证的事项进行连续陈述。对证人的询问和交叉询问是证人证言审核的最好的、最有效的方法，从证人的词源学上分析，证人不仅含有第三方的意思，同时证人中的test还有检验、检测的意思，词源学的此种解释来自炼金术，是指将含有金属的材料加热以确定其性质[①]。“在南非和其他的普通法国家一样，交叉询问在传统上被看作是检测证人之诚实性的最有效的方法，对娴熟的交叉询问者之揭示口头证词的不一致性、不精确性以及证人的不真实、不可靠、错误方面，给予充分信任，交叉询问因此也被作为对质权的本质。”[②] 事实上，《新民事证据规定》已经将询问证人作为重要的证人证言审查方式，其第74条规定：“审判人员可以对证人进行询问。当事人及其诉讼代理人经审判人员许可后可以询问证人。”

对出庭证人的询问旨在揭示证人证言是否真实、可信，此与英美法系国家和地区的证据异议有一定的区别。英美法系国家和地区的证据异议包括对证人的异议，其提出的时间是在民事诉讼的较早阶段，一般是当事人申请向法庭提交某一证据或者传唤某证人时，此时证人还未向法庭陈述证词。对方当事人基于传唤证人证明的问题这样的一般性质，而提出异议。“一方当事人为投机地取得反对证人的对自己有利的回答，许可证据提出，而在对自己的案件不利的情况下，提出强有力的攻击是不可能的”[③]。对出庭证人的询问是发生在法庭审理的法庭调查阶段，而非审前准备阶段；英美法系国家和地区的证据异议，针对的是证据资格问题，具体到证人证词中，证人资格包括证人的可靠性问题。“证据是否可靠是一个需审判法官在证据提交于陪审团之前决定的法律问题，与competence不同，可靠性并不涉及证人的个体特征，与可信性不同，可靠性并不涉及证人证词的可信性，可靠性仅涉及证据的内在质量。”[④] 大陆法系国家和地区对证人的询问内容既包括证据的可靠性，也包括证据的可信性，同时影响证人证词之证据资格的其他因素也属于询问的范畴。证据异议的目的是排除对方当事人提交的证据，学者将之概括为两个方面：（1）在证据被接受之前提请法庭注意，并许可法官决定可采性问题；（2）为上诉的目的，针

---

① Chris William Sanchirico. Evidence, Procedure, and the Upside of Cognitive Error. Stanford Law Review. 2004. No. 2.

② Lirieka Meintjes, Van Der Walt, the Proof of the Pudding: The Presentation and Proof of Expert Evidence in South Africa. School of Journal of African Law. 2003. No. 1.

③ Robert L. Donian. Edward C. Fisher. Robert. H. Reader. Richard N. Williams. The Evidence Handbook. The Traffic Institute Northwestern University. 1975. p12.

④ Robert Rosenthal, J. D. Suggestibility, Reliability, and the Legal Process. Developmental Review. 2002. No. 2.

对不利的判决实现自我保护。而对证人的询问不仅涉及证人证言的可采性问题，还涉及证据的证明力问题。证据异议的主体是申请提交证据的对方当事人，而证人询问的主体既包括对方当事人，也包括申请传唤证人的当事人，法庭也可以依据职权主动询问证人。

询问证人还要注意以下问题：

其一，禁止诱导性询问。所谓诱导性询问是“指询问者为了获得某一回答而在所提问题中添加有暗示被询问者如何回答的内容，或者将需要被询问人作证的有争议的事实假定为业已存在的事实加以提问而进行的提问”①。一般来说，就是诱导询问的情况下，或者通常的诱导询问的方法是在提出的问题当中，包含有问题的答案。诱导询问的情况下，提问者的提问方式也是要求对方简单地回答“是”或者“否”。不过，必须注意，诱导询问的方法不仅包括询问者在问题中直接嵌入答案的方式，还有更多的内容，如对一个问题的反复询问，这样的反复询问常伴随着，“你再仔细地回忆一下”“不要急”等温和的提问方式，也可能伴随着比较温馨的提示，如“你注意一下，他是刚和朋友聚会完毕哦”“他当时急着回家哦”等。而且多发生在法庭以及申请传唤证人的当事人询问证人的情形。诱导性询问的结果是证人提供的证词不是其感知的案件事实信息，相反是询问人员嵌入的信息，证词就已经不再是其可能是或者应该是的东西了。而只有证据是其可能是的东西，证据才是可靠的，否则即是不可靠的。《新民事证据规定》尽管没有确立禁止诱导询问规则，但是采取多种方法防止对证人证言的污染。首先，《新民事证据规定》禁止证人旁听法庭审理，以防止当事人陈述诱导证人作证；② 其次，禁止询问其他证人时的证人在场，以防止其他证人证言对证人作证的诱导。③

其二，询问证人可以由双方当事人对证人进行询问，也可以由法官进行询问。实践中，法官对证人的询问一般在当事人询问之后，在一定程度上具有补充性。法庭询问证人的补充性，在英美法系国家和地区表现得更加明显。法庭只有在查明证人证言中的不明确、不明了的内容的情况下，才需要询问证人。同时法庭询问证人要注意保持法院的中立地位，防止或者避免提出有可能影响法院中立地位的问题。

其三，询问证人的方式上可以采用由证人系统陈述其感知的案件事实的方式，也可以采取逐个问题询问的方式。我们认为这两种方式各有优劣，证人系

① 董敏、王欣：《庭审语境中诱导性询问的语用预设分析》，载《广东外语外贸大学学报》2008年第4期。

② 参见《新民事证据规定》第72条第2款。

③ 参见《新民事证据规定》第74条第2款。

统陈述的方式，有利于法院以及双方当事人系统了解证人所感知的案件的内容，便于双方当事人以及法庭对证人证言的证明力的评价。逐个问题询问的方式可以较好地揭示证人证言的真实性、可信性，可以为裁判者是否采信证人证言提供帮助。事实上逐个问题的询问是揭示证人证言真实与否的最有效的方法，如果证人不能回答其证言中的矛盾，则其证词的真实性即值得怀疑，如果证人可以有效地解释其证词中的矛盾，则其证词的真实性可能是有保障的。通过逐个问题询问，揭示证人证言之间有无矛盾、能否很好地揭示矛盾的证人证言评价方法，我们称之为“矛盾评价法”①。人的认识能力是有限的，不诚实的证人由于缺乏对案件事实的自身感知，又必须构筑一个包含丰富内容，即包括人物、时间、地点、场景等的故事。因此，“保持如此丰富故事的内在连贯性是困难的，每一个额外的细节都会引起逻辑上的牵连，而且处理这些不能自圆其说的细枝末节会导致认识负担的加重”②。认识负担的加重又会反过来刺激故事的内在不一致性，故而可以通过故事本身的不一致判断证人证词的真实程度。现代心理学的研究也进一步表明，故事的建构对于诚实的证人将是一件得心应手的事情，他仅需要找回对案件事实的回忆就可以了。现代心理学的研究已经表明，记忆回顾几乎是认识任务中最简单的事情了，其中最困难的事情是在信息储藏库中寻找回忆的切入点，一旦记忆的切入点被找到，记忆的展开即会变得异常容易，其在很大程度上表现为一个自动的过程。

---

① 赵信会：《民事证人评价制度的技术建构》，载《现代法学》2010 年第 6 期。

② Chris William Sanchirico. Evidence, Procedure, and the Upside of Cognitive Error. Stanford Law Review. 2004. No. 2.

第六章　民事鉴定制度

案例导入：

原告苍山县金红星蔬菜食品有限公司（以下简称金红星公司）2010年9月8日与韩国哈那公司签订醋腌渍蒜销售合同，合同约定货物到达韩国仁川的单价为每吨1500美元，可分批装运，履行期限为2010年12月30日。合同签订后，原告金红星公司即与被告临沂市飞亚商贸有限公司（以下简称飞亚公司）签订了食用醋酸买卖合同，从被告处买进1000千克食用醋酸（冰醋酸），用于加工醋酸腌渍蒜，金红星公司支付飞亚公司货款7100元。2010年10月6日，金红星公司将其生产的第一批醋腌渍蒜15.12吨发往韩国哈那公司，货物到港后经韩国京仁地方食品医药品安全厅检查，被检查出丙酸含量为0.2g/kg，检测结果不合格。得知检测结果后，金红星公司经由青岛韩农和食品有限公司于同年10月26日、28日委托山东省出入境检验检疫局的检验检疫中心分别对腌渍蒜米（尚未加入冰醋酸的蒜米原料）和冰醋酸进行丙酸检测。检验结果为：腌渍蒜米的丙酸含量小于20mg/kg，冰醋酸中的丙酸含量为511mg/kg。同年11月10日，韩国哈那公司向金红星公司发送传真说明一份，表明其与金红星公司签订的销售合同，因为金红星公司提供的第一批货物经检验丙酸超标，属于不合格产品，给予退货处理，其余货物的买卖合同解除。金红星公司使用从飞亚公司购买的冰醋酸已经生产醋腌渍蒜45.36吨，根据合同约定，每吨1500美元，金红星公司起诉时，美元对人民币的汇率是1美元兑换6.55元人民币，因此造成的货物损失价值为445662元，此外金红星公司为履行与韩国公司签订的销售合同，由青岛韩农和食品有限公司代其缴纳的进口码头费、商检费等合计23927元，韩国进口费用和退货费用折合人民币9316元，以上共计人民币478725元。金红星公司主张这些损失应由飞亚公司承担，因此提起诉讼。

经查，双方当事人争议的食用醋酸的产品名称为食品添加剂冰乙酸，其检验依据为国家标准GB 1903—2008，该标准要求食品添加剂冰乙酸应当符合的技术要求中没有丙酸项目指标。该项业务之前，金红星公司多次购买飞亚公司的货物，均未出现过质量问题。法院根据当事人双方举证，作出最后判决。认为飞亚公司出售给金红星公司的食用醋酸即食品添加剂冰乙酸（冰醋酸）中含有丙酸，并给金红星公司造成财产损失的事实，有金红星公司提交的山东省出入境检验检疫局之检验检疫中心出具的检测报告、《销售合同》、韩国哈那公司向金红星公司发送的传真说明等证据予以证实。飞亚公司对山东省出入境检验检疫局之检验检疫中心出具的检测报告虽有异议，但没有申请重新鉴定，应视为对申请重新鉴定权利的放弃，对上诉检测报告应认定为有效证据。飞亚公司提交的由生产厂家提供的食品添加剂冰乙酸的检测报告，因该报告载明的产品生产时间与其交付金红星公司的产品之生产时间不同，故飞亚公司以之证明其销售给金红星公司的货物已经经过检验，是符合 GB 1903—2008 标准的答辩主张不予支持。判决被告飞亚公司向原告金红星公司一次性支付货物等财产损失 45 万元，并承担本案的诉讼费、保全费。

诉讼中的事实认定常常出现一些不属于法律问题，但又超出裁判者认识和经验之外的专门性问题，必须由具有专门知识的人就这些专门问题协助法院作出判断，协助当事人证明案件事实。使用具有特定的、专门知识的人遂行诉讼程序普遍存在于中外民事诉讼制度中。具有专门知识的人提供的专门意见可以直接用于查明案件事实，也可以对作为证明手段的证据予以查证，并借此确定证据的客观性。

‖第一节　民事诉讼中的鉴定人‖

一、鉴定人的诉讼身份

（一）域外国家和地区的鉴定人诉讼身份

英美法系国家和地区一般不严格区分鉴定人与证人，法律把鉴定人规定为一种特殊证人，理论上称为“专家证人”（expert witness），普通证人则被称为“外行证人”（lay witness）。即鉴定人和证人的诉讼地位是大致相同的，两者有其共同点：对鉴定人的口头询问，在程序上与询问普通证人规则基本相同，只有少数例外情形；鉴定人由当事人传唤，当事人双方可以像对待普通证人一样对其进行询问和交叉询问、对专家证言进行质证等。美国证据法学家郎宾（Langbein）将专家证人形象地比喻成“萨克斯管”，律师在法庭上演奏主旋律，指挥这种“乐器”奏出倍感和谐的曲调。① 当然，英美法系国家和地区的法律也承认专家证人和普通证人之间存在的差别，因而其适用的法律规则略有不同。例如，专家证人必须具备相关知识或经验，可以向法庭陈述自己的看法或见解，并提出有结论性的意见，同时还可向法官和陪审团阐述所得结论的根据；而普通证人作证时只能陈述自己了解的案件事实，不能发表自己根据这些事实得出的结论或意见，否则根据意见证据排除规则将被排除。不过，专家证人和普通证人之间的区别仅在于其掌握的知识多寡不同，两种证人的陈述无论在逻辑上还是心理学上，无论在诉讼地位上还是在法律意义上，都没有本质差异。② 事实上，英美法律中并没有规定独立的鉴定制度，其有关鉴定的法律规则大都包括在证人制度中。英美法系国家和地区的专家证人的地位，可以从四个方面说明：其一，是否聘请专家，以及聘请多少、聘请哪位专家均由当事人自行决定。③ 其二，英美法系国家和地区对专家证人没有中立要求，专家证人完全站在自己当事人一方，出具专家意见也以有利于本方当事人为原则。“在英美法系传统的对抗诉讼模式下，专家证人和律师一样，是当事人重要的诉讼武器，当事人都有权委托鉴定人。专家证人根据当事人指示就技术问题提出意见并服务于委托人。虽然专家证人提供的是科学证据，但事实上专家证据一般皆对委托人有利。”④其三，专家证人虽然可以询问本方当事人，当事人也有必要和义务提交相应材料。但专家证人没有查阅法院案卷、询问对方当事人的权利。其四，在报酬承担方面，英美法系国家和地区专家证人的报酬和其他费用一般由当事人承担，法律也不规定统一支付标准。⑤

大陆法系国家和地区的法律大多明确把鉴定人与证人区分开来，赋予鉴定人比证人更高的诉讼地位。有的将鉴定人作为审判官辅助人，有的将鉴定人视为法官助手，有的甚至将鉴定人定位为“科学的法官”⑥。例如，德国学者认为，鉴定人乃法官“事实发现上的当然辅助者”而非当事人的辅助者，即使在少数情况下鉴定人是由当事人所选任者亦同。德国著名法学家埃·施密特将鉴定人定义为：“所谓鉴定人，就是根据审判官在诉讼上的委托，根据某一专门知识提出带有经验性的报告或者对法院提供的事实资料以及法院委托调查的

---

① See J. Langbein, The German Advantage in Civil Procedure. University of Chicago Law Review. 1985. No. 4.

② 何家弘著：《司法鉴定导论》，法律出版社2000年版，第94页。

③ ［日］谷口安平著：《程序的正义和诉讼》，王亚新、刘荣军译，中国政法大学出版社1996年版，第270页。

④ G · Davies & Sheldon, “Some propose changes in civil procedure: their practical benefits and ethical rational” Journal of Judicial Administration. (1993/1994). No. 4.

⑤ 毕玉谦：《民事证据法判例实务研究》，法律出版社1999年版，第227页。

⑥ 邹明理：《刑事鉴定若干问题比较研究》，载《侦查》，1998年第4期。

事实资料，运用他的专门知识和法律上重要事实的推论相结合的方法，来帮助法院认识活动的人。”① 日本学者则认为，鉴定人是接受法院或审判官的命令，依照专门知识和经验法则，对具体事实进行判断和报告的第三人。鉴定人为了弥补法官知识和经验的不足，而被要求独立于双方当事人，其地位与证人有严格区别。大陆法系国家和地区鉴定人的特点主要有：其一，在鉴定决定方面，大陆法系国家和地区通常都由法院决定是否实施，并指定鉴定人，而且有的国家，如法国还规定法官可以具体指挥鉴定。《法国民事诉讼法》第237条规定：“受委派的技术员应当认真、客观、不持偏见地完成任务。”法官有权指定、聘请鉴定人。而在德国鉴定原则上应由当事人要求进行，但法院也可以依职权启动，不过到了审判实践中往往采取的不是这个方法，而一般由法院依据职权主动指定鉴定人。如《德国民事诉讼法》第404条规定：“鉴定人的选任与其人数，均由受诉法院决定。”第404条之1还规定：“法院应对鉴定人的工作给予指导并可对鉴定人工作的种类和范围给予指示。”而在我国台湾地区“鉴定人由受诉法院选任，并定其人数。故当事人申请鉴定，只应表明鉴定之事项，不必表明鉴定人，此与申请人证，必须声明何人为证人之情形不同”②。这样鉴定结论在大陆法系虽然仍被视为证据的一种，但由于其为法院亲自收集，使得其具有其他证据不具有的先天优势。表现为法院或者法官对之通常赋予较高证明价值。其二，大陆法系国家和地区要求鉴定人和法官一样保持中立。为实现这一要求，各国一般都赋予当事人申请鉴定人回避的权利，鉴定人具备法律规定回避条件时，自己也应当主动回避。例如，《日本民事诉讼法》明确规定了鉴定人的中立地位；它不仅明确规定了鉴定人必须由法院指定（第304条），同时建立了鉴定人的回避制度（第305条），这些都是旨在追求鉴定人的中立。其三，鉴定人享有较多诉讼权利，这些权利往往为一般证人所不享有。例如，查阅案卷材料权、询问双方当事人权、查阅或者检查争议物品权等。其四，鉴定人报酬和鉴定费用一般由法院以国家名义支付，虽然这一费用最终会以诉讼费用形式，转化为诉讼费用的一部分，但是名义上不承认鉴定人与当事人之间的直接关系。③

两大法系国家和地区对鉴定人的不同定位，源于其不同的诉讼目的和诉讼价值。英美法系国家和地区民事诉讼的目的是解决当事人的纠纷，恢复社会安宁，为解决纠纷裁判者可在特定情况下超出既有判例所确立的法律规范。司法运作的侧重点不是查明案件事实，并在查明案件事实的基础上，适用演绎推理

① ［日］上村正吉等：《刑事鉴定的理论与实践》，群众出版社1986年版，第10~11页。
② 王甲乙、杨建华、郑健才主编：《民事诉讼法新论》，广益印书局1989年版，第384页。
③ 汪建成、孙远：《刑事鉴定结论研究》，载《中国刑事法杂志》，2001年第2期。

方式保护制定法规定的权利，而是给当事人提供公平机会。换句话说，诉讼追求的价值目标不是实体真实，而是正当程序。[①] 裁判者消极与中立是正当程序的应有之义，为此，诉讼中裁判者的职能主要是判断，其也不是诉讼过程主导者。在此背景下，专家证人以及普通证人被看作协助当事人完成证明任务就是当然的了。按照证明责任理论，在当事人不能证明案件事实时或者案件事实处于真伪不明状态时，并不影响法院作出裁判，诉讼解决纠纷的功能并未减损。而大陆法系国家和地区民事诉讼的目的是实现制定法规定的权利，这样为进行三段论式的演绎推理，查明案件事实存在与否就成为必要，当事人提供证据既是其诉讼证明手段，也是法院实现民事诉讼目的的中介。为此，不仅当事人有提出证据责任，法院也负有主动的义务。鉴定人参与诉讼的依据是其享有的专业知识，这种专业知识不仅能够弥补裁判者认识能力的不足，也使鉴定人与裁判者具有一定的相似性。

英美法系国家和地区处于证人地位的鉴定人制度的优点有：一方面可以通过双方当事人的竞争提高鉴定质量和效率；另一方面可以借助双方当事人的相互制约机制，全面地揭示案件客观事实，有利于法官兼听则明，防止偏听偏信。英美法系国家和地区的专家证人制度的弱点表现为：一是当事人聘请的鉴定人一般应服务于当事人的胜诉目的，他们在选取鉴定材料和作出鉴定结论时，通常会自觉或不自觉地表现出倾向性，特别是一些品行不佳的鉴定人甚至会为金钱、权势而提供虚假鉴定结论。“鉴定人通过向当事人提供利于其主张的鉴定结论而获得相当的报酬，许多情况下与代理律师合为一体，置于同一方当事人的阵营而与对方对抗。”[②] 二是当事人受利益驱动，在聘请专家证人上表现出极大的盲目性，对于许多本不需要聘请专家证人的案件，也聘请专家证人。对于一个专家证人可以解决的事情，可能聘请若干个专家证人，因此造成了诉讼成本扩大，并影响普通民众接近司法。大陆法系国家和地区的鉴定人作为法官或者法院辅助人，受当事人的影响较小，具有一定的中立性，能够在一定程度上保证鉴定意见的客观、公正。另外是否聘请鉴定人以及聘请鉴定人的数量均由法院决定，也能在一定程度克服专家使用上的盲目性。大陆法系国家和地区的鉴定人制度弱点表现在：首先，当事人对聘请专家没有发言权，很难保障缺乏专业知识的当事人对鉴定意见的质疑权。鉴定人虽然是中立的，鉴定意见也旨在协助查明案件事实，但该意见客观上会对当事人不利。遭受不利的当事人对鉴定意见提出异议是当事人听审权的重要内容。其次，鉴定人因法官不具有特殊专业知识而进入诉讼，法官对鉴定意见缺乏审查能力。这种情况下

① 江伟、邵明、陈刚著：《民事诉权研究》，法律出版社 2002 年版，第 64 页。

② ［日］谷口安平：《程序的正义与诉讼》，王亚新、刘荣军译，中国政法大学出版社，1996 年版。

要么法官不审查鉴定意见，并基于对专家的信任直接采信鉴定意见，此时，鉴定人在客观上分割司法审判权；要么对鉴定意见只进行形式审查，但这种审查无法发挥实质功能。

必须注意，两大法系国家的诉讼模式，近年来出现了相互交融和借鉴的趋势，混合两种诉讼模式的优点和长处被视为实现国家民事诉讼价值的最佳途径。[①] 在此相互融合的潮流中，两个法系国家和地区的鉴定人制度也相互吸取灵感，以扬其长、避其短，鉴定人地位也发生了微妙变化。英美法系国家和地区主要致力于强化鉴定人的公正地位，以遏制鉴定的过分当事人化，在审判实践中由法官主动决定鉴定事项的事例越来越多。例如，《美国联邦证据规则》第706条规定，法庭可以根据自己的选择指定专家证人，也可以指定由双方当事人同意的任何专家证人，就案件的某一科学问题进行鉴定[②]。1996年4月26日实施的《英国民事诉讼规则》也把限制专家证人使用作为实现接近正义目标的手段[③]。澳大利亚专家证据规则一方面规定专家对法院承担的义务优先于其对当事人承担的义务；另一方面限制专家证人的数量和人选，鼓励双方当事人选择共同的专家证人[④]。大陆法系国家和地区，为克服鉴定人选定上的职权主义，则努力强化鉴定制约机制，增强当事人的参与能力，减少鉴定中可能的误判。不少国家的法律规定鉴定事项可以由当事人申请进行，当事人司法鉴定的影响在加大。

（二）中国民事诉讼中的鉴定人

《民事诉讼法》未明确规定鉴定人的诉讼地位，只是将鉴定意见作为民事证据形式之一，同时在回避规定中把鉴定人列为回避对象。理论上一般认为鉴定人和证人、翻译人、勘验人一样都是民事诉讼的其他诉讼参与人，并与当事人和法院相对应。有人认为我国鉴定人的法律地位比英美法系国家的专家证人高，比大陆法系国家鉴定人的低。其理由是我国鉴定人在诉讼中处于一种独立和超然的地位，在鉴定过程中，鉴定人独立于诉讼双方，只根据案件事实超然进行鉴定。但鉴定人并不享有优越于其他诉讼参与人的地位和权利，其鉴定结

① 徐昕：《专家证据的扩张与限制》，载《法律科学》2001年第6期。

② 美国联邦法院聘请法庭专家体现于《联邦证据规则》第706条，其法理依据在《联邦证据规则》第104条（a）款，它规定，法庭必须决定有关证人资格、是否存在（拒绝出庭作证）特权、证据可采性的前提性问题，将由法庭决定。除非涉及特权的问题，法庭在作出决定时不受证据规则的限制。

③ 具体包括：（1）职责上限定专家证人的独立性和公正性；（2）资格上限定专家证人的适格性；（3）运用上要求专家证人的许可性；（4）明确规定专家意见在效力上的相对性；（5）专家证人人数上的有限性和统一性；（6）专家意见的公开性等。

④ 龙敏：《澳大利亚专家证据规则的特点》，载《人民法院报》2019年2月1日，第8版。

论也无“科学判决”的性质。[①] 我们认为，可以从以下方面理解我国的民事诉讼鉴定人：

其一，我国民事诉讼中的鉴定人属于其他诉讼参与人。“其他诉讼参与人”的称谓是中国民事诉讼法对苏联民事诉讼法移植的结果，在包括苏联在内的社会主义国家民事诉讼法中，之所以单独列出其他诉讼参与人，目的是将证人等纳入民事诉讼法律关系中，并最终保证其他诉讼参与人履行对国家负担的义务。[②] 这样，中国民事诉讼中的鉴定人既不是当事人，不能表现出与英美法系国家和地区的专家证人一样的党派性；也不是法院的助手，不是法院的关系人，没有法官助手的崇高地位。这也更加符合目前我国正在施行的司法鉴定制度。不过，民事诉讼法对鉴定人仍然有中立要求，并将之作为回避的对象。

其二，民事诉讼鉴定人与证人是两种并列的其他诉讼参与人，在制度实践上更加重视两者的区别。两者的区别主要表现为：（1）资格要求不同。鉴定人必须具有专业方面的知识，在我国目前还必须取得鉴定资格。（2）是否可以代替不同。立法对鉴定人有中立性的要求[③]，并把其作为回避的对象，而证人具有不可替代性，并因之表现出证人地位的优先性。（3）诉讼权利不同。鉴定人有查阅案卷材料、询问当事人的权利，而证人没有像鉴定人一样的特殊诉讼权利。（4）作证形式不同。鉴定人可以提供意见证据，而证人不能提供意见证据。“证人始终是陈述自己所经历过的具体事实的人，如果基于经历过的事实陈述其意见和感想，则没有证言的性质”[④]。（5）了解案件信息的时间不同。证人对案件事实的了解一般是和案件的发生、发展运动过程是同步的，一般发生在诉讼开始之前；而鉴定人了解案件信息是在案件事实发生以后，特别多的是在诉讼开始以后，经过有权聘请鉴定人的诉讼主体之聘请，才接触鉴

---

① 张桂勇：《论刑事诉讼中的鉴定人》，载《中国人民大学学报》，1999 年第 4 期。

② ［苏联］阿·阿·多勃沃里斯基等：《苏维埃民事诉讼》，李衍等译，法律出版社 1985 年版，第 37 ~ 42 页。另可参见廖中洪：《民事程序立法中的国家本位主义批判——对我国民事诉讼立法指导思想的反思》，载《现代法学》2002 年第 5 期。

③ 在理解鉴定人的中立性时，需要注意鉴定人与勘验人的区别，鉴定与勘验的区别。鉴定过程是鉴定人利用自己的专业知识对诉讼中的专门问题作出的报告。“鉴定人进行鉴定的结果即使是对具体的事实的报告，也并不是他耳闻目睹的事实，他所叙述的事实还是适用他的专门性知识进行判断而得出来的结果。”参见兼子一、竹下守夫：《日本民事诉讼法》，白绿铉译，法律出版社 1995 年版，第 121 页。而勘验并不需要专门的知识，而是法官或者法官委托的助手，“根据感觉的作用，直接经过检查物体的性质、状态及事物的现象而得到的结果作为证明资料”。参见兼子一、竹下守夫：《日本民事诉讼法》，白绿铉译，法律出版社 1995 年版，第 128 页。但是，当法院将勘验委托给勘验助手时，勘验助手和大陆法系的鉴定人在诉讼身份上有一定的相似性，都表现为法院的助手，而非当事人的助手。当然，这种情况勘验人与鉴定人对案件的证明方式仍然有根本的区别。参见汉斯 – 约阿希姆·穆泽拉克著：《德国民事诉讼法基础教程》，周翠译，中国政法大学出版社 2005 年版，第 255 页。

④ ［日］兼子一、竹下守夫著：《日本民事诉讼法》，白绿铉译，法律出版社 1995 年版，第 121 页。

定材料，并根据鉴定材料采纳了解案件事实。

二、鉴定人资格

（一）域外的鉴定人资格

两大法系国家和地区都已经充分认识到作为专家的鉴定人与普通证人的区别，即两者的要求不同。普通证人是通过自己对案件事实的感知而具有适格性，因此，为一个国家法权所及的所有自然人，一旦了解案件事实，都有义务作为证人。鉴定人依据其享有的特殊专业知识而具有适格性，其能否成为鉴定人取决于其是否具有专门知识。但两大法系在专门知识的认定，即在鉴定人资格的限制方面却采取了完全不同的方法。

英美法系国家和地区在鉴定人资格确定方面采鉴定人主义原则，按照这一原则，有关法律或权力机关并不明确规定哪些人或哪些机构具有鉴定人资格，并不将鉴定权固定地授予特定人或机构，所以，又称为“无固定资格原则”。《美国法律词典》把“专家证人”解释为：“在一项法律程序中作证，并对作证的客观事项具有专门知识的人。专家证人是具有普通人一般不具有的一定知识或专长的人。受教育程度可以成为一个人提供专家证人的基础，但基于经验的特殊技能或知识也可能使一个人成为专家证人。”英美法系国家和地区不要求作为鉴定人的专家必须是在某一领域中享有绝对权威的人，对专家证人也无学历、职称等方面的要求。“经过严酷的对抗制的规制，专家证人的选择程序倾向于提供有助于解明案件事实或者加强当事人说服力的专家，但他们并不必然的在其所属领域有真知灼见或者从事一种使问题更精确的事业。在法庭上作证的专家证人不可能精确地思考任一科学观点，并提供给陪审团精确的评价意见和观点。”① 即使是人文社会科学领域里的专家也能够作为专家证人。② 澳大利亚《1995 年证据法》第 79 条规定，如果某人基于训练、研究或者经验而具有专门知识，则该人全部或者主要基于其专门知识所提出的意见证据不适用意见证据规则，而具有专家证人的适格性。③

当然，这并不意味着法律限制专家证人的资格。以立法的形式限制专家证人资格在英美法系国家和地区证据法发展史上有过反复。早期法官对专家证人比较敌视，判例发展出了许多严格限制专家证人的规则，如专业规则、专业领域规则（专业领域须在有关科技界普遍可接受）、常识规则（证明主题须在大

---

① H. H. Kaufman. The Expert – witness, Neither Frye or Dauber Solved the Problem: What Can Be Done. Science & Justice. 2001. No. 4.

② ［美］劳伦斯·罗森：《作为专家证人的人类学家》，何国强译，载《人类学研究》2018 年第 3 期。

③ 何家弘、张卫平主编：《外国证据法选译》，人民法院出版社 2000 年版，第 178 页。

众常识范围之外)、基础规则(专家证据的基础需以可采性证据予以证明)等①。例如，在 Sansom v. Metcalfe Hambletonand Co. 案中，原告诉被告注册测量师事务所存在职业过失。原告传唤一名结构工程师提供专家证据，而被告传唤一名注册测量师作证。法官裁决被告负有责任，应予赔偿，换句话说，初审法院认定原告传唤的结构工程师有专家证人资格，并认可其证言的证明力。但上诉法院认为，要裁决具备专业资格的人员违反执业职责，未尽注意义务，应该有同样专业资格的人就有关事项的标准以及是否符合标准提供证据，进而认定原告聘请的专家证人不具备专家证人资格，并改判驳回原告的诉讼请求。②

美国 1923 年弗莱伊诉美国案以后，多数州采取的规则是“弗莱伊规则”，按之，专家证人证言的基础必须得到该领域专家的普遍认可。“弗莱伊规则”确立的衡量专家证人资格的标准称为“普遍接受”标准。“法庭接受一个公认的科学理论或科学发现演绎出的专家证言，但从中作演绎推断的东西必须有足够根基，并在其所属的领域得到普遍承认。”③“弗莱伊规则”追求专家证言的绝对科学、正确，体现了专家证人资格许可上的审慎性。导致的不利结果一是对专家证言是否符合普遍接受标准，必须组织烦琐、冗长的论证或者听证，增加了司法成本、影响诉讼效率；一是那些没有得到普遍认可，但有可能是具有科学基础的专家证言无法进入诉讼程序。“1923 年的‘弗莱伊规则’之适用导致的不利结果是排除可能相关的改革或者信息之应用。”④《美国联邦证据规则》并未采用该项标准，而是交由法官裁量。其 104 条(a)第二句规定：“除非涉及特权问题，法庭在决定可采性问题时不受证据规则的限制。”第 702 条、703 条、704 条、705 条也赋予法官决定专家证人可采性的裁量权，要求法官考量专家证人是否有助于事实发现者理解证据及裁决系争事实。改变“弗莱伊规则”仅涉及研究方法未涉及专家证言本身的缺点，并力图使《联邦证据规则》规定的法官裁量权客观行使，1989 年的“多伯特规则”不仅要求法官在确定专家证人资格方面扮演“守门员”角色，还确立了在联邦法院系统专家证人的审查标准，并为多数州法院所采纳。该标准包括：(1)该项理论或技术能否被验证；(2)该项技术或方法是否接受过同行的评论并发表过；(3)该项技术或方法的出错率是否确定，是否具有可控制的程序和操作标准；

---

① I. Freckelton, Cross – examination. Australian Lawyer. 1996. No. 7.

② EdSautter, Witness and Expert Evidence, See http://www. open gov. u k/lcd/.

③ Frye v. United States (D. C. Cir 923) 293 F. 1023. 转引自叶青等著:《证据法学:问题与阐述》，北京大学出版社 2012 年版，第 181 页。

④ H. H. Kaufman. The Expert Witness: Neither Frye Nor Daubert Solved the Problem: What Can Be Done. Science & Justice. 2001. No. 4.

（4）该项技术或方法在相关领域是否得到普遍接受。[1] 当然，多伯特规则也在不断发展过程中，例如，第九巡回法院指出："法院决定可采性的唯一标准是专家拟提交的证词须直接依据合法的、业已存在的且与系争诉讼有关的研究。缺少这一因素，专家必须精确地解释其结论的获得过程，并必须指明某些客观的基础。"[2]

英美法系国家和地区对专家证人的资格审查总体上是采取"事后审查"方法。专家证人一般由当事人选任，当事人为确保自己的专家意见被采信，必然综合考量专家的知识、品德、专业影响等因素，然后确定专家证人人选。此种事先审查，虽能在实质上决定可否进入特定的民事诉讼程序，但法官最终判断专家是否有专家证人资格。对于法院的专家证人资格认定，当事人不服的可以上诉。可以说，在专家证人资格审查方面有决定意义的是法院在当事人选任专家以后进行的审查。值得注意的是，事后审查是对当事人选任专家资格审查方式的高度概括，但近年来为遏止专家证人使用的膨胀趋势，英美法系国家和地区逐渐加强法院对专家选任的职权干预。例如，按照《英国民事诉讼规则》第35.7条的规定，当事人可以申请传唤专家证人，但必须经过法院许可。当两方或者多方当事人希望就某一特定问题提交专家证据时，法院可以指定只由一个专家证人就该问题提交专家证据。为了指定单一的共同专家证人，法院必须在事先就对专家证人资格进行审查。审查时，法院一般考虑专家是否具备解决案件特定问题的知识或者经验、专家是否有充分的时间等因素。《美国联邦证据规则》第706条规定："法庭聘请专家证人出庭进行解释，帮助法官和陪审团完成他们对科学证据的认识。法院可依职权或在当事人申请下，法庭可以要求当事人说明不指定专家的原因，并要求当事人提供专家人选。""法庭聘请的专家证人能够保持相对中立的立场，符合法庭探知真相的理想。因为法庭聘请的专家证人更不会被怀疑为'裁剪'专家证言以追求特定的诉讼结果。不像当事人聘请的专家证人那样，其收费数额取决于当事人胜诉抑或败诉。"[3]

鉴定人主义原则，对何为专家不设固定限制，能够因应社会发展需要和纠纷解决需要。科学技术的发展日新月异，出现包含崭新科学技术内容的纠纷或者诉讼并非不可能。鉴定人主义原则在将新技术纳入诉讼实践中的包容性上和英美国家判例制度具有的面向未来的态度一脉相承。罗迪埃在评价英国的判例

---

① Daubert v. Merrell Dow Pharmaceuticals, Inc. 509 U. S. 579（1993）. 转引自叶青等著：《证据法学：问题与阐述》，北京大学出版社2012年版，第183页。

② Teresa S. Renaker. Evidentiary legerdemain: Deciding When Danbert Should Apply to Social Science Evidence. California Law Review. 1996. Vol. 84.

③ 陈邦达：《美国法庭聘请专家证人的实践与启示》，载《证据科学》2017年第6期。

法时说："英国判例法所确立的规则总是针对过去的案件，具有较小的概括性和预期性。法官在以这些规则面向现实或未来的事实时，法官的活动便具有较大的创造性。"① 同时，鉴定人主义原则之下，专家是否有专家证人之资格、证明力如何，完全取决于专家的个人因素，如在专业领域里的影响、近年来的研究成果、个人品德、与当事人之间的关系、参与案件的程度等。② 鉴定人主义原则的缺点一是法官对专家有无鉴定人资格的认识常不具有科学性，判例以及法律赋予法官在鉴定人审查方面的守门员角色扮演不理想；二是可能导致专家证人的滥用，增加司法成本。近来有学者呼吁英美法系国家和地区在专家资格方面借鉴大陆法系国家鉴定权主义的做法，增加资格条件方面的规定，并强化对专家证人的培训。"科学组织和法律组织应进一步深入协商以制定专家证人的资格条件，它评价、调查科学问题上的专门技术。专家证人还应当进行法律原则和法律程序方面的培训，以保证其给予充分的证词。"③

大陆法系国家和地区在鉴定人资格上采鉴定权主义，按照鉴定权主义的原则，有关法律或权力机关明确规定哪些人或哪些机构具有鉴定主体资格，或者将鉴定权固定地授予特定的人或机构，又称为"有固定资格原则"。即是说，即使某个机构或者个人拥有特定专业知识，但如果事先未经有关机关审查并获得鉴定权的，仍然不能作为鉴定人。大陆法系国家和地区的鉴定人必须事先获得抽象资格，然后才有可能作为具体案件的鉴定人。如在法国，专家应从最高法院办公厅制作的专家名册中所列的自然人中选取，或者从各上诉法院与总检察长商定提名的名册中选取。④ 在具体案件审理中，法院虽然审查鉴定人，但这种审查针对的是证据证明力，而非证据能力，并采自由心证原则。"鉴定书之制作或审核，须经鉴定人之手，但鉴定证据方法之价值如何，则属法官自由心证范围。"⑤ 当然，在鉴定结论模糊不清、自相矛盾或者不合逻辑时，法院可能根本上排斥该鉴定人，并另行委托鉴定人。但此时，法院对鉴定人的排斥不是对鉴定人鉴定资格的否认，而是从根本上认为鉴定人的意见不具有证明力，甚至对诉讼证明有负面影响，其实质还是对证据证明力的判断。

根据鉴定人资格的授予情况，可以大致将鉴定人资格授予划分为三类：

---

① ［法］罗迪埃：《比较法导论》，徐百康译，上海译文出版社 1989 年版，第 66 页。

② Lucy S. Mcgough. Stretching the Blanket：Legal Reforms Affecting Child Witness. Learning and Individual Difference. 1997. No. 4.

③ H. H. Kaufman. The Expert Witness：Neither Frye Nor Daubert Solved the Problem：What Can Be Done. Science & Justice. 2001. No. 4.

④ 汪建成、孙远：《刑事鉴定结论研究》，载《中国刑事法杂志》，2001 年第 2 期。

⑤ 俞叔平：《行为证人与专家证人之比较研究》，载刁荣华主编：《比较刑事证据法各论》，台北汉林出版社 1984 年版，第 156 页。

（1）将鉴定权授予个人。如《法国刑事诉讼法》规定，鉴定人应该在最高法院或上诉法院注册；鉴定人注册名单的确定方法由行政规章确定；预审法官一般应在上述名单中挑选鉴定人。（2）将鉴定权授予某些机构。例如，按照俄罗斯有关法律规定，刑事案件中的各种鉴定主要由国家授权的司法鉴定机构负责，只有当这些机构无法进行鉴定时，如涉及建筑学、工程学、机械学、艺术学等领域的专门问题，司法人员才能授权其他机构进行鉴定。（3）前两种情况的结合或者说是比较灵活的鉴定权方式。例如，德国既有专门从事鉴定工作的政府机构，也有民间鉴定机构和具体个人鉴定人，当事人在某些情况下也可以自由选聘鉴定人，所以其鉴定人资格制度实际上兼有固定资格原则与无固定资格原则，不过以前者为主。

（二）我国的鉴定人资格

我国鉴定人资格制度以2005年10月1日《全国人民代表大会常务委员会关于司法鉴定管理问题的决定》（以下简称《司法鉴定决定》）实施为转折点，分为两个前后不同时期。对于前一时期的司法鉴定及其管理体制，学者概括出三大缺点：（1）立法缺失，司法鉴定工作在法律定位、管理体制、鉴定程序、鉴定标准等方面缺乏具体可行规定。（2）鉴定机构设置重复，管理分散，法院、检察院、公安机关内部分别设有鉴定机构，一些科研院所、高校也设有面向社会的鉴定机构，政府部门指定的医院也进行司法鉴定，多头鉴定、重复鉴定、法院自审自鉴现象突出，不同鉴定结论往往相互矛盾。（3）鉴定人资格认定混乱，长期以来缺乏对鉴定人资格的规定和专门管理机构。① 田平安教授将鉴定人制度方面的问题概括为六个缺乏：一是缺乏鉴定人资格规定，二是缺乏部门设立鉴定机构的条件规定，三是缺乏统一的鉴定标准，四是缺乏统一的鉴定程序，五是缺乏宏观协调组织机构，六是缺乏对鉴定结果失误的法律责任规定。②

《司法鉴定决定》的实施标志着我国在司法鉴定人资格上开始采用固定资格制，包括以下内容：

其一，鉴定人从事鉴定业务一般应当经过申请登记取得鉴定人资格。《司法鉴定决定》第2条规定，国家对从事下列司法鉴定业务的鉴定人和鉴定机构实行登记管理制度：（1）法医类鉴定；（2）物证类鉴定；（3）声像资料鉴定；（4）根据诉讼需要由国务院司法行政部门商最高人民法院、最高人民检察院确定的其他应当对鉴定人和鉴定机构实行登记管理的鉴定事项。法律对前款规

---

① 陈国庆、王守安、石献智：《解读〈关于司法鉴定管理问题的决定〉》”，载《检察日报》2005年9月29日。

② 田平安主编：《民事诉讼法学》，厦门大学出版社2006年版，第33页。

定事项的鉴定人和鉴定机构的管理另有规定的，从其规定。《司法鉴定决定》第3条规定："国务院司法行政部门主管全国鉴定人和鉴定机构的登记管理工作。省级人民政府司法行政部门依照本决定的规定，负责对鉴定人和鉴定机构的登记、名册编制和公告。"

其二，鉴定人申请登记从事鉴定业务必须具备相关条件。《司法鉴定决定》第4条规定："具备下列条件之一的人员，可以申请登记从事司法鉴定业务：（1）具有与所申请从事的司法鉴定业务相关的高级专业技术职称；（2）具有与所申请从事的司法鉴定业务相关的专业执业资格或者高等院校相关专业本科以上学历，从事相关工作五年以上；（3）具有与所申请从事的司法鉴定业务相关工作十年以上经历，具有较强的专业技能。因故意犯罪或者职务过失犯罪受过刑事处罚的，受过开除公职处分的，以及被撤销鉴定人登记的人员，不得从事司法鉴定业务。"根据该条规定，我们认为《司法鉴定决定》明确排除了单位或者法人的鉴定人资格，将鉴定资格明确地授予自然人，解决了一直以来存在的单位可否作为鉴定人的争论。①

其三，鉴定人必须在鉴定机构内执业，且只能在一个鉴定机构内执业。《司法鉴定决定》第8条第2款规定："鉴定人应当在一个鉴定机构中从事司法鉴定业务。"要求鉴定人只能在一个鉴定机构执业，能够在较大程度上保障鉴定的质量，同时也可以透过鉴定机构监督鉴定人的执业。《司法鉴定决定》也明确规定了鉴定机构的设置，主要包括：

（1）设置鉴定机构必须具备相应条件。《司法鉴定决定》第5条规定，法人或者其他组织申请从事司法鉴定业务的，应当具备下列条件：首先，须有明确的业务范围；其次，须有在业务范围内进行司法鉴定所必需的仪器、设备，当然，不同鉴定机构的鉴定业务范围不同，对其设备器材的要求也不相同；再次，须有在业务范围内进行司法鉴定所必需的依法通过计量认证或者实验室认可的检测实验室。而且2018年9月，司法部、国家市场监督管理总局联合印发《关于规范和推进司法鉴定认证认可工作的通知》，规定到2019年年底，从事

---

① 《司法鉴定决定》实施以前，支持单位可以作为鉴定人的学者认为，"鉴定依其性质与目的言之，并不以自然人为限，法人亦得为鉴定人。盖以鉴定通常需各项科学设备，自然人之财力往往不足。又间有赖各种专家协力之必要，指定多数鉴定人，亦感烦难"。参见王甲乙等著：《民事诉讼法新论》，台北三民书局出版公司1989年版，第390页。而反对者认为，"除权威鉴定以外，一般的鉴定不应当以单位或团体的名义实施，鉴定报告的签署也不应当由单位或者团体承担"。参见陈浩然著：《证据学原理》，华东理工大学出版社2002年版，第275页。田平安教授的反对理由是从世界范围看，无论是英美法系或大陆法系多数国家的法律通常只承认自然人的鉴定权，不承认法人的鉴定权；法人的鉴定权的行使并不是该法人集体讨论的结果，实际上还是法人内部少数成员的行为；允许法人作鉴定人容易降低鉴定的作用和水平，不利于个人鉴定责任心的培养；从法律正义要求看，公、检、法三机关应客观、公正、独立办案。参见田平安：《鉴定结论论》，载《现代法学》2000年第6期。

法医物证、法医毒物、微量物证、环境损害鉴定的司法鉴定机构，必须具备通过认证认可的检测实验室；最后，每项司法鉴定业务有三名以上鉴定人。《司法鉴定决定》没有规定设置鉴定机构必须具备的资金条件，同时改变司法鉴定的行政化倾向，其实际上将鉴定机构设定为一种提供专业服务的社会组织。

（2）明确限制可以设置鉴定中心的法人或者其他组织。为解决法院自审自鉴的问题并强化司法行政管理机关对司法鉴定工作的管理，明确规定人民法院和司法行政部门不得设立鉴定机构。同时，许可侦查机关设立鉴定机构，但规定侦查机关的鉴定机构只能服从和服务于侦查工作的需要，不得面向社会接受委托从事司法鉴定业务。侦查机关设立鉴定机构是基于侦查工作的特殊性，侦查不同于检察和审判，经常面临紧急情况，并需要即时采取相应的措施。如果紧急情况下仍将有关技术问题或者专业问题送交其他鉴定人鉴定，可能错过侦查破案的时机。另外，特定的侦查工作还需要保密，送交其他鉴定机构鉴定不利于侦查中的保密。不过，此种服务于侦查行为的专业技术人员与服务于诉讼证明的鉴定人有严格界限。诉讼鉴定人必须是中立、客观的，他不是当事人的关系人；而侦查中的专业技术人员是侦查机关的工作人员，单纯地为侦查机关提供鉴定意见。侦查中的专业技术人员从事的活动应当属于查明案件事实的活动，而鉴定人参与诉讼属于诉讼证明的范畴。①

（3）鉴定机构必须在省级司法行政管理部门办理登记，侦查机关设立的鉴定机构除外。公安部2005年11月7日公布的《公安机关鉴定人管理办法》，规定各级公安部门均可设立鉴定机构，而鉴定人是为这些鉴定机构所聘任的专业技术人员。同时其还规定了不同侦查机关鉴定机构的登记部门，“公安部登记管理部门负责各省、自治区、直辖市公安厅、局，以及部属科研机构、院校、专业技术协会的鉴定人的登记管理工作。各省、自治区、直辖市公安厅、局登记管理部门负责所属地市级、县级公安机关，以及省级公安机关所属院校、医院、专业技术协会的鉴定人的登记管理工作”。

（4）确立了鉴定机构平等原则。《司法鉴定决定》第8条第1款规定：“各鉴定机构之间没有隶属关系；鉴定机构接受委托从事司法鉴定业务，不受地域范围的限制。”实践中体现侦查机关内设鉴定机构的平等性，设置上一般区分各级侦查机关的鉴定范围。一般而言，高级别的侦查机关的鉴定机构受理复杂、疑难的鉴定业务，低级别的侦查机关的鉴定机构受理较为简单的鉴定业务。

其四，确立了鉴定人管理体制。《司法鉴定决定》第13条规定：“鉴定人

---

① 卞建林等：《诉讼证明，一个亟待重塑的概念》，载何家弘主编：《证据学论坛》（第3卷），中国检察出版社2001年版，第25页。

或者鉴定机构有违反本决定规定行为的，由省级人民政府司法行政部门予以警告，责令改正。鉴定人或者鉴定机构有下列情形之一的，由省级人民政府司法行政部门给予停止从事司法鉴定业务三个月以上一年以下的处罚；情节严重的，撤销登记：因严重不负责任给当事人合法权益造成重大损失的；提供虚假证明文件或者采取其他欺诈手段，骗取登记的；经人民法院依法通知，拒绝出庭作证的；法律、行政法规规定的其他情形。鉴定人故意作虚假鉴定，构成犯罪的，依法追究刑事责任；尚不构成犯罪的，依照前款规定处罚。”

其五，确立了司法鉴定人负责的制度。《司法鉴定决定》第 10 条规定："司法鉴定实行鉴定人负责制度。鉴定人应当独立进行鉴定，对鉴定意见负责并在鉴定书上签名或者盖章。多人参加的鉴定，对鉴定意见有不同意见的，应当注明。”2016 年 5 月 1 日实施的司法部《司法鉴定程序通则》（以下简称《鉴定通则》）第 5 条规定："司法鉴定实行鉴定人负责制度。司法鉴定人应当依法独立、客观、公正地进行鉴定，并对自己作出的鉴定意见负责。司法鉴定人不得违反规定会见诉讼当事人及其委托的人。”

‖第二节　鉴定的程序及鉴定意见的审查‖

一、鉴定程序

（一）鉴定人的选任

1. 鉴定人选任与鉴定人资格的授予

在我国，鉴定人选任和鉴定人资格的授予是两个既有联系又有区别的概念，取得鉴定资格是在具体案件中被选任为鉴定人的前提和基础，如果没有鉴定人资格即不可能在以后的诉讼中被选任为鉴定人[①]。但两者也有区别：首先，两者针对的对象不同。鉴定人资格针对的是不特定的案件，而鉴定人选任针对的是具体案件；其次，两者体现权能不同。鉴定资格审查和授予体现的司法行政管理权能，体现司法行政管理机关对鉴定人条件的审查；而鉴定人选任主要体现法院审判权与当事人诉权之间的关系；最后两者的意义不同。获得鉴定人资格是鉴定人执业的前提，被选任为鉴定人是鉴定人参与具体案件的条件

---

① 在鉴定人的选任上两大法系国家和地区的做法不同，英美法系国家和地区主要由当事人选任，而大陆法系国家和地区主要由法院选任。“鉴定人非有特别知识经验，不可胜任，故鉴定人之义务，非如一般人皆得负担之证人义务，必须由司法机关选任，经公署委任而有鉴定职务者，为检验吏、法医等，非有此项人员而选任鉴定者，乃为违法，不能有鉴定之效力。”参见俞叔平：《行为证人与专家证人之比较研究》，载刁荣华主编：《比较刑事证据法各论》，汉林出版社 1984 年版，第 157 页。

和必经程序。

2. 我国民事诉讼中的鉴定选任主体

民事诉讼中需要证明的对象不同，选任鉴定人的主体也不同。属于法院依职权调查的事实或者事项，法院可以不经当事人申请，依据职权决定鉴定，并选定适当的鉴定人和鉴定机构；而属于辩论主义范围内的事实，法院不能依据职权决定鉴定，须由当事人申请以后，法院根据当事人的申请作出决定。《民事诉讼法解释》第121条第1款规定，当事人申请鉴定，可以在举证期限届满前提出。申请鉴定的事项与待证事实无关联，或者对证明待证事实无意义的，人民法院不予准许①。在法院准许鉴定申请的情况下，应当首先由当事人协商确定具备鉴定资格的人作为系争案件的鉴定人。当事人协商时一般由法院提供相应的鉴定机构名单，当事人从中作出选择。当事人不能形成一致意见的，则由法院指定。当然，这并非当事人没有独立的决定鉴定并选定鉴定人的权利，《民事证据规定》第28条规定："一方当事人自行委托有关部门作出鉴定结论的，另一方当事人有证据足以反驳并申请重新鉴定的，人民法院应予准许。"该条规定体现的精神有两个方面：一是当事人可以不经法院批准自行委托鉴定人出具鉴定意见；二是当事人自行委托的鉴定人出具的鉴定意见的证据资格具有不确定性，一旦另一方当事人有证据足以反驳，并申请重新鉴定的，其当然丧失证据资格。《新民事证据规定》也没有与之冲突的内容。

3. 鉴定人的委托

根据《司法鉴定决定》第9条的规定，在诉讼中，对本决定第二条所规定的鉴定事项发生争议，需要鉴定的，应当委托列入鉴定人名册的鉴定人进行鉴定。鉴定人从事司法鉴定业务，由所在的鉴定机构统一接受委托。《鉴定通则》第11条规定，司法鉴定机构应当统一受理办案机关的司法鉴定委托。按之，委托人虽然可以在委托书中委托在鉴定人名册中登记并公告的鉴定人，但一般情况下委托书应直接发送给鉴定中心，并由委托人与鉴定中心签订委托鉴定协议。由鉴定中心统一办理司法鉴定委托事宜，比较符合司法鉴定的规律，肇因于专业方面的差异，作为委托方的人民法院和当事人对具体鉴定人的专业知识、职业品质了解较少，相较而言，可能对鉴定中心有一些宏观和概括的了解。同时，由鉴定中心作为受托方统一办理鉴定委托，便于在鉴定意见错误且给当事人造成损失情况下的赔偿处理。另外，鉴定中心统一接受鉴定问题，便于鉴定中心统筹鉴定人配备、鉴定器材之使用，提高鉴定的质量和效率。民事

① 学者对之有不同的意见，认为我国目前的鉴定人选任模式具有非常强的职权主义色彩，改革的方向应该是将鉴定人选任的权利交给当事人。参见赵信会等著：《证据法专论》，中国检察出版社2013年版，第73页。

诉讼中一般是由当事人向法院提出委托鉴定的申请，经人民法院许可后，由人民法院委托有关鉴定中心办理委托。当然，当事人也可以自行委托鉴定中心鉴定。根据《鉴定通则》第12条的规定：“委托人委托鉴定的，应当向司法鉴定机构提供真实、完整、充分的鉴定材料，并对鉴定材料的真实性、合法性负责。司法鉴定机构应当核对并记录鉴定材料的名称、种类、数量、性状、保存状况、收到时间等。”当事人申请人民法院鉴定的，对需要鉴定的事项负举证责任的当事人在人民法院指定的期限内无正当理由不提出鉴定申请或者不预交鉴定费用或者拒不提供相关材料，致使对案件争议的事实无法通过鉴定结论予以认定的，应当对该事实承担举证不能的法律后果。根据《鉴定通则》，鉴定机构对于下列鉴定委托可不予受理：（1）委托鉴定事项超出本机构司法鉴定业务范围的；（2）发现鉴定材料不真实、不完整、不充分或者取得方式不合法的；（3）鉴定用途不合法或者违背社会公德的；（4）鉴定要求不符合司法鉴定执业规则或者相关鉴定技术规范的；（5）鉴定要求超出本机构技术条件或者鉴定能力的；（6）委托人就同一鉴定事项同时委托其他司法鉴定机构进行鉴定的；（7）其他不符合法律、法规、规章规定的情形。

（二）鉴定的具体实施

1. 鉴定材料的提取

鉴定材料一般由委托人提供，委托人提供的鉴定材料应当与系争的案件事实有关联。在产品质量纠纷中可以是系争的产品，也可以与系争产品属于同一批次的产品。在笔迹等的鉴定中，鉴定材料应当是书证制作者的制作书证前后时期的所书写的文字材料。而在涉及特定精神状态的诉讼中，可能是系争的特定主体，也可能是特定主体在案件发生时的行为表现等材料。为保证鉴定程序的公正、促进鉴定意见的科学性，鉴定材料的提取要坚持双方当事人在场的原则。委托鉴定的司法机关在提取时应保证双方当事人在场，要求当事人双方签名或者拍照作为证据，司法鉴定机构在自行提取鉴定材料的过程中，也应当要求当事人双方到场，并要求其签名。当事人拒绝签名的，可以采取拍照、录像等方法留取证据。当事人拒绝到场的，可以提请公证人参与鉴定材料的提取过程，以防止以后出现争议。《新民事证据规定》第34条规定：“人民法院应当组织当事人对鉴定材料进行质证。未经质证的材料，不得作为鉴定的根据。”经人民法院准许，鉴定人可以调取证据、勘验物证和现场、询问当事人或者证人。司法鉴定机构应当建立鉴定材料管理制度，严格监控鉴定材料的接收、保管、使用和退还。司法鉴定机构和司法鉴定人在鉴定过程中，应当严格依照技术规范保管和使用鉴定材料，因严重不负责任造成鉴定材料损毁、遗失的，应当依法承担责任。

2. 鉴定人的确定

一般情况下，应当由接受委托的司法鉴定机构指定鉴定人，于委托人有特殊要求的情况下，司法鉴定机构也可以与委托人协商确定鉴定人。司法鉴定机构对同一鉴定事项，应当指定或者选择两名司法鉴定人进行鉴定；对复杂、疑难或者特殊鉴定事项，可以指定或者选择多名司法鉴定人进行鉴定。具有回避情形的鉴定人必须主动回避，委托方也可以要求其回避。回避问题由鉴定人所属的司法鉴定机构决定。委托人对司法鉴定机构作出的司法鉴定人是否回避的决定有异议的，不能申请复议，也不能以诉讼的方式解决，但是可以撤销鉴定委托。《新民事证据规定》第33条第1款规定："鉴定开始之前，人民法院应当要求鉴定人签署承诺书。承诺书中应当载明鉴定人保证客观、公正、诚实地进行鉴定，保证出庭作证，如作虚假鉴定应当承担法律责任等内容。"

3. 特定事项的鉴定须由见证人见证

见证人在场见证并非一般要求，仅适用于特定情形下。根据《鉴定通则》，见证人在场见证仅适用于以下三种情形：（1）对无民事行为能力人或者限制民事行为能力人进行身体检查的情形。此时应当通知其监护人或者近亲属到场见证，必要时，可以通知委托人到场见证；（2）对被鉴定人进行法医精神病鉴定的情形。此时应当通知委托人或者被鉴定人的近亲属或者监护人到场见证；（3）对需要进行尸体解剖的情形。此时，应当通知委托人或者死者的近亲属或者监护人到场见证。到场见证人员应当在鉴定记录上签名。见证人员未到场的，司法鉴定人不得开展相关鉴定活动，延误时间不计入鉴定时限。

4. 对鉴定过程的记录和鉴定的期间

司法鉴定人应当对鉴定过程进行实时记录并签名。记录可以采取笔记、录音、录像、拍照等方式。记录应当载明主要的鉴定方法和过程，检查、检验、检测结果，以及仪器设备使用情况等。记录的内容应当真实、客观、准确、完整、清晰，记录的文本资料、音像资料等应当存入鉴定档案。记录鉴定过程本身能够促使鉴定人更好地从事鉴定工作，也可以方便鉴定人出庭，方便鉴定人以实际过程的记录回应对鉴定意见的质疑。

司法鉴定机构应当自司法鉴定委托书生效之日起三十个工作日内完成鉴定。鉴定事项涉及复杂、疑难、特殊技术问题或者鉴定过程需要较长时间的，经本机构负责人批准，完成鉴定的时限可以延长，延长时限一般不得超过三十个工作日。鉴定时限延长的，应当及时告知委托人。司法鉴定机构与委托人对鉴定时限另有约定的，从其约定。《新民事证据规定》第35条规定："鉴定人应当在人民法院确定的期限内完成鉴定，并提交鉴定书。鉴定人无正当理由未按期提交鉴定书的，当事人可以申请人民法院另行委托鉴定人进行鉴定。"

5. 疑难鉴定问题的处理

（1）可以向鉴定机构以外的专家咨询。鉴定过程中，涉及复杂、疑难、特殊技术问题的，可以向本机构以外的相关专业领域的专家进行咨询，但最终的鉴定意见应当由本机构的司法鉴定人出具。专家提供咨询意见应当签名，并存入鉴定档案。

（2）委托行业协会组织多个鉴定结构共同鉴定。对于涉及重大案件或者特别复杂、疑难、特殊技术问题或者多个鉴定类别的鉴定事项，办案机关可以委托司法鉴定行业协会组织协调多个司法鉴定机构进行鉴定。

6. 鉴定意见的复核

鉴定意见的复核是指鉴定机构内部对鉴定人作出的鉴定意见进行复查，以保障鉴定质量的活动。根据《鉴定通则》，司法鉴定人完成鉴定后，司法鉴定机构应当指定具有相应资质的人员对鉴定程序和鉴定意见进行复核；对于涉及复杂、疑难、特殊技术问题或者重新鉴定的鉴定事项，可以组织三名以上的专家进行复核。复核人员完成复核后，应当提出复核意见并签名，存入鉴定档案。

二、鉴定意见的审核

（一）鉴定意见的形式审核

《民事证据规定》第29条规定："审判人员对鉴定人出具的鉴定书，应当审查是否具有下列内容：委托人的姓名或者名称、委托鉴定的内容；委托鉴定的材料；鉴定的依据及使用的科学技术手段；对鉴定过程的说明；明确的鉴定结论；对鉴定人资格的说明；鉴定人员及鉴定机构的签名盖章①。"当然，鉴定意见书中缺少《民事证据规定》第29条规定的内容的，人民法院也并不是必然地就否认鉴定意见的证据资格，而是首先应当由原司法鉴定机构补正司法鉴定意见书。补正鉴定意见书是指在不改变鉴定意见原意的情况下，纠正鉴定意见的形式瑕疵，并使其符合法律规定的形式要求的活动。根据《鉴定通则》，鉴定书补正应当在原司法鉴定意见书上进行，由至少一名司法鉴定人在补正处签名。必要时，可以出具补正书。多发生在以下情形：（1）图像、谱图、表格不清晰的；（2）签名、盖章或者编号不符合制作要求的；（3）文字表达有瑕疵或者错别字，但不影响司法鉴定意见的。《新民事证据规定》第36条规定，人民法院对鉴定人出具的鉴定书，应当审查是否具有下列内容：（1）委托法院的名称；（2）委托鉴定的内容、要求；（3）鉴定材料；（4）鉴定所依据的原

① 按照《鉴定通则》第37条和第38条，司法鉴定意见书应当由司法鉴定人签名。多人参加的鉴定，对鉴定意见有不同意见的，应当注明。司法鉴定意见书应当加盖司法鉴定机构的司法鉴定专用章。

理、方法；（5）对鉴定过程的说明；（6）鉴定意见；（7）承诺书。鉴定书应当由鉴定人签名或者盖章，并附鉴定人的相应资格证明。委托机构鉴定的，鉴定书应当由鉴定机构盖章，并由从事鉴定的人员签名。

在法院审核鉴定意见的过程中，当事人可以提出异议。《新民事证据规定》第37条规定："当事人对鉴定书的内容有异议的，应当在人民法院指定期间内以书面方式提出。对于当事人的异议，人民法院应当要求鉴定人作出解释、说明或者补充。人民法院认为有必要的，可以要求鉴定人对当事人未提出异议的内容进行解释、说明或者补充。"

（二）鉴定人出庭

考虑到鉴定人以及英美法系国家和地区的专家证人有做虚假证词的可能性，强化对鉴定人和专家证人的控制已经是国际上的普遍趋势和做法。这主要包括：（1）强化对专家证人的法庭控制。伴随着美国的Daubert案，加拿大最高法院在R v. Mohan案中确立了专家证词具备可采性的四个标准，即相关性、协助发现事实的必要性、没有排除规则、适格的专家证人。（2）强化科学家团体的职业控制，督促职业制裁。（3）专家证人的自我控制。（4）交叉询问[①]。

必须注意，我国关于鉴定人出庭的制度有一个变化的过程。《民事证据规定》第59条规定："鉴定人应当出庭接受当事人质询。鉴定人确因特殊原因无法出庭的，经人民法院准许，可以书面答复当事人的质询。"据之可以说《民事证据规定》所确立的制度是以鉴定人不出庭为原则、以出庭为例外；《司法鉴定决定》第11条则规定："在诉讼中，当事人对鉴定意见有异议的，经人民法院依法通知，鉴定人应当出庭作证。"按之，鉴定人并不负有一般的出庭义务或者普遍的出庭义务，只有在当事人对鉴定意见有异议的情况下，才负有出庭义务。《民事诉讼法》将之进一步具体化，其第78条规定，鉴定人必须出庭的情形一是当事人对鉴定意见有异议的情形；二是人民法院认为鉴定人有必要出庭的情形。《新民事证据规定》进一步明确规定，对鉴定意见有异议的当事人必须预交鉴定人出庭的费用，否则视为放弃异议。[②] 但是人民法院委托鉴定时已经确定鉴定人出庭费用包含在鉴定费用中的，不再通知当事人预交。鉴定人出庭费用按照证人出庭作证费用的标准计算，由败诉的当事人承担。因鉴定意见不明确或者有瑕疵需要鉴定人出庭的，出庭费用由其自行承

① E. M. Coles, H. O. F. Veiel. Expert Testimony and Pseudoscience: How Mental Health Professionals are Taking Over the Court Room. International Journal of Law and Psychiatry 24. 2001. pp620 - 624.

② 参见《新民事证据规定》第38条第1款。

担。[①] 在符合法律规定的鉴定人应当出庭的情形，鉴定人必须出庭，否则即应当承担不利的后果。根据《民事诉讼法》和《司法鉴定决定》的规定，民事诉讼中鉴定人经人民法院通知不出庭的鉴定人应承担的法律后果有：（1）不能作为认定案件事实的依据；（2）当事人可以要求返还鉴定费用；（3）经人民法院依法通知，拒绝出庭作证的，省级人民政府司法行政部门给予停止从事司法鉴定业务三个月以上一年以下的处罚；情节严重的，撤销登记。

鉴定人出席法庭的情况下，当事人可以就鉴定的主体[②]、鉴定材料的提取、鉴定材料的管理、鉴定过程、鉴定意见的内容、鉴定的依据等问题向鉴定人提出，以达到对鉴定意见质证的目的。这是检验鉴定意见证明力的最好的方法。“使专家证人自由进入法庭的方法带来的结果无他，仅仅是专家证人之间的竞争，法官成为该竞争的裁断人，并决定何者可以接受。当然，这本身并不是坏事……存在的危险是专家证人有可能被滥用，并误导事实发现程序，借助陪审团不易理解的科学语言，通过具有显著身份的证人提交的专家证词很容易被陪审团无可怀疑地接受，并赋予其超过实际价值的证明价值。”[③] 我国学者对之大多持赞同观点。“让事实陈述有矛盾的双方或多方当面质询，有利于发现错误，揭穿谎言，有利于查明情况，发现真实，这是对质权及对质制度的基本意义和价值。”[④]《新证据规定》进一步细化了《民事诉讼法》规定的强制鉴定人出庭的措施，其 81 条第 1 款规定，鉴定人拒不出庭作证的，鉴定意见不得作为认定案件事实的根据。人民法院应当建议有关主管部门或者组织对拒不出庭作证的鉴定人予以处罚。第 2 款规定，当事人要求退还鉴定费用的，人民法院应当在三日内作出裁定，责令鉴定人退还；拒不退还的，由人民法院依法执行。

为解决当事人缺乏专业知识而导致的对鉴定意见质证能力不足的问题，2012 年《民事诉讼法》肯定了《民事证据规定》所创立的专家辅助人制度，许可当事人申请聘请专家辅助人协助其对鉴定意见质证。专家辅助人是指经过当事人申请、法院批准当事人聘请的协助当事人就诉讼中的专门问题进行说明的具有专门知识的人。在专家辅助人发表的意见或者诉讼角色方面存在争议，并形成了多种对立的观点。学者对专家辅助人意见性质的观点主要有：（1）仅仅是一种质证

① 参见《新民事证据规定》第 39 条第 1 款。

② 对鉴定主体的质证可以包括其专业知识、个人品德、技术偏见等方面的内容。参见张伟：《影响专家证言可靠性的因素考证——基于美国司法实践的考察》，载《西藏民族大学学报》（哲学社会科学版）2019 年第 1 期。

③ E. M. Coles，H. O. F. Veiel. Expert Testimony and Pseudoscience：How Mental Health Professionals are Taking Over the Court Room. International Journal of Law and Psychiatry 24. 2001. p624.

④ 龙宗智：《论刑事对质制度及其改革完善》，载《法学》2008 年第 5 期。

方式，没有证据价值和证据资格。（2）作为一种新的鉴定意见。认为专家辅助人的意见使鉴定意见的观点更加倾向于将专家辅助人认定为专家证人。“应该让专家辅助人回归专家证人的本色……回归专家证人以后，问题处理起来就比较简单了：法庭可以按照控方证人和辩方证人的角色来适用证据规则，主要是直接询问和交叉询问的规则。”① （3）认为是属于证人证言的一种。后两种观点都认为专家辅助人的意见应当作为证据，持此观点的学者还进一步提出要“细化专家证人的预审程序内容”，确保专家辅助人证言的客观性，要“出台采信专家意见的统一标准”，彰显“专家证人意见的证明力”。②

我们倾向地认为其是一种质证方式，主要是弥补当事人在鉴定意见上的质证能力之不足。首先，此种理解有法律制度上的支持。《民事诉讼法解释》第112条第2款规定：“具有专门知识的人在法庭上就专业问题提出的意见，视为当事人的陈述。”其次，将专家辅助人的陈述认定为其他证据形式均有理论上的困难和思维上的跳跃性。如果将其认定为鉴定意见，不仅不符合我国在鉴定人资格方面采取的鉴定权主义，而且专家辅助人并没有在特定的鉴定机构职业，也没有经过特定的鉴定程序。如果将其认定为证人证言，专家辅助人又没有感知案件事实，不是就其感知的案件事实向法院作证。当事人可以于举证时限届满前向人民法院申请聘请1～2名专家辅助人，产生的费用由当事人自行承担。专家辅助人可以向鉴定人发问，也可以向对方当事人聘请的专家辅助人发问或者对质。当事人也可以向专家辅助人发问。专家辅助人也在一定程度上相当于大陆法系国家和地区的诉讼辅佐人。“诉讼辅佐人只被承认为当事人本人的随行人员，不能像普通代理人那样代替当事人在期日出庭，并在期日之外实施诉讼行为。诉讼辅佐人只有随同当事人或诉讼代理人一起在期日里出庭才能实施诉讼行为。”③ 诉讼过程中专家辅助人应当就鉴定意见所使用的技术方法、鉴定的过程、鉴定所依据的科学基础等方面的问题发表质证意见，而不是泛泛地就对方有无责任、本方有无权利发表意见④。在此基础上，还应当进一步明确专家辅助人的诉讼地位。有学者指出，专家辅助人应该具有和鉴定人一样的诉讼地位，只有这样才能使专家辅助人有效地抗衡鉴定人。“为了二者之

---

① 参见张保生：《关于专家辅助人角色规定的变化》，载《证据科学》2018年第5期。

② 万婕、李兴林：《比较法视域下刑事诉讼专家证人制度的反思与完善》，载《学术论坛》2018年第6期。

③ 江伟主编：《民事诉讼法学》（第五版），中国人民大学出版社2011年版，第116页。

④ 在一起因膈疝手术致患者死亡的医疗侵权案件中，死者家属聘请的专家辅助人针对鉴定人提出的医院没有过错的鉴定意见提出的质证意见就略显苍白，也没有发挥出专家辅助人在质证上的专业优势。其指出，“虽然医院告知了手术风险，家属也理解，但是告知手术风险不等于排除了风险，医方应当承担医疗错误责任”。

间的有效抗衡，法律应当明确专家证人与鉴定人的诉讼地位是一致的，专家证人属于独立诉讼参与人。”① 我们认为专家辅助人应该是独立的诉讼参与人，专家辅助人虽然由当事人聘请，但是必须经过法院的许可，同时其应当向法院发表意见，而非向对方当事人发表意见，也非向鉴定人发表意见。由当事人支持其出庭费用，也不能影响其独立诉讼参与人的地位。但不能认定专家辅助人具有和鉴定人一样的诉讼地位，鉴定人必须满足中立性要求，并可以作为回避的对象，而专家辅助人没有中立要求，也不适用回避制度。

鉴定人与专家辅助人的区别主要有：（1）有无资格要求不同。鉴定人必须具有鉴定资格，专家辅助人只需具备特定的专业知识即可。（2）产生方式不同。专家辅助人由当事人聘请，而鉴定人是由当事人向法院申请法院决定或者由法院依职权决定。（3）在中立性上的要求不同。鉴定人有中立性要求，当事人可以对之申请回避，专家辅助人没有中立性要求，不适用回避规定。（4）诉讼权利不同。鉴定人可以查阅案卷材料，可以询问双方当事人，而专家证人不具有这样的权利。（5）两者出庭时发生费用的负担不同。鉴定人出庭作证的费用可以作为诉讼费用，由败诉的一方当事人承担，《人民法院诉讼收费办法》第11条规定：“证人、鉴定人、翻译人员、理算人员在人民法院指定日期出庭发生的交通费、住宿费、生活费和误工补贴，由人民法院按照国家规定标准代为收取。”而专家辅助人出庭的费用则由当事人承担，不能作为诉讼费用由败诉方当事人承担。

在专家辅助人的意见以及当事人提交的其他证据不能有效反驳鉴定意见时，人民法院应当认定鉴定意见的证明力，而在专家辅助人的意见按当事人提交的其他证据能够有效反驳鉴定意见时，人民法院则不能认定鉴定意见的证明力。如果别无其他证据证明当事人争议的案件事实，法院应该按照举证证明责任规则裁决案件。在衡量鉴定意见的证明力时需要注意的另一问题是如何处理鉴定意见与其他证据证明力的关系。《民事证据规定》第77条第2项规定，物证、档案、鉴定结论、勘验笔录或者经过公证、登记的书证，其证明力一般大于其他书证、视听资料和证人证言。我们认为应当客观理解该项司法解释，因为决定证明力的因素不是证据形式，而是证据内容，物证由于其内容的有限性，很少有作为直接证据的情形，而书证、证人证言确有可能与案件事实重叠，因此可以作为直接证据。当然，鉴定意见的形成是以作为鉴定材料的物或者书面材料记载的内容而形成的，此种情况下鉴定意见与系争案件事实有较大对应性，可以在一定程度上说相对于作为鉴定材料的书面材料、物证而言，鉴

① 万婕、李兴林：《比较法视域下刑事诉讼专家证人制度的反思与完善》，载《学术论坛》2018年第6期。

定意见有更高的证明力。

（三）重新鉴定与补充鉴定

1. 重新鉴定

重新鉴定是在原鉴定意见或者原鉴定程序存在瑕疵的情况下，依照法律规定的条件对诉讼中的专门问题再次进行鉴定的制度①。《民事证据规定》第27条规定："鉴定机构或者鉴定人员不具备相关的鉴定资格；鉴定程序严重违法；鉴定结论明显依据不足的；经过质证认定不能作为证据使用的其他情形。"《民事证据规定》第28条规定："一方当事人自行委托的鉴定结论，另一方有足够的证据予以反驳。"而《鉴定通则》第31条规定："有下列情形之一的，司法鉴定机构可以接受办案机关委托进行重新鉴定：原司法鉴定人不具有从事委托鉴定事项执业资格的；原司法鉴定机构超出登记的业务范围组织鉴定的；原司法鉴定人应当回避没有回避的；办案机关认为需要重新鉴定的；法律规定的其他情形。"相比而言，《民事证据规定》规定的重新鉴定情形更全面，更具有指导性。《新民事证据规定》第40条第1款规定："当事人申请重新鉴定，存在下列情形之一的，人民法院应当准许：（1）鉴定人不具备相应资格的；（2）鉴定程序严重违法的；（3）鉴定意见明显依据不足的；（4）鉴定意见不能作为证据使用的其他情形。"《新民事证据规定》第81条第3款规定："当事人因鉴定人拒不出庭作证申请重新鉴定的，人民法院应当准许。"《新民事证据规定》第41条规定，对于一方当事人就专门性问题自行委托有关机构或者人员出具的意见，另一方当事人有证据或者理由足以反驳并申请鉴定的，人民法院应予准许。

重新鉴定应当委托原司法鉴定机构以外的其他司法鉴定机构进行；因特殊原因，委托人也可以委托原司法鉴定机构进行，但原司法鉴定机构应当指定原司法鉴定人以外的其他符合条件的司法鉴定人进行。接受重新鉴定委托的司法鉴定机构的资质条件应当不低于原司法鉴定机构，进行重新鉴定的司法鉴定人中应当至少有一人具有相关专业高级专业技术职称。

---

① 重新鉴定与传统中的重复鉴定不同，重新鉴定是按照法律规定的程序，并在符合法律规定的条件下才能启动，是保证鉴定科学性的重要手段。而重复鉴定的基础是传统中鉴定机构设置存在行政化倾向和行业化倾向，公检法各自在自己的系统内设鉴定机构，在各自体系内鉴定机构也不平等。此时当事人为追求有利于自己的鉴定结果，即会在鉴定意见不符合自己利益的情况下，请求该系统内的其他鉴定机构或者其他系统内的鉴定机构进行鉴定。"公检法三机关'官方渠道内'流水作业式的司法鉴定，自鉴自用，各家争胜，不仅浪费了鉴定资源，同时也人为造成了多重鉴定，当事人的诉讼成本人为增大，诉讼周期延长，影响了司法效率的提高。"参见杜志淳、霍宪丹：《中国司法鉴定制度研究》，中国法制出版社2002年版，第125页。相同的观点还可参见樊崇义、陈永生：《论我国刑事司法鉴定制度的改革与完善》，载《司法鉴定研究文集》（第1卷），法律出版社2001年版，第122页。

我国立法对重新鉴定的次数未做限制，按照现有法律规定，对鉴定机构作出的鉴定意见，无论是初次鉴定意见还是重新作出的鉴定意见，只要当事人不服，都可以申请重新鉴定。不过，当事人的重新鉴定申请是否符合法律规定的条件，则是由法院审查决定的。如果法院认为重新鉴定申请符合条件，则予以准许，否则不予准许。有学者指出，鉴定结论应当以一次为原则，符合一定情形的，以补充一次或重新鉴定一次为限。[①] 这种观点有一定合理性，一方面鉴定结论是否客观、科学与鉴定的次数并无必然的联系，经过一次重新鉴定一般能够解决既往鉴定中存在的问题；另一方面，从证据法和诉讼的立法理念看，证据法、诉讼法开始更多地关注程序价值，无限制地重复鉴定会影响诉讼程序的遂行和诉讼效率。

2. 补充鉴定

补充鉴定则是在原鉴定存在一定缺陷特别是鉴定意见不完整的情况下，根据法律规定的条件和程序对原鉴定意见存在的缺陷有针对性地予以补救鉴定的制度。根据《鉴定通则》第 30 条的规定，补充鉴定发生在下列情形：（1）原委托鉴定事项有遗漏的；（2）委托人就原委托鉴定事项提供新的鉴定材料的；（3）其他需要补充鉴定的情形。补充鉴定是原司法鉴定的组成部分，由原司法鉴定人进行。

重新鉴定与补充鉴定的区别主要有：（1）适用的条件不同。重新鉴定是鉴定程序或者鉴定意见有重大瑕疵的情况下发生，而补充鉴定中原鉴定并不存在重大瑕疵，只是补充原来遗漏的问题或者根据新提交的材料作出鉴定意见。详细说即是重新鉴定的情况下，鉴定机构和鉴定人存在重大过错，而补充鉴定的情况下，鉴定机构和鉴定人并不存在过错。而且对鉴定意见的瑕疵，可以通过补正、补充鉴定或者补充质证、重新质证等方法解决的，人民法院不予准许重新鉴定的申请。（2）鉴定机构和鉴定人不同。重新鉴定必须由原鉴定机构以外的鉴定机构组织进行，原鉴定人也不得参加重新鉴定；而补充鉴定一般由原鉴定人实施，并是原鉴定的组成部分。（3）原鉴定意见的命运也可能不同。重新鉴定中原鉴定意见一般不会得到再次认可，《新民事证据规定》第 40 条第 3 款规定，重新鉴定的，原鉴定意见不得作为认定案件事实的根据；而相当多的补充鉴定是在原鉴定意见的基础上完成的，原鉴定意见还予保留。

---

① 叶峰、叶自强：《反复鉴定问题》，载何家弘主编：《证据学论坛》（第一卷），中国检察出版社 2000 年版，第 65 页。

第七章　民事诉讼的证明对象

案例导入：

案例1：甲女是乙男的嫂子，乙男于2013年9月向某人民法院起诉甲女，起诉理由是租赁合同纠纷。乙男诉称，2009年5月将其自有的房屋租赁给被告甲女，现要求人民法院解除其与被告之间的房屋租赁合同，并要求人民法院判令被告返还房产。其主张的案件事实包括系争房产是一所农村房屋，该系争房产为自己所建，后来因为自己到城市里居住，且同情生活比较困难的被告甲女及其家庭，遂将该系争房产租赁给被告使用，现在自己年龄大了想回农村养老。被告辩称，该系争的房产确实是由原告建设，不过原告由于自己当时农村户口转城市户口，最终将该系争房产卖给了自己，房屋买卖的总价款是人民币4万元。由于农村当时不办理房产证，所以没有办理房产证，但是户籍登记时，自己的住址就是登记在系争房产所在地址。为支持其反驳，被告提供了相应证据，包括户籍登记簿、记载有原告配偶陈述的电话录音，前者表明被告的户籍所在地登记为系争房产所在地，后者表明原告的配偶承认被告从原告处购买了系争房产，并实际交付了4万元人民币的购房款，只是考虑到亲戚关系，不出具购房款的收款凭证。如果被告坚持要求出具购房款凭证，则取消房屋买卖合同。法院经过审理认为，被告没有向原告支付房屋租赁费，不符合房屋租赁合同的基本要求，法院对当事人争议的系争房产的归属并未作出判断，遂以原告提出的诉讼请求不能成立为由，判决驳回原告的诉讼请求。其后，乙男再次向人民法院起诉，请求人民法院判令被告甲女返还系争房产。其诉讼理由是被告甲女于2009年从其处借用了系争的房产，而该系争的房产属于原告所有，现因自己居住之需要，要求解除借用合同关系，并要求人民法院判令被告返还系争房产。其主张的事实是，该系争房产为自己所建设，2009年前后系争的房产处于闲置状态，考虑到被告及其子女生活比较困难，故借给被告居住。被告辩称，系争房产属于自己的房产，是自己购买，且支付了对价。故请求人民法院判决原告的诉讼请求，并要求原告承担全部诉讼费用。法院经审理认为，被告向其支付了对价，不符合借用合同的要求，因此判决驳回原告的诉讼请求。

案例2：原告中国长城资产管理公司乌鲁木齐办事处因借款合同纠纷，向新疆维吾尔自治区高级人民法院起诉被告新疆华电工贸有限责任公司、新疆华电红雁池发电有限责任公司、新疆华电苇湖梁发电有限责任公司等7家公司，请求人民法院判令：（1）新疆华电工贸有限责任公司给付原告借款本金48526500元；（2）其他几个被告对此本金的返还承担连带责任；（3）7被告承担全部诉讼费用。新疆高级人民法院经过审理认为，《流动资金借款合同》（2004年北字第0456号）与《债权转让协议》（300200000115号）系基于各方当事人真实意思表示签订的有效合同。被告新疆华电工贸有限责任公司对原告受让本案债权并无异议，应依照《流动资金借款合同》偿还借款本金和利息。但由于原告中国长城资产管理公司乌鲁木齐办事处仅就利息中的5808622元向法院缴纳了案件受理费，因此，对原告未缴纳案件受理费部分的1700181元，法院不予受理。对于剩余的利息，原告中国长城资产管理公司乌鲁木齐办事处可以另案起诉。

案例3：原告某金融资产管理公司对同一笔合同项下的债权，拆分开来，多次起诉。对于此种案例，原最高人民法院民二庭审判长吴庆宝认为：在实践中，金融资产管理公司常常需要以起诉的方式来向债务人追偿，但由于接受的转让债权大多为不良债权，多数债务人缺乏相应资金以足额清偿。鉴于此，金融资产管理公司如果就一笔合同项下的全部债权提起全部诉讼，将花费相当高昂的诉讼成本，而最后收回来的债权可能与诉讼标的金额相去甚远，有时甚至得不偿失，为降低诉讼成本和提高处置效益之考量，许多金融资产管理公司采取了对同一笔合同项下债权拆分起诉的方式。对于此种方式是否违背一事不再理原则，我国各地法院的做法各不相同，但是如果原告仅仅起诉部分本金或利息，并未明确表示放弃其他部分的，原告可以另行起诉，并不能因此剥夺其民事诉权；由于前诉并不能导致原告剩余部分债权诉讼时效的中断，剩余部分债权的另行起诉，必须在诉讼时效期间内提出。

诉讼证明对象的确定有重要意义，直接涉及当事人诉讼证明范围、人民法院审判范围。而且证明对象范围的划定和证据法的其他基本理论问题，如举证证明责任、民事推定、当事人诉讼自认等都有密切联系。民事证据法学的研究不能忽略证明对象问题，更何况我国诉讼法学界在证明对象方面还存在诸多争议，就某些限制证明对象的情况也缺乏深入的研究。这种状况不仅造成了理论上的浅尝辄止，而且造成了司法实践上的混乱。

‖第一节 民事诉讼证明制度概述‖

一、民事诉讼证明的概念与特点

（一）民事诉讼证明的概念

民事诉讼证明是指负有举证证明责任的当事人在法庭上依照法律规定的程序和要求向审判机关提出证据，运用证据说服裁判者相信其主张的系争事实存在所进行的一系列活动的总称。理解这一概念需要注意以下问题：

其一，民事诉讼中的证明主体只能是负有举证证明责任的当事人。首先，司法机关不是民事诉讼证明主体，他只是对当事人的民事诉讼证明活动成败与否进行判断的主体。当然，被说服者不是抽象的司法机关，而应当是直接参与案件审理的审判组织，具体审判组织代表人民法院行使审判权。这也在根本上体现了现代民事诉讼直接原则、言词原则基本要求；其次，对某一民事诉讼证明对象而言，民事诉讼证明主体只能是其中的负有举证证明责任的一方当事人，对方当事人所实施的阻碍举证证明责任的负担方民事诉讼证明活动，一般地也要依据证据进行，但其进行的活动不能认定为证明活动，而应当认定反驳活动（disprove；rebute）。反驳的一方不承担案件事实处于真伪不明时的不利风险。这就使民事诉讼证明的主体结构表现为以民事诉讼证明主体为核心，但其不能脱离被说服者和民事诉讼证明活动的阻碍者的三角形构架。

其二，民事诉讼证明活动是一种他向证明的认识活动。为认识外界事物而进行的证明活动根据证明的目的不同，可以分为自向证明活动和他向证明活动。自向证明活动，主要是为解决认识主体自身的认识困惑，由认识主体本身收集材料，并根据逻辑法则、经验法则、公理定理等实现自己对外界事物或者社会现象认识和把握的目的。他向证明则是认识主体或者证明主体自身已经完成了对外界事物的认识和把握，了解了外部事物的特征或者外界的客观规律，而将其认识结论推介给他人，并努力使他人接受其认识结果的证明活动。“对于他向证明来说，这主要是将要接受证明的人或者作出裁判的人不知道，而他向证明的主体往往都知道或者以为自己知道要证明的案件事实。”① 与自向证明相比，他向证明的特点有：（1）他向证明存在证明主体以外的被说服人员，而自向证明中的证明主体和被说服主体是一致的，不存在证明主体和被说服主体分离的情形；（2）证明的方法可能存在一定的差异。自向证明中证明主体

---

① 何家弘、刘品新主编：《证据法学》（第四版），法律出版社 2011 年版，第 200 页。

可能采用一些只能意会而不能言传的方法，如自向证明中的直觉，而他向证明必须采用能够为被说服人员信服的手段和方法。自向证明与他向证明的此种差异，常导致特定的认识主体虽然能够较好地认识客观物质世界，但却不能将自己自向证明的认识结果有效地传递给第三人。当然，自向证明与他向证明也存在一定的联系，当自向证明的主体不再满足于个人认识水平的提高，而拟让更多的人分享其认识成果，或者拟使其认识成果为更多的人所使用时，则自向证明必然需要向他向证明转变。例如，将自向证明的认识成果通过一定的期刊发表，或者于特定的学术会议上发表，并为其他人所认可。

其三，民事诉讼证明应当借助证据来进行。与神示证据制度时代的民事诉讼证明不同，现代民事诉讼的证明不再是一种告知真理的过程，而是认识主体自我发现真理的过程。当事人的民事诉讼证明活动必须借助证据进行，法院对案件的裁判也应当依据证据进行，这被称为证据裁判主义。民事诉讼证明应当借助证据进行并非意味着民事诉讼证明是事实裁判者发现案件事实的唯一方法，事实上除依靠民事诉讼证明主体依据证据对案件事实的证明以外，裁判者还有许多发现案件事实的方法。例如，人民法院前诉判决确认的事实、公证文书证明的事实等，尽管当事人提交的生效判决书、公证书体现为书面形式，也有具体、确定的内容，但是我们认为生效的判决书、公证书不能作为民事诉讼的证据形式，而应当将其载明的案件事实排除于诉讼证明之外，并通过一定的程序机制直接认定。另外，当事人借助民事诉讼证据证明案件事实，在实际的证明活动中可能出现三种结果，即当事人主张的事实为真、当事人主张的事实为伪、当事人主张的案件事实处于真伪不明状态。

其四，民事诉讼证明发生在法定的时间内。首先，民事诉讼证明必须在法定的时间内完成。民事诉讼证明不同于自然现象的认识活动和社会现象的认识活动，不可能无限制地进行下去，也不可能放在历史的长河中，像愚公移山一样的时代进行。必须在法律规定的审理期限内完成。这主要是因为只有及时解决纠纷，才能充分发挥民事诉讼的功能，促进民商事法律关系的流转。另外某些民事纠纷的解决具有非常强的时效性，迟延诉讼情况下的判决可能对当事人失去其正当的意义。其次，民事诉讼证明活动主要发生在审判阶段。这不仅表现在作为证明手段的所有证据都需要在法庭上出示，并经过双方当事人的质证，还表现在当事人要在法庭上依据证据来论证主张的事实成立，对方当事人也需要在法庭上反驳主张方主张的事实不存在。这样的论证过程集中表现在法庭辩论阶段。当然，这并非意味着当事人的审前准备活动没有意义，在我国，当事人审前准备阶段的主要工作是向法庭提供证据，并限制、明确双方当事人争议的焦点。这两项工作实际上都是法庭上将要进行的诉讼证明活动或者反驳活动的准备工作。

(二) 民事诉讼证明活动的特点

与人类其他的认识活动、证明活动相比，民事诉讼证明活动的特点主要有：

其一，民事诉讼证明活动是在民事程序法规制下进行的活动。《民事诉讼法》具体规定证据的证据能力、证据的提出时间和方式、证据审查的方式、证明的标准、民事诉讼证明中法院和当事人的关系、诉讼证明主体与反驳主体之间的关系等。《民事诉讼法》还具体规定证明对象的整理和确定、民事诉讼证明的具体时间，规定民事诉讼证明结果的判断及其论证。所以离开了《民事诉讼法》的规制，民事诉讼证明就难以成为民事诉讼证明活动。当然，“评价事实发现机制、规则、程序、方法的重要基础是其于何种程度上可以扩大事实发现的精确性，但其他标准，如速度、廉价、程序公正、人性化、公众信赖以及避免折磨诉讼参与人，也应予以考量。”①

其二，民事诉讼证明蕴含着一系列法律价值的选择和实现过程。民事诉讼证明首先要追求案件事实的发现，并以发现案件事实作为最主要的民事诉讼证明目标。不过发现案件真实并非民事诉讼的唯一目标追求，民事诉讼证明还需兼顾效益目标，不能不顾及民事诉讼证明的时间；民事诉讼证明也必须关注安定性目标，不允许民事诉讼当事人在证明过程中实施矛盾的诉讼行为；民事诉讼还必须兼顾其他重大的社会目标，不得损害法律保护的其他重大价值目标。为此，民事诉讼证明必须与非法证据排除规则、特权证据规则等协调，并在坚持这些原则的情况下遂行民事诉讼证明活动。Twinning 所涉及的理性证据和证明包含的假定之一即是，“追求真实相对于其他相关的价值，如国家安全、保护家庭关系、抑制强制询问方法等有较高的优越性，但并不必然地居于高于一切的地位”②。

其三，民事诉讼证明的对象是有意义的法律事实。民事诉讼证明的证明对象不是一般的自然现象，也不是一般的社会现象，而是有意义的法律事实。“法院所认定之事实，并非所有的一切社会生活之事实，而系依据法律规范选取之法律事实。”③ 尽管在民事诉讼证明过程中，当事人可能引入的生活事实，当事人的诉讼代理人或者裁判者必须引导当事人将生活事实抽象提炼为法律事

① J. F. Nijboer. Common Law Tradition in Evidence Scholarship Observed from a Continental Perspective. The American Journal of Comparative Law. 1993. No. 2.

② J. F. Nijboer. Common Law Tradition in Evidence Scholarship Observed from a Continental Perspective. The American Journal of Comparative Law. 1993. No. 2.

③ 雷万来著：《民事证据法论》，台北瑞兴图书股份有限公司 1997 年版，第 24 页。

实。具体民事诉讼证明过程中，当事人可能将证明或者反驳扩展至法律事实之外，并因此可能出现传统民事诉讼中可能出现的“糅杂”情形，此时，裁判者应当引导当事人双方将诉讼证明与反驳的范围限定至法律事实。

其四，民事诉讼证明的评价主体极其特殊。民事诉讼证明的主体是法院，其不仅对当事人的民事诉讼证明活动和反驳活动予以指挥和引导，而且是民事诉讼证明结果的判定者。当然，其判定是否具有最后的确定性在不同国家和地区稍有区别。在英美法系国家和地区，由于采事后审查制的民事上诉制度，上诉法院一般不审查案件事实的认定问题，初审法院对民事诉讼证明的判断和评价即为确定的判断和评价。而大陆法系国家和地区采续审制的民事上诉制度，二审法院既可以审查事实也可以审查法律，为此初审法院对民事诉讼证明的判断不具有最后确定性。当然，许多大陆法系国家和地区采三审制，与二审上诉不同，三审上诉主要审查法律问题，这样二审法院对当事人民事诉讼证明的判断，即为最后的判断。

二、民事诉讼证明和其证明活动

（一）民事诉讼证明和一般认识活动

一般认识活动包括自然科学中的认识活动，也包括社会科学中的认识活动。自然科学和社会科学中进行的认识活动，是探求自然现象、社会现象及其规律的活动，为进行这样的认识活动人们往往先提出若干假说，再通过认识、观察、研究论证假说的成立与否。所以，人们也将认识活动作为证明活动。英国逻辑学家威廉·涅尔认为，我们可以区分三种能找出证明和要求证明的论说类型。在纯数学里，我们寻求证明先天抽象的真理，在形而上学里，我们寻求证明关于世界结构的最一般的命题；在日常生活论证中，尤其是在政治的或法庭上的论证中，我们寻找偶然性的命题。我国金岳霖先生将探求现象的称为证实，将探求现象背后规律的称为证明。

民事诉讼证明活动与一般认识活动的区别主要体现在以下几个方面：(1) 证明对象不同。民事诉讼证明的案件事实多发生在既往，表现为一种历史事实[①]，而自然现象和社会现象却是可以不断重复的，正是因为研究对象具有不断重复的特点，才使自然科学和社会科学具有其应有的价值，即通过其研究指导人们的生产与生活。(2) 有无时间限制不同。民事诉讼证明有明确时间限制，而一般认识活动没有时间限制，对某些自然现象和社会现象的认识活动需要几代

① 近年来倡导的恢复性司法，不仅关注当事人之间争议的案件事实，还关注当事人之间的关系在将来可否得到修复，并将之作为影响裁判的重要因素。为此，恢复性司法背景下的民事诉讼证明不仅具有关注历史事实的品格，还有关注未来事实的情怀。

人接续性的努力才能完成。(3) 证明过程中是否包含法律价值判断不同。民事诉讼证明的事实必须是具有法律意义的事实，同时证明过程中还包含许多重要的不能协调的社会价值的取舍。而自然科学和社会科学的证明中一般不含有价值选择。(4) 证明对象在表现形式上有差别。诉讼证明的对象虽然是特定的案件事实，但诉讼证明的直接表现是关于某一事实的命题（主张）是否成立。而自然科学和社会科学中的认识活动，均是探求自然现象的规律，在具体的探求过程中可能是先提出假说，再通过证伪的方法实现证明，也可以根据观察、分析、实验，直接提出证明的结论。(5) 证明的指向不同。民事诉讼证明更多表现为存在独立的被说服者，表现为证明主体向中立的被说服者论证和说明的过程。而一般的认识活动虽然也存在向其他同仁的论证和说明活动，但更主要的是一种自我认识活动，而且证明的评价主体多为证明者的同行。(6) 证明活动的意义不同。一般认识活动中的证明主要用于指导人们的生活、生产；而民事诉讼证明则直接表现为诉讼结果的承担。(7) 证明的可检验性不同。自然科学和社会科学中的认识具有一定的可检验性，而民事诉讼证明在一定程度上具有不可检验性。重视司法权威和司法安定性，不能使民事诉讼推倒重来，另外，民事诉讼法也在一定程度上承认裁判结果的偏差，并不要求证明结果完全与生活事实吻合。诉讼证明对过去事实的认识主要依赖于当事人提出的事实主张以及所能提供的证据材料，因此，通过诉讼证明所获得的关于纠纷事实的认识暗含了偏离社会生活事实的可能。另外，诉讼证明的形式有效也不能担保结论必然正确。

（二）民事诉讼证明与历史证明

历史证明是认识主体为了认识特定的历史事件、历史人物以及特定时期的历史现象而进行的证明活动，虽然属于社会科学的范畴，但因其证明对象具有回溯性的特点，而与一般的社会科学的认识活动区别开来。历史证明与民事诉讼证明在证明对象上具有一定的相似性，是针对的已经发生的、成为既往的事实。民事诉讼中的证明对象多发生在纠纷发生之前，更多发生在民事诉讼程序启动之前，因此相对于民事诉讼证明活动而言，民事诉讼证明活动一般也是一种历史证明。民事诉讼证明与历史证明的区别主要有：(1) 民事诉讼证明必须在一定的期限内完成，而对历史事实的证明没有这样的要求；(2) 民事诉讼证明所证明的事实是特定的法律事实，而历史证明的历史事实选择具有较大随机性，一般因历史学家的个人兴趣而有不同；(3) 民事诉讼证明总是在明确的反驳和对立中进行的，而历史证明中尽管证明主体可能要假定各种反对的意见，但却缺乏现实的反驳人员。其历史证明的结果可能被认同，表现为被同行引用，也可能被反驳，也可能不会引起任何人的注意；(4) 民事诉讼证明的指向总是被说服者，而历史证明一般来说缺乏这样的主体结构；（5）历史证明和民事诉讼证明的意义明显不同。历史证明的目的是说明和论证某些历史问题，还原或者在一定程度上还原历史事件或者历史人物的原貌。而民事诉讼证明中，证明主体和反驳主体都是旨在追求有利于自己的诉讼结果。

三、民事诉讼证明的分类

（一）根据证明程度进行的划分

根据民事诉讼证明必须达到的程度将民事诉讼证明划分为证明和稀明，证明是指民事诉讼证明主体对需要证明的案件事实的证明必须达到法律规定的证明标准的证明。而稀明则是指有关主体对特定事实的证明无需达到法律规定的证明标准，即可以实现证明目标的证明。“稀明是指当事人对自己所主张的事实虽然没有达到证明的程度，但提出足以使法官推测大体上确实程度证据就可以。”[①] 民事诉讼中的稀明主要针对民事诉讼中的程序事实或者辅助事实，针对的不是当事人争议的实体权利和义务关系，也不追求民事实体权利关系的终局性确定，仅仅针对某些暂时的程序性保护措施。为此，稀明之证明无需达到和实体问题之证明的程度。对于稀明而言，它减轻了裁判者的心证程度，所使用的证据方法，也必须是能够及时调取的。如在庭证人、现场的文书等。稀明只适用于法律规定的特定情况，而且处理上相对灵活，即使没有达到较低的证明标准，也仍然可以采取。不过可以要求一方当事人提供保证金或者宣誓的方法来代替对某些事实的稀明。

必须注意，对民事诉讼证明对象的证明不能按照稀明来进行，从这种意义上说，稀明不属于民事诉讼证明的范畴。

（二）根据民事诉讼证明的程序进行的划分

根据民事诉讼证明活动是否要依据严格的法律程序进行，可以将民事诉讼证明划分为严格证明和自由证明。严格证明是指依据法律规定的证据方法，并按照法律规定的证据调查程序进行的证明。严格证明包括两个方面的内容：一是证据方法的法定性。“在适用严格证据的情况，只允许使用勘验、证人、鉴定人、书证和询问当事人。其他证据是不合法的。”[②] 二是证据调查程序的法定性。自由证明是指法律不仅对证据方法不作具体限制，而且不规定具体的证据调查方法的证明。“自由证明的规定给予法官更大的裁量空间。法官并不受法定的证据手段和证据程序的形式拘束。因此，法官可以依职权使用有可能可

---

① ［日］兼子一、竹下守夫：《日本民事诉讼法》，白绿铉译，法律出版社1995年版，第101页。

② ［德］汉斯－约阿希姆·穆泽拉克：《德国民事诉讼法基础教程》，周翠译，中国政法大学出版社2005年版，第249页。

靠回答需澄清的问题的认知渠道”。[①] 从目前来看，民事诉讼和刑事诉讼中的证明一般都是严格证明，而不是自由证明。典型的自由证明只存在于自由心证产生的早期。自由证明在近现代民事诉讼中开始被重视，首先，有关职权调查的事项，一般采用自由证明的方法，而不采严格证明的方法；其次，对某些辅助事实的判断等。例如，对证人年龄的判断、证据的客观性、关联性格等的判断也采取自由证明的方法。

第二节 民事诉讼证明对象概述

一、民事诉讼证明对象的概念

（一）对民事诉讼证明对象概念的不同理解

民事诉讼证明对象可以限定当事人举证的范围，有助于当事人有针对性地收集和提供证据，又可以限制裁判者审理的范围，不仅能够有效地提高审判效率，而且能够体现当事人诉权对法院审判权的约束。在辩论主义的案件中可以约束审判的范围，而在采职权主义的案件中，可以使裁判者明确案件审理的方向，提高审判的效率。证明对象的确定和限定能够在一定程度上促进诉讼和解的实现。

不过，理论上对民事诉讼证明对象的界定存在不同的理解。根据我们掌握的材料，我们把对民事诉讼证明对象概念界定的观点概括为如下几种：第一种观点认为，民事诉讼证明对象就是在民事诉讼中需要用证据加以证明的所有问题。该观点在德国民事诉讼理论上的表述是，“法官在民事诉讼中应当对具有证明显著意义的事实收集证据。具有证明显著意义的是处于争辩状态的、对裁判具有显著意义的事实，只要不涉及显著事实或者适用法定推定的事实”[②]。按照这种观点，民事诉讼证明对象范围极其广泛，既包括当事人争议的民事实体事实，也包括与案件有关的程序事实，例如，有关当事人条件的事实、有关主管和管辖的事实、有关审判组织形式的事实、有关回避的事实、有关诉讼中止终结的事实等。[③] 第二种观点认为，民事诉讼证明对象又称为待证事实、证明标的、证明客体，是指在民事诉讼中证明主体必须运用证据以一定的证明方

---

① ［德］汉斯－约阿希姆·穆泽拉克：《德国民事诉讼法基础教程》，周翠译，中国政法大学出版社2005年版，第249页。

② ［德］汉斯－约阿希姆·穆泽拉克：《德国民事诉讼法基础教程》，周翠译，中国政法大学出版社2005年版，第249页。

③ 常怡主编：《民事诉讼法学》，中国政法大学出版社1994年版，第163～164页。

法加以证明的案件事实及有关事实。按照该观点，民事诉讼证明对象既包括那些有争议的实体法律关系据以发生、变更或消灭的事实以及那些阻碍权利义务发生、变更、消灭的事实，也包括由诉讼法所规定的，能够引起诉讼程序的发生、变更或消灭的事实。该观点认为这些事实都属于实体法上的事实。另外，原告、被告是否适格的事实、案件是否属于人民法院主管或管辖的事实以及其他具有程序意义的事实，是程序法上的事实，也是证明的对象。[①] 第三种观点认为，民事诉讼证明对象是民事诉讼中负担举证证明责任的当事人需要用证据加以证明的与一定的民事实体法效果发生有对应性的要件事实。如果这样的对象不能得到证明则当事人追求的民事实体法效果即不能发生。第四种观点认为，证明对象不是客观事实，而是当事人在诉讼中争议的事实，而所谓争议事实就是所有为了赢得诉讼而由民事诉讼案件中的原告或是刑事诉讼中的控告人必须加以证明的所有事实，以及遭到控诉的被告人为有效地进行辩护必须加以证明所有的事实。[②]

（二）民事诉讼证明对象的概念确定

第一种观点未涉及民事诉讼的证明主体，也无法很好地确定民事诉讼证明对象的范围；而第二种观点虽然增加了对民事诉讼证明主体的界定，但对何为案件事实、何为有关事实缺乏清晰界定，对厘定民事诉讼证明对象的范围没有帮助；第三种观点，对证明对象的界定不局限于民事诉讼证明，但是其对民事诉讼证明的界定不符合民事诉讼的规律，事实上为平衡双方力量，法律规定对于某些特定的案件事实必须由被告证明。其对刑事诉讼证明的界定不符合刑事诉讼的规律，在一般刑事诉讼中，诉讼证明的主体是刑事案件控诉人，而非辩护人。所以，我们总体上赞同第三种观点。其民事诉讼证明主体确定，民事诉讼证明对象的范围明确，便于理解与操作，而且民事诉讼证明对象必须是与民事实体法中的条件规范相对应的主要事实。在诉讼中并不是所有的社会历史事实都对案件有意义。只有与民事实体法律规范规定的抽象事实要件相一致的事实才有法律意义，才能决定民事实体法律规范所规定的法律效果是否产生。不仅实行严格制定法的大陆法系国家和地区如此，而且实行判例主义的普通法系国家和地区也是如此。大陆法系国家和地区的当事人在诉讼中必须按照法律规定的构成要件主张事实，否则主张的事实过少，就可能导致当事人的诉讼请求得不到法院的支持，主张的过多，对于诉讼也无实际意义，只能增加自己证明的负担。普通法系国家和地区当事人主张事实也必须参照实体法律规范规定的

---

① 田平安著：《民事诉讼证据初论》，中国检察出版社 2002 年版，第 94 页。

② 卞建林：《诉讼证明：一个亟待重塑的概念》，载何家弘主编：《证据学论坛》（第三卷），中国检察出版社 2001 年版，第 25 页。

构成要件，原告在起诉时必须清楚、简明地主张构成诉因的事实①，并避免不必要的重复。

二、民事诉讼证明对象的确定

（一）民事诉讼证明对象确立时必须注意的问题

1. 民事程序事实能否成为民事诉讼证明的对象②

民事诉讼法学的传统理论认为，民事程序事实是民事诉讼证明的重要对象之一，因为当事人为实现其诉讼请求不仅应证明其主张实体事实，而且必须证明民事诉讼法规定的必要程序事实。对方当事人为了达到对抗和反驳主张者诉讼请求的目的，既可以从实体事实上反驳，也可以从程序要件方面抵抗③。

与传统民事诉讼理论走在相反道路上的是程序事实否定论，该观点认为，民事诉讼证明对象的确定主要是用于指明民事诉讼的方向，基于此民事诉讼证明对象只能包括有民事实体法意义的事实；民事程序法上的许多事实属于不查自明的事实。而且从民事程序法的目的和任务看，民事程序法的目的就是保证民事实体法准确、及时地实施。

传统民事诉讼理论为反驳程序事实否定论，对其观点进行了初步修正，并使传统民事诉讼理论成为新程序事实论，并从以下方面论证民事程序事实应当成为民事诉讼证明对象：其一，民事程序法与民事实体法相比具有其独立的地位和价值，不能从民事实体法的实施方面抹杀民事程序事实需要证明的属性；其二，从我国司法实践角度看，民事程序法上的事实也应作为证明对象。我们认为将民事程序事实纳入民事诉讼证明对象，有助于监督司法人员尊重司法程序。同时通过将民事程序法上的事实纳入民事诉讼证明对象，能够增强对民事程序法和程序正义的认可。

---

① 美国关于诉因的争论主要有以下几种观点：（1）基本权利理论。按照该理论，决定诉因的不是当事人请求法院给予的救济，也不是当事人之间争议的法律事实和当事人请求所依据的实体法律规范，而是当事人所遭受侵害的权利的基本性质，基本权利的性质不同，诉因也不同。（2）起作用的法律事实理论。按照该观点，决定诉因的既不是将要适用的实体法，也不是请求救济的性质或所受侵害的种类，而是作为请求或救济基础的事实。（3）陈述法律理论的诉答理论。该观点认为决定诉因的是当事人在诉答中援引的法律规范。

② 当然有学者指出，争论程序性事实能否作为证明对象的意义不大，其基本的理由是，无论程序事实是否成为证明对象，在当事人提出类似回避等程序请求时都有必要有事实依据，都要用证据加以证明。参见何家弘、刘品新主编：《证据法学》（第四版），法律出版社 2011 年版，第 200 页。

③ 具体诉权说的理论将民事诉权行使的要件划分为诉讼要件和本案判决要件，诉讼要件又称为程序要件，在诉讼要件不具备时法院应当以诉不合法为理由，以裁定的形式驳回；在本案判决要件不具备时，法院应当以诉无理由为依据，以判决的形式驳回。参见江伟、邵明、陈刚著：《民事诉权研究》，法律出版社 2001 年版，第 64 页。

折中的观点是有限肯定民事程序事实的理论，其认为民事程序事实虽然能够成为民事诉讼证明对象，但并非所有的民事诉讼程序事实都可以成为证明对象，应当对之进行必要的限制。限制的要求是，能够成为民事诉讼证明对象的民事程序事实必须是案件讼争的主要事实，必须是当事人能够以诉的方式加以主张的事，同时必须是法院非依职权调查的事实。折中说的主要的理由是民事程序事实也是必须由当事人承担举证责任的事实，而且举证证明责任比较容易划分，只要按照“谁主张、谁举证”的原则就可以很好地确定了。

我们认为，民事程序事实不能成为民事诉讼证明对象。理由有三：第一，民事诉讼证明概念的界定是从与举证证明责任相联系的角度引入的，举证证明责任的本质内涵是指在争议的案件事实处于真伪不明时由何方当事人承担不利的诉讼结果。而按照民事诉讼法的规定，举证证明责任分配主要是针对民事实体法上的构成要件事实而言的，不涉及民事程序事实。“证明对象是与证明责任密切相关的。凡是证明对象，都要有相应的证明责任；所有证明责任，都是针对一定证明对象而言的。”① 第二，民事诉讼证明的成败都与判决的确定力有密切关系。即使是法院按照举证证明责任分配规范作出的判决，任何一方当事人也都不能以同一事实理由要求法院再行审理。即是说确定的判决有既判力。法院对民事程序问题作出的处理决定是没有既判力的。因此各国民事诉讼法大都不承认民事裁定的既判力。《德国民事诉讼法》第322条规定：“（1）判决中，只有对于已诉或反诉而提起的请求所为的裁判有确定力；（2）被告主张反对债权的抵消，而裁判反对债权不存在时在主张抵消的数额内，判决有确定力。”德国新《民事诉讼法典》第322条第1款规定：“判决中只有对于已诉或反诉而提起的请求所为的裁判有确定力。”法国新《民事诉讼法》第480条规定：“在判决书的各项内容中，只有那些对争议作出处理的部分（即判决书的主文部分）才具有既判力。而日本新《民事诉讼法》第114条第1项规定：“既判力原则上只产生于判决主文中所表示的判断。”韩国新《民事诉讼法》第216条第1款规定：“确定判决仅限于判决主文中的判断具有既判力。”我国台湾地区“新民事诉讼法”第400条第1款规定：“除另有规定外，确定之终局判决就经裁判之诉讼标的，有既判力。”第三，在民事诉讼中有相当多程序事实，虽然对整个民事诉讼程序的进行有重要意义，决定某些诉讼行为能否实施，但其对最终的诉讼结果，并没有实质影响。例如，法院对当事人回避申请的决定，与最终的裁判结果没有直接、必然的联系。在财产保全错误时，应由申请人赔偿被保全人因财产保全所遭受的损失，虽关涉裁判结果的实现，但与

① 何家弘、刘品新主编：《证据法学》（第四版），法律出版社2011年版，第200页。

裁判结果本身没有联系。

2. 证据事实可否成为民事诉讼证明对象

传统观点认为证据事实应当成为民事诉讼证明对象[①]。其基本理由有：(1) 当事人争议的不仅包括主要事实，而且包括为辨明主要事实所需要的辅助事实；(2) 证据本身的合法性、信用性之有无的问题必须用证据加以判明；(3) 国外学者将需要用证据加以证明的辅助事实分为三类：一是影响证人能力的事实；二是影响证人证词可信度的事实；三是先决事实。传统观点认为，民事诉讼需要证明的证据事实具体包括证据真实性的事实、有关证据合法性的事实、有关证据本身内容是否合法的事实。

我们认为，证据不能成为民事诉讼证明对象。民事诉讼证明对象与民事证明手段之间是目的与手段的关系，不能将目的与手段混同；证据需要查证属实，但并非所有需要查明的事实都能成为证明对象，查证属实只是证据作为证明手段的资格条件，而不是其作为证明对象的充分条件；将证据事实排除在证明对象之外，有助于证据法学理论解释证据与证明对象各自的特殊规则。证据本身主要审查三性，民事诉讼证明则是根据证据所进行的推理活动，直接证据与间接证据的推理就是不同的。在现代民事诉讼中，一般实体事实由当事人提供证据加以证明，而辅助事实非由当事人证明，因此与举证证明责任没有直接联系。

证据事实不能成为民事诉讼证明对象主要是由证据在诉讼中的地位决定的。按照通常观点，某项证据材料的客观性仅是其具有证据能力的条件，是其具有证据能力的必备要件之一。但某项证据材料欠缺客观性时，结果仅仅是该证据材料不被法院采纳。这并不意味着当事人主张的事实最终不能获得证明，当事人的诉讼请求不能得到支持，当事人可以通过提供其他的证据予以弥补。同时以证据事实作为证明对象还会导致循环论证的问题，违反民事诉讼逻辑。"虽然证据也需要印证或者佐证，但那属于对证据的审查判断，同对案件事实的证明不一样。不能因为证据需要审查判断就把它说成证明的对象。证据是证明案件事实的根据，也是证明证据事实的根据。于是就会导致自我循环定义，如证据是证明证据的根据，证明对象是由证明对象证明的对象。"[②] 当然，这并不否认法院于民事诉讼中对辅助事实和间接事实的审查职责，而且法院对之的审查无需待当事人提出主张。"若间接事实或辅助事实，即使当事人未主

---

① 目前的理论大多倾向于否定说。陈一云主编：《证据法学》，中国人民大学出版社 1991 年版，第 140 页以下；江伟主编：《证据法学》，法律出版社 1999 年版，第二编第二章；何家弘主编：《新编证据法学》，法律出版社 2000 年版，第 285 页以下等。

② 何家弘、刘品新主编：《证据法学》（第四版），法律出版社 2011 年版，第 201 页。

张，法院亦得依自由心证，本于已明了之他事实，以推定应证事实之真伪。”[①]

3. 法律规范能否成为民事诉讼证明对象

传统观点认为法律规范应当成为民事诉讼证明对象。其主要理由有：（1）法官知法仅限于内国法，地方法院还应当对属于本地区的地方法规予以了解。国外法以及其他地方的地方法规，则在法官的知识以外，法官为裁决案件必须调查国外的法律以及其他地方的地方法规；（2）对于国外法律的性质，学者也有不同的理解，有的即认为外国法律相对于国内法律而言就是单纯的事实。[②]

我们认为，国外法律规范不应当作为民事诉讼证明对象，我们的理由主要有以下方面：（1）民事诉讼的证明对象具有普遍性，而对法律问题的证明不具有普遍性，仅涉及国外法以及其他地方法规时才存在法律规范的查明问题。因为法官知法是司法制度的要求之一，而且为践行该项要求，法律设定了严格的法官资格取得和选任制度；（2）民事诉讼证明对象总是和举证证明责任问题联系在一起，而法律问题虽关涉当事人诉讼的成败，但其与当事人发生联系并不借助证明责任这一中介，而是以有无法律依据为中介；（3）对法律问题的证明和对事实问题的证明有不同的证明方法。对事实问题一般要采用证据，而且一般由当事人承担举证责任。而对法律问题一般采取提交法律文本的方法，而且不一定要求当事人承担。最高人民法院的相关司法解释规定，在应适用的法律为外国法时，人民法院如不能确定其内容的，可以通过下列途径查明：由当事人提供、由我国驻外使领馆提供、由该国驻华使领馆提供、由中外法律专家提供。

（二）民事诉讼证明对象确立的方法或者过程

1. 抽象存在的民事诉讼证明对象

具体根据当事人提出的民事实体法律根据，考虑对于这样的民事实体权利义务纠纷一般应当证明的问题。例如，所有的原告诉被告离婚的案件均需证明两个问题：一是双方之间是否存在合法有效的婚姻关系；二是双方之间的夫妻感情是否确已破裂。这一过程实际上是民事实体法律规范的选择过程，法律规范选择时必须考虑被选择的规范对具体案件的适用性。所以学者称这样的过程为具体事实的上升和抽象化过程。

2. 民事诉讼证明对象的具体化

实际上是指抽象存在的作为法律构成要件的要件事实，在具体案件中的具

---

① 雷万来著：《民事证据法论》，台北瑞兴图书股份有限公司 1997 年版，第 30 页。

② 当然，对国外法的性质方面还有其他观点，这些观点分别是认为国外法和国内法一样均属于法律规范，而不属于案件事实；折中的观点则认为对国外法的性质不能一概而论，而应当分别情况予以对待。

体化。这一过程中，要将抽象法律规范与具体案件事实对应起来，学者称这一过程为法律规范与具体案件的等置过程或者具体化过程。该具体化过程只能由当事人双方确定，而不能由法院依职权确定。“在现代诉讼中，基于不告不理的原则，法院不得自行拟定其裁判的对象，亦不得在起诉的事实之外寻求真实的事实予以裁判。因此实体证明对象的具体化只能由双方当事人予以完成。具体而言，原告方当事人的诉讼请求确定了实体证明对象的具体轮廓，被告方当事人则可以通过积极的抗辩推动实体证明对象的进一步补充、调整。”①

3. 证明对象的特定化过程

并非所有的具体民事诉讼证明对象都需要以证据加以证明，在民事诉讼进行的过程中虽然双方当事人为支持自己的请求或者反驳对方的诉讼请求，主张了一定的案件事实，但是这些案件事实并非均需要用证据加以证明。用证据证明案件事实是民事诉讼证明的主题，但案件事实的查明并非仅仅借助证据证明这样一种方法，相反，可以通过多种方法查明案件事实。可以用其他方法查明的案件事实，即不需要当事人以证据证明。必须注意当事人在确定民事诉讼证明对象上的主动性和决定性。按照辩论主义，直接决定法律效果发生或者消灭的主要事实必须在当事人的辩论中出现，没有在当事人的辩论中出现的事实不能作为判决的基础或者依据；法院对证据的调查只限于双方在辩论中出现的证据；当事人之间无争议的事实，法院可以以之直接作为裁判的基础。根据辩论主义，可以说民事诉讼的证明对象是在原告起诉时，通过原告对事实的主张初步得到确定，以后经过对方的肯定性抗辩（affirm defense），范围得以扩大，经过对方的诉讼自认而受到一定限制。当然，当事人在民事诉讼的初期对案件事实的主张可能是不切实际的，当事人可能根据自己对法律、对案件事实、对证据的理解提出自己的事实观点，这样的事实观点可能无法与民事实体法律规范中的条件规范相对应。此时，不应该一体地禁止当事人提出事实主张，当事人可以在以后的诉讼过程中逐渐明了自己的事实主张，并明确地对法院提出。学者将这种情况下的事实主张以及与此种事实主张相对应的诉讼证明称为摸索证明，并予以肯定。② 尽管有学者提出质疑，但我们认为，国外学者所提倡的摸索证明在我们国家的民事诉讼中的实施是不存在问题的，因为我国民事诉讼法并非限定事实主张提出的具体时间，当事人可以在诉讼的任何阶段提出事实主张。

必须注意，法院在民事证明对象的范围确定方面并不是无能为力和消极的，法院虽然不能主动引入证明客体，但其可以协助当事人确定证明对象。在

① 吴宏耀、魏晓娜：《诉讼证明原理》，法律出版社2002年版，第75～90页。

② 周成泓：《论民事诉讼中的摸索证明》，载《法律科学》2008年第4期；丁朋超：《民事诉讼中的摸索证明》，载《大连理工大学学报》（社会科学版）2016年第2期。

当事人欠缺必要法律知识的情况下，法院职权协助更为必要。法院在确定证明对象时的协助，在大陆法系国家和地区属于法官释明的范畴①。

当然，具体民事诉讼中证明对象的确定并不是一味地从抽象到具体再到特定化的过程，相反往往经过多次反复。裁判者为确定争议的案件所适用的法律规范，通常的途径反而是先从受理的案件入手，确定案件应适用的法律规范，再根据法律规范确定证明对象。同时，于具体的诉讼过程中，也可能发生适用的法律规范变更的问题、诉的变更的问题，为此，从抽象到具体的过程和从具体到抽象的过程于具体诉讼中可能多次反复，也可能存在交叉。“法院通常就当事人所提诸多事实中，依据法律规范之抽象规定，予以认定、选择，再组合，使其逐渐抽象化。而原以法律要件与法律效果为内容之抽象法律规范，亦因事实之认定而选择适用，并且为达成此目的而予修正再组合，使其趋向具体化。”②

第三节　无需证明的事实——民事诉讼证明对象的排除

2015 年《民事诉讼法解释》除明确规定当事人诉讼自认的事实无需证明外，还规定了当事人无需证明的案件事实③，包括自然规律以及定理、定律，众所周知的事实，根据法律规定推定的事实，根据已知的事实和日常生活经验法则推定出的另一事实，已为人民法院发生法律效力的裁判所确认的事实，已为仲裁机构生效裁决所确认的事实，已为有效公证文书所证明的事实。

2015 年《民事诉讼法解释》第 93 条第 2 款同时规定：“前款第二项至第四项规定的事实，当事人有相反证据足以反驳的除外；第五项至第七项规定的事实，当事人有相反证据足以推翻的除外。”相对于《民事证据规定》，《民事诉讼法解释》在足以推翻之外引入了足以反驳。推翻（overturn）与反驳（refute）之间既有区别又有联系。两者的共同点或者相似点都是使被证明的对象不能获得确认，负担举证证明责任的当事人还必须就该项事实的存在承担举证责任。不过裁判者不能确认案件事实的情况有两种：一是事实情况完全和当事人主张的事实相反，即当事人主张的案件事实为伪；二是当事人对其主张事实的证明还未达到法律规定的证明标准，而不负担举证证明责任的当事人对案件

---

① 对于英美法系国家和地区的民事诉讼中是否存在法官释明的问题，学者之间有争议。有学者认为，英美法系国家和地区不存在和大陆法系国家、地区那样的法官释明问题；也有学者认为英美国家、地区虽不存在大陆法系的释明理论和概念，但从法官可以要求当事人补充相应材料的角度，也可以说英美法系同样有法官释明问题。

② 雷万来著：《民事证据法论》，台北瑞兴图书股份有限公司 1997 年版，第 24 页。

③ 《新民事证据规定》采取了与《民事诉讼法解释》相似的处理方法，具体可参见《新民事证据规定》第 10 条。

事实的反证也未达到主张事实为伪的程度，可以说裁判者既不能确定争议事实存在，也不能确定争议事实不存在。不负担举证证明责任的当事人对案件事实的反驳，如果还没有达到使法院可以确信争议事实不存在的程度，当事人对案件事实主张的反驳即为成功，即可以视为有相反证据足以反驳。反驳可以致被证明的对象没有达到法律规定的证明标准，就可达到反驳的目的，而无需证明相反的事实的存在；而不承担举证证明责任的当事人推翻某一案件事实的存在，则必须以反证证明相反的事实存在，即当事人事实主张为伪。不负担举证证明责任的当事人对案件事实的反证达到足以反驳争议的程度相对比较容易，而反证证明争议的案件事实不存在要达到法律规定的证明标准，相对比较难。

立法对不同的无需诉讼证明的案件事实何以采取不同的反证态度，主要考虑不同案件事实的不同性质。《民事诉讼法解释》第93条第2款第五项至第七项规定的事实，主要是生效裁判确认的事实、生效仲裁裁决书确认的事实、生效的公证文书确认的事实，其中以生效裁判确认的事实最具典型意义。在我们看来，法律之所以对生效裁判确认的事实赋予比较高的权威，规定较高的否定门槛，其目的在于维护生效裁判的权威。美国联邦法院规定的判决救济制度中，较为明确地偏重判决的终局性和权威性。“由于必须审慎平衡两个对立的原则，何时许可申请判决救济即是一个难以解决的问题：其一，终结诉讼的终局性要求之重要目标；其二，个案中实现正义的愿望。考虑到目前法院的负担较重，且寻求救济的当事人至少有听审的机会，不应惊奇的是美国法院通常在此价值体系中给予终局性更多的考量。”① 正是基于对终局性目标的偏重，美国《联邦民事诉讼规则》对确定判决的救济申请一般规定了明确的时间限制，其第60条（b）规定判决作出后一年不能提出的事由，包括判决基于可原谅的过失、错误或有新发现的证据，或者判决在欺诈的情况下作出。同样考虑对确定性判决的维护，2012年《民事诉讼法》规定了较为严格的再审申请事由，将民事再审程序确定为民事诉讼的特殊程序。学者进一步主张应确立民事再审的补充性原则，“所谓再审的补充性，是指再审相对于上诉、申请复议等救济途径而言，是一种补充性的救济方式”②。按之，如果裁判的错误可以通过上诉的方法获得救济，而当事人没有通过上诉方法，而寻求申请再审时，法院不应许可。不过，《民事诉讼法》还没有明显规定提出民事再审以穷尽普通救济为前提，没有确立再审补充性原则。“我国民事诉讼法并未将诉诸二审作为申请再审的前置条件，这也与漠视再审‘备而不用’的特性相关。普通救济与

---

① ［美］杰克·H. 弗兰德泰尔等著：《民事诉讼法》（第三版），夏登峻等译，中国政法大学出版社2003年版，第573页。

② 李浩：《再审的补充性原则与民事再审事由》，载《法学家》2007年第6期。

特殊救济之应然功能的科学归位‘既要强化穷尽普通救济的意识’，又要在立法上设置相应的限制条件，对应当先行寻求普通救济而未提出相关主张的，原则上不允许其寻求特殊救济”①。而且，根据2012年《民事诉讼法》民事诉讼的再审程序不以纠正裁判错误为目标，而是纠正生效裁判的重大错误或者原审程序中的重大程序瑕疵为目标。进一步地，《民事诉讼法解释》确立了民事再审的有限性原则，按之，民事再审应当有明确的次数限制，不能无限制地申请再审。② 其383条第1款规定："当事人申请再审，有下列情形之一的，人民法院不予受理：（1）再审申请被驳回后再次提出申请的；（2）对再审判决、裁定提出申请的；（3）在人民检察院对当事人的申请作出不予提出再审检察建议或者抗诉决定后又提出申请的。"

而众所周知的事实和依据经验法则推论的事实，本身具有较大的可反驳的属性，或者说并不具有明显的确定性，对其的反驳不会造成其他的不利影响，为此法律规定的否定门槛相对比较低。依据法律规定推定的事实，涉及推定的具体效力问题，对之，我们其后将作专门论证和说明。

一、生效裁判确认的事实

（一）生效裁判确认事实的概述

理论上一般称生效裁判或者生效仲裁裁决书确认的事实，为预决事实，这种预决事实对于以后诉讼具有的当事人无需举证证明的效力，理论上称为预决的效力。承认生效判决或者仲裁裁决的预决效力，当然有节约司法资源，提高诉讼效率的考量，对于法院或者仲裁机构已经审理完毕的事实再行审查，是对司法资源的极大浪费。另外一个重要的原因，是体现对法院判决或者仲裁机构的裁决尊重。尊重法院的判决或者仲裁机构的仲裁裁决，要求对已决案件任何司法机关、仲裁机构，都不能再次审理，这一原则又称为一事不再理原则或者禁止重复起诉原则。"既判力之主要功能一方面在于维护当事人之间法的安定性，此具有保护当事人就权利存在与否于法院判断之信赖；另一方面则系不允许纷争再燃而具有公益性"③。与域外采用"既判力"的概念或者制度不同，我国民事诉讼制度和理论上没有使用既判力的表述方法，相反采取了"预决效力"的表述方法。民事诉讼法学者大多肯定我国民事诉讼法理论所创制的这一具有中国特色的概念，认为它"能够准确地表达出既判力在程序和实体两个方面的积极作用或积极效果，在将来的理论研究中，宜将其作为一个有生

---

① 潘剑锋：《程序系统视角下对民事再审制度的思考》，载《清华法学》2014年第3期。
② 李晓钟：《试论民事再审原则》，载《内蒙古财经学院学报》（综合版）2007年第3期。
③ 沈冠伶：《争点效之主观范围与第三人之程序参与》，载《台湾法学》2014年第1期。

命力的范畴继续使用"①。不过，这些学者认为预决效力与既判力在本质上完全不同，也与域外民事诉讼制度和理论上的争点效有重大区别。在此基础上学者将特定的案件事实排除于预决效力的范围，这些事实包括诉讼自认的事实、确认判决确定的事实、间接事实和辅助事实、和解确认的事实等。必须注意，理论上也有反对的声音，认为否定预决效力符合法律真实的证明标准、符合我国公众对司法公正的认识。"立足于我国的正处在变化和发展置重诉讼理念、诉讼体制来看，未来修改后的民事诉讼法否定已决事实具有预决效力乃是一种相比之下更为合理的制度安排。"②

我们认为不管采用何种表述方法，最根本的是要承认法院的确定判决对以后的诉讼具有的约束效力，借此实现定纷止争、维护司法权威、节约司法资源的目标。这并非意味着，我们完全否认预决效力与既判力之间的区别，应当看到预决效力主要是强调前诉判决确认的事实对于后诉当事人以及审理案件的后诉法院的拘束力，在效力发生的方向上或者作用上具有单向性。一般民事诉讼理论均认为既判力的作用表现为两个方面，即存在积极作用和消极作用两个侧面。"就既判力作用的消极侧面而言，当事人不能提出与既判力之判断相反的主张与证据申请，法院也不能接受当事人提出的违反既判力的主张。""既判力的积极作用表现为，后诉法院必须以产生既判力之判断为前提来作出判断。"③ 因此确切地说，我国民事诉讼制度中的预决效力与既判力的区别之一，即是预决效力仅仅涉及既判力作用的积极侧面，而不涉及其消极侧面，或者具体地说预决效力和既判力有一定的重合。也正是基于此种重合，有学者已经开始从两者结合的角度研究预决效力的了④。同时，我国民事诉讼制度的预决事实也与具有既判力功能的事实范围不同，并具有更大的包容性。具有预决效力的法院生效裁判确认的事实可以扩张至具有既判力事实之外的其他事实，即不仅仅限于判决主文确定的案件事实。"就客体这个要素而言，既判力的积极作用原则上只限于前诉的判决主文，其客观范围小于能够导致后诉整体不能发生的消极作用。"⑤ 当然，民事诉讼法并未清晰划定预决事实的外部边界，并因此造成司法实务的困惑以及运作上的语焉不详。在我们看来，预决事实范围扩张的底线应该是，前诉案件审理的过程中已经给予双方当事人充分的程序保障，法院对此案件事实也经过了认真的审理和判断。因此可以说，预决事实的

---

① 江伟、常廷彬：《论已确认事实的预决力》，载《中国法学》2008年第3期。

② 翁晓斌：《论已决事实的预决效力》，载《中国法学》2006年第4期。

③ ［日］高桥宏志：《民事诉讼法——制度与理论的深层分析》，林剑锋译，法律出版社2003年版，第483页。

④ 王亚新、陈晓彤：《前诉裁判对后诉的影响》，载《华东政法大学学报》2015年第6期。

⑤ 王亚新、陈晓彤：《前诉裁判对后诉的影响》，载《华东政法大学学报》2015年第6期。

外向扩张应该从和域外国家的争点效制度或者争点效理论相一致的角度予以理解，不能作无限制地扩张。借此可以得出的结论是，我国的预决效制度与域外国家的既判力制度、争点效制度具有法理上的一致性，并应该从既判力理论、争点效理论之角度理解预决效的范围和适用条件。

（二）预决事实的内容——预决事实的客观范围

1. 判决主文确定事实

参照既判力理论进行理解，则预决事实的范围首先应该包括判决主文所确定的事实。一般认为，既判力的客观范围及于判决主文确定的内容。对于法院在判决理由中所作的判断，原则上不产生既判力，但是对于抵消抗辩所作的判断则例外地承认其既判力。判决主文一般是指法院在确定判决中就当事人之间的民事实体权利义务关系所作出的最后宣告，认可其既判力将产生当事人对法院已经确定的民事实体法律关系不能再次起诉、法院不能再次审理的效力，后诉案件的审理也必须以前诉确定判决的宣告为基础。不过，在对法院确定判决宣告的民事实体法律关系可否再次审理方面，不同国家可能有不同的做法，这主要肇因于各国可能采取不同的诉讼标的理论。因为理论上一般认为既判力的客观范围 = 判决主文 = 民事诉讼标的，而民事诉讼标的理论比较混乱，而且各种观点差别很大。德国民事法学教授 Baur 在我国台湾大学演讲时指出，有关诉讼标的的见解，其差异程度之大，谓其对于概念之说明有所贡献，倒不如谓其只有增加混乱。我国《民事诉讼法》未明确规定诉讼标的问题，主流民事诉讼法学观点采旧实体法说的民事诉讼标的理论，认为民事诉讼标的就是当事人诉诸人民法院要求审理的民事实体法律关系。这样原告在起诉时必须在诉状中具体表明其所主张的实体法上的权利或者实体法律关系，仅提出具体的诉讼请求尚无法实现民事诉讼标的确定之目标。旧实体法说民事诉讼标的理论的根本缺陷即是无法解决请求权竞合问题，即当事人的权利可以由多个民事实体法律规范支持时，当事人反复、分别以不同实体法律规范为依据向法院提起诉讼，并不受禁止重复起诉原则的限制①。进一步应当看到的问题是《民事诉讼法解释》对民事诉讼中的重复起诉规定了更加严格的条件，这种情况加剧了一个案件多次起诉、反复起诉的情况，与民事诉讼法追求确定裁判的权威以及

① 例如，实践中发生的案件是某甲到广东某地授课，乘坐出租车的过程中，出租车与陕西长安市乙某的一辆大卡车相撞，甲受重伤。交警作出的交通事故认定书认定乙负全责，甲遂依据交通事故认定书向长安市人民法院起诉。在了解乙并无赔偿能力后，甲撤回对乙的起诉，并以交通运输合同为依据向广东某中级人民法院起诉某出租车公司。再如某甲为获得使乙返还房产的法律结果，先以双方之间存在合法有效的租赁合同为依据，以解除租赁合同关系为理由要求法院判令某乙返还房产，于法院驳回其诉讼请求以后，某甲再次以借用合同为法律依据，以终止借用合同关系为理由要求法院判令某乙返还房产。

再审申请门槛的提高有较为明显的不和谐之处。[①] 其第247条规定："当事人就已经提起诉讼的事项在诉讼过程中或者裁判生效后再次起诉，同时符合下列条件的，构成重复起诉：(1）后诉与前诉的当事人相同；(2）后诉与前诉的诉讼标的相同；(3）后诉与前诉的诉讼请求相同，或者后诉的诉讼请求实质上否定前诉裁判结果。"按之，只有当事人提起的诉讼同时满足以上三个条件时，才能构成重复起诉，法院才能对之作出不予受理的裁定，或者驳回起诉的裁定。

为切实明确预决事实的范围，学者分别从不同的角度提出改革或者完善意见，我们根据自身掌握的材料将其划分为以下观点：

其一，诉讼标的改革论。按照该观点应当对不同的案件采取不同的诉讼标的理论，以实现既判力客观范围的确定性。关于诉讼标的的判断应从诉的不同类型来考虑，对不同的诉讼，采取不同识别标准。对于给付之诉，以当事人提出的要求对方履行给付义务的请求为标准来确定诉讼标的，对于确认之诉和形成之诉则以当事人向法院提出的要求确认或者形成法律关系的请求为标准确定诉讼标的。[②] 按照这种观点进行的改革能够彻底解决重复起诉的问题，最大限度地促进司法权威、节约司法资源。但此观点对于请求权竞合背景下当事人提出的多个支持其给付请求的法律观点如何处理未予关照，同时，此种改革也难以和我国的民事诉讼案由的确定实现协调。

其二，诉讼标的理论综合考量说。按之，"我国的司法实践在衡量二重起诉时，既不单纯采取旧实体法说，也不是一味地采取新诉讼标的说或者新实体法说。而是根据案件的事实情况，考量前后诉中的三个要件来加以判断"[③]。按照该观点进行的改革具有较大的灵活性，同时对裁判者也有较大的挑战性。当然也存在进一步和其他民事诉讼制度协调的问题。例如，持该观点的学者认为，在当事人于诉讼中增加了其他支持诉讼请求的法律观点时，应该按照旧实体法说的诉讼标的理论，将之认可为诉的合并，但是按照旧实体法说的观点"去判断合并后的案件中存在着几个诉讼标的并无重大意义。法官只要在判决中对原告提出的诉讼请求一并加以审理并作出支持或者驳回的判决即可，此时采取一分肢说将所有的请求合并认作一个标的更合理"[④]。

其三，彻底否定诉讼标的理论，并根据诉的三个构成要素，即诉的主体、诉的客体、诉的理由来确定既判力和重复起诉问题。"让诉讼标的回归'诉的

① 夏璇：《论民事重复起诉的识别及规制》，载《法律科学》2016年第2期。
② 张卫平：《重复诉讼规制研究：兼论"一事不再理"》，载《中国法学》2015年第2期。
③ 王娣、钦骏：《民事诉讼标的理论的再构筑》，载《政法论坛》2005年第2期。
④ 王娣、钦骏：《民事诉讼标的理论的再构筑》，载《政法论坛》2005年第2期。

要素’的定位，围绕当事人争议确定裁判标的及既判力客观范围。实际上，以诉的三个要素为基准识别和判断重复起诉和既判力客观范围，是德国以外其他大陆法系国家和英美法系国家共同之处。”① 该观点存在的问题在于，从诉的构成要素理论来看，任何一个构成要素都可以单独影响诉的成立，都是诉的识别标准。只不过不同的构成要素在影响诉的成立方面的意义不同，诉的主体主要是影响诉在何者之间展开，诉的客体和诉讼理由更多是限定诉的范围。

其四，要求法院于诉讼标的的确认过程中发挥司法能动性，并与当事人共同商定案件的诉讼标的以及案件的审理范围。“有必要引入法官的司法能动理念，对古典当事人主义进行必要的修正。这种修正不仅契合了当今世界各法治国家乃至地区正在进行的民事司法改革——赋予法官一定的诉讼指挥权（司法能动的体现）；而且使得当下民事既判力客观范围诸理论（诉讼标的基准说、具体程序保障说、折中说）走出了明希豪森三重困境”②。该观点立足于实现当事人之间纠纷一次性解决之目标，体现对传统辩论主义的修正。反思既往的古典自由主义的民事诉讼法，发展社会的民事诉讼法是多数国家和地区的民事司法制度改革的基本方向。我国台湾地区“新民事诉讼法”（2000 年修正）增列第 199 条第 1 款，明文规定“加重法官之阐明义务，以便与原告斟酌其实体利益及程序利益而择定请求法院审判之范围及主张”。日本新《民事诉讼法》第 147 条第 2 款，第 3 款设定了计划审理制度，强调“为了实现公正、迅速的案件审理目标，法院和当事人必须有计划地推进诉讼进程”。而《德国民事诉讼法》第 139 条强调了法官的阐明义务。此种观点也与域外蓬勃兴起的、所谓的诉讼标的活化的理论一脉相承，按之在具体案件中不采固定的诉讼标的理论，以解决当事人之间的纠纷为系属诉讼的目标。具体民事诉讼的运行中虽然当事人需要证明具有法律意义的事实，但为纠纷一次性解决之目标，民事诉讼的进行应当立足于当事人之间发生纠纷的生活事实，并于具体的诉讼进行过程中，根据诉讼的进行、当事人认识的变化，许可当事人变更诉讼请求，也要求法院在诉讼请求的提出、变更方面给予当事人积极的帮助。在当事人的诉讼请求变更以后，法院在当事人原来提出的诉讼资料、证据资料的基础上，无需重复立案，在保留案件案号的情况下，仅需变更案由即可。这种纠纷解决观或者一次性纠纷解决观，与大陆法系传统的维护实体法秩序观不同，不太关注具体实体法的适用，更加关注当事人之间纠纷的彻底解决和司法效益的提高、接近正义目标的实现。“纠纷解决观在诉讼请求变更领域的具体立足点，

---

① 吴英姿：《诉讼标的理论“内卷化”批判》，载《中国法学》2011 年第 2 期。

② 张榕、达理纳嘉：《民事既判力客观范围理论研究之反思》，载《法律科学》2015 年第 2 期。

在于维持诉讼资料或证据资料的连续，而非强求一个程序收纳所有有关联的纠纷”①。在英美法系国家和地区，为保障基于同一生活事实的各种诉讼请求能够在具体诉讼程序中提出，判例创制出了回溯关联性理论。按之，当事人于诉讼系属以后新增加的诉讼请求，如果与已经提出的事实理由具有关联性，则可以提出，并与原来的诉合并审理②。

2. 当事人提出的部分诉讼请求对剩余诉讼请求的关系

在预决事实的客观范围方面，还需要进一步解决部分请求的判决效力问题。部分请求的判决效力问题，所涉及的在诉讼请求可以分割的情况下，如果当事人分割其诉讼请求，并在前诉中提出了部分诉讼请求，法院就前诉部分请求所作的判决效力是否及于当事人未提出的剩余诉讼请求的问题。如果前诉部分请求之判决向剩余的部分请求扩张，则前诉判决对后诉有遮断的效力，当事人于其后的诉讼中就剩余部分再次起诉时，法院应当依据禁止重复起诉原则，直接以裁定的形式驳回；支持该种做法的理论可以概括为“部分请求否定说”。如果前诉部分请求之判决不向剩余的部分请求扩张，则前诉判决对后诉没有遮断效力，当事人于其后诉的诉讼中就剩余部分再次起诉时，法院不能依据禁止重复起诉原则驳回当事人的诉。支持该种做法的理论可以概括为“部分请求肯定说”。

“部分请求肯定说”立足的法理基础或者追求的价值是充分尊重当事人的处分权，认为当事人可以自由地设定诉讼标的，在其选择提起部分请求的情况下，无论胜诉与否，其均可以就剩余部分再行起诉。一般认为日本民事诉讼采取这样的立法体例，其对既判力的规定中没有涉及部分请求的问题，仅在其第117条对判决确定基准时点以后出现的后遗症问题进行了规定③。以兼子一、竹下守夫为代表的日本民事诉讼法学通说也支持立法的立场，采用部分请求分割肯定说。“对可分的权利关系的特定部分提起诉讼时，不管胜诉还是败诉，

---

① 许尚豪、欧元捷：《诉讼请求变更的理念与实践》，载《法律科学》2015年第3期。

② 新事实提出来的不同法律观点并非意味着法庭可以断定请求就没有回溯关联性，影响回溯关联性的仍然是事实本身。1997年的Barnes v. Callaghan & Co. 案中，原告最初的请求主张的是公民权利及违反合同诉因，认为被告不正当地解除了原告职务。在诉讼进行中，原告修改诉讼请求，增加了诽谤请求。法庭详细分析了当事人主张的诽谤陈述，注意到该陈述均关涉其工作履行及解雇原因。地区法院的法官认为诽谤请求与原请求源自同一行为、交易、事件，因为原请求的诉因明显也是因被告的恶意行为所致与原告声誉的损害及工作机会的损害。但第七上诉法院驳回了该判决，认为由于诽谤诉讼要求主张恶意及诽谤之对第三人的传播，且原请求并未关涉这些具体要素，故新请求不具有回溯关联性。参见Robin J. Effron. The Shadow Rules of Joinder. The Georgetown Law Journal. 2012. No. 2.

③ 《日本民事诉讼法》第117条第1款规定：“对于口头辩论终结之前发生的损害已作出命令以定期赔偿金额的确定判决。”如口头辩论终结之后，作为确定损害金额之基础的后遗症状的程度、工资水平及其他情况发生显著变化时，可以提起请求变更该判决之诉。

既判力只限于该特定部分并不及于其他部分……但是，无法划分其特定部分的就不能提出分割请求。”[①] 近年来，“部分请求否定说”，即部分请求判决效力扩张的理论开始获得越来越多的支持，而其中的程序保障说又获得广泛认可。按之，判决既判力产生的基础是给予当事人充分的程序保障以及当事人的责任认定，如果前诉已经给当事人充分程序保障的基础上，再许可当事人就剩余部分的诉讼请求提出新的诉讼，会导致程序保障的泛化、司法资源的浪费以及随之而来的对其他潜在当事人程序保障的贬损。[②] 当然，也有从剩余的诉讼请求与前诉诉讼请求诉讼标的一致的角度，来支持“部分请求否定说”的。“部分债权诉讼系属时，前后两诉的法律关系同一，即诉讼标的相同，所以另诉残部请求构成同一案件，应不许可。”[③]

当然，持彻底的“部分请求肯定说”的学者逐渐减少，更多的是在“部分请求否定说”的反击与批判之下转向有限的肯定和许可当事人提出部分诉讼请求。这实际上是对部分请求肯定说的限制。限制主要有两种方法，并体现为两种学说：其一，是明示说。该说认为仅在当事人明确表示提出的主张是部分请求时才会构成部分请求，前诉中提出的部分诉讼请求虽然是和剩余诉讼请求基于相同的事实，但是由于前诉明确声明为部分诉讼请求，并不覆盖剩余的诉讼请求，因此前后两诉的诉讼标的不同，前诉不遮断后诉之诉讼请求。日本的判例理论也倾向于该种学说。高桥宏志在论证后遗症补偿时对之有过论述，按之，以“在前诉中原告必须对该诉讼标的部分请求之事实予以明示的判例理论”，在发生后遗症的情形，原告于前诉中本来就无法对该部分请求提出声明。[④] 其二，胜诉说。胜诉说在明示说的基础上做了进一步的限制，按之，在原告作出部分请求的明示时，也不应当一概许可其分割诉讼请求，而应当根据具体的诉讼结果灵活处理。只有在原告提出的部分请求胜诉时，原告才可就剩余的诉讼请求再行起诉。“如果当事人在前诉中明确表示提出部分请求时，法院既然连全部请求的一部分都没有认可，所以从逻辑上来说，否定剩余请求乃是前诉否定判决的题中应有之义。”[⑤]

普通法系国家和地区虽然没有形成关于既判力问题的众多理论，但这些国家和地区针对包含于同一个合同的多个性质相同的义务违反所生的违约救济，以及同一性质的持续侵权所生的赔偿请求，法院创制了“累积违约原则”或

---

① ［日］兼子一、竹下守夫著：《日本民事诉讼法》，白绿铉译，法律出版社 1996 年版，第 160 页。

② 段文波：《日本民事诉讼法上部分请求学说与判例评说》，载《环球法律评论》2010 年第 4 期。

③ 段文波：《日本重复起诉禁止原则及其类型化析解》，载《比较法研究》2014 年第 5 期。

④ ［日］高桥宏志：《民事诉讼法——制度与理论的深层分析》，林剑锋译，法律出版社 2003 年版，第 509 页。

⑤ 段文波：《日本民事诉讼法上部分请求学说与判例评说》，载《环球法律评论》2010 年第 4 期。

者“全部争议理论[①]”。按照“累积违约原则”，原告必须对其起诉前所享有的所有可主张的权利，必须同时为主张。否则，判决的既判力将及于所有的这些可以主张的请求，并禁止原告再行提出主张。按照“全部争议理论”，“必须一并提出的全部争议不仅包括诉请或者所提诉因的原告的所有请求，而且要求合并基于原告诉求而产生的实际交易的全部请求。因之，不仅原告应主张全部诉讼请求，被告也必须主张所有的反诉、肯定性请求以及基于同一交易产生的被告对其他共同被告的交叉请求”[②]。而对于起诉前不能主张的请求，例如，当事人不能预见的损害后果，则不为判决的既判力覆盖。同样的，对于受被告欺诈等原因不能提出的诉讼请求，也在此例外范围以内。在 Christian v. American Home Assur. Co. 案中，原告加入受雇企业的团体保险，受雇期间因事故而永久性地丧失全面劳动能力，故向被告保险公司提起保险金的给付请求。由于被告拒绝支付保险金，原告以被告违反保险合同为由提起给付之诉，原告获胜诉判决。嗣后，原告又以被告怀有拒绝支付保险金的恶意为由，提起请求被告承担侵权责任的诉讼。原告一审败诉后，提起上诉。俄克拉荷马州最高法院 Simms 法官撤销原判决发回重审。其判决理由是“但禁止分割请求原则的主要目的是保护被告不遭受烦琐的应诉之累，它是为保护被告而存在……如果其原因系缘于被告的欺诈、骗术或违法隐匿的话，则前诉判决不能遮断剩余部分请求”[③]。由此可见，普通法系国家和地区在部分诉讼请求问题的处理上实际是采部分请求否定说的。

我国《民事诉讼法》对部分请求问题的处理未做具体规定，随着实践问题的增多，近年来学者的研究逐渐涉及这一领域。学者对之的观点总体上是限制分割诉讼请求，并限制部分诉讼请求判决作出以后的剩余部分诉讼请求的再诉。“在我国的民事司法实务中，部分地或断续地提出请求一般情况下不会得到许可，除非原告确有理由而不得不诉诸部分请求时，才有可能例外地承认其合法性”[④]。也有学者从对日本判例的研究中获得启发，并将民事诉讼分为“合同型诉讼”和“侵权行为型诉讼”，进一步的观点是认为后者可以许可分

---

① 1954 年，新泽西州最高法院于 Ajamian v. Schlanger 案中播下了可以发展成为全部争议理论的种子，强调原告于寻求撤销其诉称的欺诈合同诉讼中，没有提出赔偿请求，这种情况将阻止原告就同一欺诈行为所致的金钱损害赔偿提出新诉。新泽西州最高法院于 1966 年的 Falcone v. Middlesex County Medical Society 案中重申了这一理论，“基于同一事件的所有请求必须合并于一个诉讼程序中”。

② Kevin Haverty. The Entire Controversy Doctrine in New Jersey and the Nominal Party Exception：When is the Entire Controversy Not the Entire Controversy? Rutgers Law Journal. 1992. No. 2.

③ ［日］小林修：《美国诉因分割禁止原则研究》，转引自黄毅：《美国部分请求诉讼理论与实践》，载《中天学刊》2014 年第 3 期。

④ 王亚新：《诉讼程序中的实体形成》，载《当代法学》2014 年第 6 期。

割诉讼请求。[①] 更多的学者认为应该从多个方面限制部分诉讼请求的分割，综合各种条件决定是否许可原告就剩余的诉讼请求再次起诉。认为“在部分请求的合法性层面，原则上残部请求不具有合法性，只有首次起诉满足‘明示部分请求’‘说明正当理由’和‘获得胜诉判决’三项条件时，才允许提起残部请求”。[②] 在此基础上，学者进一步地提出当事人提出小额部分诉讼请求，并适用小额诉讼程序遂行前诉判决的情况下，不允许当事人就剩余部分再次起诉。其理由在于此种情况下的诉讼请求分割之限制，可以防止当事人滥用小额诉讼程序侵犯对方当事人的民事上诉权[③]。

我们总体上赞同学者提出部分诉讼请求否定说的观点，不过我们认为诉讼请求否定说与其例外方面还没有达成一致的意见，有待进一步具体化，也有待强化其正当性和可操作性。对此，我们认为解决部分请求可否分割行使的问题，必须注意以下几个方面：

其一，须明确何为可以分割的部分诉讼请求。通常对诉讼请求的界定都是非常简单的，并带有一定的直觉性质。认为部分诉讼请求，“乃是指针对以数量上可分的给付为目的的请求权（如金钱债权），当事人从数量上进行分割所提出的请求”。[④] 这样的理解可能在较大程度上限定了部分请求提出问题的研究范围，无法很好地适应民事诉讼的实践需要。为实现部分请求问题的具体化，我们认为界定部分诉讼请求之概念可以从以下方面入手：首先，作为可分割的总的诉讼请求必须产生于同一事实或者一系列循环发生的生活事实。当事人双方之间分别基于借款和买卖合同发生的两个本金支付请求权，尽管都是一方对另一方享有，但不构成可分割的请求权，当事人仅以其中的一个请求权起诉，剩余的另一个请求权的处理不能按照部分请求权理论来对待；其次，部分请求权的构成与诉讼的类型没有关系，仅与具体诉讼请求形式之间有无独立性具有关联性。事实上，在侵权诉讼中，受害人或者被侵权人也可以向侵害人或者其监护人等提出多个独立的诉讼请求形式，这包括赔礼道歉、赔偿损失等。民事合同之诉也可以包括多个独立的民事诉讼形式，如支付违约金、赔偿损失、继续履行等要求。事实上大陆法系国家和地区的学者一般也是在债权的基础上研究部分请求问题的。“一般而言，部分请求的前提是请求给付的债权具有可分性。”[⑤] 也有学者除注意债权的可分性之外，还要求分割请求基于同一

① 段文波：《日本民事诉讼法上部分请求学说与判例评说》，载《环球法律评论》2010 年第4 期。

② 袁琳：《部分请求的类型化及合法性研究》，载《当代法学》2017 年第 2 期。

③ 黄毅：《部分诉讼请求之再检讨》，载《中外法学》2014 年第 2 期。

④ 转引自段文波：《日本民事诉讼法上部分请求学说与判例评说》，载《环球法律评论》2010 年第 4 期。

⑤ ［日］高桥宏志：《民事诉讼法——制度与理论的深层分析》，林剑锋译，法律出版社 2003 年版，第 84 页。

个债权;[①] 最后，部分请求的存在与当事人提出的具体诉讼请求的性质没有关系。考虑到社会关系的复杂性，民事实体法许可当事人在一个具体诉讼中提出若干个性质不同的具体诉讼请求，以实现纠纷一次性解决的纠纷解决原则。事实上，民事实体法规定的多种救济形式，在一般情况下可以同时运用于同一纠纷的解决，以实现对当事人民事实体权利的全方位保护。例如，在离婚诉讼中，当事人既可以提出解除婚姻关系的具有形成性质的诉讼请求，也可以提出确认监护权、确认财产分割中的份额享有权等具有确认形式的诉讼请求，还可以提出要求赔偿损失的具有给付性质的具体诉讼请求形式。事实上，为实现纠纷一次性解决，特别是保护未成年子女的合法权益，许多英美法系国家和地区的法律还禁止于离婚诉讼以后，再提出婚生子女否认之诉。[②]

其二，能够构成部分诉讼请求和剩余请求的请求均需发生于既判力的基准时点以前。既判力作为确定判决具有的对当事人、法院具有的通用强制效力，主要针对当事人于诉讼过程中争议过、法院审判过的民事实体法律关系的，具有历史情怀，但缺乏未来维度。必须认可当事人之间的民事实体法律关系于将来发生变化的可能性，承认当事人之间民事实体法律关系的动态属性。协调既判力对既往法律关系确定与当事人之间关系未来变化的可能性，即必须划定既判力的时间界限，发挥此功能的制度是既判力的基准时限。按之确定判决所具有的约束力均是针对既判力基准时限以前的当事人之间的民事实体法律关系，这样的民事实体法律关系的确定，与当事人对之相关的事实主张有密切关系，并因此体现出不同的既判力时限点之划分[③]。而既判力基准时点以后新出现的诉讼请求，不受前诉判决既判力的影响，当事人提出新诉，不受禁止重复起诉原则的限制。按之，《日本民事诉讼法》第 117 条第 1 款规定的后遗症问题，我国《民事诉讼法》规定的能够提出新的诉讼的新证据问题，均不能适用部分诉讼请求的理论和制度。

其三，必须正确界定当事人不能提出剩余部分请求的正当理由。“部分请求否定说”存在的正当性基础是限制当事人滥用诉讼权利，因为当事人诉讼权利滥用的后果是骚扰对方当事人，损害对当事人的合法权益，同时浪费司法资源，影响分配正义的目标的实现。当事人构成滥用诉讼权利的行为必须同时

---

① 陈荣宗、林庆苗：《民事诉讼法》（上），台北三民书局图书股份有限公司 2009 年版，第 303 页。

② Melanie B. Jcobs. When Daddy Doesn't Want to Be Daddy Anymore: An Argument Against Paternity Fraud Claims. Yale Journal of Law and Feminism. 2004. No. 2.

③ 大陆法系国家和地区民事诉讼的二审上诉制度采续审制，当事人于控诉审还可以提出事实主张，因此，大陆法系国家和地区将既判力的基准时限界定为控诉审口头辩论终结以前；而英美法系国家和地区的二审上诉采事后审查制，不允许二审阶段提出新的事实主张，因此其基准时限为第一审的法庭辩论终结前，其确定判决也是指初审法院作出的被法院登记的判决。

满足两个标准："一是须存在主观的故意，即原告故意伪造事实证据或者明知毫无根据，通过行使诉权以达到非法目的（违背诉权的正当目的）；二是须存在客观行为，即原告伪造事实证据或在毫无根据时实施了起诉行为。"① 因此，"部分请求否定说"的例外，也只能限于当事人主观不可能在前诉中一并提出包含所谓的剩余请求的全部请求。这种不可能既可以是肇因于当事人自身的认识能力，也可以肇因于对方当事人的欺诈行为。对于前一种情况，我们认为当事人认识能力的局限不能以普通当事人的认识能力为已足，必须达至一定的程度。其合理性在于，现代民事诉讼中，法院负有阐明义务，对于仅依靠当事人个人能力无法提出的请求，法院应及时行使释明权，以协助当事人符合其真实意思地行使处分权。换句话说，于第一种情况下，即使透过法院的释明，也无法发现"剩余诉讼请求"，为此有必要承认其例外形式。对于第二种情况，应该具有一定的包容性，因为此时，剩余诉讼请求的提出已经不具备骚扰对方、侵犯对方当事人合法权益的故意了。域外的既判力遮断的例外也都包括对方当事人欺诈之情形。"法院发展出来的既判力例外即是对方欺诈的例外，后诉中的原告因为被告的欺诈、错误、隐瞒、歪曲而不能在前诉中发现或提出的请求，后诉亦不被遮断。"② 尽管有些国家和地区的法院在审理案件的过程中努力区分欺诈的不同情形，美国个别州的法院发展出了内部欺诈和外部欺诈的划分，并将救济给予内部欺诈；有些州的法院认可对法院欺诈情况下的既判力例外。我们认为此处的欺诈更应该是一方当事人对另一方当事人实施的欺诈，通过这样的欺诈使起诉方无法发现支持剩余请求的案件事实，也无法提出剩余诉讼请求。而所谓的内部欺诈或者对法院的欺诈都可以透过大陆法系国家和地区的民事再审程序，英美法系国家和地区的判决的救济程序给予救济，无需采取"部分请求否定说"的例外。

对当事人不能提出剩余诉讼请求的正当事由做严格限制背景下，进一步要求当事人于前诉中必须明确其起诉为部分诉讼请求，就缺乏了现实必要性和具体诉讼中实现的可能性。因为，当事人不能提出剩余诉讼请求的事由是其基于各种主客观原因不能提出，或者进一步说其不知道还有剩余的诉讼请求，所以其诉讼中即根本不可能明示前诉请求仅为部分诉讼请求。事实上，以前诉当事人必须明示诉讼请求为部分的要求，将把许多剩余诉讼请求排除在可以再次起诉的范围以外，不能实现"部分请求否定说"设置例外所追求的给予诉讼当事人特殊保护的诉讼目标。这突出地表现在诉讼欺诈之情况下。

① 王猛：《民事诉讼滥诉治理的法理思考》，载《政治与法律》2016 年第 5 期。

② Maegan Padgett. The Plight of A Putative Father: Public Policy v. Paternity Fraud. West Virginia Law Review. 2005. No. 3.

必须进一步追问，剩余部分请求提出的正当性与对方当事人的履行能力有无联系[①]。我们对此持否定的观点，其理由在于给付之诉的诉的利益与对方当事人的履行能力没有任何关系，“即便是在债权人无法强制的情形下，也不能立即断言其具有诉的利益。因为法院认定原告存在请求权并作出给付判决，同样也使给付之诉具有的重要意义”[②]。在给付内容已经确定，且不能执行的情形，我国民事司法实践创造性地提出了终结本次执行的制度，通过该制度既可以实现纠纷的一次性解决，也使对同一确定判决的若干次执行成为可能。

其四，剩余诉讼请求再诉时的举证问题。要求就剩余之诉讼请求再次提起诉讼的当事人，必须就剩余诉讼请求发生的时间、剩余诉讼请求提出的正当性，承担举证责任。不过，考虑到在实践中证明自己主观不知道剩余诉讼请求的存在，或者证明受对方当事人的欺诈比较困难，可以适当地降低案件的证明标准，并一体地按照对欺诈、胁迫的证明标准予以处理。

3. 预决事实中的判决理由

大陆法系国家和地区的民事诉讼理论和民事诉讼实践，一般不承认事实理由的既判力。大陆法系国家和地区的学者也有主张事实理由的拘束力的，并因此提出了许多观点。其一，某些诉讼案件诉讼标的的确定，必须借助事实理由，如在金钱诉讼或者可替代物诉讼中。该观点主要为日本学者三月章和我国台湾学者骆永家主张。其二，德国学者策纳主张的既判力扩张理论。该理论认为，在特定的情况下尊重当事人的主体地位和避免矛盾判决可以实现调和，并认为在满足两个方面的要求时，可以承认事实理由的既判力。一是当前诉讼判决主文所确定的法律效果，将因后诉判决而受到实质上损害，为防止发生矛盾判决，当事人对前诉判决理由中的判断不宜争执；二是应当考虑不得争执的判决理由的限度，这一限度不能超出当事人合理的预测之外。三是新堂幸司倡导的争点效理论。该理论认为事实理由的拘束力不同于既判力，其基本理论不是一事不再理原则，而是诚实信用原则和当事人之间的公平原则。争点效理论认为，当事人在诉讼上对其重要的争执点既然已认真进行争论，法院也对争点问题进行了实质上的审理判断，如果再允许当事人在后诉中轻易推翻其判断，与诚实信用原则和公平原则是相矛盾的。争点效发生的条件包括：（1）在前诉请求中主要争点事项的判断；（2）在前诉中当事人尽到了主张和证明责任；（3）法院对争点作过实质性判断，前后两个诉讼的当事人所争利益几乎相等。

① 有学者将对方当事人没有履行能力作为正当事由之一。参见黄毅：《部分诉讼请求之再检讨》，载《中外法学》2014 年第 2 期。

② ［日］高桥宏志：《民事诉讼法——制度与理论的深层分析》，林剑锋译，法律出版社 2003 年版，第 288 页。

普通法系国家和地区把前诉判决的效力（former adjudication）具体分为请求上的禁反言（res judicata /claim preclusion）和争点上的禁反言（issue preclusion/collateral estoppel）。争点具有拘束力必须满足以下三个条件：（1）后诉事实须与前诉完全公开的诉讼中审查的事实具有同一性；（2）最初的受诉法院，须在前诉中对该问题进行了实际处理；（3）法庭对前诉裁判理由的处理，对于前诉之诉讼结果是必要的。在后诉审理过程中，受争点遮断影响的当事人还有发表意见的机会，不过此机会只能针对在第一次诉讼中是否有公正的听审机会之问题。

（二）预决事实的约束对象——预决事实的主观范围

针对判决主义确定事实的约束对象，即预决事实对什么样的人发挥作用的问题，有学者认为，“就主体方面而言，前后诉的当事人或主观范围相同与否，都不妨碍生效裁判确认的事实对后诉产生预决效力。换言之，在前后诉当事人相同和不同这两种情况下，生效裁判结果都可能对后诉发生称为“预决效力”的影响或作用”①。即应当采取和既判力的主观范围认定完全不一样的做法，并将之作为预决效与既判力的重要区别。对之，我们认为应该注意以下问题：

其一，必须注意既判力主观范围确定的原则及其背后的法理基础。各国民事诉讼法以及民事诉讼理论均以既判力相对性为原则，即既判力在主观范围方面一般限于前诉讼的当事人以及当事人的实体权利义务继受人。其背后的法理基础在于诉讼审理过程中，法院已经给予双方当事人就案件争议的事实问题、法律问题、证据问题为充分的争论，保障了当事人的正当程序权利。受正当程序保护的、享受正当程序之利益的当事人必须受法院判决的拘束，此种拘束不在于法院判决的正确性，而在于法院审理过程中的程序保障。“对于当事人赋予听审请求权保障及建置适当之审级制度及审查，可有助于减免裁判之错误。因此既判力之正当性不在于裁判之正确，而为程序之正当性。”② 在英美法系国家和地区，传统中为彻底贯彻正当程序保障，严格采取“必要当事人规则”和“相互性理论”，按照前者，所有与案件有利害关系的当事人均必须参加诉讼，否则诉讼将不能进行。按照后者，所有的当事人平等，而且任何人不能从永无消失的判决获益之观念为前提，既然案外人于前诉中未提交证据为辩论，当事人不能主张对案外人不利的判决，同样案外人也不能以之对抗当事人。正当程序保障在根本上并不关注当事人于诉讼程序中是否发表了意见，而是关注法院是否给予当事人发表了意见的机会。也正是以此为出发点，各国法律均一

① 王亚新、陈晓彤：《前诉裁判对后诉的影响》，载《华东政法大学学报》2015 年第 6 期。
② 沈冠伶：《争点效之主观范围与第三人之程序参与》，载《台湾法学》2014 年第 1 期。

体地承认缺席判决对当事人所具有的拘束力，也正是基于此，我国《民事诉讼法》也才将法院未给予当事人参加诉讼的机会，而不受当事人未发表意见或者判决错误作为再审事由。在我们看来，确定既判力主观范围的法律基础对理解预决效的约束对象有积极的参考价值，否则在划定预决效约束对象之范围时就在一定程度上具有任意性。

其二，既判力相对性原则有弱化之趋势。按之，确定判决所生的既判力可以在特定条件下向当事人以外的第三人扩张。在英美法系国家和地区，民事诉讼理论上也突破了“相互性”理论，并使判决的效力向案外第三人扩张。不过，在扩张的理由方面仍然有不同的观点。

德国学者施瓦布认为，既判力对第三人的效力分为两种情形：一是当事人与第三人间其诉讼标的在客观上具有同一性，仅其主体有所变更，判决应对该第三人产生效力；二是确定判决是一方当事人与第三人间后诉裁判的前提，而使前诉判决对该第三人发生效力。吴英姿教授则从实体法律关系相互牵连的角度论证既判力对当事人以外之第三人的扩张，并认为主要体现为两种情形：“一是当事人间权利义务确定，对第三人的权利义务有预决作用，第三人对判决所确认的法律关系必须承认；一是因权利义务具有从属性，致使判决所确认的事实或法律关系对第三人权利的确定有利时，第三人得在后诉中援引未提出主张的事实依据。”① 从实体法的角度理解既判力理论的实体法说一般从实体法律关系的牵连角度理解判决效力对当事人以外第三人的扩张，并称之为既判力的扩张。“使当事人之间的审判效力能扩张到实体从属第三人，从而达到协调在实体法上具有牵连关系的三方主体之间的法律关系，并有效地防止出现矛盾判决的目的。②”

从诉讼法的角度理解判决效力向当事人以外第三人扩张时，则立足于正当程序理论和要求，并称判决效力向第三人的扩张为确定判决的反射效。“在纠纷相对解决以及程序保障等现行的观念下，应当说仅仅依据当事人与第三人的实体法上的从属关系的说明根据，已经无法充分地说明，而且一般在反射效的案例中，同时还包含着众多复杂的其他因素，因此也有必要在个案中具体地、个别地来对判决效力扩张的根据作出分析。”③ 不过大陆法系国家和地区的学者，在强调对第三人的程序保障时，多关注诉讼中对第三人的程序保障，即诉讼告知与诉

---

① 吴英姿：《判决效力相对性及其对外效力》，载《学海》2000 年第 4 期。

② 胡军辉：《判决如何影响实体从属第三人：既判力抑或反射效力》，载《社会科学家》2009 年第 4 期。

③ ［日］高桥宏志：《民事诉讼法——制度与理论的深层分析》，林剑锋译，法律出版社 2003 年版，第 613 页。

讼参加，以及诉讼后的程序保障，即第三人提出的撤销诉讼。“新法系以程序之赋予作为界定判决效力所及范围大小与是否给予特定人之正当性基础。新法参加人之事前的及事后的程序保障，使得参加人所被赋予的程序保障已无异于当事人于本诉讼程序所被赋予者，该等程序权保障足以作为使其受既判力拘束之正当性基础。”① 而在英美法系国家和地区的民事诉讼制度中，除关注第三人的被告知以及实际的诉讼参与之外，也进一步关注案外第三人的利益是否被实际参加诉讼的当事人所充分代表，如果案外第三人的利益能为当事人充分代表，则判决效力可以毫无问题地扩张至第三人，否则不能向第三人扩张。这一理论被称为充分代表理论，在团体诉讼中表现得比较明显。“约束效力的另一个概念是充分的代表性，如果团体的利益为有合理资格及精力的代表，则法院可以安全地以成员为团体，即使其未实际参诉也须受团体诉讼的拘束。”② 美国《联邦民事诉讼规则》规定的当事人的权利参加也必须以已经参诉的当事人不能充分代表申请人的利益为前提条件，否则法院将驳回当事人的参加申请。

二、根据已知事实推定的事实

（一）民事推定概说

推定是根据法律规定或者经验法则从已知事实推导出系争的、未知事实的制度或者活动。其中一般称已知的事实为基础事实，被推导出来的未知事实为推定事实。推定是拉丁语 praesuptio 的英文翻译，源自中世纪罗马法。正如 Fisk 所说，罗马法早期即有 praesumtio juris 以及 praesumtio hominis。必须注意，推定是法律制度中的重要制度和重要概念，但关于推定不仅存在制度上的混乱，而且存在理解上的模糊。“在司法判例及教科书论著中，关于推定、法律之推定、事实之推定、推定之证据、决定性之推定，颇多混淆及杂乱之用语。”③ 在美国，推定由《联邦证据规则》第 301 条和 302 条规制，然而该规则的模糊已经导致推定适用上的诸多混乱，以致学者认为“任何有充分知识的学者在评价论题之困难时均会提及推定，但总是伴随着深深的失望，并在绝望中放弃之”。④ Corpus Juris Secundum 曾列举了 113 个推定，这些推定背后也有各自不同的政策基础。推定也常常与其他的法律制度或者法律概念混淆，立法以及理论也常在相互置换的意义上使用推定概念及其相似概念，因此有必要

---

① 许士宦：《第三人诉讼参与与判决的主观范围》，载《月旦法学杂志》2010 年总第 178 期。

② Geoffery C. Harzard J. R. , John L. Gedid, Stephen Sowle. An Historical Analysis of the Binding Effect of Class Suits. University of Pennsylvania Law Review. 1998. No. 6.

③ ［美］摩根著：《证据法基本问题》，李学灯译，世界书局 1982 年版，第 57 页。

④ Kaitlin Niccum. Ethics and Presumptions：Lying to Burst the Bubble. Legal Ethics. 2012. No. 3.

对之做认真的区别。李学灯先生根据推定的基础不同将推定分为几大类，分别是可使诉辩中系争之点，非属于严重争执之主题者，毋庸为不必要之举证；避免关于推定之事实，因证据缺乏所生程序上之僵局；避免对于推定之事实无从获得合法适格的证据所生之僵局；产生一种结论以符合或然率之优势；使当事人之一造，其有独特之方法接触事实及事实之证据者，应向法院表而出之；因某种事实之存在为基础，达成如一般社会所期望之结果。[①]

（二）推定的基础

当然，关于推定的法理基础在理论上并非没有争议，不仅李学灯将推定的法理基础分为多个方面，而且英美法系国家和地区的学者对之也有不同的理解。Thayer 认为法律推定的依据有两个，即一般经验或者盖然性、政策或便利，而 Morgan 则认为法律推定的法律依据有四个，即是完成困境之克服、促使更接近信息的一方当事人公开信息、作出据盖然性更可能的事实决定、作出符合正当的法律政策的司法判断。Maxey 法官认为推定的基础有三个，分别是程序便利、各当事人获得实质证据的比较可能性以及广泛的人类经验。霍姆斯法官甚至认为盖然性是真正推定的唯一依据[②]。对推定基础的不同理解以及理论上出现的、多元化的推定依据观可能在较大程度上与学者对推定的认识不足有关。这首先表现在学者对推定包容性的理解上，按照这种包容性，学者称之为推定的东西，大多不属于推定的范畴。如 Whinery 列举的 7 种推定中，仅有第七种可反驳的推定才真正属于证据范畴的推定，其他的要么属于法律规则，要么属于法律推理[③]。其次，体现在关于推定的法律效力的理解上，对推定的法律效力理论，不同学者站在不同的认识角度赋予推定以不同的效力。不同国家和地区的立法也有较大分歧，对之，我们下面还要详细分析。不过，随着推定内涵与外延的纯化，随着推定效力的统一化和科学化，对于推定基础的理解也应该有更加现代的观点。

我们认为推定的基础是特定的法律政策，而非单纯的盖然性。推定的基础可能包含有盖然性的因素，即某些事物之间存在恒常的经验联系，在一般情况下可以依据一个事物的存在合理地推导出另一事物的存在。但理解作为推定基础的盖然性时必须注意的问题一是推定的基础可能并不仅包含盖然性，还常常包含其他的法律政策或者法律追求的价值目标。例如，婚生子女推定一方面依

---

① ［美］摩根著：《证据法基本问题》，李学灯译，台北世界书局 1982 年版，第 250 ~ 251 页。

② Thomas L. Cooper. The Procedural Effect of Rebuttable Presumption of Law. University of Pittsburgh Law Review. 1962. No. 3.

③ Leo H. Whinery. Presumptions and Their Effect. Oklahoma Law Review. 2001. No. 3.

据盖然性，另一方面则是借此达到社会渴望的认定子女为合法的、正统的结果[①]；以作品上的署名人为著作权人的推定以及以不动产证书的记载人为不动产产权人的推定，不仅依据盖然性，还拟通过这样的推定实现著作权和物权的公示，以促进著作权的使用和物权的流动、交易和保护。二是法律常常为司法统一、稳定、效益之目标将特定的经验上升为法律，此时的盖然性并不再单纯地表现为事物之间的经验联系而是特定的法律规则。因之，所有的推定在最终意义上说，并非建立在盖然性上，相反，“推定均为特定的法律政策创设，其要求给予特定事实以不同寻常的强度，以满足司法上的合适的需要，或实现司法渴望认可的目标”[②]。

必须注意，我国《民事诉讼法解释》第 93 条在创设推定时明确将推定区分为依据法律规定进行的推定和依据经验法则而进行的推定，然而在效力上又将两种推定的效力作一体化的对待。出现了推定依据与推定效力之间的分离，混淆了依据经验法则所作的推理和依据法律所作的推定之间的界限。

（三）推定的效力

关于推定的效力，学者之间有争议，立法的规定有历史的演变过程。

1. 推定转移提供证据的责任（Thayer - Wigmore 理论）

在英美法系国家和地区，早期关于推定效力的理论表现为以 Thayer 和威格摩尔倡导的转移举证证明责任的效力论。按之，在推定成立的情况下，遭受推定不利益的当事人需提供相反的证据反驳之，即推定增加了反对方反驳证据的提出义务。Thayer 称之为“爆泡”，即一旦相反证据提出，则泡泡破裂，威格摩尔则将推定与棒球联系，如果球员没有击打之，则推定存在，否则推定出局。Bohlen 将之形容为 Maeterlink 的公蜂，功完即去[③]。美国《联邦证据规则》对推定的规定采用此种理论观点。此种理论得以产生的基础一方面是于推定的内涵不清、外延比较广的情况下，赋予推定比较温和的效力，可以在多种情况下将案件事实交由事实裁判者，并由事实裁判者根据案件情况作出判决。“因反驳证据提出而不能适用推定的一方，也不可能获得推论的利益，只有在主张推定事实存在的一方当事人另外提出可单独许可争议事实之发现时，推定事实存在的推论才是正确的。[④]”另一方面与 Thayer 威格摩尔所坚持的说服责任不能转移的观点息息相关，在他们看来，说服责任在诉答开始前已经固定地配置给了双方当事人，如果推定

① Mason Ladd. Presumptions in Civil Actions. Arizona State Law Journal. 1977. No. 2. p281.

② Francis H. Bohlen. The Effects of Rebuttable Presumptions of Law Upon the Burden of Proof. University of Pennsylvania Law Review and American Law Register. 1920. No. 4.

③ Mason Ladd. Presumptions in Civil Actions. Arizona State Law Journal. 1977. No. 2. p281.

④ Mason Ladd. Presumptions in Civil Actions. Arizona State Law Journal. 1977. No. 2. p281.

可以转移说服责任，则违背说服责任不能转移的原则。而且基于推定任何超过仅仅是重新配置提供证据责任效果的规则，均属于实体事项。

“爆泡理论”的优点是不影响裁判者对事实认定的自由裁量权，不至于在法律上产生太大的错误。1934 年美国《联邦证据规则》采纳了这一理论，但是没有明确规定反驳方的证明责任，没有清楚说明反驳方反证提交的程度。1939 年美国法律协会任命了一个证据委员会，授权其起草《模范证据法》。摩根是委员会的报告人、威格摩尔是委员会主任。Thayer 和威格摩尔的观点占据了主导地位，《模范证据法》最终也采纳了“爆泡理论”。该理论的明显缺点是在助推司法统一性方面未能发挥应有的作用，在主张方当事人提供证据证明基础事实存在的情况下，仅因为反证的提出即要求推定消失实质上对主张方当事人也是不公平的。这种情况，也进一步助长了律师的非道德行为，他们基于反证可以使推定“爆泡”的规定，提供反证，以实现增加对方当事人诉讼难度的目的。① 而且欺诈性反证的提出进一步弱化推定的促进推理以及推理统一的功能。“欺骗性反驳证据的提出降低了依据推定进行逻辑推理的可能性，不仅欺诈性信息促使裁判者于泡泡破裂后不再作出这样的推理，而且推定的消失意味着法官、陪审团丧失了法律规则、特殊知识对逻辑推理的帮助。”事实上，在采双重司法体制的美国，没有任何一个州采纳《联邦证据规则》中的推定规定。并且在联邦法院系统中“爆泡理论”贯彻得也不十分彻底。联邦法院系统依据《联邦证据规则》第 301 条就推定的反证程度之缺乏规定的情形，依据其判例法的传统，探索出了多种做法，以对反证方施加更多的负担，并借此实现推定的强度②。“即使声称坚持 Thayer 规则的法院，在实践中也未贯彻该理论，既然所有的推定均由法律要求的特定政策创设……必须给予基础事实以非同寻常的力量，以因应司法需要或完成司法渴望认可的某些目标。”③

2. 以推定作为证据形式的一种

以证据为推定的观点认为，推定是一种证据形式，在推定成立的情况下，裁判者应当综合考虑推定和反驳证据，并最终决定主张者主张的案件事实存在

---

① Charles R. Nesson. Rationality, Presumptions and Judicial Comment: A Response to Professor Allen. Harvard Law Review. 1981. No. 7.

② 这些做法包括：（1）消失方法。此方法是严格贯彻“爆泡理论”。（2）在主要的、无可反驳的证据或无利害关系的证词引入之前继续存在。（3）对造所提反证或者充分支持推定事实的不存在，或者被审判团实际上相信。（4）证据充分至陪审团相信推定事实的不存在与其存在均有同样可能性的程度。（5）推定仅仅为证据的一种。Christopher B. Muller. Instructing the Jury Upon Presumptions in Civil Cases. Land and Water Law Review. 1997. No. 1. p242.

③ Geoffrey Ory. Toward a Workable Civil Presumption Rule in Louisiana. Louisiana Law Review. 1993. No. 5. p1635.

与否。推定作为证据时，英美法系国家和地区的法官对陪审团的指示内容为，推定为一种特殊的证据，除非或直到被满意的证据推翻，其将一直存在，并影响你的判断。推定的准确效果由你，而不是法官决定。以推定为证据的观点旨在有效地克服推定中的 Thayer 理论所带来的消极效果，促使法庭能够认真考虑推定的效力，反对简单地依据反对方的反证将推定置于综合考虑之外。“认定推定是证据的观点，体现了法庭之避免 Thayer 理论的强烈愿望……透过视推定为证据，法官在两个方面的处理上都使推定比 Thayer 规则更持久。”① Smellie v. Southern Pacific Co. 案以判例的方式认可了该种观点②，而 Montana 州的证据法以立法的形式采纳了该观点。

不过，从表面上推定与传统的证据形式也无任何相似之处。在适用传统证据的情况下，证据是作为证明案件事实的方法，法院要对证据的证据能力和证明力进行认真审查，并最终决定能否推导出案件事实；而在适用推定的情况下，法院无需审查证据能力和证明力，裁判者可以从基础事实出发，直接依据法律规定推导出推定事实来。最关键的在于，以推定为证据的观点，旨在促使裁判者重视推定的效力以及推定背后政策基础，特别是在反驳事实提出的情况下，不过以推定为证据，并且没有其特殊的价值、具体的评价方法，则裁判者难以在反驳证据提出的情况下，很好地权衡推定和反驳证据，并在这种权衡中体现对推定的重视。“陪审团难以就法律推定的效力与其他证据的价值予以科学权衡。”③ 学者进一步指出，以推定为证据的观点于英美法系国家和地区，违反强制裁判规则和推定反驳规则。因为在英美法系国家和地区，推定被作为证据时应该被认为是支持推定事实存在的充分证据。而按照强制裁判规则，强制裁判仅在法官认为没有充分的证据支持对受攻击方当事人有利判决的情况下作出。在有利证据缺乏充分性时，冲突的不利证据将不予考量。而推定反驳规则也阻止反对推定事实存在的直接判决之作出，理由在于推定被作为支持推定事实的充分证据，即使反对方可以提供结论性的证据证明推定事实不存在，作为一种法律事项，也不能反驳推定。这样以推定为证据，要求综合平衡推定的基础与反驳性证据导致的结果是不考虑反驳证据，则在反驳证据具有相当强度时明显不合理④。

3. 将推定分为两种形式，并赋予其不同程序效力

Bohlen 教授于 1920 年批判 Thayer 的“爆泡理论”时率先提出将证据划分

---

① Edwin N. Lowe，Jr. The California Evidence Code：Presumption. California Law Review. 1965. No. 5.

② 推定为证据以及在特定的案件中可以超过当事人提供的用以反驳之的证据一直是制定法追求的目标。

③ J. P. McBain. Presumptions：Are They Evidence，California Law Review. 1938. No. 5.

④ Edwin N. Lowe，Jr. The California Evidence Code：Presumption. California Law Review. 1965. No. 5.

为不同种类的思想，其将推定产生的正当性基础划分为两种：“一是减轻、缓和对裁判推论特定事实的严格证明；二是只要特定事实存在，即应决定特定权利或者责任的愿望……每一推定的强度及效果，是转移超越法庭标准的责任，还是仅转移提供证据的责任，依赖导致推定被认可的需要和目标”①。Chafee 教授于 1922 年在未打破 Bohlen 建议的基础上，将推定分为两类：其一，有些推定仅依据实体法上的特定政策，是缺乏逻辑核心的推定；其二，有些依据与政策一样的经验，因之包含逻辑元素。Cooper 教授于 1962 年在历史梳理的基础上，依据推定的不同基础赋予其不同的程序效果。1965 年加利福尼亚州的证据法（The California Code of Evidence）在超越 Thayer、Morgan 争论的基础上，采纳了 Bohlen 的理论观点。宾夕法尼亚州、路易斯安那州 1997 年的证据法、加利福尼亚州证据法以及 1942 年的《统一证据规则》也采纳了此种两分法的民事推定理论或者学说。按照《加利福尼亚州证据法》，如果推定旨在实现特定的政策而非通过推定实现特定诉讼的解决，则推定具有转移证明责任的功能；如果推定背后的政策仅为促进诉讼解决，则推定仅要求提供反驳的证据。

该理论的优点是区分推定的不同基础，并针对不同的推定赋予其不同的效果。其缺点是较大幅地扩大了推定的范围，容易增加推定适用的泛滥。同时，以经验为基础的推定与以法律政策为基础的推定可能存在不同的反驳方法，对于前者，遭受推定不利益的当事人可以透过借助其他的经验法则，并通过间接反证的方式最终使裁判者不能认定推定事实存在。而在法律推定的情况下，以间接反证反对推定事实比较困难。

4. 推定转移说服责任（Morgan 理论）

推定应该转移说服责任的倡导者是摩根教授（Morgan），按照他的观点，在推定成立的情况下，遭受推定不利益的当事人应当承担提供相反证据证明推定事实不存在的说服责任。必须注意，摩根教授转移说服责任之观点的提出不是透过对各辖区处理推定程序效力做法的介绍中提出的②，而是透过对“爆泡理论”批判的过程中提出的。Thayer 规则为虚假诉讼行为提供了广阔空间，因为该规则许可当事人仅提供不可信的证词即可击败推定，从另外的方面说，应给予推定高于仅仅是命令当事人提交相反证据的效力。学者在介绍 Morgan 的

---

① Thomas L. Cooper. The Procedural Effect of Rebuttable Presumption of Law. University of Pittsburgh Law Review. 1 962. No. 3.

② 摩根在《证据法基本问题》中将各辖区采纳的推定政策概括为八种：（1）推定转移说服责任，于有证据存在，且陪审团合理认定推定事实不存在时，推定失去其效力……参见摩根著：《证据法基本问题》，李学灯译，台北世界书局发行 1982 年版，第 60 ~ 61 页。

推定理论时也认为按照 Morgan 的理解，反对方对推定事实不存在的证据须达到清新、令人确认的证明（clear and convincing proof），同时，一般认为《模范证据法》采纳了 Morgan 的观点[①]。而按照《模范证据法》第 704 条（1）："诉讼中推定的基础事实获得证明时，必须认定推定事实的存在，除非或者直到提供的证据将支持推定事实不存在的决定之发现，或者相反推定的基础事实得到证明。"[②]

Morgan 的理论基础是说服责任是可以转移的，"说服责任的转移并未使律师的案件准备工作更加困难，启动、终结诉讼的权利以及提出必要证据以避免直接判决的权利，均为提供证据的责任所影响、制约……因之，其无需知道争议终结前的说服责任之负担。"[③] 同时也可以实现增强推定效力、便于控制陪审团、促进司法统一的目标。"多个依据重叠的属性是何以推定的合适角色产生众多争议的原因之一，Thayer 的方法强调推定的盖然性基础而弱化了推定的效果，Morgan 的方法强调推定的政策基础，并使推定的效果最大化。"[④] 对该理论的批判主要有：（1）关于推定事实存在的说服责任到底由何方当事人承担是不清楚的。"在推定情况下，如遭受推定不利益的当事人承担推定事实不存在的说服责任，则主张推定的当事人对基础事实的证明又是承担何种责任。"[⑤]（2）Morgan 并没有进一步地界定以经验为基础的推定和以法律政策为基础的推定，并因之使其推定效力学说缺乏对众多推定的因应性。不过，如果说能够对推定做进一步纯化的划分，并将以盖然性为基础的推定排除于推定之外，而认为推定即是指以法律政策为基础的推定，则 Morgan 的理论具有一定的科学性。针对同一事实可否由不同当事人分担说服责任的问题，我们仍然持否定态度，但推定适用时并非导致双方当事人分担对同一事实的说服责任，而是分别适用的不同法律规范来解决纠纷。在基础事实没有得到证明时，裁判者的裁决直接适用的是以推定事实为要件事实的实体法律规范，而在推定适用时，诉讼引入了新的实体法律规范，并按照新的实体法律规范配置说服责任。而同一个事件，在适用不同的法律规范时，案件事实证明责任的分配存在不同

① Jack H. Barton. The Effect of Rebuttable Presumptions in Pennsylvania. Dickinson Law. Review. 1953. No. 3.

② 有学者认为《模范证据法》规定的推定的效力不是转移说服责任，认为其规定的推定规则的效果是将提供证据的责任转移至遭受推定不利益的当事人，该当事人须提供充分证据支持推定事实不存在的发现，但推定不转移说服责任，反对方当事人不承担以优势证据证明推定事实不存在的说服责任。Edwin N. Lowe，Jr. The California Evidence Code：Presumption. California Law Review. 1965. NO. 5.

③ Edwin N. Lowe，Jr. The California Evidence Code：Presumption. California Law Review. 1965. NO. 5.

④ Charles A. Harwood，Michael. R. Seidl. Burden of Proof and the Modern Approach to Presumptions. Willamette Law Review. 1983. No. 2.

⑤ Christopher B. Muller. Instructing the Jury Upon Presumptions in Civil Cases. Land and Water Law Review. 1997. No. 1. p242.

是可以理解的。从这个意义上说，推定规范与其他实体法规范一样都具有配置说服责任负担的功能。“法律配置说服责任的原因与其创设推定的依据完全相同，正确观察推定的话，推定即是说服责任分配的特殊规则，是设计并决定何者证明何问题的整体机制的一部分，区别仅仅是推定的条件属性。”①

（四）推定的适用

1. 基础事实之查明

为适用推定规则，必须确保推定规则中的基础事实存在。法律对查明基础事实的方法并未有详细的限制，按之，当事人可以通过法律许可的任何一种方法促使裁判者相信基础事实的存在，这些方法包括以证据为手段的证明方法，也可以借助其他的查明案件事实的手段。摩根曾指出：“诉讼中推定所需之基础事实，可按下列情形予以确立：审判上知悉、诉辩、当事人之约定、可指示评决之证据、审理者给予充分证据所为之认定。”② 对此需要注意两个问题：

其一，对基础事实的证明程度。尽管我们坚持纯化推定的内容，把以经验或者盖然性为基础的推定排除于推定之外，但是我国的《民事诉讼法解释》又确实地将之涵盖其中，并赋予其同样的程序效力。因此，立足于我国推定规则的适用应当对之分别对待。以特定的法律政策为基础的推定，于基础事实成立时，裁判者必须认定推定事实的存在，此时裁判者的司法推理是强制性的，甚至可以说其中并无司法推理的过程。基础事实与推定事实具有统一性，这样如果以证据证明的方法查明基础事实，则对基础事实的证明应当达到法律规定的证明标准。当然，也可能出现基础事实为一组事实，而非单一的事实，则对每一事实的证明均须达到法律规定的证明标准。例如，在适用证明妨碍推定时，必须同时证明4个方面的事实，分别是争议的证据须为当事人掌握、必须证明确实存在实际的证据抑制行为或者控制行为、被抑制或毁损的证据有相关性、应合理地预测到该证据将于其后开示。而以盖然性或者经验为基础的推定，还需要裁判者经过经验法则为基础做向推定事实的推定，而所有的经验法则，尽管其能够反映事物之间的恒常联系，但这样的经验联系都承认现实中出现例外的可能性，为此经验法则反映的事物间联系还没有必然性和决定性，因此，此种情况下对基础事实的证明度和经验法则反映的盖然性结合在一起须达到法律规定的证明标准的程度。

其二，对推定中的基础事实可否适用诉讼自认制度。诚如前文所述，诉讼自认是当事人行使处分权的一种形式，不能超出当事人行使处分权的范畴。以

---

① Charles A. Harwood, Michael. R. Seidl. Burden of Proof and the Modern Approach to Presumptions. Willamette Law Review. 1983. No. 2.

② 摩根著：《证据法基本问题》，李学灯译，台北世界书局1982年版，第59～60页。

法律政策为基础推定，基础事实与推定事实具有同质性、一致性，裁判者从基础事实到推定事实的认定无需经过司法推理过程，因此，与推定事实一样当事人对基础事实的承认也是推定事实的承认，对之不应予以限制。同时，在基础事实为一组事实的情况下，由于其和经验推理不同，任何一个基础事实和推定事实不是依照经验和盖然性，因此可以例外地承认其适用诉讼自认制度。相较而言，对于以经验或者盖然性为基础的推定，由于还要经过司法推理的过程，对基础事实的承认与否不属于当事人行使处分权的范畴，不能适用诉讼自认制度。同时，在适用诉讼自认的情况下，无法确定诉讼自认基础的盖然性，当然也无法确定推定事实存在与否的盖然性。

2. 对推定的反驳

遭受推定不利益的当事人可以通过以下方法维护自身合法权益：其一，提供证据证明基础事实的不存在或者促使裁判者不能确信基础事实存在。此种方法与其说对推定的反驳，不如说反驳方以相反的证据排除推定在本案中的适用。遭受推定不利益的当事人提供的直接证明基础事实不存在的证据，可以认定为反证，或者是直接反证，或者是间接反证；其二，直接反驳推定事实。按照《民事诉讼法解释》遭受推定不利益的当事人对推定事实不存在的证明必须达到法律规定的证明标准，唯有这样才能称“有足够的证据推翻了推定事实”。不过，诚如前文所述，《民事诉讼法解释》一体化地对待不同推定的做法，混淆了推定与推理的区别，同时，和法律政策可以重新配置举证证明责任不同，经验法则不能配置举证证明责任。因此，如果认可以经验法则为基础的推定转移举证证明责任，此即意味着要么认可经验法则的举证证明责任配置功能，并使其不再属于经验法则的范畴，要么认可对推定事实存在的举证证明责任由一方当事人承担，而对推定事实不存在的举证证明责任由另一方当事人承担，并在理论上或者制度上认可了当事人分担同一要件事实的举证证明责任。

3. 违反推定规则的法律效果

违反推定规则和对作为推定出发点的推定基础事实认定错误不同，是指在推定基础事实已经认定的情况下应该做推定事实存在的认定，而没有做推定事实存在的认定，在推定基础事实不存在的情况下，依据推定基础认定了推定事实。此时，两大法系国家和地区的共同做法是可以之作为上诉的理由，大陆法系国家和地区自不待言，英美法系国家和地区的事后审查制，也例外地认可对明显地违反经验法则的事实判断进行上诉审查。对特定法律政策为基础的推定，违反推定规则即是对既定法律规范的违反，在英美法系国家和地区，可以作为三审上诉之事由，在我国可以作为申请再审的重要理由。而对以经验或者盖然性为基础的推定，违反推定规则于不应该推定的情况下认定了推定事实，可以案件的基本事实缺乏证据证明申请再审。如果违反推定规则对于该推定的事实没有认定，此时，当事人不能以法院认定的事实没有证据证明申请再审。而在英美法系国家和地区，特别是美国联邦法院体现，对于违背经验法则的、明显的错误裁判，当事人可以在法定时间内依据联邦证据规则第 60 条（b）申请救济。

（五）推定与相关制度的界分

1. 推定（rebuttable presumption）与法律拟制（conclusive presumption）

法律拟制是国家以立法的方式将两个不同的事物联系起来，并使之具有相同的法律意义或者法律后果。法律拟制又称为结论性推定，“要求裁判者从特定的数据中发现某些重要的事实，并禁止提出甚至是更直接的、更充分的关于该事实不存在的证据，尽管这些数据并不必然地暗含了事实的存在”①。法律的意图就是将基础事实等同于推定事实，并不允许以任何方式反驳推定事实。最常见的法律拟制即是我国立法中关于互有继承关系的人在同一事件死亡无法确定死亡先后时的推定，根据法律规定只要满足互有继承关系、在同一事件中死亡、不能确定死亡的具体先后时间三个条件，即可以推定若干个死亡人的死亡之先后。Thayer 于 1898 年率先将此种结论性推定排除于推定。与推定不同，对法律拟制的反驳只能反驳法律拟制中的基础事实，不能反驳推定的事实，相反所有的推定都是可以反驳的，而且反驳的方法是直接反驳推定事实。同时推定与法律拟制的另一个区别在于，两者属于不同的法律领域。法律拟制属于实体法律规范的范畴，不属于证据法的范畴。尽管许多推定都是由实体法规定，但是推定的适用以及对推定的反驳却属于证据法规制。“结论性推定是实体法的产物，而不属于证据法的范畴。”②

必须注意，实体法上规定的法律拟制或者结论性推定，也并不是一成不变的，相反有可能根据社会的发展变化、立法政策的变化而有所改变。这比较重要地体现在婚生子女推定的历史变化和现代转型中，一般认为早期的婚生子女推定是结论性推定，只能以丈夫无生育能力或于妻子怀孕期间未接触过丈夫。丈夫可以证明没有接触的唯一方法是其于妻子的整个怀孕期间均在国外，而且使用的证据只能是第三人有关丈夫无生育能力或者妻子怀孕期间丈夫出国的证词。埃塞俄比亚的 The Federal Revised Family Code，甚至规定于夫妻离婚以后的 300 日以内的子女应被视为婚姻期间内怀孕的，相反的证据不予认可。其背

---

① Francis H. Bohlen. The Effects of Rebuttable Presumptions of Law Upon the Burden of Proof. University of Pennsylvania Law Review and American Law Register. 1920. No. 4.

② Thomas L. Cooper. The Procedural Effect of Rebuttable Presumption of Law. University of Pittsburgh Law Review. 1962. No. 3.

后的立法政策是保护子女的合法权益，防止更多的子女被宣布为“私生子”。而随着婚生子女和非婚生子女法律地位平等的法律制度出现及其普及，被宣布为非婚生子女对子女的利益不致产生太大的、不可救治的利益损害。“私生子法的多数部分已经废除，现代法律已经以实质相似的态度对待婚生子女与非婚生子女了，因之，已经不再具有给予非婚生子女特殊保护的必要。”① 婚生子女推定的为结论性推定的首要的政策依据正在逐渐消失，婚生子女推定也因此转型为现代的可反驳的推定了。另外，法律拟制抑或结论性推定的甄别不能依据法律条文的形式表达，而应该以结论性推定的法律效果为依据。事实上，很多以“视为”或者“为”的表达并非不可反驳，相反，法律往往对之留下了重要的反驳空间。例如，关于成年人精神和智力健全的推定、关于作品上署名的人为著作权人的规定等。考察的具体方式仍然是对之的反驳方式，如果不能对推定事实进行反驳则属于结论性推定。“结论性推定不允许证据反驳，因之，它们于特定的事实场所为判决提供绝对基础，更准确地说其是实体法事项，而非程序法或证据法，这源自其明确的决定性质。”②

2. 推定（presumption）与推理（inference）

与推定不同，推理是裁判者根据经验法则和逻辑法则从已经查明的事实推导出未知事实的活动或者制度，其与推定的相似点是都是从已知事实出发，并借助一定的中介或者介质推导出未知事实。域外证据法常常把裁判者进行的司法推理活动称为事实推定、暂定的推定等。威格摩尔甚至直接将事实推定界定为推论，“尽管事实推定的术语持续存在，但其是一个错误的概念，确实地事实推定是一种推论”。③ 域外民事诉讼制度中内含的“事实自证”理论（the doctrine of res ipsa loquitur）、“表见证明”制度、“大致的推定”制度，在事实上都是一种事实推定或者是推理活动。英美法系国家和地区同时使用“事实自证”和“表见证明”，一般认为“表见证明”运用更加广泛，涉及多数案件事实的证明过程和证明活动。“表见证明的案件是一个模糊的表述，于意指证据充分至缺少解释需作出特定结论的情形时，表见证明的案件具有推定的证明价值；意指证据的强度仅仅许可建议的结论时具有推论的效果。”④ 而“事实

① Debi Mcrae. Evaluating the Effectiveness of the Best Interests Marital Presumption of Paternity. Whittier Journal of Child and Family Advocacy. 2006. No. 2.

② Worku Yaze Wodage. Operation and Effect of Presumptions In Proceedings. Mizan Law Review. 2010. No. 2.

③ 转引自 William J. Rawlings. Legal Effect of Presumptions and Inferences. South Dakota Law Review. 1957. No. 1.

④ David W. Louisell. Constructing Rule 301：Instructing the Jury on Presumptions in Civil Actions and Proceedings. Virginia Law Review. 1977. No. 2.

自证”理论主要适用在过失的认定中，Dean Prosser 认为事实自证理论为间接证据中的一个简单事项……仅相当于过失推论。无论是表见证明还是事实自证，如果没有其他相反的证据提出，裁判者即可以据此作出判决。在英美法系国家和地区，甚至是可以不经过审判直接作出判决①。正是由于推定与推理存在形式上的相似性，许多学者也就从推理的角度理解推定，即把推定等同于表见证明。“为说明推定之效力，每沿用拉丁术语 Prima facie，谓推定之效力，即在建立‘表面可信或者初步可信之证据’（prima facie evidence），除非另有表面可信之证据予以推翻，即毋庸举证。”②

推定与推理或者事实推定、暂定推定之间的区别主要有以下几点：（1）两者的基础是不同的。推定的基础是特定的法律政策，而推论的基础则更多地来自经验法则和逻辑法则，或者单纯地来自经验法则和逻辑法则，而非法律规定。（2）在是否推导出事实方面的要求是不同的。适用推理时，裁判者从基础事实向推导事实所作的推论属于裁判者自由裁量的范畴。Emson 认为“事实推定的出现意指作为一种常识（common sense）事项，许可据基础的证明或者承认作出推论。从其他已经证明的事实作出常识性推论属于法院自由裁量的范畴”③。为实现自由裁量的客观化，也必须对裁判者自由裁量进行约束。但此种约束在不同法系的民事诉讼制度中的救济方法是不同的，在大陆法系国家和地区以经验法则和逻辑法则为基础的事实推理，存在明显错误时可以作为上诉的事由。而在英美法系国家和地区，对经验法则的适用一般不是上诉审查的内容，但在明显违背经验法则的情况下，上诉法院可以例外地进行审查。而推定对裁判者的适用具有强制性，推定适用时，如果基础事实的存在已经查明，则裁判者必须做推定事实存在的事实认定结论。“推论仅是一种依据证据的许可推理，而推定产生于法律规定，而不受依据证据的逻辑力量证明事实的存在。”④（3）对两者的反驳方不同。对推理的反驳仅需提供相反的证据即可以达到反驳的目的，这并非说反驳证据一旦提出，作为推理基础的经验法则即失去效力，而是在反证提出的情况下，裁判者要综合主张方对基础事实的证明、经验法则、反证等因素综合在一起决定推定事实存在与否。而对推定的反驳则

---

① 也有学者对这样的制度提出反对意见，认为从事实发现的角度，一般情况下应该遂行诉讼程序，以促使双方提出证据。“存在于长期司法实践的智慧可能是，即使简单案件，经过双方在场的对席审理也可能出现完全不同的结果。” Roscoe. Steffen. The Prima Facie Case in Non – Jury Trials. The University of Chicago Law Review. 1999. No. 1.

② ［美］摩根著：《证据法基本问题》，李学灯译，世界书局 1982 年版，第 255 页。

③ Worku Yaze Wodage. Operation and Effect of Presumptions In Proceedings. Mizan Law Review. 2010. No. 2.

④ Leo H. Whinery. Presumptions and Their Effect. Oklahoma Law Review. 2001. No. 3. p554.

施加遭受推定不利益的当事人以较大的反驳负担，其必须提供相反的证据证明推定事实的不存。遭受推定不利益的人提出的证据，不是反证，而是本证，必须达到法律规定的证明标准的程度。

三、司法认知的事实

司法认知分狭义和广义两种，广义的司法认知是指法院或者裁判者在诉讼开始前应予掌握或者知晓的法律或者事实；狭义的司法认知，则仅仅针对其中的事实而言，并从证明对象的排除上认识司法认知的意义。狭义的司法认知在我国的司法解释中是众所周知的事实，我们在这里对司法认知的介绍也主要是从狭义的角度出发的。

司法认知又称为审判上的知悉，是对于事实裁判者作为社会大众中的一员在诉讼证明前已经知悉了解的案件事实，事实裁判者依职权或者根据当事人的申请直接予以确认，而无需当事人举证证明的诉讼制度。

（一）法理基础

1. 体现了司法经济的要求

关于司法认知的理论根据在古罗马时期即有“显著事实，无需证明”的法谚，但关于其理论根据尚无说明。近代证据学者 John Henry Wigmore 在论及司法认知的理论基础时说：此一法则之目的，“系就若干事项，节省其求证、举证之时间、人力及费用。此类事项通常不能有所争执，亦非真实之争执，而为裁判机关本于一般知识或略加演绎，即可知悉。此一法则之基础，在于当事人之对造，实无真正或善意真实之争执，因此如需举证，将流于徒增烦扰之形式”①。

2. 司法认知对象具有认识上的共通性

我国台湾学者李学灯认为：“关于事实之认定，虽在辩论主义之下，因为法官亦为社会一分子，并且假定较常人为有更强之能力，对于在社会上既已成为常识，或众所周知，无可争执之事实，如谓法官不知，何至比诸常人而不如？如谓假装不知，更属有悖职务与常理。”②

3. 司法认知可以成为诉讼证明的前提和基础

诉讼证明是对被说服者的说服活动，这里有丰富的信息交流。当事人之间的交流必须以一定的前理解为基础。无论是裁判者的认识过程，还是当事人的诉讼证明过程，都必须在一定的背景或者前提下，这样的背景或者前提，在认识论上称为前理解。整个认识和理解活动表现为主体与客体之间在以先在判断为基础上的主客体的互动过程。海德格尔认为，人在出生后就投身在特定的外

① Wigmore's Code of the Rules of Evidence in Trials at Law，(3d. ed.) 1984，west publishing Co. p328.

② 摩根著：《证据法基本问题》，李学灯译，世界书局 1982 年版，第 10 页。

在环境、历史中，理解是存在的模式，而人面对外在环境就是以理解来展现自己的存在，这就是所谓的前理解。[①] 离开了这样的前理解，认识活动便无法展开，人与人之间的信息交流与沟通也无法实现。这样的前理解之存在也成为防止诉讼突袭的重要方法。前理解适用于裁判中作为裁判的前提和基础，既不会造成裁判者对当事人的突袭裁判，也不会出现当事人之间的突袭，影响当事人之间的信赖关系。更不用说将这样的前理解排除于证明对象能够较大程度地节约诉讼成本了。所以概括地讲，承认司法认知的基本依据除具有认识论上的依据以外，还包括防止法院对当事人的突袭以及当事人之间的突袭在内，因而具有追求程序公正的深刻意蕴。

（二）司法认知的特征

1. 司法认知的主体是法官

即使是在陪审团审理的情况下，对于司法认知的内容和范围也预先由法官予以决定。司法认知可以由法官以职权主动进行，也可以经当事人申请而启动司法认知程序。

2. 司法认知的对象是特定的事实

确实有学者将法律规定也作为裁判者司法认知的对象，在他们看来，“法官必须认知国内法，为法官之职责，此非谓法官对所应适用之法规，实已尽知，或完全记忆。不过在理论上假定为其所知，亦即谓其应具备此种知识，或应自行探求此种知识而已”。[②] 不过，在我们看来，由于应当从与举证证明责任负担相一致的角度来审视证明对象问题，所以从证明对象排除的角度看，司法认知对象不包括法律法规。当然，必须注意的问题是司法认知的事实是否包括间接事实和辅助事实。按李学灯先生的理解，司法认知应包括所有的案件事实，案件事实的类型不影响司法认知程序的发生。不过，从司法认知的效力上看，对间接事实、辅助事实的司法认知并不一定产生排除当事人提供证据的责任，而且当事人的举证针对的不是间接事实和辅助事实，而是能够导致特定实体法律后果发生的主要事实或者要件事实。因此，从司法认知之免除当事人举证责任的角度看，我们认为司法认知的对象不应包括间接事实和辅助事实。

3. 司法认知是一种特殊的案件事实认知方式

法院认知案件事实的方式很多，一般情况下法院对案件事实的认知依赖当事人的诉讼证明活动，不过，为节约当事人诉讼成本、提高诉讼效益以及维护司法权威等政策考量，有必要将裁判规则依据自己的通常经验和生活常识已经认知的案件事实，排除于当事人诉讼证明活动之外，并使当事人的诉讼活动更多地

---

① 转引自邓子滨著：《刑事法中的推定》，中国人民公安大学出版社 2003 年版，第 32 页。

② 摩根著：《证据法基本问题》，李学灯译，世界书局 1982 年版，第 18 页。

集中到当事人真正争议的案件事实中来，促进审判的实质化和司法正义之实现。

4. 司法认知必须遵循严格的程序规则

司法认知的法律效果是免除举证方当事人的举证责任，因之，对主张事实的一方是有利的，而对另一方当事人则是不利的。为保障司法认知的公正、中立，必须建立相应的程序规则予以制约。司法认知的告知规则、司法认知中的当事人程序权利保障规则、对于法官司法认知错误时的必要救济规则等。

（三）司法认知的事项

1. 关于司法认知事项上的理论观点

在司法认知的范围上主要有以下学说：（1）普遍性说。作为司法认知的事实必须是社会上一般成员知悉的事实，具有普遍性。（2）相对性说。众所周知的事实具有相对性，只要满足了相对性条件即可以构成司法认知。这种相对性表现在两个方面：其一，有些人就是不了解这样的众所周知的事实，而仅仅是裁判者了解该项事实。“所谓显著之事实，即系一般公知之事实，则凡一国之内，一区之内，一社会之内，人所共知之事实，或本于经验法则，为人所习知之事实皆属之。自宇宙自然之物理，以至于当时当地人民生活之常态，自境内发生非常之大事，以至于人所共喻之常识，凡为一般人所共知者，均包括在内。”① 其二，不同的人对同一事实理解不同，但是必须是裁判者认为该项事实是存在的。（3）区域性说。众所周知的事实，只要为一定区域的人所知悉就可以了，不要求其具有普遍性。晚年的 Wigore 则采取此种观点，“法院对于认知法则能为放宽运用，实有极大之需要。事实之显著及无可争执，可视案件审理之时地而定”。②

2. 司法认知的立法体例

在英美法系国家和地区，虽然相当数量的学者主张不应采取立法规定的方式③，但立法仍努力规定应当司法认知的具体事项。《美国联邦证据规则》规定的司法认知的裁判事实包括：其一，在审判法院的地域管辖范围内众所周知的事实；其二，能借助渊源作出正确、迅速确认的事实，其渊源的正确性按照情理不容置疑。以色列 1985 年《证据法》规定的司法认知则包括：法院认为

① 摩根著：《证据法基本问题》，李学灯译，台北世界书局 1982 年版，第 22 页。

② 李学灯：《比较刑事证据法各论前沿》，载刁荣华主编：《比较刑事证据法各论》，台北汉林出版社 1984 年版，第 3 页。

③ Thayer 是坚定的反对者的代表，按照他的理解，司法机关可以或者应当对什么样的事实在未经证明的情况下采取司法认知，只能准确地列出其中的一部分。有些是根据明确的法律条款采取的，有些是参考先例采取的，而在参考先例时，往往又选择其中一部分，以不符合一般原则为由而忽视另一部分；其他是根据推理的成熟规则和良好理智采取的，这主要取决于裁判机关的裁量权，在任何理论探讨中，司法认知的范围只能例证而不能界定。

无可置疑及不能为善意争执的事项，属于无合理争执的众所周知的事实；法院不接受证据以证明属于常识的事项。法官进行认知时可拒绝调查，以加速诉讼程序的进行；法院必须认知法律；政府公报及国会记录于其所记载的法律部分，也是一望便知的初步证据；外交部长所签署认证的文书等八项。

大陆法系国家和地区的立法一般不作具体规定，而是交裁判者自主裁量。《德国民事诉讼法》第291条规定："于法院已经显著的事实，不需要证据。"《日本民事诉讼法》第179条："当事人在法院自认的事实及显著的事实，无需进行证明。"我国台湾地区"民事诉讼法"第278条规定："事实于法院已显著或为其职务上所已知者，毋庸举证。"至于何者为显著事实，交由裁判者根据案件情况具体裁量。

3. 司法认知的具体事项

有学者将司法认知分为确定的认知和酌定的认知，并以这样的角度来界定司法认知的具体事项范围。"确定的认知包括自然规律和既判力两大类型……酌定的认知是法律暂且认定的认知对象，通常包括众所周知的事实、广泛适用的经验法则和公证文书证明的事实。"① 从排除证明对象的角度，从与当事人举证证明责任负担的角度，我们认为司法认知的具体事项主要有：

（1）众所周知的事实（well - know to everyone）。众所周知的事实，又称公知事实、显著事实，是指为具有通常知识经验的一般人所通晓且无可置疑的事实。对于何为众所周知的事实的认定，两大法系采不同的处理方法。普通法系国家和地区比较侧重显著事实的为一般人所认识的认识标准，强调法官为一般人之一部分，一般人所共知，是法官司法认知的前提，以一般人为起点，强调只要一般人都认识的案件事实，法官作为社会大众的一员也必然认识该项案件事实。大陆法系国家和地区则比较强调法院在事实上是否认识该事实，认为法官作为一般人的一种，法官不知道的事实，不能构成显著事实，法官知道的事实，也必然为一般人所共知。思维方式以法官为起点。两种思维方式不同，但实际诉讼处理结果却有异曲同工之妙。以法官为基点的思维方式，对法官不知道的事实，不能作为司法认知的内容，当事人必须以之为证明对象予以证明；以一般人为基点的思维方式，在一般人共知而法官缺乏该知识的情况下，当事人可以通过举证使一般人共知的事实为裁判者认可。

（2）能立即表明的事实。华尔兹认为，该事实虽然不为所有的人知晓，但可以通过借助原始资料来确认和迅速认定，而原始资料的准确性不容置

① 陈浩然著：《证据学原理》，华东理工大学出版社2002年版，第344～345页。

疑。[①] 美国学者基恩则指出，某些事实，虽然不显著，但经过调查立刻就可以得到证明。如某日是星期几，某地的经纬度，以及某个著名历史发生的时间和地点。这些事实，通过参考合适的权威历书、历史或地理著作，或者听取适格专家的口头陈述，都是可以立刻得到证明的。对于这些事实，Wigore 认为“可为即时而无可疑问之说明，足使一造在聪明的对造之前不至萌有欺蒙法院之想”[②]。

（3）职务上已知的事实。指法官因执行职务所已知的事实，无论是在本诉讼中所知，或在其他诉讼中所知，凡法官行使司法职务上所得知的一切事实均属于这一范畴。关于职务上已知事实学说上分为法律、政治机构，裁判程序和政府事项。以上三项均可由法院依职权予以确认，无需待当事人申请，但对于这些事项的司法认知，当事人也可以提出申请。

个人知识或经验。个人知识一般作为私人知悉，传统上不属于司法认知的范畴。私知或本于私人身份所了解到的特别知识，一般认为不属于司法认知范畴。裁判者的私人知识，有的是一般人也知晓的事实，有的是其个人所知悉的特殊事项。对于前者，其属于显著事实的范围是没有任何问题的；对于后者，则系裁判者依个人体验所知道的事实，不得作为裁判上显著事实和司法认知的事实，据为判决之基础。裁判者的一般个人知识和个人经验可以作为证据能力、证明力评价和司法推理的基础，但如果裁判者基于个人生活关系，而对案件事实有所了解，则其对案件事实的了解也不能作为司法认知的内容，裁判者可以就其了解的案件事实，于具体诉讼中作为证人向法庭提供证言。“在审判上已经有人反对法官依其私知为审判，认为法官如自知被告因任何事实可致有罪或无罪，应离座而作证。”[③]

经验法则应根据其适用范围区别对待。对于适用范围具有普遍性的经验法则，可以作为众所周知的事实予以对待，对于仅仅是某行业、某方面的经验法则，则须由当事人提出申请，同时提出申请的当事人还必须提供相关的证据。

4. 司法认知的具体程序

（1）司法认知的启动。司法认知可以由法院依职权启动，也可以依据当事人申请而启动。我国台湾地区“民事诉讼法”第 278 条第 2 款规定，前项事实，虽非当事人提出者，亦得斟酌。美国法学会《模范证据法》第 801 条规定，法官应自动认知为普通所知之显著事项。第 802 条规定，法官得认知显著之特殊知识，第 803 条规定，如经适当之请求后则应予认知。此种请求是否必

① ［美］乔恩·R. 华尔兹著：《刑事证据法大全》，何家弘译，中国人民公安大学出版社 1993 年版，第 323 页。

② 转引自［美］摩根著：《证据法基本问题》，李学灯译，台北世界书局 1982 年版，第 33 页。

③ 李学灯著：《证据法比较研究》，台北五南图书出版公司 1992 年版，第 31 页。

要，当视显著之程度及系属案件之情况而定。[①] 但裁判前应令当事人就其事项有辩论机会。换言之，对于司法认知的事项在是否做司法认知对待方面，法院不受当事人申请与否的限制。不过，这并非意味着法院对属于司法认知的、当事人没有主张的事实可以直接作为法院裁判的基础。我们认为承认司法认知确定的法院主导，并不否认当事人在案件事实主张上的处分权，不否认辩论主义的适用。当然，按照《民事诉讼法》规定的诚实信用原则，当事人不应该主张与众所周知的事实相矛盾的事实，对方当事人也不应当作与众所周知的事实相冲突的诉讼自认。

(2) 法院对司法认知的调查。对于某些特定的事实可以无需调查。众所周知的事实、职务上已知的事实等；对于某些事实法院必须启动调查程序。如经验法则，能立即表明的事项等。

(3) 当事人就司法认知应有辩论的机会。《美国联邦证据规则》规定，对于采用司法认知的适当性和认知事项的要旨，当事人有权及时申请得到听证的机会。在未事先得到通知的情况下，申请可以在司法认知后提出。我国台湾地区的“民事诉讼法”也认为，如在裁判前未晓谕当事人辩论，而采为裁判之基础者，其裁判为有法律上之瑕疵。为保证当事人的知情权和辩论权，认知前告知当事人，认知后告知当事人，并赋予当事人异议的机会。认知前告知当事人，许可当事人就是否构成司法认知发表意见，能够充分实现对当事人的程序保障；作出司法认知决定以后告知当事人，一方面让当事人知晓司法认知的结果，并许可对之在法律许可的框架内提出异议。不过，目前我国民事诉讼法对当事人此方面的异议权还缺乏明确的规定，既未规定异议时间，也没有规定异议程序，同时也无受理异议的主体。当事人对司法认知的结果不服的救济被吸收于通常的诉讼救济中，缺乏应有的独立性。另一方面，使当事人在司法认知决定的基础上为证据的收集和提供，减少当事人的诉讼成本投入。

(4) 司法认知的方式。有提出应当采用裁定的方式。理由为大陆法系一般就证明有无必要以裁定确定。司法认知的事项即是无证明必要的事项。有学者认为司法认知和证据认定有一定的联系，所以可以采用决定的方式，也可以采用裁定的方式。我们比较赞同采用裁定的方式，按照我国《民事诉讼法》的规定，裁定是处理一般程序事项通用的司法文书样式，决定仅仅适用于法律规定的特定程序事项，而在法律对司法认知未作特别规定的情况下，应该适用一般规定。

---

① ［美］摩根著：《证据法基本问题》，李学灯译，台北世界书局1982年版，第32页。

第八章　民事举证证明责任

证据裁判主义背景下，对案件事实的裁判除非依照特殊的案件事实查明方法必须依据证据，民事诉讼的证据多数情况下也是由当事人收集提供的。需要进一步解决的问题是当事人双方是否承担均等的证据提出责任，如果不是均等的证据提出责任，则双方承担的责任有无差别？各自承担提供证据的责任的依据是什么？当事人收集提供的证据如果没有达到法律规定的证明标准时，法院如何裁决案件？这一问题在民事证据法学的理论上称为民事举证责任，其不仅关涉诉讼中当事人的证据提供、法院的最后裁判，而且关涉当事人的事实主张，因此有学者认为，民事举证责任问题是连接诉讼标的与法院最后判决的纽带，属于民事诉讼法学的脊梁骨。更重要的是民事举证责任还进一步关涉在一般的民商事生活中双方当事人的基本态度，关涉平时社会交往中的证据的收集和证据保存。

‖第一节　民事举证责任概述‖

一、民事举证责任的概念

（一）民事举证责任概念的历史沿革

我国民事诉讼法学者对民事举证责任的理解有一个发展的过程，这符合人类认识发展的规律，也与民事诉讼制度的发展同步。传统上一种强有力的观点认为，当事人向法院提供证据是当事人必须履行的一种诉讼义务。该观点也被称为义务说的民事举证责任论，其基本依据是《民事诉讼法》的规定[①]。义务说的观点无法回答，当事人不履行该项义务时应承担何种不利的民事诉讼法律后果。另外一种观点，被称为权利说的观点则从当事人为获得胜诉的裁判必须

① 1982 年《民事诉讼法》（试行）第 56 条第 1 款规定：“当事人对自己提出的主张，有责任提供证据。”1991 年《民事诉讼法》第 64 条第 1 款规定：“当事人对自己提出的主张，有责任提供证据。”2012 年《民事诉讼法》第 64 条第 1 款规定：“当事人对自己提出的主张，有责任提供证据。”

提供证据，提供证据是其获得胜诉裁判的重要基础，因之也应当作为其重要的诉讼权利的角度，认为当事人向法院提供证据是当事人的一种重要诉讼权利。该观点也为当事人有权向人民法院申请传唤证人、当事人有权向人民法院申请鉴定等内容支持。该观点无法回答，于当事人不提供证据时，何以必须承担不利的诉讼后果。综合权利说和义务说观点，并希望在两者中间获得平衡的观点被称为权利义务同一说，认为向法院提供证据既是当事人的民事诉讼权利，也是当事人的民事诉讼义务。但该观点无法具体说明当事人向法院提供证据，在什么情况下是其权利？在什么情况下是其义务？区分的依据又是什么？为解决以上理论上的不足，与现代民事举证责任制度最相似的理论随之产生，其认为当事人提供证据的目的在于避免承担不利的诉讼结果，即避免诉讼风险。该观点也被称为风险负担说。

事实上，域外国家和地区对民事举证责任的认识也有一个发展的过程。古罗马法上关于举证责任的规定主要体现在学者们概括的五句话中，即“原告不举证证明、被告即获胜诉”“为主张之人有证明义务、为否定之人则无之”“事物之性质上否定之人无须证明”“原告对于其诉以及以其诉请求之权利须举证证明之”“若提出抗辩则就其抗辩有举证之必要”。直到 19 世纪末具有现代意义的民事举证责任理论才得以创立。1883 年，德国诉讼法学家尤利乌斯·格尔查在他的著作《刑事诉讼导论》（*Hand buchdes Straf prozesses*）中首次将举证责任区别为客观的举证责任和主观的举证责任。1890 年，美国学者塞耶在其论文《证明责任论》中指出 burden of proof 实际上具有两重含义。并在 8 年以后出版了近 10 年来潜心研究的成果《证据理论研究》，在该书中，塞耶对 burden of proof 的两种含义进行了详细论证。他认为 burden of proof 的第一种含义是指：“提出任何事实的人，如果该事实为对方所争执，他就有承担特殊责任的危险——如果在所有的证据都提出后，其主张仍不能得到证明，他就会败诉（burden of persuasion）。”第二种含义是指：“在诉讼开始时，或是在审判或辩论过程中的任何阶段，首先对争议事实提出证据的责任（burden of providing evidence）。”

（二）民事举证责任的概念

民事举证责任，在我国民事诉讼法中又称为民事举证证明责任，在英美法上称为说服责任，在大陆法系国家和地区称为客观的举证责任，我国部分学者也称之为证明责任，是指当事人主张的能够导致民事法律关系发生、变更、终止的事实处于真伪不明的状态时，由当事人一方承担不利诉讼后果的法律责任。

我们认为应对纯化民事举证责任的概念，重点规制举证证明责任。一方面大陆法系国家和地区所指的行为意义上的举证责任、主观的举证责任，英美法系国家和地区所指的提供证据的责任，在较大程度上受举证证明责任的影响，负担举证证明责任的当事人有较大的证据提出义务，不负担举证证明责任的一方当事人提供证据也是为了避免自己承担不利的诉讼结果，不需要承担太大的举证负担。另一方面，举证证明责任主要解决案件事实处于真伪不明状态时裁判者如何裁判的问题，而提供证据的责任旨在影响裁判者的案件事实判断程度，并借此实现有利于己的诉讼结果。不过，裁判者对案件事实的判断到何种程度、当事人如何据之提供相应的民事证据，到目前为止还不具有可操作性，无法以法律的形式对之作出规定。换句话说，在我国目前的合议制背景下，要求裁判者在民事诉讼过程中公开其心证程度，并使当事人根据此种心证程度提供证据，还比较困难。[①] 现实民事诉讼实践中，当事人既不能考虑裁判者的心证程度，也无法考虑对方的实际举证程度，一般情况下都要猜测对方可能的事实反驳、证据掌握等，提交尽可能多的有利于己的证据。

（三）民事举证责任的特点

其一，举证证明责任是针对某一案件事实而言的。与举证证明责任联系在一起的案件事实，首先应该是法律事实，而非一般的生活事实。“证明责任分配针对的不是具体生活事实，而是法律规范要件事实。并且证明责任分配的思路应遵循从法律出发的‘依法分配’。”[②] 就一般的民事案件而言，其所涉及的主要事实可能不止一个。例如，离婚案件中的案件事实涉及双方之间是否存在合法有效的婚姻关系以及双方之间的夫妻感情是否确已破裂。一般侵权案件中的案件事实一般包括侵害行为的发生、损害结果、主观过错、侵害行为与损害结果之间的因果关系等。法律可能将某一案件中所涉及的所有主要事实的举证证明责任配置给一方当事人，更可能的是，法律为实现双方当事人之间的平衡，保障双方当事人之间的武器对等，将不同主要事实举证证明责任配置于不同当事人。例如，在债权债务纠纷中，债权人承担债权成立的案件事实的举证证明责任，而债务人承担债权消灭之事实的举证证明责任。

其二，举证证明责任是指在作为裁判基础的主要事实真伪不明时，依照预先规定的裁判规范由当事人承担不利后果的一种负担。当事人对主要事实的证明，目的是实现其主张的民事实体权利，或者阻碍对方请求的实现。不过，主要事实与实体法规范的对应情况，分为主要事实已被证明为真、主要事实已被证明为伪、主要事实没有得到证明。在第一种情况下，法院直接适用实体法规

① 赵信会：《论民事诉讼中的心证公开》，载《河南政法干部管理学院学报》2005 年第 5 期。

② 胡学军：《在“生活事实”与“法律要件”之间：证明责任分配对象的误识与回归》，载《中国法学》2019 年第 2 期。

范，作出满足当事人请求或者支持其抗辩的裁判；第二种情况下，法院不能适用该实体法规范；第三种情况学者理解不同，有人认为，主要事实真伪不明时，不是适用实体法律规范进行裁决，而是适用单独的证明责任法规范进行裁决。“证明责任规范说与罗森贝克说在结论上并无多大差异。但是，毕竟这两种观点的基础存在微妙的差异，而且正是因为这种差异的存在，相对于罗森贝克说而言，证明责任规范说才能够以一种更趋灵活化、发展化的形式来把握证明责任的概念。”① 也有人认为主要事实处于真伪不明状态和已证明主要事实为伪一样，都意味着民事实体法律规范不具备适用的条件，按举证证明责任的裁决，实际上是不适用实体法律规范的结果。“法院于事实不明时，非不能判决，而系将因不适用法律而生之不利益，判由负举证责任之一造当事人承担。”②

其三，举证证明责任是在主要事实没有得到证明或没有证据证明时所承担的一种责任，而不是因为当事人没有提出证据所要承担的一种责任。也就是说，不是一种应进行证明活动所附带的责任。即使当事人不提供证据，如果事实真伪通过其他方法，如诉讼自认、司法认知、生效裁判等确定是明确的，那么当事人也不会因此而承担败诉的后果。

其四，举证证明责任制度的主要目的是解决人的认识能力的局限性与法院不能拒绝裁判之间的矛盾。如果司法裁判者具有无限的认识能力，其能够已经成为历史的、可能是极其复杂的案件事实，则无需举证证明责任制度，裁判者在任何情况下都可以根据其查明的案件事实裁决案件。而事实上，单个人或者几个人的认识能力是有限的，是受时间、空间限制的，哲学上所讲的人类认识能力无限性，是从历史发展的角度以及人类的角度对主客观世界的关系所做的说明，在具体案件审理上不具有适用性。如果法院可以拒绝审理和裁决复杂的案件，并将复杂、疑难的案件排除于司法之外，则无需举证证明责任制度，裁判者可以将复杂的案件排除于司法。但现代司法制度采司法终局解决原则，司法是包括民事纠纷在内的所有纠纷解决的最后一道防线，司法的懈怠和不作为，即会影响当事人之间的民商事法律关系的流转，甚至会影响社会安定、国家安全。

其五，举证证明责任是法定的诉讼风险责任，也是一种潜在的诉讼风险。举证证明责任作为一种诉讼结果，实际上是实体法律规范未予适用，而对当事人产生的不利益，该不利益内含于实体法律规范中，并是实体法律规范的应有

---

① ［日］高桥宏志著：《民事诉讼法——制度与理论的深层分析》，林剑锋译，法律出版社 2003 年版，第 423 页。

② 转引自雷万来著：《民事证据法论》，台北瑞兴图书股份有限公司 1997 年版，第 144 页。

之义。同时，举证证明责任作为一种不利益，只有在事实审理完毕、法庭辩论终结以后，才能产生，在此之前的诉讼过程中或者其他纠纷解决过程中，举证证明责任作为一种实体法不适用的不利益，潜在地存在着，并因此指导当事人提供证据的行为和诉讼证明行为。① “客观证明责任作为一种潜在的、抽象的风险负担，从诉讼起始直至终结，影响着整个诉讼程序，当诉讼结果最后呈现真伪不明状态时，原先观念上负担的证明责任就得以转换为现实。”② 举证证明责任的此种潜在性还表现在，民事诉讼当事人双方会积极提供证据证明案件事实或者反驳案件事实，从而避免案件事实最后仍然处于真伪不明的状态。法院也会采取一切积极的方法，避免适用举证证明责任规范裁决案件，这些手段包括向当事人为释明、协助当事人调查收集证据、采用表见证明的方法认定案件事实等。

其六，举证证明责任的存在与民事诉讼模式并无必然联系。举证证明责任是解决人认识能力的有限性与法院不得拒绝裁判之间的矛盾的道具，人认识能力的有限性和出现主要事实处于真伪不明状态的可能性，在采辩论主义模式的民事诉讼中普遍存在，在采职权探知主义的民事诉讼模式中，仍然有它的优势。当然，在职权探知主义模式下，法院之事实认定可以不受当事人主张事实之范围及提供证据之数量的制约，但主要事实处于真伪不明时的诉讼风险，仍然由当事人承担。“即使在职权探知主义下，因法官避免不了要件事实真伪不明情形的发生，由此而产生的诉讼风险也只能由当事人承担。”③

二、举证证明责任与提供证据的责任、主张责任

（一）举证证明责任与提供证据的责任

举证证明责任与提供证据责任之间存在内部联系。首先，举证证明责任对提供证据责任有非常大的影响。负担举证证明责任的当事人在理论上负有最先提供证据的义务，这种义务在采一元化审判组织和非阶段化审理过程的我国民事诉讼中表现得不是特别明显。弹性举证时限制度的确立，使得当事人可以在任何阶段提出对自己有利的证据，承担举证证明责任的当事人诉讼早期未提供的证据，并不必然地丧失证据资格。这也在较大程度上弱化了举证证明责任负担方的最先提出证据义务。然而，在采阶段化审理模式和二元化审判组织的英美法系国家和地区则有非常重要的意义。负担举证证明责任的一方当事人提供

① 陈刚：《证明责任法与实定法秩序的维护》，载《现代法学》2001年第4期。

② 翁晓斌、郑云波：《证明责任裁判的中国境遇：理论、规范与适用》，载《社会科学家》2019年第3期。

③ 田平安主编：《民事诉讼法　诉讼证据篇》，厦门大学出版社2006年版，第153页。

的证据，如果未达到一定的限度，则法院可以不经审理即作出驳回诉讼请求的判决，该限度是任何一个理性的陪审员都会认为原告提供的证据明显不能支持其主张的事实。另外，受民事诉讼法规定的较高的证明标准的影响，承担举证证明责任的当事人也有较大的举证负担，其对案件事实的证明必须达到法律规定的证明标准的程度，而不负担举证证明责任的当事人对案件事实的反证，要求相对比较低。其次，提供证据的责任也在一定程度上影响举证证明责任。当事人提供证据，特别是负担举证证明责任的当事人提供证据，拟追求有利的诉讼结果，其必须避免法院按照举证证明责任作出判决。另外，当事人提供证据的难易程度，在某些情况下也成为影响举证证明责任分配的要素，《民事证据规定》即可能是在考虑双方当事人举证能力、举证难易的基础上，对医患纠纷中的举证证明责任分配作出规定的。

两者的区别主要表现在以下几个方面：（1）目的不同。举证证明责任是解决人的认识能力有限性与法院不能拒绝裁判之间的矛盾；当事人承担提供证据的责任的目的是影响法院对事实的判断，并使法院对案件事实的认定向有利于己的方向发展。（2）可否由法院分担不同。提供证据的责任可以由法院分担，表现为当事人、诉讼代理人对于因为其客观原因无法收集的证据，可以申请法院收集。而所有案件的举证证明责任都只能由当事人承担，不存在法院承担举证证明责任的情形。即使在采职权探知主义的案件中，法院承担绝对的职权调查责任，但此类案件中的举证证明责任仍然是由当事人承担。（3）与诉讼模式之间的联系不同。提供证据责任直接与诉讼模式相关联，采用辩论主义的案件，当事人承担提供证据责任；采职权探知主义的案件，法院承担证据收集责任；而举证证明责任存在于所有的诉讼类型和诉讼案件中。（4）能否在当事人之间转移不同。提供证据的责任可以根据当事人的不同的举证情况，在当事人之间转移。如果当事人发现裁判者的心证对自己不利，其可以追加提供其他的对自己有利的证据，并使这种法院的心证对自己有利，而对他方不利。新遭受不利的当事人，也可以追加提供对自己有利的其他新证据。举证证明责任与之不同，始终固定地配置于一方当事人，即使通过推定改变了举证证明责任的分配，那也是因为引入了新的实体法规范，并在适用新的实体法规范的情况下，决定举证证明责任的分配。而这种新实体法规范对举证证明责任的分配，也是在民事诉讼开始前即已经预先配置好了的。（5）发挥作用的时间不同。提供证据责任发生于诉讼开始和法院最终裁判形成之前；证明责任则主要是法院的裁判阶段发生，并作为裁判的一种形式存在。当然，举证证明责任作为一种实体法律规范的体现，在民事诉讼发生之前也和其他的实体法规范一样，对当事人之间的民商事交往发挥实实在在的指导和引领作用。（6）对于同一主要事实可否由不同的当事人承担不同。提供证据责任可能当事人双方都要承担，这种分担既体现在为影响裁判者的事实认定而发生的提供证据责任的转换上，也体现为按照诚实信用原则不承担举证证明责任的一方当事人承担的证据协助提出义务上。但对同一主要事实的举证证明责任只能由当事人一方承担，不能为当事人双方分担。

（二）举证证明责任与主张责任

1. 主张责任的概念

主张责任是对于民事诉讼中的具体事实、主要事实，由一方当事人承担向法院提出并予以说明的责任，否则法院不能将该主要事实作为民事诉讼调查的对象。主张责任主要适用于采辩论主义的案件，在这样的案件中，当事人对于是否引入对自己有利的案件事实有处分权，在当事人没有向法院主张该事实的情况下，即使法院确信对当事人有利的案件事实存在，也不能据之作出对该当事人有利的判决。当事人对案件事实的主张既可以积极的方式为之，也可以否定的方式、消极的方式遂行。例如，请求确认合同无效的当事人既可以主张合同当事人没有行为能力，也可以主张当事人有精神上的障碍，无法认识行为的性质和后果。同时，成为民事诉讼证明对象和法院审理对象案件事实，还必须是当事人双方有争议的事实。即一方当事人向法院为主要事实之主张，另一方当事人对主张的事实为反驳，但对主张事实的反驳不是主张。另外，需要注意的问题是，采职权探知主义的案件中，当事人虽然没有主张的责任，但负有向法院说明案件事实的义务，这种义务主要不是从限定法院审判范围的角度予以规定，而是从协助法院确定案件审理的重点的角度予以规定的。“尽管有探知主义原则，诉讼参加人也应当提供其申请所必须的事实。此外，诉讼参加人也必须向法官提供调查事实的出发点；毕竟探知主义原则并不是要求盲目地去调查探知。”①

2. 主张责任与举证证明责任的联系

在举证证明责任与主张责任的关系方面，传统上认为是主张责任决定举证证明责任的分配，即所谓的“谁主张、谁举证”。其基本的依据是现行《民事诉讼法》第 64 条第 1 款的规定：“当事人对自己提出的主张，有责任提供证据。”学者普遍认为该款规定“既是我国民事诉讼法规定举证责任的一般原则，也是举证责任负担的一般原则”。② 但是由于对于同一主要事实，当事人可以分别从不同的侧面向法院为说明，难以独立地界定何方当事人向法院做的事实说明是主张？何方当事人向法院做的事实说明为反驳？有人甚至提出双方当事人做的事实陈述都是向法院所作的事实主张，都要承担举证证明责任。

---

① ［德］汉斯·普维庭著：《德国现代证明责任论》，吴越译，法律出版社 2000 年版，第 73 页。

② 常怡主编：《民事诉讼法学》，中国政法大学出版社 1994 年版，第 166 页。

"也就是说，我国民事诉讼中举证责任的主体是原告、被告和第三人。原告对自己提出的诉讼以及有关事实应负举证责任……同样，被告反驳原告的诉讼请求、提出反诉也要举证加以证明；第三人对自己提出的主张或请求，也应承担举证责任。"① 同时，起诉的先后时间也不能成为决定案件事实主张责任承担的因素，因为任何一方当事人都可以先行向法院提起民事诉讼。"在诸如请求确认债务关系不存在的诉讼中，原告与被告的地位是可以不顾及实体法律关系规定来进行互换。因此，关于证明责任的负担，不是在原告与被告之间，而以'债权人与债务人'或者'权利人与义务人'之方式予以把握的观点应当说才是正确的。"② 而且按照起诉的先后加诸原告以更多的责任，造成的后果就是加重了原告证明负担。因为，在实际民事诉讼中，提起诉讼请求和发动民事诉讼的总是原告，被告对原告诉讼请求的反驳，旨在阻碍原告诉讼请求的实现，没有另外提出诉的性质。只有在被告反诉的情况下，被告才因为其发动了新诉，而承担举证证明责任。这种情况不仅破坏了当事人双方之间的攻防平衡，而且在加重当事人诉讼负担的基础上，增加了当事人利用司法的成本。质言之，民事诉讼中无法自主确定某一案件事实的主张责任，在这样的背景下，以无法自主确定的主张责任，决定案件举证证明责任必然导致案件审理结果的不确定性，并因此影响司法指导社会生活关系功能的发挥，即通常所说的教育功能的发挥。反观举证证明责任的分配，其与具体民事诉讼的进行关系不大，并在民事诉讼开始之前就已经由实体法预先做了规定。这样的规定不仅指导具体诉讼的进行，而且指导当事人通常民商事法律关系的流转，具有不依赖对方态度的独立性和自主性。因之，在举证证明责任与主张责任的关系上，正确的做法是举证证明责任的分配决定主张责任的分配，而不是相反。

3. 举证证明责任与主张责任的区别

就两者的区别而言，我们概括为以下几个方面：（1）适用的案件范围不同。举证证明责任存在于所有案件中，而主张责任仅适用于采辩论主义的案件。（2）制度目的不同。举证证明责任的目的是解决人的认识能力的有限性与法院不能拒绝裁判之间的矛盾，而主张责任设置的目的是限制法院的审理范围，防止事实裁判者超出当事人争议的范围审理案件，突袭当事人。（3）发挥作用的时间不同。举证证明责任一般在案件结束时适用；而主张责任则出现于诉讼开始时。（4）发挥作用的条件不同。举证证明责任发挥作用的条件是案件事实真伪不明；而主张责任的发生以诉的提出为条件。

---

① 王怀安主编：《中国民事诉讼法教程》，人民法院出版社 1992 年版，第 156 页。

② ［日］高桥宏志著：《民事诉讼法——制度与理论的深层分析》，林剑锋译，法律出版社 2003 年版，第 425 页。

第二节 民事举证证明责任的分配

举证证明责任的分配在具体民事诉讼中常常成为影响当事人诉讼结果走向的重要调整器，特别是在某些特定的案件事实难以证明的情况下。例如，对产品质量瑕疵的证明，举证责任的分配即可以在某种程度上直接决定诉讼的结果。实体法立法上对举证证明责任规定的抽象和粗疏，进一步加剧了举证证明责任分配不明确、具体诉讼中裁判者裁量性举证证明责任分配的任意性。

一、域外举证证明责任分配的理论沿革

举证证明责任分配的法则和许多法律原则一样起源于罗马法。在罗马法初期，人们对举证证明责任的认识仅限于提供证据的责任，即主观上的证明责任。尽管当时肯定也存在事实真伪不明的情况，但这些问题不是罗马诉讼中的主要问题。[①] 对于举证证明责任的分担，法学家们提出了两条原则：(1)"原告应举证"，"原告不尽举证责任时，应作出被告胜诉的判决"；"原告尽其举证责任时，被告就应以反证推翻原告所提出的证据"。当时，提出这样的举证证明责任分配原则应当说是比较自然的。因为原告通常是主张民事诉讼权利的一方，主张权利就应当提出权利的事实依据。(2)"提出主张的人有证明责任。否定的人没有证明责任"（ei incumbit probatio，qui dicit，non qui neget）。"根据事物的性质，否定无须证明"（cum per rerum naturam negantis nulla probation sit）。这一原则源于罗马法中这样的法谚："肯定者应证明，否定者不应证明"（affirmanti incumbit probatio non neganti）。[②] 罗马法的这些原则经过罗马法注释法学家时期，德国普通法时期，逐渐演化成了大陆法系国家和地区的现代举证证明责任分配的学说。尤其后一条原则引导出了主张肯定事实（积极事实）的人承担证明责任，主张否定事实（消极事实）的人不承担证明责任这样的理论，并演变为大陆法系现代证明责任分配学说——待证事实分类说。

（一）待证事实分类说

待证事实分类说（要证事实分类说）的基本思路是根据要证事实证明的难易，决定举证证明责任的分配。具体做法是将事实按某种标准加以分类，以明确对哪些事实需承担举证证明责任，而对哪些事实无需承担举证证明责任。依划分标准不同可分为消极事实说、外界事实说。消极事实说（negativentheorie）是将待证事实分为积极事实和消极事实，主张积极事实的人应承担举证证明责任，主

---

① 参见陈荣宗著：《举证责任分配与民事程序法》，台湾大学法律丛书编辑 1984 年版，第 6 页。

② ［日］村上博巳著：《证明责任の研究》，有斐阁 1986 年版，第 70 页。

张消极事实的人则不承担举证证明责任。消极事实说直接来源于罗马法否定者无须举证的原则，但学者们认为消极事实说有以下致命的缺陷：其一，消极事实和积极事实之间的界限不明显，在许多情况下同一事实可以因为表述形式的不同，而分别成为积极事实或者消极事实。尽管有学者认为不能以事实的表面形式来确定是消极事实还是积极事实，而应该按其实质是消极的还是积极的来确定，以此避免上述缺陷。但该问题又进一步演化为形式和实质如何区别的问题，如果不解决这一问题，消极事实说难有实践上的生命力；其二，该理论的前提是积极事实容易证明，消极事实证明比较困难。但消极事实说的这一理论前提却有绝对化嫌疑，有些消极事实，不仅是可以证明的，而且证明起来不难，如不在场的证明。① 外界事实说则将事实分为外界事实和内界事实两大类，认为主张外界事实的人应承担举证证明责任，主张内界事实的人不承担举证证明责任，因为内界事实的证明较外界事实的证明困难。这一理论的缺陷在于其前提的普适性，内界事实并不必然比外界事实难以证明，例如交通肇事中，司机明知再次碾压会致受害人死亡，仍然多次施行碾压行为，即可以明显地证明其有侵害的恶意。而且该理论无法解决双方均主张内界事实时的举证证明责任分配问题。如医患纠纷中，患者认为医院存在医疗过失，而医院则认为自己没有医疗过失，此时举证证明责任如何分配，外界事实说难以解决。

认识到待证事实分类说存在的简单化、机械化倾向，德国学者提出了多种理论和观点以替代之，这些观点包括基础事实与特别要件说、因果关系说、完全性说、规范说。这些学说与待证事实分类说的最大区别是方法论上的区别，他们不再依据举证的难易决定举证证明责任的分配，相反，开始将举证证明责任的分配与实体规范联系起来。例如，德国法学家维伯·伯特曼创立的因果关系说认为，主张权利的人应对权利成立的原因事实承担举证证明责任，对方则应对权利不能成立的条件事实承担举证证明责任。主张完全说的莱昂哈德认为，原告不仅要证明权利发生的法律要件事实的存在，还要证明权利妨碍法律要件事实不存在。为了缓和原告的举证证明责任负担，莱昂哈德认为被告应承担“反驳责任”。这种责任是根据民事诉讼法上的诚实信用原则和公平原则，课以被告对部分权利发生的法律要件事实加以说明的负担。②

（二）法律要件分类说

当然，在法律要件分类说中影响最大的当属罗森贝克创立的规范说，“在德国、日本、韩国以及我国的台湾地区，规范说一直在实务界具有支配地位。

---

① ［日］松本博之著：《证明责任的分配》，载《新实务民事诉讼法讲座》第2卷第252页。

② 陈荣宗著：《举证责任与民事程序法》（第二册），台湾大学法律丛书编辑部1984年版，第20～23页。

在理论界尽管不断受到各方面的挑战，但至今还尚未出现能够完全取代该学说的理论”。[①] 按照日本民事诉讼法学者高桥宏志的理解，罗森贝克的规范说包括如下五个方面的内容：第一，法规不适用原则。该原则是指实体法的要件事实的存在只有被法官报以确信程度的心证，该法律才被适用，因此，不仅当法官对于事实的不存在抱有确信时，而且在争议事实处于真伪不明的情形下，也不适用实体法。第二，当事人在于己有利之法律的要件事实处于真伪不明时，将要承受不适用该法律产生的不利益。当然，对于该种不利益如何理解，理论上存在分歧。法规不适用说认为要件事实处于真伪不明时和要件事实为伪的法律后果一样，都是不能适用具体的实体法律规范，当事人的诉讼请求或者反驳不能得到支持[②]。也有学者严格区别争议的实体要件事实客观上存否得到证明的情况，与要件事实处于真伪不明的情况，认为两者在法律效果上是不同的，适用的规范也是不同的。这样在实体法规范之外，就必然存在一个可以与要件事实真伪不明相对应的独立的举证责任规范。例如，莱堡（Leipold）认为，在要件事实客观上存否不能得到证明时，实体法规定的法律效果不能仅仅依靠实体法本身获得，此时，独立于实体法之外的举证责任规范就是必要的。在要件事实真伪不明时，适用这样的特别举证责任规范，并要求法院拟制要件事实存在或者不存在作出裁判。后一观点在实体法的形式结构并不十分明确的国家，尤其受到青睐。换句话说，如果依据实体法的形式和构造不能确定证明责任的分配，而证明责任分配又诚为诉讼所需要，则就有必要在实体法之外确立独立证明责任分配规范。第三，法规是否有利的判断应当从实体法律的逻辑关系中，去谋求解决之道。具体来说实体法从性质上可以划分为，权利根据规定、权利障碍规定、权利消灭规定。权利根据规定是对提出民事权利请求的当事人有利的实体法律，其他两种规定是对反驳民事权利请求的当事人有利的实体规范。第四，法律规范性质的识别，应当依靠法律条文的形式构造进行。第五，在举证证明责任分配上，应当排除每个法官的实质性考虑，而只能基于由精明的立法者历经几个世纪构筑起来的正义——实定的实体法规来进行。[③]

规范说由于继承了其他法律要件分类说的优点，并在适用上具有较大的可操作性，长期以来在大陆法系国家和地区占据通说地位。但近年来，也遭到了

---

① 陈刚著：《证明责任法研究》，中国人民大学出版社 2000 年版，第 178 页。

② 必须注意，莱昂哈德（Leonhard）以此为理由否定举证证明责任规范的必要性，认为“举证责任之分配，完全依据适用（或者不适用）之实体法规定为基准。依实体法本身之规定，已足解决事实真伪不明之问题，因此无须举证责任规范存在之必要”。转引自雷万来著：《民事证据法论》，台北瑞兴图书股份有限公司，1997 年版，第 145 页。

③ ［日］高桥宏志著：《民事诉讼法——制度与理论的深层分析》，林剑锋译，法律出版社 2003 年版，第 439 ~441 页。

强有力的批判，这些批判集中在：（1）权利根据规定和权利障碍规定，均影响权利的产生，与其相关的事实之产生也具有同时性，故在逻辑上难以识别；[①]（2）法规不适用与法律上的推定矛盾。按照推定在基础事实得到证明的情况下，即使推定事实不能得到直接证明，或者说处于真伪不明的情况下，法院仍然可以适用实体法律规范作出判决；[②]（3）规范说存在功能上的缺陷。反对者认为规范说过于注重法律规定的形式构成，完全不考虑举证难易、对权利救济的社会保护，使举证证明责任制度的适用走入教条，从而影响举证证明责任分配的实质公平与公正。

学者们对规范说的形而上学方法进行批判的同时，也提出了许多旨在替代规范说的新理论主要有：

第一，危险领域说。该说的倡导者是德国学者普霍斯，按照他的理解，举证证明责任的分配不能机械地依据实体法的形式规定进行，而应当考虑某些特殊的危险领域。在这些领域里，被害人难以知道处于加害人控制之下的危险领域里所发生的事件过程，因此，难以提出证据。相反，由于该危险领域在加害人的控制之下，加害人更容易了解有关案件的情况，因此，容易提出证据，加以证明自己的清白。[③] 实际上，危险领域说并未完全否定法律要件分类说，不过是主张在某些领域（危险领域）里考虑证明难易和损害救济预防因素。应当说，危险领域说在方法论上改变了过去规范说的教条主义，在举证证明责任的重新分配方面反映了分配公正性的要求。危险领域说存在的最大难题是危险领域的不确定性，对于何为危险领域法律没有明确的规定，学理上也缺乏统一的标准，而且随着社会生活的变化，原来处于危险领域里的社会关系，可能不再属于危险领域。普维庭教授的批评认为，普霍斯对危险领域的定义太广，几乎债务人的所有行为都被囊括其中。如此一来，他自己为危险领域说设定的空间范围也就完全被抛弃了。对危险领域的另一批评，是在契约法方面，有关归责事由的举证证明责任，德国民法在有关条文中，已运用转换举证证明责任的方法加以解决。在侵权行为方面，如果对归责事由的证明有困难时，可以通过

① 罗森贝克曾经对反规范说的批评进行积极回应，认为权利妨碍的法律要件对于实体法仍然有其意义。为了增强说服力，罗森贝克举出了很多例子。其中一个例子是关于车内吸烟的例子。罗氏举例说，关于车内吸烟有两个规定：一个规定是在一等车厢中，只有征得所有乘客的同意时才能吸烟；另一个规定是如果旅客没有异议就可以吸烟。罗氏认为，这两个规定的实体法效果是不同的。在前一个规定中，立法者的意旨表现为：全体乘客的同意是吸烟权产生的根据；在后一个规定中，乘客的异议是权利妨碍的事实。立法趣旨完全可以从立法的表述中探询，而且这两种立法确实是追求不同的目标，采取不同的政策。［日］松本博之著：《证明责任的分配》，信山社 1996 年版，第 49、50 页。

② 陈荣宗著：《举证责任与民事程序法》（第二册），台湾大学法律丛书编辑部 1984 年版，第 30 页。

③ ［德］汉斯·普维庭著：《德国现代证明责任论》，吴越译，法律出版社 2000 年版，第 307 ~ 330 页。

表见证明或举证证明责任转换的方法加以解决，因此，依据危险领域说来分配就没有必要。[①]

第二，盖然性说。与危险领域说不同，盖然性说不是部分修正法律要件分类说，而是彻底否定法律要件分类说，因盖然性说完全抛弃了以划分法律要件事实来分担举证证明责任的基本方法。盖然性说的基本含义，是指“如果法官对一个要件事实真伪不明不能确认时，那么，就应当由某个要件事实成立的可能性较小，因而对对其不利的一方当事人承担不利后果”[②]。换句话说，如果某一事实发生的概率较高，则主张该事实的人无需承担证明责任，该事实不存在的举证证明责任由对方当事人负担。盖然性说的代表人物是莱讷克（Reinecke）和瓦尔道夫（Wahrendorf），不过，他们并不认为盖然性是分配证明责任时应考量的唯一因素。如莱讷克认为分配证明责任时应同时考虑“证明的可能性”，这一标准实质就是说具有证明可能性的当事人应当承担举证证明责任。瓦尔道夫则从根本上来说，提倡多元的分配因素，而且主张根据不同的情况考虑不同的分配因素，这正是瓦氏学说的不同之处，亦可谓创新。这些因素包括盖然性、担保、领域、社会危险领域、连带责任、制裁和预防。[③] 盖然性说的基本立场在于证明责任分配不能完全立足于实体法的立法趣旨，而应由裁判者在具体案件考量多种因素，灵活确定。其追求个案正义的精神值得肯定，但这种对个案正义的追求，却是以失去法律的安定性和可预测性为代价。普维庭教授认为，在诉讼中，由于寻找盖然性以及确定盖然性的整体价值方面困难会导致极大的不安定性，损害法的可预测性，最终会导致作为法定风险分配的举证证明责任误入歧途，并进一步导致证明评价有名无实。因此，抽象盖然性充其量不过是立法者的动机之一，而不可能成为法定的证明责任分配规则。[④]

与大陆法系国家和地区追求理论上的统一性，并体现民事诉讼理论研究和制度建设中的理性主义色彩不同，英美法系国家和地区更多地体现其经验主义和实用主义的立法立场，在举证证明责任的分配上也没有统一的理论学说。虽然也有学者试图提出统一的、预先由法律规定的举证证明责任分配标准，并出现了许多相互竞争的学说。例如，肯定事实说、理论上诉答责任说、必须事实说、“特别知悉说”。这些举证证明责任理论遭到实务上的普遍唾弃，实务上反过来追求考量多种因素确定证明责任的灵活方法。一般认为在具体的诉讼中

---

① 参见陈荣宗著：《举证责任与民事程序法》（第二册），台湾大学法律丛书编辑部 1984 年版，第 29 页；另可参见［日］松本博之著：《证明责任的分配》，信山社 1996 年版，第 62、63 页。

② ［德］汉斯·普维庭著：《德国现代证明责任论》，吴越译，法律出版社 2000 年版，第 287 页。

③ ［德］汉斯·普维庭著：《德国现代证明责任论》，吴越译，法律出版社 2000 年版，第 299 ~ 302 页。

④ ［德］汉斯·普维庭著：《德国现代证明责任论》，吴越译，法律出版社 2000 年版，第 282 页。

证明责任的分配应考量：（1）政策；（2）公平；（3）证据持有或证据距离；（4）便宜；（5）盖然性；（6）经验和常识；（7）请求变更现状的当事人应当承担证明责任等因素。①

二、我国民事举证责任的理论及立法沿革

我国民事举证责任理论与立法的关系也是处在发展变化过程中的，早期的民事诉讼法学主要是一种注释法学，民事诉讼法学理论直接表现为对民事诉讼法的解释。随着民事诉讼法学的对外交往和开放，民事诉讼法学也在较大程度上走出了注释法学的牢笼，在一定程度上引领民事诉讼立法和民事司法的运行。

（一）“谁主张、谁举证”和举证责任倒置

“谁主张、谁举证”的立法主要体现在《民事诉讼法》（试行）第56条第1款、1991年《民事诉讼法》第64条第1款，举证责任倒置主要体现在《民事诉讼法意见》第74条。举证责任倒置主要是与“谁主张、谁举证”的分配原则相对应的，是“谁主张、谁举证”原则的补充。“所谓举证责任倒置，指基于法律规定，将通常情形下本应由提出主张的一方当事人（一般是原告）就某种事由不负担举证责任，而由他方当事人（一般是被告）就某种事实存在或不存在承担举证责任，如果该方当事人不能就此举证证明，则推定原告的事实主张成立的一种举证责任分配制度。在一般证据规则中，‘谁主张、谁举证’是举证责任分配的一般原则，而举证责任的倒置则是这一原则的例外。”②也有学者直接根据最高人民法院的司法解释，来理解举证责任倒置，即所谓的举证责任倒置情形就是最高人民法院在司法解释中明确规定的由被告承担举证责任的情形。“举证责任倒置的情形是我国民法通则及最高人民法院在《关于适用〈中华人民共和国民事诉讼法〉若干问题的意见》中明确规定的，它是指在法律规定的一部分侵权诉讼中，对原告提出的侵权事实，被告否认负责任的，应由被告负责举证证明己方无过错或损害系由原告自己及第三人的原因导致，否则即应推定为被告过错并承担责任的一种归责原则。”③具有强烈注释法学色彩的传统民事诉讼法学也坚持“谁主张、谁举证”的举证证明责任分配方法。我国民事诉讼法学界早期即有批判“谁主张、谁举证”的举证证明责任分配原则，认为其无法解决举证证明责任的分配问题。“仅凭《民事诉讼法》第64条第1款的规定并不能解决确定举证责任的归属。例如，在侵权诉

---

① 江伟主编：《民事诉讼法》，高等教育出版社，北京大学出版社2000年版，第165页。

② 王利明：《举证责任倒置应具备的条件》，载《人民法院报》2002年12月27日。

③ 王学棉、周凤翱：《民事举证责任倒置浅析》，载《华北电力大学学报》2000年第1期。

讼中，原告主张被告有过错，被告则主张自己无过错，按照《民事诉讼法》中的上述规定，原告应就被告有过错负举证责任，被告则应就自己无过错负举证责任。结果，对同一争议事实双方当事人都负有举证责任。这样，一旦有无过错处于真伪不明状态时，法院就无从依据举证责任下判决。可见，上述规定并未能解决举证责任分担的问题。"① 更有学者则从客观证明责任与提供证据责任区别的角度上，对举证倒置口诛笔伐。"客观证明责任属于实体法，对某个具体的请求权的前提要件来说，其客观证明责任的分配已经事先由法律设置好了，因此它是不能被转换或者倒置的。"②

"谁主张、谁举证"的举证证明责任分配原则的背景有：其一，传统民事诉讼制度以及传统民事诉讼理论还不承认人的认识能力的有限性，过分夸大了或者不适当地理解了人的认识能力无限性的结论。其二，法院承担了大量的民事证据的调查收集工作，当事人提供证据的负担不大。当事人不能提供证据与承担败诉结果之间的联系还比较松散。其三，传统民事诉讼中较多采用的结案方式是调解，这种方式，特别适用于案件事实不好查清、证据难以收集的情况。传统中国民事司法透过法院调解，非常好地化解了民事诉讼可能出现的证明困难问题。

（二）有限认可法律要件分类说

与以往不同，《民事证据规定》对法律要件分类说的有限认可是在学者积极呼吁的基础上实现的。早在20世纪90年代初，学者即积极批判传统民事诉讼法规定的"谁主张、谁举证"的举证责任分配原则，系统介绍和推荐法律要件分类说。认为凡主张权利或法律关系存在的当事人，只需对产生该权利或法律关系的法律事实负举证责任，不必对不存在阻碍该权利或法律关系发生的事实负举证责任，存在阻碍该权利或法律关系发生的事实的举证责任由对方当事人负担；凡是主张原来存在的权利或法律关系已经或者应当变更或消灭的当事人，只需就存在变更或消灭权利或法律关系的事实负举证责任，不必进一步对不存在阻碍权利或法律关系变更或消灭的事实负举证责任，这类事实的存在亦由对方当事人主张并负举证责任。吸收民事诉讼法学研究成果和理论智慧的《民事证据规定》所包含的举证证明责任分配的内容可以概括为两个方面：(1) 开始从不利诉讼结果的负担方面规定举证责任。尽管《民事证据规定》在具体表述上还未采用"证明责任"或者"举证证明责任"的表述方法，但

① 李浩著：《民事举证责任研究》，中国政法大学出版社1994年版，第134页。

② 吴越：《从举证责任到客观证明责任的跨越》，载［德］汉斯·普维庭著：《德国现代证明责任论》，吴越译，法律出版社2000年版，中文译序，第3页。

已经将举证责任与不利诉讼结果的负担结合在一起[①]。（2）规定在部分案件中，即合同纠纷案件[②]和劳动争议纠纷案件[③]中采取法律要件分类说的观点分配举证责任。

（三）全面采纳法律要件分类说

《民事诉讼法解释》在《民事证据规定》的基础上，进一步扩大了法律要件分类说的适用范围。具体内容有：（1）继续从不利诉讼结果的负担方面规定举证责任，并采用了“举证证明责任”的表达方法[④]。（2）将法律要件分类说扩展到法律除另有特殊规定之外的所有案件中[⑤]。（3）没有把案件事实真伪不明状态作为一种独立的事实认定状态，相反是将之作为案件事实不存在的一种情形[⑥]，进而不适用以该事实作为条件规范的法律规范，并进一步作出对负担举证证明责任的当事人不利的诉讼判决。近年来，我国也有部分学者提出相反的意见，认为举证证明责任规范不是一种实体法律规范，而是处于实体法和程序法交错的领域。“证明责任规范概括自实体法或者程序法规范，活跃于法官应对案件事实真伪不明状态的动态过程中。若将证明责任规范与实体法或程序法的亲缘关系完全割裂开来，立法中就必然有大规模独立存在的分配证明的特殊规范，但现实中是不存在的。”[⑦] 在我们看来，以举证证明责任规范的程序适用否认其实体法律规范的属性还存在一定逻辑上的跳跃性，所有实体法律规范的适用，在民事诉讼中都需要和民事诉讼制度结合起来，否则其不具有程序适用性。也正是从这个意义上，才有学者指出整个民事诉讼就是由民事实体

① 《民事证据规定》第 2 条规定：“当事人对自己提出的诉讼请求所依据的事实或者反驳对方诉讼请求所依据的事实有责任提供证据加以证明。没有证据或者证据不足以证明当事人的事实主张的，由负有举证责任的当事人承担不利的后果。”

② 《民事证据规定》第 5 条规定：“在合同纠纷案件中，主张合同成立并生效的一方当事人对合同订立和生效的事实承担举证责任；主张合同关系变更、解除、终止、撤销的一方当事人对引起合同关系变动的事实承担举证责任；对合同是否履行发生争议的，由负有履行义务的当事人承担举证责任；对代理权发生争议的，由主张有代理权的一方当事人承担举证责任。”

③ 《民事证据规定》第 6 条规定：“在劳动争议案件中，因用人单位作出开除、除名、辞退、解除劳动合同、减少劳动报酬、计算劳动者年限等决定发生劳动争议的，由用人单位负举证责任。”

④ 《民事诉讼法解释》第 90 条第 2 款规定：“在作出判决前，当事人未能提供证据或者证据不足以证明其事实主张的，由负有举证证明责任的当事人承担不利的后果。”

⑤ 《民事诉讼法解释》第 91 条规定：“人民法院应当依照下列原则确定举证证明责任的承担，但法律另有规定的除外：（1）主张法律关系存在的当事人，应当对产生该法律关系的基本事实承担举证证明责任；（2）主张法律关系变更、消灭或者权利受到妨害的当事人，应当对该法律关系变更、消灭或者权利受到妨害的基本事实承担举证证明责任。”

⑥ 《民事诉讼法解释》第 108 条第 2 款规定：“对一方当事人为反驳负有举证证明责任的当事人所主张事实而提供的证据，人民法院经审查并结合相关事实，认为待证事实真伪不明的，应当认定该事实不存在。”

⑦ 刘鹏飞：《证明责任规范的功能性审视：以归责原则为重心》，载《政法论坛》2019 年第 3 期。

法与民事诉讼法构成的场，是实体法和程序法作为车轮的马车。

（四）特殊案件中的举证证明责任分配

民事诉讼特殊案件的举证证明责任的规定主要集中在《民事证据规定》中，并主要适用于特殊的侵权案件中，因此，同样为《侵权责任法》所规制。这些侵权案件不适用一般的过错归责原则，要么适用过错推定原则，要么适用沿革责任原则。结合《侵权责任法》我们将之做如下概括：

1. 因新产品制造方法发明专利引起的专利侵权诉讼

在此种诉讼中，由制造同样产品的单位或者个人对其产品制造方法不同于专利方法承担举证证明责任。法律如此规定的重要原因在于产品制造方法常隐匿于产品背后，作为产品生产者之外的专利权人证明生产者使用了与自己的专利方法一样的生产方法比较困难。为防止证明的困境，平衡证明的难易，法律规定应当由产品的制作者对自己产品的制造方法不同于专利方法承担举证证明责任。在因产品制造方法发明专利引起的专利侵权诉讼中，其他案件事实，如侵害结果、因果关系等仍然按照一般的举证证明责任分配原则予以分配。

2. 高度危险作业致人侵害的诉讼

由加害人就受害人故意造成损害的事实、不可抗力的事实或者被侵权人有过失的事实承担举证证明责任。按照《民事证据规定》由加害人就受害人故意造成损害的事实承担举证责任。而《侵权责任法》坚持受害人故意或者因为不可抗力出现的侵害，加害人不承担责任的原则，坚持在受害人有过失的情况下，应该适当减轻加害人责任的原则，许可高度危险作业中，加害人就损害肇因于不可抗力或者受害人故意的免责事由承担举证证明责任，并在其完成举证证明责任之背景下，免除加害人的责任。许可加害人就受害人有过失的减轻责任事实承担举证证明责任，并在其完成举证证明责任的情形下，减轻其责任负担①。其他案件事实，如因果关系、侵害事实、侵害行为等仍然按照一般的举证证明责任分配原则予以分配。

3. 因环境污染引起的损害赔偿诉讼

污染者即加害人应当就法律规定的不承担责任或者减轻责任的情形及其行为与损害之间不存在因果关系承担举证证明责任②。当实施环境污染行为的主体有多个时，参照共同危险行为确定双方的责任，能够证明自己没有实施环境污染行为的不承担责任。法院也按照污染物的种类、排放量等因素，来确定各个污染主体应当承担的民事责任。其他案件事实的证明责任，如损害事实、侵害行为等按照一般举证证明责任分配原则予以分配。

---

① 参见《侵权责任法》第73条。

② 参见《侵权责任法》第66条。

4. 建筑物或者其他设施以及建筑物上的搁置物、悬挂物发生倒塌、脱落、坠落致人损害的侵权诉讼

按照《民事证据规定》，此类诉讼由所有人或者管理人对其无过错承担举证证明责任。考虑到建筑物或者其他设施在所有人、管理人之外，可能还存在使用人的情形，《侵权责任法》规定，此类诉讼所有人、管理人或者使用人不能证明自己没有过错的，应当承担侵权责任。所有人、管理人或者使用人赔偿后，有其他责任人的，有权向其他责任人追偿[①]。其他案件事实，如侵害行为、损害结果、因果关系等均按照一般的举证证明责任分配原则予以配置。

5. 饲养动物致人侵害的侵权诉讼

按照《民事证据规定》的规定，此类诉讼由动物饲养人或者管理人就受害人有过错或者第三人有过错承担举证证明责任。以之，理解在饲养动物致人侵害的诉讼中，如果损害的发生是由第三人的过错造成的，则动物的饲养人或者管理人不承担赔偿的责任，受害人必须以另外的诉讼对存在过错第三人提起诉讼。这种情况增加了受害人权利实现的困难，不利于对受害人的保护。同时《民事证据规定》也未就受害人的过错程度作出明确的界定或者限制，导致实践中动物的饲养人或者管理人可以轻松地实现其抗辩，从而不利于对受害人的保护，也无助于强化动物饲养人、管理人的管理责任。《侵权责任法》在《民事证据规定》的基础上，向更加有利于保障受害人利益、强化动物饲养人管理责任的方向发展。规定此类诉讼中，能够证明损害是因被侵权人故意或者重大过失造成的，可以不承担或者减轻责任。同时，禁止动物的饲养人或者管理人以第三人的过错对抗受害人提出的赔偿要求，赋予被侵权人以选择权。被侵权人可以向动物饲养人或者管理人请求赔偿，也可以向第三人请求赔偿。动物饲养人或者管理人赔偿后，有权向第三人追偿。其他案件事实，如动物的饲养人管理人、侵害事实、因果关系等均按照一般举证证明责任分配原则分配。

6. 因产品缺陷致人侵害的侵权诉讼

按照《民事证据规定》的规定，产品的生产者就法律规定的免责事由承担举证证明责任。《产品质量法》第41条第2款规定的产品生产者享有的免责事由主要有三项：一是生产者能够证明未将产品投入流通的，不承担赔偿责任。换句话说，此种情况下被侵权人是以不正常的途径获得系争产品的，由此造成的损失由被侵权人自行承担；二是生产者能够证明产品投入流通时，引起损害的缺陷尚不存在的，不承担赔偿责任。此也意味着商品的缺陷是在进入流通环节以后出现的，或者肇因于销售者的管理不当，或者肇因于使用者的保管

① 参见《侵权责任法》第85条。

不当；三是生产者能够证明将产品投入流通时的科学技术水平尚不能发现缺陷存在的，不承担赔偿责任。免责事由可以主张，并可以举证证明的前提是产品存在缺陷。不过《民事证据规定》以及《侵权责任法》对产品缺陷的举证证明责任并未作出明确规定[①]，因此不能认为法律对产品缺陷事实的举证证明责任做了特殊规定，应该使用一般的举证证明责任分配原则。而且《侵权责任法》之所以单独对之规定，原因也在于产品缺陷造成的侵权中，不能使用过错原则，而应该适用严格责任原则或者说是无过错责任原则，仅仅是在过错条件上向被侵权人倾斜。最高人民法院2013年下发的《关于审理食品药品纠纷案件适用法律若干问题的规定》也未在举证证明责任分配上做特殊规定，可以讲其仅仅是规定了一种事实认定的特殊方法[②]，学者称之为“证明责任缓和”[③]。让消费者承担证明产品存在缺陷的举证证明责任，也确实困难，对之有必要认真研究。

7. 因共同危险行为致人侵害的侵权诉讼

共同危险行为是指两个以上的行为人均实施了可能造成被侵权人侵害的行为，而且任何一个行为人的行为均足以构成对被侵权的人的侵害。按照《民事证据规定》，此类诉讼由实施危险行为的人就其行为与损害结果之间不存在因果关系承担举证证明责任。2004年5月1日实施的最高人民法院《关于审理人身损害赔偿案件适用法律若干问题的解释》（以下简称《人身损害赔偿解释》）对之也有类似规定，其第4条规定，共同侵权诉讼中的被告之一或者一部分主张损害结果与其行为无因果关系的，应承担举证责任。《侵权责任法》考虑到从高层建筑中抛掷物品或者高层建筑中坠落物品致人侵害时，难以确定具体侵害人，无法保障被侵权人利益的现实，从而将高空坠物行为以及高层建筑上抛掷物品行为规定为共同危险行为。进一步的规定可能发生加害的建筑物使用人应该举证证明自己不是侵权行为人，否则应被认定为共同危险行为人，承担赔偿责任[④]。

---

① 《侵权责任法》第41条规定：“因产品存在缺陷造成他人损害的，生产者应当承担侵权责任。”

② 《关于审理食品药品纠纷案件适用法律若干问题的规定》第5条规定：“消费者举证证明所购食品、药品的事实以及所购食品、药品不符合合同约定的，主张食品、药品的生产者、销售者承担违约责任的，人民法院应予支持。消费者举证证明因食用食品或者使用药品受到损害，初步证明损害与食用食品或者使用药品存在因果关系，并请求食品、药品的生产者、销售者承担侵权责任的，人民法院应予支持，但食品、药品的生产者、销售者能证明损害不是因产品不符合质量标准造成的除外。”

③ 黄婷：《论我国食品安全诉讼证明责任分配规则的完善：从正置、缓和到倒置》，载《湖湘论坛》2017年第6期。

④ 参见《侵权责任法》第87条。

8. 因医疗行为引起的侵权诉讼

根据《民事证据规定》，此类诉讼由医疗机构就医疗行为与损害结果之间不存在因果关系及不存在医疗过错承担举证证明责任。不过《侵权责任法》改变了《民事证据规定》中医患纠纷处理的过错推定原则，而采纳了一般的过错原则①，并只在严格限制的条件下才采用过错推定原则②。这样在一般的医患纠纷案件中，患者应当就医疗机构或者医疗工作者存在医疗过失承担举证证明责任。而对于因果关系的举证证明责任，《侵权责任法》没有做特殊规定，我们认为仍然应当按照《民事证据规定》执行，并由医疗机构就其过错和患者的损害之间不存在因果关系承担举证证明责任。当然，这其中仍然有相反的观点，认为没有更加有力的证据或者依据说明《侵权责任法》只是更新了医患纠纷中关于过错事实的举证证明责任分配，保留了《民事证据规定》所涉及的因果关系事实的举证证明责任分配③。其基本的理由一是《侵权责任法》立法过程中各方就明确规定因果关系推定规则存在明显的争议，并最终没有体现在《侵权责任法》中；二是将因果关系事实的举证证明责任加诸医疗机构会加重其举证负担，并因此促使医疗机构在日常运营中过度治疗、过度检查，加重患者整体的负担。但必须说，从《侵权责任法》的明确规定看，其并未涉及因果关系事实的举证证明责任分配，因此不能说，其更新了《民事证据规定》上的相关内容。所以可以肯定地说："《侵权责任法》确定了医疗伦理侵权诉讼实行过错责任原则，并规定存在法定情形时，可推定医方存在过错，并转由医方证明其已履行告知说明义务且与患者所受损害之间不存在因果关系，否则事实真伪不明时将由医方承担败诉后果。"④ 其他案件事实，如侵害结果、双方之间签订有医疗服务合同等事实，均应按照一般举证证明责任分配规范分配。必须正确理解《人身损害赔偿解释》对医患纠纷案件审理作出的规定，其第19条规定，医疗费应根据医疗机构出具的医药费、住院费等收款凭证，结合病历和诊断证明等相关证据确定。赔偿义务人对治疗的必要性和合理性有异议的，应当承担相应的举证责任。医疗费由赔偿权利人举证，但对方对所规定的证据有异议的，应承担相应的举证责任。这里规定的医疗机构

---

① 《侵权责任法》第54条规定："患者在诊疗活动中受到损害，医疗机构及其医务人员有过错的，由医疗机构承担赔偿责任。"

② 《侵权责任法》第58条规定："患者有损害，因下列情形之一的，推定医疗机构有过错：(1) 违反法律、行政法规、规章以及其他有关诊疗规范的规定；(2) 隐匿或者拒绝提供与纠纷有关的病历资料；(3) 伪造、篡改或者销毁病历资料。"

③ 刘鹏飞：《医疗行为侵权因果关系证明责任的解释与平衡》，载《法学杂志》2019年第7期。

④ 凌高锦：《医疗伦理侵权之证明责任分配研究》，载《上海政法学院学报》(法治论丛) 2017年第6期。

对赔偿权利人证据异议时的举证，不是举证证明责任，事实上是医疗机构对他方证据的反驳，损害事实的举证证明责任恒定地配置于赔偿权利人。

（五）举证证明责任分配中的法官自由裁量

举证证明责任分配上的法官自由裁量是指法官根据其审理的案件具体情况、当事人情况等可能影响举证证明责任分配的因素，自由地决定证明责任的分配。《民事证据规定》事实上已经赋予了裁判者在举证证明责任分配上的自由裁量权，其第7条规定："在法律没有具体规定，依本规定及其他司法解释无法确定举证责任承担时，人民法院可以根据公平原则和诚实信用原则，综合当事人举证能力等因素确定举证责任的承担。"我们认为，在理解法官的举证证明责任分配自由裁量权时必须注意以下问题，并在此基础上予以执行和把握：

其一，举证证明责任规范属于实体法规范层面的内容。法律规范根据其清晰具体情况可以分为三种情形，分别是法律规范清晰、法律规范需要解释、法律规范欠缺相应的规定。肇因于制定法的稳定性、立法语言的抽象性，法律规范清晰、具体不是法律规范的常态，而法律规范不周延、模糊是法律规范和法律适用的常态[①]，因此，为了保证公正地解决当事人之间的纠纷，合目的地实施法律，对制定法进行解释就是裁判者的重要工作之一。因此，裁判者对举证证明责任分配规范自由裁量的前提是在法律、司法解释没有明确规定，如果法律或者司法解释有明确规定，裁判者的任务即不是自由裁量的问题，而是适用法律的问题。

其二，对举证证明责任规范的法院自由裁量，在两大法系国家和地区具有不同的性质。在普通法系国家和地区由于判例法拘束力的相对性，诉讼的目的不在于实现实体法规定的权利，而在于维持社会的和平和正义。为解决当事人的纠纷，恢复社会的和平，法官不仅可以创制法律，而且根据个案中当事人的举证能力等方面的因素确定举证证明责任的分配。[②]普通法系国家和地区裁判者对具体案件中举证证明责任分配的自由裁量，可以在既定的制定法或者判例确定举证证明责任分配原则框架内进行，也可以超出既定制定法或者既定判例所确立的原则的拘束，并根据案件的新情况、当事人对社会正义的新要求创新性地行使自由裁量权。而在大陆法系国家和地区，裁判者的主要任务是适用法律，在法律规范有明确规定的情况下，裁判者不存在对法律的解释问题，只有

---

① 学者将法律的局限性概括为：不合目的性、不周延性、模糊性、滞后性等方面。参见徐国栋：《民法基本原则解释》，中国政法大学出版社1992年版，第137～139页。

② ［日］中村英郎：《民事诉讼制度及其理论的法系考察》，陈刚、林剑锋译，载陈刚主编：《比较民事诉讼法》（2003年卷），中国人民大学出版社2004年版，第28页。

在法律没有规定，或者规定不明确的情况下，才有裁判者自由裁量权存在的空间。事实上，作为裁判者行使自由裁量依据的诚实信用原则、公平原则，也是在实体法缺位的情况下，填补实体法空白，指导法院裁判以及民众生活的重要准则。这也进一步界定了法院裁量性分配举证证明责任的性质。与英美法系国家和地区的裁判者之自由裁量权的行使不同，大陆法系国家和地区裁判者对举证证明责任分配的自由裁量，不具有约束以后诉讼的法律效力。

其三，必须正确理解“综合当事人举证能力”的规定。几乎每一个民事诉讼案件都有其自身的特殊性，完全相同的案件是不存在的。因之，同一类案件中的不同案件当事人的举证能力也可能存在重大差别，同样是消费者可能因为消费的商品种类不同，消费者的经济地位、文化水平、证据意识可能存在较大的差异。根据每一个案件中当事人的举证能力裁量性分配举证证明责任操作上比较困难，同时由于缺乏较为客观的标准，相对而言即无法实现自由裁量的约束和自由裁量的客观化。最后，按照个案的不同情况，体现个案特点的举证证明责任分配自由裁量，可能造成同一类案件的差别裁判，影响司法的确定性、可预期性，最终影响司法对社会生活的引导功能、对社会主体的教育功能。所以，综合当事人的举证能力，应该是针对的某类民事案件中当事人双方的举证能力情况，并确定该类案件中举证证明责任的负担。例如，消费者权益保护案件中双方当事人的举证能力、涉及是否为夫妻共同债务的案件中当事人双方的举证能力等。当然，这并非意味着法院不能对具体案件中举证能力较弱的当事人予以帮助，法院通过释明、当事人申请启动的证据调查等协调当事人举证。同时，裁判者应当对其举证证明责任分配的自由裁量作详细论证。这样的论证既是向当事人的释法说理，促进判决的被接受，另外，裁判者的论证也是实现对裁判者约束的重要方式。

尽管《新民事证据规定》没有法院裁定性决定举证证明责任分配的内容，但我们认为《新民事证据规定》没有否定的内容，仍然应该作为制度内容予以适用。

第九章　民事证据调查

第一节　民事证据调查概述

一、民事证据调查的概念及意义

（一）民事证据调查的概念

对民事证据调查，学者也有不同的理解。一般学者从证据调查的样式及证据调查的作用之不同将民事证据调查划分为形式的民事证据调查和实质的民事证据调查。“证据之调查，因其作用不同，得分为形式调查与实质调查两种，前者，重在证据资料之收集，属于立证范围；后者，重在证据态度之发现，属于判断范围。在采当事人进行主义之立法例，形式的调查，属于当事人，而实质调查则属于裁判者。在采职权主义立法例，不论形式的或实质的调查，均属于法院职权范围。”① 大陆法系的一般国家和地区所规定的证据调查侧重于实质的证据调查。法国民事诉讼中的证据调查，是指法官根据一方当事人的请求或者依职权，对有关案件争议事实的论点所进行的调查，其目的是巩固和形成法官对事实判断的心证。调查的方法包括：询问当事人、证人现场验证、评定和行为复演。《德国民事诉讼法》第335条规定：“调查证据，由受诉法院为之，只在本法有规定时，才能把证据调查委托给受诉法院的成员或者委托给其他法院。”就其活动内容看，证据调查是与审判程序同时进行的。当然，学者在许多情况下所使用的“证据调查”概念，究竟是指形式意义，还是实质意义也难以具体明确。例如，我国台湾地区学者陈朴生在对两大法系的证据调查进行比较时，就采取了此种飘忽的立场。“英美法采彻底的当事人主义，并未适应陪审裁判之要求，对于诉讼之进行及证据之调查，乃当事人之责任，故其证据法则多为拘束当事人……而大陆法，则采职权主义，并为适应法官裁判之

① 陈朴生著：《刑事证据法》，台北三民书局1978年版，第331页。

要求，对于诉讼进行及证据之调查，既属法官之责任，其证据法则，重在拘束法官，规定较为简单。”①

我国大陆学者则从广义和狭义两种不同的角度区分民事证据调查之概念，认为广义的民事证据调查是与民事“证据的收集、审查和运用有关的各种调查活动的总称，是司法人员和行政执法人员及其他法律工作者为查明和证明案件事实而进行的专门调查活动”②。而狭义的民事证据调查包括形式的民事证据调查和实质的民事证据调查。认为实质的民事证据调查概念又称为民事证据的审查，是指人民法院的审判人员，根据法定的程序，对民事证据进行审核判断的各种活动的总称。形式的民事证据调查则是指民事诉讼中，法官和当事人按照法律规定的范围和程序，收集证据材料以及法院根据当事人的申请或者依职权采取证据保全措施的各种活动③。

这里所指的民事证据调查是狭义民事证据调查中的形式民事证据调查，是指民事诉讼中有权收集证据的主体按照法律规定的条件和程序收集证据并向法庭提交证据的活动。实质的民事证据调查，将于民事证据的审核与评价中予以梳理。

（二）民事证据调查的意义

证据裁判主义之下，民事证据调查是当事人的重要诉讼行为，当事人正是通过自己证据的收集和提交以实现自己的合法权益之维护。具体而言，一般情况下当事人证明自己主张的事实必须依据证据，反驳对方当事人主张的事实也必须依据证据，同时对证据能力、证据证明力的质疑在多数情况下也需要依据证据进行。关于当事人的民事证据调查在理论上有权利说、义务说、权利义务统一说，在我们看来，当事人的民事证据调查从不同的角度理解，可能会产生不同的性质定位。如果从当事人不提供支持自己请求的证据或者反驳对方请求的证据，将可能承担不利的诉讼后果的角度看，当事人的民事证据调查就有义务的属性；如果从当事人以民事证据调查提交于法院后，法院必须对之进行审查，并最终决定可否作为裁判的基础之角度，当事人的民事证据调查具有一定的权利属性。

在理解民事证据调查的意义时需要注意的另一问题是，民事证据调查的意义受证据调查主体的影响。对于当事人主要是通过提供证据，实现对自身合法权益的维护，而对于人民法院而言，证据调查是人民法院实现其保护国家利益、社会公共利益、第三人合法权益的手段。同时，借助民事证据调查，人民

---

① 陈朴生：《刑事证据法序说》，载刁荣华主编：《刑事证据法各论》，台北汉林出版社1984年版，第3页。

② 何家弘主编：《证据调查》，法律出版社1999年版，第243页。

③ 相同的表述方式可参见吴春晓：《行政公诉调查制度研究》，载《公民与法》2012年第2期。

法院也可以很好地遂行其民事诉讼指挥权，引导和指挥民事诉讼顺利进行；借助民事证据调查，人民法院可以很好地平衡当事人双方之间的攻击与防御平衡，保障《民事诉讼法》规定的当事人诉讼权利平等原则真正得到实现；人民检察院行使民事证据调查权，则首先服务和服从于其民事诉讼检察监督的职能，通过民事证据调查决定是否启动民事检察监督程序，以及具体检察监督的手段、程序等问题。同时，根据2017年6月28日修改的《民事诉讼法》第55条第2款，检察机关对破坏生态环境和资源保护、食品药品安全领域侵害众多消费者合法权益等损害社会公共利益的行为可以提起民事公益诉讼，为此，检察机关的民事证据调查还应当服务或者服从于其民事公共利益的维护，促进民事公益诉讼判决的遂行。

民事证据调查中的民事证据保全是一种紧急情况下的、特殊的证据收集行为，也是通过法院实施的民事证据保全完成当事人的证据收集和证据提交。因此也可以理解为特定情况下，法院对当事人证据收集与提供的救济。

二、民事证据调查的原则

（一）民事证据调查的合法性原则

民事证据调查的合法性原则要求民事证据调查行为不得侵害他人的合法权益、不得违反法律的禁止性规定、不得违反公序良俗，具体应当注意：

其一，何者代表人民法院行使民事证据调查权？《民事诉讼法》并未具体规定人民法院内部的具体分工，在当前司法责任制改革的背景下，各地法院均在积极地探索配套措施改革。在具体民事证据调查方面，各地的做法不同，有的是审判团队承担所有审判工作以及与审判相关的工作，这样民事证据的收集、送达、执行、立案等都由某一具体的审判团队完成；也有的组建专门团队负责民事证据的收集、送达等与审判相关的准备工作。①

其二，检察机关民事证据调查权的行使常涉及行使公权力的机关，甚至可能涉及人民法院，此时应科学地理解民事证据调查的合法性原则。在法律有明确规定的情况下，检察机关的民事证据调查必须按照法律的明确规定遂行民事证据调查权。例如，最高人民检察院明确规定，禁止检察机关以办理刑事案件的方式办理民事检察监督案件，则此时即不能以检察机关的刑事侦查手段遂行民事证据调查权。在法律没有明确规定的情况下，我们认为应当根据权力行使的合目的性予以理解和把握，即只要检察机关采取民事证据调查方法符合民事检察监督的目的，且其不至于造成其他重大损害，或者其造成的损害小于其积

① 赵信会、陈淑君、赵明悦：《基层法院审判团队的现状及其优化》，载卞建林主编：《诉讼法学研究》（第29卷），中国检察出版社2019年版，第83～94页。

极功能，都应该是予以认可的。当然，与法律明确规定的民事证据调查方法不同，依照合目的性采取的民事证据调查方法，需经过充分的说理，并使被调查的机关认可和理解。

其三，人民法院、人民检察院于行使民事证据调查权时可否采取直接的强制手段？人民法院和人民检察院行使的民事证据调查权是国家权力的一部分，必然带有强制的性质，实践中有些地方的检察院也开始探索由民行检察官和法警一起调查收集证据的民事证据调查模式，按之，通过司法警察可以协助民行检察官维护取证现场的秩序、防止妨碍取证行为的发生。[①] 对之，我们将在以后的研究中详细说明。

（二）民事证据调查的及时性原则

民事证据受时间影响比较大，随着时间的推移，证人记忆的内容减少、物证可能会受到损害、电子证据可能会因为超过保存期而被销毁，书证以及视听资料也存在因为超过保存期限而被销毁的可能。为此，民事证据调查应坚持及时性原则，并借此实现全面收集证据、客观收集证据之目的，实现案件公正审理之目标。为此，当事人从事民事法律活动时必须就有相应的证据意识，应该积极妥善地收集、保存可能与案件有关的证据材料。国外的判例和立法甚至规定在某些特殊的情况下，当事人负有积极的证据保存义务，即使保存的证据是有利于对方的。一般认为，英美法系国家和地区判例规定，创制保存证据的责任必须具备两个要素：一是关系维度。协议、合同、立法或者另外的特殊环境规定当事人有保存证据的义务，或者被告以肯定的行为自愿承担证据保存责任。二是预见性维度。即任何一个理性的人都可能合理地预测到该证据对将来的民事诉讼至关重要。[②] 当事人于纠纷发生后也应当尽可能早地收集证据，对于无法保存的证据可以申请人民法院予以证据保全。

（三）民事证据调查的全面性原则

民事证据调查的全面性原则，不是要求当事人必须主动地向法庭提交其掌握的全部证据，即使该证据对当事人是不利的。尽管按照诚实信用原则，民事诉讼法鼓励当事人积极提交全部涉案证据，包括对其不利的民事证据，但是从人性的角度看，这样的要求不具备现实性。当然，这并非意味着当事人可以隐匿、转移、毁损对自己不利的证据。民事证据调查的全面性原则，要求当事人尽可能提交与案件有关的所有的证据材料。

---

① 王新建：《检察公益诉讼调查取证检警协作模式研究》，载卞建林主编：《诉讼法学研究》（第23卷），中国检察出版社2019年版，第99～111页。

② Village of Poselle v. Common Wealth. Edison Co. 368 Ⅲ. App. 3d 1097，307 Ⅲ，pec. 1，859 N. E. 2d 1（2d. Dist. 2006）

第二节　民事证据的调查与收集

一、划分民事证据调查权的依据

在民事诉讼中，享有民事证据调查权的主体包括人民法院、当事人、人民检察院，必须依照科学的标准划定其民事证据调查权的范围。根据《民事诉讼法》的规定，该标准主要包括当事人、人民法院、人民检察院的不同诉讼角色或者其诉讼中的权能，案件的不同类型以及案件事实的不同类型。

（一）民事证据调查权主体的诉讼地位

各个民事诉讼法律关系主体分别拥有不同诉讼身份，承担不同诉讼职能，这些不同诉讼职能也决定了其享有特殊的、与其诉讼身份一致的诉讼权利和诉讼义务。民事诉讼也"是诉讼参与者在诉讼规范的指引下进行角色分配和自我定位的过程，诉讼参与者依照法的因素和法律规定使角色对号入座，谋得诉讼地位的同时获取相应的诉讼权利义务"①。当事人是民事诉讼主体，主要承担诉讼请求的提出、案件事实的主张和证据的提供；人民法院是裁判者，主要功能是对当事人争议的案件事实进行判断，并就当事人之间的民事实体法律关系作出最后权威判定；人民检察院是法律监督机关，主要是对民事诉讼活动进行监督，并致力于维护国家利益、社会公共利益。不过，对于民事证据调查主体的诉讼地位的认识，也有一个曲折的历史发展过程。

其一，民事诉讼当事人与人民法院诉讼地位及诉讼关系的历史发展。《民事诉讼法》（试行）时期，民事诉讼当事人和人民法院之间的诉讼地位没有明确分界，人民法院同时承担证据收集和证据审查的任务。其第56条规定："当事人对自己提出的主张，有责任提供证据，人民法院应当按照法定程序，全面地客观地收集和调查证据。"1991年《民事诉讼法》开始承认民事诉讼当事人的诉讼主体地位，将主张案件事实以及提供证据的责任加诸当事人，其对人民法院的界定是审查与判断证据，考虑到当事人提供证据的能力不强，1991年《民事诉讼法》加诸人民法院协助当事人调查收集证据的职责，但对人民法院的协助标准或者范围划分不是特别清楚②。由于对"因客观原因不能收集证据"缺乏具体可操作性的标准，尽管1992年的《民事诉讼法意见》力图对这

---

① 王福华：《我国检察机关介入民事诉讼之角色困顿》，载《政治与法律》2003年第5期。

② 1991年《民事诉讼法》第64条规定："当事人对自己提出的主张，有责任提供证据。当事人及其诉讼代理人因客观原因不能自行收集的证据或者人民法院认为审理案件需要的证据，人民法院应当调查收集；人民法院应当按照法定程序，全面地、客观地审查核实证据。"

一抽象标准作出限制，但其限制仍然比较宽泛，法院调查收集证据的任务依然很重，且范围不明确[①]。实践中人民法院承担了大量收集证据的任务，影响了人民法院审判工作的开展。这种情况随着改革开放的逐渐深入以及民商事案件的日益增多，进一步加剧了司法资源短缺与案件急剧增长之间的矛盾。此外还有以下消极后果：（1）裁判者与民事证据调查者的角色混同，易使裁判者产生先入为主的预断，不仅直接原则受到破坏，而且影响审理过程中对案件事实的全面判断；（2）先入为主的预断容易误导法庭调查，影响司法公正的实现；（3）裁判者与证据收集者的角色混同，使证据收集的规则、证据判断的原则形式化。2012 年《民事诉讼法》以及 2015 年《民事诉讼解释》对“人民法院认为审理案件需要的证据”以及“当事人及其诉讼代理人因客观原因不能自行收集的证据”的范围做了清楚的界定，也全方位地体现了对当事人民事诉讼地位和人民法院审判地位的科学界分。

其二，人民检察院法律监督地位在民事诉讼中的发展变化。1954 年《宪法》虽然没有明确规定检察机关为法律监督机关，但是明确授予监督公权力部门的检察权[②]。在 1979 年起草《民事诉讼法》（试行）时，起草小组建议在认可人民检察院的民事诉讼检察监督权的同时，参照苏联、蒙古国、法国等国的做法，赋予检察机关提起和参与民事诉讼的权力。但遭到检察机关的普遍反对，各地检察机关认为，初稿规定的人民检察院提起或参与民事诉讼的范围、内容太广，而且很抽象。最高人民检察院的意见是将其修改为“人民检察院有权对涉及国家重大利益的民事案件提起诉讼或者参与诉讼”，并要求在其他条款作出相应规定。这样，《民事诉讼法》（试行）就仅仅规定了检察机关民事诉讼检察监督的原则[③]，而没有任何关于民事诉讼检察监督的具体内容。1991 年《民事诉讼法》在试行法确立的民事诉讼检察监督原则的基础上，规定了检察机关可以以抗诉的方式对人民法院作出的生效裁判启动民事再审程序，增加了民事诉讼检察监督的具体内容。但存在规定的启动方式单一、针对的对象不明确、抗诉的检察机关不确定、抗诉前了解案件信息的渠道不畅通等方面的问题。2012 年《民事诉讼法》在总结既往立法经验和实践经验的基础

① 1992 年《民事诉讼法意见》第 73 条规定：“依照《民事诉讼法》第六十四条第二款规定：由人民法院负责调查收集的证据包括：（1）当事人及其诉讼代理人因客观原因不能自行收集的；（2）人民法院认为需要鉴定、勘验的；（3）当事人提供的证据互相有矛盾、无法认定的；（4）人民法院认为应当由自己收集的其他证据。”

② 1954 年《宪法》第 81 条第 1 款规定：“中华人民共和国最高人民检察院对于国务院所属各部门、地方各级国家机关、国家机关工作人员和公民是否遵守法律，行使检察权。地方各级人民检察院和专门人民检察院，依照法律规定的范围行使检察权。”

③ 《民事诉讼法》（试行）第 12 条规定：“人民检察院有权对人民法院的民事审判活动实行法律监督。”

上，赋予了检察机关为民事诉讼检察监督的目的而享有证据调查权，同时2017年修改的《民事诉讼法》又进一步赋予了检察机关以民事公益诉权。

（二）案件及案件事实的不同类型

民事诉讼中的案件以及案件事实的类型直接影响民事诉讼法将采取什么样的原则运行，也影响当事人、人民法院、检察机关之民事证据调查权的划分。根据案件以及案件类型究属法院审批权支配的领域还是属当事人诉权支配的领域，我们把民事诉讼案件以及民事案件事实均分为两种类型：其一，纯粹当事人私权的民事纠纷。尽管此种私权案件的处理也有一定的公益性，并因此对社会行为以及社会关系的流转产生引导和辐射，但其诉讼标的不涉及国家利益、社会公共利益和第三人合法权益，完全属于当事人处分权支配的领域。案件事实主张与否、证据提出与否均由当事人决定，证据的收集与提供也由当事人承担。其二，涉及国家利益、社会公共利益或者第三人合法权益的案件。此类案件不属于当事人处分权支配的领域，完全采职权探知主义和国家干预主义。法院负有查明案件事实的责任，为此法院应当承担调查收集证据的责任。

同样的，民事案件事实也可以分为两大类别，即民事实体事实和民事程序事实。对于前者属于当事人诉权支配的领域，而后者则属于法院审判权支配的领域，是法院指挥诉讼必须面对和处理的问题。为此，前者应由民事诉讼当事人承担证据调查和收集的责任，后者则由法院依职权予以调查。当然，详细地划分还可以将民事实体事实再做进一步的分类，即分为主要事实、间接事实和辅助事实。在我们看来，从间接事实到主要事实的推理属于法院审判权的范畴，不允许当事人自主处分，但是这并不影响当事人必须对其有利的间接事实提供证据予以证明，而且间接事实的证明服从于主要事实的证明，可以为主要事实的证据收集所吸收。而对于辅助事实的调查属于法院审判权的范畴，必须由法院依职权予以调查。

检察机关行使民事诉讼检察监督权的案件也有不同情形，并因此影响其民事证据调查权的行使。但是与案件类型影响当事人与人民法院之间民事证据调查权的权属配置不同，检察机关民事检察监督的不同案件类型，直接影响的是检察机关民事证据调查权的范围以及适用方向。其一，对人民法院以及当事人的民事诉讼活动进行的法律监督。对之，检察机关的民事证据调查应当围绕生效的裁判、调解书有无法律规定的监督事由，人民法院的民事诉讼活动和民事执行活动有无违法情形发生。换句话说，检察机关的民事证据调查权不应涉及导致民事实体法律关系发生、变更、终止的民事实体法律事实。其二，检察机关行使民事公益诉权提起民事公益诉讼。此时，检察机关的民事证据调查应直接针对导致民事公益诉权行使的所有事实，范围较广。但是由于民事公益诉讼中，不仅检察机关享有民事证据调查权，人民法院作为国家利益、社会公共利益等的维护者，还应该享有民事证据调查权，此时必然面临检察机关的民事证据调查和法院的民事证据调查协调的问题。目前立法对之没有明确规定，各地做法也有差别。笔者对此曾有初步研究，并认为应当承认检察机关的民事证据调查权与法院维护国家利益、社会公共利益等的证据调查权之间的区别①。

（三）考量当事人的证据意识和证据收集能力

总体来说，我国民事诉讼的当事人还不是理想当事人，不仅法律知识欠缺，对于何为案件需要的证据认识不充分。而且由于以下原因进一步加剧了民事诉讼当事人收集证据能力的不足。其一，当事人证据保存意识不强。社会交往的过程中偏重考虑的是感情、面子、意气，依法从事民事交往的意识不强。其二，受传统文化影响，权力本位的思想还有相当市场，作为普通民事诉讼当事人的公民、法人等收集证据的行为常常得不到应有的配合和支持。其三，有些证据的收集可能进一步影响被收集人的个人隐私、商业秘密等，被收集人或者其他人员对此有心理上的顾虑。

二、法院依职权进行的民事证据调查

（一）法院依职权进行民事证据调查的情形

人民法院依职权进行的民事证据调查主要分为两种情形：

其一，人民法院必须依职权进行的民事证据调查。该种证据调查主要是践行人民法院维护国家利益、社会公共利益和第三人合法权益的职责，履行其指挥诉讼的职权而进行的。《民事证据规定》第15条规定："《民事诉讼法》第六十四条规定的'人民法院认为审理案件需要的证据'，是指以下情形：（1）涉及可能有损国家利益、社会公共利益或者他人合法权益的事实；（2）涉及依职权追加当事人、中止诉讼、终结诉讼、回避等与实体争议无关的程序事项。"2015年《民事诉讼法解释》在《民事证据规定》的基础上，对于涉及国家利益、社会公共利益、第三人利益的案件进一步细化，以实现与2012年《民事诉讼法》规定之间的协调。民事诉讼法第六十四条第二款规定的人民法院认为审理案件需要的证据包括：（1）涉及可能损害国家利益、社会公共利益的；（2）涉及身份关系的；（3）涉及《民事诉讼法》第五十五条规定诉讼的，公益诉讼；（4）当事人有恶意串通损害他人合法权益可能的；（5）涉及依职权追加当事人、中止诉讼、终结诉讼、回避等程序性事项的。

其二，经当事人申请启动的证据调查。《民事诉讼法解释》第94条第1款

① 赵信会、宋聚荣：《论检察机关的民事证据调查权》，载《国家检察官学院学报》2008年第5期。

规定，《民事诉讼法》第六十四条第二款规定的当事人及其诉讼代理人因客观原因不能自行收集的证据包括：（1）证据由国家有关部门保存，当事人及其诉讼代理人无权查阅调取的；（2）涉及国家秘密、商业秘密或者个人隐私的；（3）当事人及其诉讼代理人因客观原因不能自行收集的其他证据。当事人及其诉讼代理人因客观原因不能自行收集的证据，可以在举证期限届满前书面申请人民法院调查收集。当事人申请时必须提交书面申请，表明被调查人的姓名或者名称、住所地、所要调查的证据内容、要证明的事项、需要法院职权收集的原因等。当事人申请调查收集的证据，与待证事实无关联、对证明待证事实无意义或者其他无调查收集必要的，人民法院不予准许。法院不准许当事人的申请的，应以书面形式通知当事人或者其诉讼代理人，当事人对之有异议的，可以在收到通知书次日起的3日以内，向受理申请的人民法院书面申请复议一次，法院应当在5日内作出答复。对于一审法院作出的决定，当事人虽然不能上诉，但是在启动的上诉程序中，二审法院可以审查一审法院作出的证据调查决定，在认为符合法院收集证据的条件时，可以作为新证据，由二审法院依职权进行收集。裁判生效以后，当事人如果认为应当由原审法院协助收集的证据法院没有支持当事人的申请，则可以据此为理由申请再审。

（二）法院依职权调查证据的程序和方法

人民法院调查收集证据，应当由两人以上共同进行。调查材料要由调查人、被调查人、记录人签名、捺印或者盖章。实践中，有些地方法院探索采取了法院证据调查令制度，由法院签发证据调查令，申请证据调查的当事人或者当事人的诉讼代理人向被调查人收集证据。在法院依职权进行的民事证据调查中，对于被调查人不予配合的情形，人民法院可以根据《民事诉讼法》规定的对妨碍民事诉讼的强制措施予以制裁。

在民事证据的收集方法上，人民法院一般应当收集原件，无法收集原件的可以收集复印件、复制件或者照片，并由调查人员说明调查情况、来源和制作经过。

三、当事人进行的民事证据调查

（一）当事人提供证据必须注意的程序问题

1. 当事人向法院提供证据应当提供原件或者原物

2012年《民事诉讼法》第70条规定：“书证应当提交原件。物证应当提交原物。提交原件或者原物确有困难的，可以提交复制品、照片、副本、节录本。提交原件或者原物确有困难的情形包括：原物需当事人自己保存、当事人提供原物确有困难。”《新民事证据规定》第12条第1款规定：“以动产作为证据的，应当将原物提交人民法院。原物不宜搬移或者不宜保存的，当事人可以提供复制品、影像资料或者其他替代品。”其第13条第1款规定：“当事人以不动产作为证据的，应当向人民法院提供该不动产的影像资料。法院在收到当事人提交的实物证据以后，应当及时通知当事人对实物证据进行勘验。”

2. 域外证据之提交必须履行的程序

当事人向人民法院提交在国外形成的民事证据时，必须履行下列程序：（1）所在国公证机关证明；（2）并经我国驻该国使领馆认证；（3）我国在该国没有使领馆的，可按我国与该国所签订的相关的国际条约规定方法，履行相关的证明程序。当事人向人民法院在我国港澳台地区形成的民事证据时，必须履行《新民事证据规定》要求履行相关的证明程序。《新民事证据规定》第16条第1款规定：“当事人提供的公文书证系在中华人民共和国领域外形成的，该证据应当经所在国公证机关证明，或者履行中华人民共和国与该所在国订立的有关条约中规定的证明手续。”而针对涉及身份关系的书证的提交，《新民事证据规定》第16条第2款规定：“中华人民共和国领域外形成的涉及身份关系的证据，应当经所在国公证机关证明并经中华人民共和国驻该国使领馆认证，或者履行中华人民共和国与该所在国订立的有关条约中规定的证明手续。”

3. 当事人办理提交民事证据的手续

（1）当事人应当对其提交的证据材料逐一分类编号，对证据材料的来源、证明对象和内容作简要说明，签名盖章，注明提交日期。（2）法院收到证据材料以后应当向当事人出具收据，收据应载明证据的名称、复印件、复制品还是原物、原件，收到的时间、份数、页数，并由承办的审判人员和当事人签名盖章。《民事诉讼法》第66条：“人民法院收到当事人提交的证据材料，应当出具收据，写明证据名称、页数、份数、原件或者复印件以及收到时间等，并由经办人员签名或者盖章。”（3）审查中发现主要证据不具备的，应及时通知当事人补充。

（二）当事人提供民事证据必须遵循的时限——举证时限

1. 民事举证时限及其背景

举证时限是指当事人向法院提交证据必须遵守一定的时间限制，超过该时间提交证据时当事人将承担不利的法律后果的制度。民事举证时限制度的引入，意味着我国《民事诉讼法》确立了民事证据的适时提出主义。

与举证时限明确限制当事人提交证据必须遵循一定时间限制不同，既往的民事诉讼制度并不限制当事人提交证据的时间，当事人可以在民事诉讼任何阶段自由提出证据，证据的延期提出并不因此给当事人带来不利益。当事人向法院提交证据没有任何限制的举证制度被称为民事证据的随时举证主义。证据随时提出主义影响当事人之间的公平。任何一方当事人在诉讼中随时提出民事证据，都不利于他方当事人对证据的质证，是对当事人的诉讼突袭，并将对方当事人置于相对被动的地位；同时，为保证受突袭的对方当事人准备进一步的质证证据，法院往往必须组织多次开庭程序，不仅模糊了审理前的准备和开庭审理的界限，而且影响诉讼效益；证据随时提出主义，许可当事人于确定的裁判作出以后向法庭提交证据，再加上再审的有限性原则的缺位，导致当事人非常容易地以“新证据”为理由，启动再审程序，挑战法院确定裁判的安定性和法院的司法权威。

相比而言，举证时限制度和证据交换结合在一起，促进了程序公正。其不仅促使当事人在举证时限内向法院提交证据，而且在审前准备阶段于举证时限届满后组织当事人交换证据，能够比较早地明确当事人争议的焦点，使当事人围绕着争议的问题准备诉讼，在较大程度上可以防止诉讼突袭现象的出现；审前准备程序与案件审理程序的界分，随时提交证据的禁止，可以促进集中化审理，防止分散审理，因此可以在较大程度上提高诉讼效益。民事诉讼中的失权的正义性原理源自人们对诉讼效率性和时间性的认同。……诉讼效率和时间的经济性与民事诉讼失权制度的关联点在于，欲求诉讼时间的经济性，就必须对诉讼主体的诉讼行为在实施的时间上予以限制。举证时限制度辅之以对再审“新证据”的严格限制，提高了民事再审程序的启动门槛，有助于司法安定性目标的实现。

2. 民事举证时限制度的具体内容

（1）举证时限制度适用于所有的民事案件中。（2）举证时限的产生方式有两种：其一，当事人协商确定；其二，法院依职权指定。不过，根据《新民事证据规定》第 51 条之规定：“当事人协商确定的举证时限，必须经过人民法院准许。”实践中多由法院在向当事人送达应诉通知书或者受理案件通知书时，一并指定当事人提交证据的时间。举证期限届满后，当事人对已经提供的证据，申请提供反驳证据或者对证据来源、形式等方面的瑕疵进行补正的，人民法院可以酌情再次确定举证期限。必须注意，《新民事证据规定》在设定举证时限的内容时，并未将举证时限限定在证据的提出方面，相反，从保障双方当事人平等之角度，规定了被告的书面答辩义务。不过《新民事证据规定》仍然没有规定违反答辩义务的制裁措施①。

3. 具体的举证时限范围及其逾期举证的法律后果

人民法院确定举证期限，第一审普通程序案件不得少于十五日，当事人提

① 参见《新民事证据规定》第 49 条。

供新的证据的第二审案件不得少于十日。适用简易程序案件的举证期限由人民法院确定，也可以由当事人协商一致并经人民法院准许，但不得超过十五日。被告要求书面答辩的，人民法院可在征得其同意的基础上，合理确定答辩期间。法院指定举证时限的，举证时限的开始一般自原告收到受理案件通知书和举证通知书之日起、被告自收到应诉通知书和举证通知书之日起开始计算；双方当事人协商确定举证时限的情形一般发生在法院未指定举证时限的情况下，且应自人民法院确认之日起开始计算。但是当事人依照《民事诉讼法》第一百二十七条规定提出管辖权异议的，举证期限中止，自驳回管辖权异议的裁定生效之日起恢复计算；追加当事人、有独立请求权的第三人参加诉讼或者无独立请求权的第三人经人民法院通知参加诉讼的，人民法院应当依照《新民事证据规定》第五十一条的规定为新参加诉讼的当事人确定举证期限，该举证期限适用于其他当事人；发回重审的案件，第一审人民法院可以结合案件具体情况和发回重审的原因，酌情确定举证期限；当事人增加、变更诉讼请求或者提出反诉的，人民法院应当根据案件具体情况重新确定举证期限；公告送达的，举证期限自公告期届满之次日起计算①。

按照《民事证据规定》，新证据不受举证时限的限制，此种新证据包括一审的新证据、二审的新证据以及再审的新证据。由于2012年《民事诉讼法》采取了柔性或者弹性的举证时限制度，只要有正当的事由都可以不受举证时限限制地向法院提交。《民事证据规定》所规定的各种情形下的新证据都可以为当事人能够说明逾期举证的理由所吸收，因此没有单独存在的必要性。《民事诉讼法解释》第231条也是这样的规定的②。再审申请人提供的新的证据，能够证明原判决、裁定认定基本事实或者裁判结果错误的，应当认定为《民事诉讼法》第二百条第一项规定的情形。对于符合前款规定的证据，人民法院应当责令再审申请人说明其逾期提供该证据的理由；拒不说明理由或者理由不成立的，依照《民事诉讼法》第六十五条第二款和本解释第一百零二条的规定处理。但考虑到再审的特殊性，《民事诉讼法解释》还是对再审中的新证据做了列举性规定，再审申请人证明其提交的新的证据符合下列情形之一的，可以认定逾期提供证据的理由成立：（1）在原审庭审结束前已经存在，因客观原因是于庭审结束后才发现的；（2）在原审庭审结束前已经发现，但因客观原因无法取得或者在规定的期限内不能提供的；（3）在原审庭审结束后形成，无法据此另行提起诉讼的。再审申请人提交的证据在原审中已经提供，原审人

---

① 参见《新民事证据规定》第50条。

② 《民事诉讼法解释》第231条规定："当事人在法庭上提出新的证据的，人民法院应当依照《民事诉讼法》第六十五条第二款规定和本解释相关规定处理。"

民法院未组织质证且未作为裁判根据的，视为逾期提供证据的理由成立，但原审人民法院依照《民事诉讼法》第六十五条规定不予采纳的除外。

《民事诉讼法》第65条第2款规定："当事人逾期提供证据的，人民法院应当责令其说明理由；拒不说明理由或者理由不成立的，人民法院根据不同情形可以不予采纳该证据；或者采纳该证据但予以训诫、罚款。"据此可以说对于当事人逾期提交民事证据的情形，人民法院应当分别按照下列方法予以处理：其一，责令逾期举证的当事人说明逾期举证的正当理由，必要的情况下人民法院可以责令该当事人提供相应的证据证明存在逾期举证的正当理由。当事人因客观原因逾期提供证据，或者对方当事人对逾期提供证据未提出异议的，视为未逾期，不影响人民法院对证据的审查与判断，也不影响人民法院采信具备证据资格的证据。其二，要求不说明逾期理由或者不能说明逾期理由的当事人承担不利的法律后果。一般情况下，人民法院可以对于无正当理由逾期举证当事人，按照对妨碍民事诉讼的强制措施予以训诫或者罚款。此时对当事人妨碍民事诉讼行为的处罚，不影响证据的资格。当事人非因故意或者重大过失逾期提供的证据，人民法院应当采纳，并对当事人予以训诫。当事人因故意或者重大过失逾期提供的证据，人民法院不予采纳。但该证据与案件基本事实有关的，人民法院应当采纳，并依照《民事诉讼法》第六十五条、第一百一十五条第一款的规定予以训诫、罚款。人民法院采纳当事人逾期提交的证据时，可以要求逾期举证人承担相应的诉讼费用。当事人一方要求另一方赔偿因逾期提供证据致使其增加的交通、住宿、就餐、误工、证人出庭作证等必要费用的，人民法院可予支持。

4. 民事举证时限的延长

当事人申请延长举证期限的，应当在举证期限届满前向人民法院提出书面申请。根据《民事诉讼法》第65条第2款："当事人在举证期限内提供证据确有困难的，可以向人民法院申请延长期限。"对于是否属于当事人举证确有困难的情形，人民法院应当根据当事人的举证能力、不能在举证期限内提供证据的原因等因素综合判断。必要时，可以听取对方当事人的意见[①]。根据《新民事证据规定》，当事人主张的法律关系的性质与人民法院认定的案件性质不一致时，可以变更诉讼请求，此时人民法院可以根据当事人的申请适当延长举证时限[②]。申请理由成立的，人民法院应当准许，适当延长举证期限，并通知其他当事人。延长的举证期限适用于其他当事人。申请理由不成立的，人民法院不予准许，并通知申请人。

---

① 参见《新民事证据规定》第52条第2款。

② 参见《新民事证据规定》第53条第2款。

（三）证据在对方当事人控制下的证据收集

实践中民事证据并非均匀地分布在双方当事人处，对一方当事人有利的证据可能为另一方当事人持有，民事证据的不均衡分布状态，在证据法学上又称为证据偏在。民事诉讼发生后双方当事人处于利益对立的状态，一般会积极主动地向法院提交对自己有利的证据。按照《民事诉讼法》确立的诚实信用原则，当事人也应当积极地提交自己持有的、对他方有利的证据。需要证据的一方当事人也可以要求对方提出，在具体程序上，根据《民事诉讼法解释》第112条第1款："书证在对方当事人控制之下的，承担举证证明责任的当事人可以在举证期限届满前书面申请人民法院责令对方当事人提交。"[①] 必须注意，2001年《民事证据规定》对证明妨碍对象的规定，并不限于书证，而是包含所有证据种类。《新民事证据规定》进一步继承了《民事证据规定》的精神，其第95条规定："一方当事人控制证据无正当理由拒不提交，对待证事实负有举证责任的当事人主张该证据的内容不利于控制人的，人民法院可以认定该主张成立。"对于如何判断书证是否在对方当事人控制之下，法律未做明确的判断条件，而是交给裁判者自由裁量。[②]

在法院作出要求当事人提交证据命令后，当事人仍然拒不提交证据，甚至隐匿、毁损证据的，构成民事证明妨碍行为。但对何者为民事证明妨碍行为，证明妨碍行为的构成条件，以及对证明妨碍行为的制裁措施等方面并非没有争议。

有学者认为，"证明妨碍者，系指不负证明责任之当事人，因故意或过失，以作为或者不作为，使负有证明责任之当事人之证据提出，限于不可能时，在事实认定上就举证人之事实主张，作对该人有利之调整而言"[③]。多数学说认为不负担举证证明责任的当事人不能作为民事证明妨碍的行为人，"此等思考除系深受德、日学说影响外，根本成因乃系对证明妨碍法理之制度功能所为协助负举证责任之当事人收集证据、使未负举证责任之当事人负开示义务

① 《民事诉讼法解释》虽然仅仅对书证在对方当事人控制下的提交做了规定，但《民事诉讼法司法解释》并未废除《民事证据规定》，因此《民事证据规定》第75条的规定仍然可以适用。按之，有证据证明一方当事人持有证据无正当理由拒不提供，如果对方当事人主张该证据的内容不利于证据持有人，可以推定该主张成立。

② 《新民事证据规定》第46条第2款规定："对方当事人否认控制书证的，人民法院应当根据法律规定、习惯等因素，结合案件的事实、证据，对于书证是否在对方当事人控制之下的事实作出综合判断。"

③ 奚玮、余茂玉：《论民事诉讼中的证明妨碍》，载《河北法学》2007年第3期；陈小嫦、李大平：《论医疗诉讼中的证明妨碍》，载《证据科学》2010年第4期。

之定位”[①]。更有学者提出，对于负举证责任的当事人实施的阻碍对方当事人收集证据的行为，没有必要适用证明妨碍制度，而应以当事人违背《民事诉讼法》规定的真实义务予以处罚。[②] 近年来，越来越多的学者从民事证明妨碍制度确立的目的上反思民事证明妨碍制度，进一步地认为民事证明妨碍制度旨在克服证据偏在的现象，保证当事人双方平等接触证据的机会，保障双方当事人之间的攻防平衡，则民事证明妨碍制度，也应该一体地覆盖负举证责任的当事人。[③] 当然，这其中也有有限承认负举证责任当事人作为民事证明妨碍主体的观点，按之，不负担举证责任的当事人必须具有提出反证的必要，如果不负担举证责任的当事人没有提出反证的必要，则负担举证责任的当事人即不可能作为民事证明妨碍主体。而不负担举证责任当事人有提出反证义务的情况，是负担举证责任的当事人对案件事实的证明已经至表见证明的状态。[④] 我们这里赞同肯定说的观点，主要原因在于证据适时提出主义背景下，不负担举证证明责任的当事人也有先行提出证据的责任和权利，而非等待举证责任负担方当事人就案件事实的证明已经达至表见证明的状态时方予以举证。[⑤] 另外，举证证明责任的配置与民事证据的分布也并非具有完全的对应关系，事实上民事证据的分布仅仅是影响举证证明责任分配的因素之一，即使在裁量性分配举证证明责任的英美法系国家，法律政策仍然是影响举证证明责任分配的重要因素。而且《民事诉讼法解释》在规定民事证明妨碍时，也没有限制民事证明妨碍的主体范围。

在证明妨碍行为的主观样态上，除少数学者认为过失毁损证据的当事人不构成证明妨碍以外[⑥]，多数学者均认可过失的民事诉讼证明妨碍行为。我们总体上赞同肯定说，即不仅认可故意的民事证明妨碍行为，而且认可过失的民事证明妨碍行为。一方面，设立民事证明妨碍制度的目标不仅是救济受到侵害的

---

① 转引自黄国昌：《证明妨碍法理之再探讨》，载台湾民事诉讼法学研究基金会主编：《民事诉讼法之研讨》（十三），台北，三民书局2006年版，第247页。

② 姜世明：《证明妨碍制度之研究——民事诉讼法第二八二条之一之发展评估》，载《万国法律》2001年第2期。

③ 毕玉谦：《关于创设民事诉讼证明妨碍制度的基本视野》，《证据科学》2010年第5期。

④ 沈冠伶：《证明妨碍法理再医疗民事责任诉讼之适用》，载《台湾大学法学论丛》2009年第1期。

⑤ 赵信会：《民事证明妨碍推定的程序适用》，载《民事程序法研究》（第十辑），厦门大学出版社2013年，第304页。

⑥ 如台湾学者张文郁认为，如果是过失的话，法律效果的考量可能牵涉公平性，如果要把公平跟诚信区分的话，过失是不是必然跟诚信原则相关似乎还有可探讨的地方。在我国大陆还有学者认为，应该附条件地认可过失的民事证明妨碍行为，即过失作为主观要件时，以妨碍行为人具备保管证据的法定义务或约定义务，或者以具有程序前的义务为前提。

当事人，而且有维护司法权威，防止任何行为人挑战司法权威的行为出现。[①]事实上，证明妨碍行为可能同时损害法院的司法权威和对方当事人向法院提交证据的权利，也可能仅仅影响受害人向法院提交证据的权利，进而影响发现真实的诉讼目标，影响司法公正的实现。过失的民事证明妨碍行为，妨碍行为人虽然没有不服从法院命令、挑战司法权威的主动性和行为故意，不构成妨碍司法行为，但是其和故意的民事证明妨碍一样，影响了受害人的举证权利，导致双方当事人举证能力的不平衡。而且认可过失的民事证明妨碍，会使当事人在保存证据方面更加审慎和细致，从而促进案件真实的发现。反之，"许可或者放任诉讼当事人因对方行为，即使是过失行为而承受不利益，弱化了司法体制的公正性。""不承认过失的证明妨碍就是使妨碍人获得不当利益"[②]。另一方面，一般认为设立民事证明妨碍制度的法理基础是诚实信用原则和当事人的诉讼协助义务。[③]"所谓证明协力义务是指，在证明妨碍制度语境下，当事人之间相互就其事实主张各自负有一种协助和配合义务。"[④]在我们看来，当事人所负担的证据调查协力义务，或者诉讼证明协力义务是诚实信用原则和当事人诉讼权利平等原则的必然要求，属于它们的下位概念。我国台湾学者也正是从这样的角度理解台湾地区民事证明妨碍制度之设立的，"当事人在诉讼上既然给予诚信原则及武器平等原则而负有事案解明协力义务，此自包括证据调查上之协力义务，如果违背上述义务而具有可归责性，则亦应在诉讼上负担不利益之结果"[⑤]。以此观之，无论是故意的证据毁损，还是因为当事人的过失而导致的证据毁损，都表明当事人没有履行证据调查上的协助义务，对该种义务之违反施加以民事诉讼制裁也就顺理成章了。同时，民事证明妨碍制度的设计，不仅关涉具体案件中对受害人的救济，对妨碍行为人的制裁，还进一步影响其他行为人的行为模式，促使其按照证明妨碍制度调整其基本行为模式。这样，民事诉讼证明妨碍制度的辐射力即不仅局限于具体案件，还对人们的日常行为发生影响，从而产生最大化的制度收益。[⑥]

---

① 当然，也有个别学者认为民事证明妨碍制度的目标具有一元性的特点，认为如果待证事实没有受到妨碍行为的影响，并未陷入真伪不明状态，也就没有适用证明妨碍规则的必要。奚玮、余茂玉：《论民事诉讼中的证明妨碍》，载《河北法学》2007 年第 3 期。

② Daniel Dani Borel. Land of Oz：Spoliation of Evidence in Louisiana. Louisiana Law Review. 2014. No. 4.

③ 也有学者认为民事诉讼证明妨碍制度的基础应采取多种观点来理解，这些观点包括公平说、诚实信用原则违反说、案件事实解明协力义务说等。参见骆永家：《证明妨碍》，载《月旦法学杂志》2001 年第 2 期。

④ 毕玉谦著：《民事诉讼证明妨碍研究》，北京大学出版社 2010 年版，第 266 页。

⑤ 沈冠伶著：《民事证据法与武器平等原则》，台北元照出版公司 2007 年版，第 284 页。

⑥ Chris William Sanchirico. Evidence Tampering. Duke Law Journal. 2004. No. 4. p1291.

在民事证明妨碍行为的制裁措施方面，大陆法系国家和地区形成了多种学说或者理论，我国学者将之概括为自由心证说、拟制真实说、经验法则说、证明责任转换说、减轻证明度说。① 自由心证说认为，在构成民事证明妨碍行为背景下，“法院通过诚实信用原则，在从其他证据获得心证的基础上，综合考虑妨碍的形式、可归责的程度以及被妨碍证据的重要程度，最后依据自由裁量权来对事实作出认定”②。

自由心证说许可法院根据个案情况、民事诉讼妨碍行为的情况、受害人的受害程度等综合考虑，可能与个案有比较大的因应性和针对性，不过其缺点在于实现法院自由心证的客观化比较困难，当事人对法院的裁量也不好预期，难以实现民事证明妨碍制度的预防效果。

拟制真实说认为，在民事证明妨碍行为成立的情况下，法院应认定受害人主张的案件事实或者反驳的案件事实成立，并因此可以作出对证明妨碍行为人不利的后果。该学说可以实现受害人利益保护的最大化，但其未考虑被损害的证据在民事诉讼中的重要程度，未考虑有无其他的可以替代的证据以及证明妨碍行为人的过错程度，有可能在保护受害人利益的基础上，对证明妨碍行为人带来过分的不利益，以追求当事人之间程序公正为目标却达致当事人之间的新的不公平。“纵令当事人提出文书亦未必能据以认定文书应证之事实为真实，如容许法院得径行认定依该文书应证事实为真实，则使不提出文书比提出文书对他造更为有利，无正当理由而过分优遇他造，反而违背当事人之间的公平。”③

经验法则说所依据的经验法则是，当事人之所以实施证明妨碍行为，可能的原因是该证明不利于妨碍行为人，相反是对对方当事人有利的证据。按照该经验法则当事人一旦实施了民事证明妨碍行为，法院即可以根据上述经验法则，推定被毁损、隐匿的证据不利于证明妨碍行为人。这样的推定也被称为证明妨碍推定。这样的经验法则对于故意实施的证明妨碍行为有一定的针对性，这也是很多地区要求法院作证明妨碍推定时必须以故意的证明妨碍为构成要件的重要原因。学者甚至指出，即使在故意的证明妨碍行为之背景下，利用经验法则也不能做最终的推定，法院只能据之获得暂时的心证，然后命证明妨碍行为人提供相反的证据反驳暂时的心证。“在有关故意证明妨碍的样态，仍然没

---

① 参见毕玉谦：《对我国法院采用证明妨碍制度审理亲子关系纠纷案件的基本思考》，载《法律适用》2010 年第 9 期。

② ［日］高桥宏志著：《民事诉讼法——制度与理论的深层分析》，林剑锋译，法律出版社 2003 年版，第 465 页。

③ 许士宧著：《证据收集与纠纷解决》，台北新学林出版股份有限公司 2005 年版，第 112 页。

有办法排除审判者利用经验法则作一定的推论，……利用经验法则的运作可以达到优越盖然性的一个暂定的心证，那等他尽了这样一个证据提出责任之后，必须由妨碍者进一步提出证据，去证明反对事实的不存在。”① 更重要的是，这样的经验法则对于过失的证明妨碍不具有适用性，即过失导致的证据毁损与被毁损的证据不利于妨碍行为人之间没有经验联系。另外，证明妨碍制度在目标上不只是纠正证明妨碍行为造成的当事人之间的不平衡，同时还有制裁证明妨碍行为人，维护法院权威的目标，其实现与经验法则之间没有任何关联，或者说经验法则说仅仅关注对受害当事人的救济，而忽视了法院司法权威的维护。所以学者才认为证明妨碍的法理从来都不是建立在经验法则的基础上。“整个证明妨碍的法理从来就不是奠基在经验法则之上，虽然一开始的发展是由人类最原始的经验法则出发，可是我们现在在讨论作为制度上的法效果正当性的基础，从来就不是奠基在经验法则上。”②

证明责任转换说，则认为在民事证明妨碍行为已经构成的情况下，应当由证明妨碍行为人承担被毁损的证据可以证明的事实不存在的证明责任。此种学说强调对证明妨碍行为人的严厉制裁，以及对受害人的较为宽容的救济或者救助。该学说存在的问题：一是严格限缩了民事证明妨碍的主体，认为证明妨碍的当事人必须是不负担举证证明责任的当事人，只有以之为前提，才有可能得出基于证明妨碍行为将案件事实的举证证明责任转移至本不负担该责任的妨碍人身上的结论；二是基于证明妨碍行为得出证明责任转移的结论具有逻辑上的跳跃性，并因此缺乏相应的法律政策基础。在我们看来，决定举证证明责任分配的因素可能含有事物之间的经验联系之因素，即盖然性是决定举证证明责任分配的一个因素，但其绝不是决定性的因素，决定举证证明责任分配的重要因素是法律政策。

考虑到各个学说各自存在的缺陷，我国学者指出，应当综合采取多个学说来考虑证明妨碍的制裁措施之采取。“如果仅仅采用某一种单一学说，有时难免出现偏差。因此，在实务上，为了寻求个案的公平正义，法院据情交替采纳其中的一种学说，或者兼采两种或者两种以上的学说要素，亦属难免之举。③”

我们认为，大陆法系国家和地区理论提出的证明妨碍制裁措施的学说，大多是以一元化的证明妨碍制裁措施为依据的，事实上大陆法系国家和地区的证

① 转引自黄国昌：《证明妨碍法理之再探讨》，载台湾民事诉讼法学研究基金会主编：《民事诉讼法之研讨》（十三），台北，三民书局2006年版，第220页。

② 转引自黄国昌：《证明妨碍法理之再探讨》，载台湾民事诉讼法学研究基金会主编：《民事诉讼法之研讨》（十三），台北，三民书局2006年版，第220页。

③ 毕玉谦：《对我国法院采用证明妨碍制度审理亲子关系纠纷案件的基本思考》，载《法律适用》2010年第9期。

明妨碍措施也多是单一的。我国台湾地区“民事诉讼法”第282条之一规定，当事人因妨碍他造使用，故意将证据灭失、隐匿或致碍难使用者，法院得审酌情形认他造关于该证据之主张或依该证据应证之事实为真实。《日本民事诉讼法》第224条第1款规定，当事人不服从提出文书命令时，法院可以认定对方当事人所主张的关于该文书的记载为真实。一元化的证明妨碍制裁措施观之下的单一的制裁措施，无法全面因应各种情况下的证明妨碍行为，也无法切实实现民事诉讼法设立证明妨碍制度所追求的制度目标。事实上，大陆法系国家和地区一元化证明妨碍制裁措施观之下的制裁措施，仅仅立足于救济受害方，并使被证明妨碍行为破坏的当事人之间的平衡得以恢复的目标，而忽视了对法院司法权威的维护，忽视了对证明妨碍行为人的制裁。即使学者所谓的最严厉的、对受害方当事人救济最充分的证明妨碍制裁措施，认定当事人所主张事实为真实，或者直接承认对方的诉讼请求或者认定其反驳，都不能完全体现对证明妨碍行为的制裁。认为认定受害方主张的事实为真或者驳回妨碍人诉讼的制裁方式是充分的观点是非常错误的，依据此观点运行民事证明妨碍行为制度的法院是荒谬的。“法院形成的错误观念是其对凭借通常描述的、作为最后处罚的缺席判决、驳回诉讼所施加的惩罚性制裁是乐观的，因之，法院持续地、一如既往地以之阻吓将来的证明妨碍行为。”①

必须注意，已经有很多学者注意到了一元化证明妨碍制裁措施的局限性，并提出了多元化证明妨碍制裁措施观②。按之，裁判者应当根据民事证明妨碍行为的具体情形，有针对性地采取一项或者多项制裁措施，并借此实现民事证明妨碍制度的制度目标。其中，证明妨碍推定主要是依据证明妨碍行为推定被毁损的证据内容不利于证明妨碍行为人，是救济受害人的主要的证明妨碍救济方法和制裁方法；对证明妨碍行为人的罚款、训诫主要肇因于证明妨碍行为人妨害司法的行为，并旨在维护司法权威。在此种多元化的证明妨碍制裁措施中，推定被毁损的证据内容存在或者为真实，即证明妨碍推定是最基础的证明妨碍制裁措施，是实现对当事人救济、惩罚以及阻吓潜在的违法行为人的最主

① Richard J. Sommers, Andreas G. Seibert. Intentional Destruction Evidence: Why Procedural Remedies are Insufficient. The Canadian Review. 1999. No. p1 – 2.

② 包冰锋：《证明妨碍法律效果的选择路径》，载《现代法学》2011年第5期；张友好：《论证明妨碍法律理效果之择定》，载《法律科学》2010年第5期；赵信会：《民事证明妨碍推定的程序适用》，载《民事程序法研究》（第十辑），厦门大学出版社2013年版，第302页。

要的方法[①]。基于此，《民事诉讼法解释》将之作为重要的民事证明妨碍制裁方法[②]。但在理解证明妨碍推定与其他制裁方式之间的关系方面，仍应该注意以下问题：

其一，证明妨碍推定是相当数量的其他救济措施的基础。例如，我国台湾地区"民事诉讼法"第282条之一规定的依据被毁损证据"应证事实为真实"，即是在认定受害人的证据主张为真实，即证明妨碍推定的基础上作出的，也正是在这样的意义上，我们并未将之作为单独的证明妨碍制裁手段。这之外还有英美法系国家和地区所采取的驳回妨碍方当事人的诉讼，或者直接认可受害方当事人的诉讼请求并作出即席判决。必须注意，从证明妨碍推定到认定受害人主张或者反驳的事实为真实，再到驳回妨碍人的诉讼请求，或者认可受害人的诉讼请求之间有非常大的逻辑跳跃性。不能轻易实现这样的跳跃，或者说应该采取审慎的态度。这也正是大陆法系国家和地区的学者对认定文书应证事实为真实存在较大争议的具体原因，[③] 是英美法系国家和地区严格限制驳回妨碍方当事人诉讼之请求的重要依据。[④] 裁判者以证明妨碍推定为基础而认定被毁损证据应证事实为真时，必须考虑被毁损证据的重要程度、与案件事实的关联程度，即其能否单独地证明案件事实，如果其具有单独证明案件事实的关联程度或者证明力，则可以据被毁损的证据推定其应证事实为真，否则以之为基础的事实认定即违反经验和逻辑，从而不具有科学性。以证明妨碍推定为基础对诉讼请求的认定或者驳回，还要考虑有无其他的主要事实，或者说该项主要事实的成立是否具有单独即可支持诉讼请求或者反驳诉讼请求的强度。"对证明妨碍作出的给予或驳回请求的即席判决如以证明妨碍推定为基础是不合适的。证明妨碍推定问题不是需要判定的法律事项，不能单纯地依其存在决

---

① 学者普遍认为民事证明妨碍制度有三大功能，分别是救济受害人、惩罚违法行为人、阻吓潜在的违法行为人，不过这三个制度目标并不是并行的，而是有主次之分，其中"以救济目标为主，兼顾其他两项价值"。主要因为惩罚和阻吓功能的实现相对比较简单，只要使妨碍者不能从其妨碍行为中获得利益，并可能蒙受损失为已足。参见张友好，同上注。

② 参见《民事诉讼法解释》第113条。

③ 大陆法系国家和地区就可否采用拟制文书应证事实为真实存在两种截然相反的态度和观点，肯定说认为，"倘不得认他造所主张依该文书应证事实为真实，将不足以保障他造之证明权……特别是文书证据构造性偏在当事人一造之情形，倘持有文书之当事人无正当理由拒不从命履行其提出开示之义务，法院即可以认他造关于依该文书应证事实为真实"。参见许士宦：《文书开示与秘匿》，载《台湾大学法学论丛》2003年第4期。

④ Holland v. W. M. Realty Management, Inc. 案认为，根据普通法上的证明妨碍理论，当事人过失或故意毁损关键证据的情况下，应予制裁有过错的当事人。不过，只有在证据缺失导致损害申请方当事人证明其请求或抗辩的能力时，驳回诉答的制裁才是适当的。Mckinney's CPLR. 3126. Holland v. W. M. Realty Management, Inc. 64 A. D. 3D 627, 883 N. Y. S. 2d555 (2d Dep't 2009).

定诉讼请求。"①

其二，证明妨碍推定是一种非常严厉的证明妨碍制裁措施，应该审慎使用，并必须满足相应的条件。当然，在证明妨碍推定的适用条件方面，大陆法系国家和地区立法处于几近空白的状态，学者也缺乏针对性的研究。英美法系国家和地区则通过判例的形式对证明妨碍推定的适用条件进行了探索或者规定，当然，不同法院基于其不同的出发点规定了不同条件。Luna v. American Airlines 案认为，在决定是否事实证明妨碍推定制裁时法庭应考虑：（1）毁损证据的当事人是否知道或者有理由预测诉讼将于特定时间发生且证据具有关联性；（2）毁损人是否基于恶意或者过失；（3）证据对当事人的请求或者抗辩的重要性；（4）毁损对当事人造成的不公正程度②。而 R. L v. Davis 案则认为适用证明妨碍推定必须具备四项要素：（1）争议证据须为当事人掌控，换句话说，第三人持有证据的情况下不能适用证明妨碍推定；（2）必须证明确实存在实际的证据抑制或者控制；（3）被抑制或者控制的证据必须有相关性；（4）应合理地预测到该证据将于其后开示。③

在我们看来，故意并非采取证明妨碍推定的唯一主观条件。应该说故意实施的或者恶意实施的证明妨碍行为与证据的内容不利于证明妨碍行为人之间的盖然性联系已经达至经验法则所认可的程度，即是说两者之间有非常强的经验联系，可以担保作出证明妨碍推定。但是过失所致的证明妨碍行为与被毁损的证据内容不利于证明妨碍行为人之间却缺乏如此强烈的经验联系，无法担保证明妨碍推定的成立。这也正是英美法系国家和地区的判例对过失情况下的证明妨碍推定持审慎态度的重要原因。"仅仅是过失丢失证据，无法支持以证明妨碍理论为基础的证明妨碍推定——证据内容不利于该当事人，在证明妨碍发生时，无任何理由可合理相信证据有证明价值，则故意的证据毁损也同样不能支持证明妨碍。"④ 过失证明妨碍背景下的证明妨碍推定必须有其他的证据予以补强，即必须以被毁损证据以外的证据在一定程度上证明被毁损证据的内容是不利于证明妨碍人的。此种情况下，提供证据证明被毁损证据的内容不利于证明妨碍人的应当是证明妨碍的受害人，因为此时证明妨碍推定的基础还未成立，而只有在证明妨碍推定成立的情况下，才出现遭受推定不利益的当事人，即证明妨碍行为人承担相反证据的提出义务。同时，此时也不能要求补强过失

---

① Pnaos v. Timco Engine Center，Inc，677 S. E. 2d 868（N. C. ct. App. 2009）.

② Luna v. American Airlines. 676 F. Supp. 2d192（S. D. N. Y. 2009）.

③ R. L v. Davis，117 P. 3d207（Nev. 2005）.

④ Courtney v. Big O. Tires，Inc. 139 Idaho 821，87. P. 3d 930，Prod. Liab. Rep.（CCH）P1686（2003）.

证明妨碍的证据在证明力方面必须达到单独证明证据内容的程度，其理由在于如果要求证明妨碍的受害人提供的证据必须达到可以单独证明被毁损证据内容的程度，即等于事实上完全抹杀了过失的证明妨碍与证据的内容之间可能存在的联系。而事实上，证据持有者对证据的保管程度及其所尽的注意与证据的内容之间绝对存在逻辑上的联系，一般说来，证据越重要，对其越有利，其注意程度越高，采取的保管措施也越安全，这也是《民事诉讼法解释》将涉及当事人的个人隐私和商业秘密的材料规定为当事人及其诉讼代理人自身难以收集证据范围的原因。因此，证明妨碍的受害人对被毁损证据的内容无需达到法律规定的证明标准，而只要裁判者依据该当事人提供的证据结合证明妨碍行为人的过错程度，可以合理地推导出证据内容之不利于证明妨碍行为人即可。其具体的证明程度可能因为证明妨碍行为人的过错程度而有不同，对于重大过失的证明妨碍，受害人提供的证据要求最低，而对于一般的过失则相对比较高。“在因重大过失之证明妨碍，降低被妨害人之举证责任至低度盖然性，在因轻过失之证明妨碍，则降低至优越的盖然性。”① 但不管在何种情况下，都应该低于证明标准。“在书面文件被损害，因之文件的内容成为司法调查的内容时，无过错的当事人可以微弱的证据，而不是对文件内容的严格证明创立其权利。在这些案件中，所有推定均应不利于证据毁损人”。②

适用证明妨碍推定的另一条件是被毁损的证据是不可替代的。诚如前文所述，英美法系国家和地区的法院在许多判例中都认为，施加证明妨碍推定制裁应该考虑对受害人造成的损害程度。决定此种损害程度的可能不是证据的重要性，即证据可以在多大程度上证明案件事实，相反是有无其他证据替代被毁损的证据。推定是法院查明案件事实的快捷方法，同时也是一个充满风险的方法，为避免此种风险的发生，法律不仅对推定的发生规定了严格条件，而且许可遭受推定不利益的一方当事人以相反的证据反驳推定。如果有其他替代的证据的话，则意味着该证据的毁损不致于对受害人的严重不公，因为其可以通过其他替代的证据，完成被毁损证据在诉讼中的证明功能或者反驳功能。同时，证明妨碍中的受害人可能不是负担举证证明责任的当事人，被毁损的证据对其的诉讼利益可能不是证明争议的案件事实的不存在，换句话说，受害人只要可以借被毁损的证据使对案件事实的证明达至真伪不明的状态，即实现了自己的诉讼利益。所以，在受害人为不负担举证证明责任当事人的情况下，为施加证明妨碍推定也不需要被毁损的证据必须是重要的证据，相反必须是不可替代的证据。

---

① 许士宦：《证明妨碍》，载《月旦法学教室》2001 年，第 2 期。

② 转引自赵信会：《民事证明妨碍推定的程序适用》，载《民事程序法研究》（第十辑），厦门大学出版社 2013 年版，第 309 页。

其三，证明妨碍推定不是救济受害人的唯一措施。一方面，在被毁损的证据有替代证据的情况下，法院无需采纳证明妨碍推定措施，因为受害方当事人可以透过提交其他证据，代替被毁损的证据证明案件事实。此时，法院对证明妨碍行为人的最有效的措施，即是命令其补偿受害人因提交其他替代证据所额外增加的费用。在我国民事诉讼中，命令当事人承担因其个人行为所致的诉讼费用也有相应的制度基础。另一方面，在多种情况下证明妨碍推定很难实现对受害人的彻底救济。证明妨碍推定是以推定被毁损的证据内容不利于证明妨碍人为基本杠杆，而实现对受害人的保护的，也借此使双方当事人之间被证明妨碍行为打破的平衡恢复到证明妨碍行为前的状态。不过，许多民事证据并不是以其内容来实现对案件事实的证明的，相反是以其自身的存在状态、性质等实现对案件事实的证明。此种情况下，推定被毁损证据的内容失去了方向。我国《民事诉讼法解释》第113条仅仅规定文书毁损时的证明妨碍推定，《日本民事诉讼法》第224条第1款规定也仅仅规定了文书毁损时的证明妨碍推定，原因概在于此。非以内容证明案件事实的民事证据，确实地可以成为当事人证据毁损的对象，常常出现的即是勘验完毕或者鉴定完毕以后对现场物证、痕迹的毁损，以使对方无法获得相应的鉴定材料、勘验材料，这种情况在可以双方委托各自的专家证人的英美法系国家和地区表现得更明显。此种情况下，为有效地制裁证明妨碍行为人、救济受害人，可能排除以被毁损的物证、痕迹为基础的鉴定意见、勘验笔录具有更大的因应性和针对性。此种情况下的证据排除，多针对证明妨碍行为人获得的证据，而且证据内容具有明显的确定性，是对证明妨碍行为人采取的较为严厉的制裁措施。必须采取审慎的态度。“在关键证据被毁损时，排除以之获取的证据及驳回案件的制裁是可行的，在决定如此严厉的制裁合理与否时，法庭必须考虑……不排除就该证据而形成的专家证词可能造成的潜在滥用。”① 另外，在传来证据的情况下，可否采取证明妨碍推定也需进一步斟酌。此时受害人持有文书的复印件或者誊本等，而证明妨碍行为人持有文书的原件，而拒不提出或者毁损隐匿该文书原件。推定文书原件的内容为真实与认定证明妨碍的受害人所持有的文书复印件为客观具有同等的效力，从证明妨碍推定可以反驳的情形看，后者可能具有更好的效力，也可能具有更大的科学性。

四、检察机关的民事证据调查

必须注意，2012年《民事诉讼法》确立了检察机关的民事证据调查权，

① Wright v. VZF/ Valentine Farms. Bldg，one，LLC. 308 Ga. App. 436，708 S. E. 2d 41（2011）.

或者称为民事证据调查核实权[①]。但肇因于立法的高度抽象和概括，检察机关的民事证据调查权的行使面临诸多困难。实务部门中的工作人员，将这些困难概括为检察机关行使民事证据调查权的案件范围模糊、检察机关的民事证据调查权缺乏强制性、检察机关履行民事证据调查核实之职权的人员素质偏低。[②]而理论上将检察机关民事证据调查核实权的行使现状概括为：第一，调查核实权的立法层级太低；第二，调查核实权的范围与方式过于笼统；第三，调查核实权缺乏强制力保障[③]。学者对于检察机关民事证据调查权的行使制度之改革，也提出了多种意见，具体而言主要有以下几个方面：其一，应当从目的主义的角度，改革检察机关民事证据调查权制度，特别是检察机关的民事公益诉讼调查权。在这些学者看来，“法学的真实性问题其实就是一个实现既定的价值与目标的调整方式的特殊问题”[④]，法律必须满足社会的内在需要，法律本身以及法律的发展应当是实现社会目的的手段。而肇因于公益诉讼中案件事实，包括损害后果、因果关系等证明上的困难，检察机关民事证据调查权制度改革的方向应当是降低举证责任、降低证明标准、增加证据调查权的强制性和约束性。[⑤] 其二，从检察机关自身的国家机关地位以及专业优势方面来看，认为应当给检察机关以更多的举证义务。“检察机关作为公诉机关，在保障调查手段的前提下，在诉讼中应承担更多严格的举证义务。检察机关应依职权对证据进行全面调查……遵从客观义务。”[⑥]

检察学理论上对检察权或者法律监督权的研究，可能为检察机关民事证据调查权制度的完善提供一定的思路。一般检察学理论学者从检察机关的监督权与制约权之界分的角度，研究检察监督制度的完善[⑦]。在这些学者看来，“监督和制约是两种不同的约束权力的政治生态，具有不同的政治功能，不能混淆。”[⑧] 制约具有相互性、同步参与性以及制约双方的平等性。制约权来源于

---

① 《民事诉讼法》第210条规定：“人民检察院因履行法律监督职责提出检察建议或者抗诉的需要，可以向当事人或者案外人调查核实有关情况。”

② 李彪麟、张丽萍：《民事检察调查核实权的行使现状和完善建议》，载《中国检察官》2019年第6期。

③ 牛向阳、王瑞霞：《检察机关提起行政公益诉讼举证责任分配辨析》，载《人民检察》2018年第5期，第76页。

④ ［德］伯恩·魏德仕：《法理学》，丁小春、吴越译，法律出版社2003年版，第113页。

⑤ 樊华中：《检察公益诉讼的调查核实权研究》，载《中国政法大学学报》2019年第3期，第13页。

⑥ 刘辉：《检察公益诉讼的目的与构造》，载《法学论坛》2019年第5期。

⑦ 也有学者从检察机关的宪法定位与法律监督权之间的关系的角度认识和理解检察机关法律监督的属性和检察权具体运行的，在他们看来，宪法关于检察机关的法律定位与检察权之间的关系属于属种关系。徐汉明、张乐：《检察机关法律监督属性的再诠释》，载《法治研究》2018年第6期，第141页。

⑧ 蒋德海、陈杨、秦天宁：《法律监督宪法原则再思考》，载《学术研究》2019年第3期，第58页。

权力分割或者具体活动中的不同权能配置；而监督不具有同步性、参与性、及时性的特征，更多地表现为外在性、滞后性、单向性。① 监督与制约区分之下的检察监督制度完善思路，可以解决检察机关部分检察权的行使，但不能说明所有检察权的行使情形。已经有学者明确指出，“监督模式与制约模式并无实质性区别”②，局限仅仅在于其没有进一步指出监督模式与制约模式何以没有实质性的区别。我们认为，常常出现的检察权的行使是按照制约模式行使的，但恰恰并不存在学者所理解的同步性、平等性，相反具有先后次序性。例如，在刑事案件的办理中，检察机关与行使侦查权的公安机关、监察委之间的关系，此种关系即是一种制约关系，而非监督关系，检察机关不参与公安机关、监察委的案件办理，只是在侦查结束以后对侦查机关的活动是否合法、是否应该提起公诉进行审查。但此种制约关系恰恰不具有同步性、相互性，相反具有先后次序，是在侦查机关的侦查活动完成以后进行的。检察机关提起民事公益诉讼，直接参与诉讼活动，但按照检察机关的理解，此时的检察机关不应该是不同的诉讼参加人，其还应该具有检察监督的权力和职能。“检察机关并非实体法意义上的公益管理者，其在公益诉讼中拥有的诉权既不同于特定财产管理权主体的诉讼担当，如破产管理人或宣告失踪人的财产代管人；也不同于环保、消费等公益性组织凭借的公众代表身份；甚至与海洋环境监管部门、省级或市级人民政府等行政性主体获得授权的原因也根本不同。”③ 事实上，有相当数量的学者是从监督与制约一体化的角度来认识监督的，特别是针对被监督对象的外部监督而言更是如此。“外部监督主要通过在野党、非政府组织、公众和新闻媒体等的外部力量形成对权力运行的制约监督，从而构成了以权利制约权力和以社会制约权力的权力监督制约体系。”④ 在我们看来，更应该从检察权的权能上理解检察机关的民事证据调查权，其基本的原因在于不同的权能对应不同的权力或者权利运行方式，更能够反映具体权利或者权力的特点。例如，同样属于所有权的不同内容，其行使方式也有不同的内容。占有权主要是排他性的行使，收益权可以通过自己的使用而行使，也可以通过他人的使用而实现。同样是检察权，其权能不同实现方式也不同，如对公共利益的保护，根据《民事诉讼法》和《行政诉讼法》必须以诉的方式行使，而对审判机关的监督则应该以监督的权能实现之。检察机关的检察监督权能最主要地表现为其

① 廖秀健、钟雪、刘白：《监督与制约：检察机关行使调查核实权的困境及其改进》，载《西北民族大学学报》（哲学社会科学版），2019 年第 3 期，第 159 页。

② 田夫：《检察院性质新解》，载《法制与社会发展》2018 年第 6 期。

③ 刘辉：《检察公益诉讼的目的与构造》，载《法学论坛》2019 年第 5 期，第 116 页。

④ 黄其松：《权力监督的类型分析》，载《中国行政管理》2018 年第 12 期，第 108 页。

诉讼职能，即以提起诉讼的方式追诉犯罪、保护国家利益和社会公共利益，也正是从这样的意义上看，有人将检察机关的公诉权能作为检察机关的“牙齿”[①]。检察权的权能均非以诉讼的方式提出，可以概括地称之为法律监督权能。同时，依照法律进行的监督也有多种形式，“所有监督只要包含法律的内涵，都可以称之为法律监督，并没有规定只有检察机关才能进行法律监督。”[②]检察机关对民事诉讼的检察监督，虽然可以抗诉的方式对生效的判决、裁定、调解书启动再审，并可以参加民事再审的过程，但是其总体上与诉讼当事人不同，不是具体诉权行使主体，加之其还有其他的监督内容和监督方式，可以归之为法律监督权能的体现；而检察机关以提起诉讼的方式提起民事公益诉讼，且遂行民事公益诉讼的全部过程，可以概括为检察机关诉讼权能的体现。因应检察机关在民事诉讼中的诉讼地位，检察机关民事证据调查权的行使也必须区分具体的情形，即行使民事公益诉权的民事调查与行使民事诉讼检察监督权的民事证据调查应该区别对待。

（一）查阅案卷材料的权利

检察机关为提起和遂行民事公益诉讼而应当无异议地享有查阅案卷材料的权利。为保障民事诉讼当事人更好地行使诉讼权利，并且通过诉讼权利的行使监督和约束法院审判权，实现民事诉讼的目的，民事诉讼法赋予当事人以查阅案卷材料的权利。按照民事诉讼身份唯一原则[③]，检察机关提起和遂行民事公益诉讼，虽然是行使法律监督权，但其是民事诉讼当事人，并通过当事人诉权的行使实现法律监督的目的，体现的是检察权的诉讼权能，而非一般的法律监督权能。为此，其享有一般当事人享有的查阅案卷材料的权利，否则即可能出现诉权享有和诉权的充分行使之间的背离。

争议比较多地出现在检察机关为民事诉讼检察监督目的的情况下。检察机关一直认为自己应当有调取案卷权，但此种主张几乎无例外地遭到法院的拒绝，法院的基本观点是法律并未赋予检察机关调取案卷权[④]，因此法院也没有配合的义务。法院的抵触可能还来自调取案卷权这样的表达方式本身，“调取案卷权”的表达方法，虽然能够在较大程度上强化民事诉讼检察监督权，体

① 孙谦：《新时代检察机关法律监督的理念、原则与职能》，载《检察日报》2018年11月3日第3版。

② 蒋德海、陈杨、秦天宁：《法律监督宪法原则再思考》，载《学术研究》2019年第3期。

③ 诉讼身份唯一原则，是指在民事诉讼中，检察机关参加民事诉讼的方式不同，其在诉讼中的地位也有所不同，或是当事人，或是民事诉讼法律监督者，但检察机关在任何情况下不能既是当事人同时又是民事诉讼法律监督者，否则将破坏民事诉讼的内在规律。江伟、谢俊：《论民事检察监督的方式和地位》，载《法治研究》2009年第4期。

④ 2012年《民事诉讼法》在规定检察机关的民事证据调查权时，没有明确赋予检察机关以查阅案卷材料的权利。

现民事诉讼中检察机关与法院之间的监督与被监督的关系。立法也在一定程度上支持此种监督与被监督之间的不平等关系，如民事诉讼法要求检察机关以抗诉方式启动民事检察监督程序时，必须采取提级抗诉的方式。不过，“调取案卷权”的表达却在一定程度上暗含了检察机关的强势地位，甚至可以说与此种强势地位相联系的双方之间的非平等关系，而按照法院以及法院干警的朴素理解，双方之间只有职能和分工上的差异，没有地位上的高低贵贱之分别。事实上，在民事检察监督制度及其运行的博弈中，法院也在小心翼翼地、尽心尽力地呵护此种平等关系，甚至有可能采取非常微妙的措施，以使法院处于相对优越的地位[①]。

应该正确地理解监督与被监督的关系，正确地理解民事诉讼检察监督中的检法关系。并非所有的监督与被监督的关系都意味着监督者的强势地位和优越地位，意味着双方之间的不平等。其实，国家设立的监督体制是多元化的，既有自上而下进行的监督，也有平等主体之间的监督，更有自下而上的监督。自上而下的监督要么源自上级机关对下级机关的领导关系，要么来自上级机关对下级机关的业务指导关系。平等主体之间的监督则比较多地来自国家对不同主体的职能地位和职责配置，来自双方之间的职权关系。而自下而上的监督，则更多地体现社会主义民主的力量，发挥人民群众监督的优势。检察机关的民事诉讼监督在国家监督体系中属于平等主体之间的监督，此种监督源自双方的不同职能定位，而非源自其领导关系或者指导关系。实践中，检法都在一定程度上追求双方之间的平等关系和平等地位，并因此对另一方的强势表现非常敏感及其敏感基础上的强烈抵触。例如，检察机关对法院将抗诉案件指令下级法院再审极其抵触，并于指令下级法院再审的抗诉案件中，拒绝派检察人员出庭支持抗诉。而法院对检察机关发出的调取案卷通知书，也多采取于法无据，不予配合的处理方式。体现民事诉讼检察监督制度中检法双方的平等关系，并促进民事诉讼检察监督权的行使，我们建议以“查阅案卷材料权”代替“调取案卷权”的表达。在转换表达方式的情况下，赋予检察机关为行使民事诉讼检察监督权而享有查阅案卷权具有一定的合理性，具体表现在：

其一，赋予检察机关查阅案卷材料权有助于民事诉讼检察监督制度目的的实现。民事诉讼法设立民事检察监督制度的目的，就是要求检察机关行使民事检察监督权，监督民事诉讼活动和民事执行活动，以确保民事诉讼的目的最终实现。必须注意，检察院与法院在获得案件信息的机会方面是不平等的，法院

---

① 2012 年《民事诉讼法》修改前法院对检察机关提起的抗诉，常常将之指令下级法院再审，对于检察机关针对某些特定法律文书提出的抗诉，也常常以法律没有明确规定为由，以裁定的方式予以驳回。

必须实质地参与民事诉讼的全部过程，包括启动执行程序下的民事执行过程，可以全面了解与案件有关的实体信息和程序信息。肇因于检察机关自身力量和审判权行使的封闭性要求，检察机关不可能全程参与民事诉讼活动。“检察院虽然依据《民事诉讼法》规定对民事审判活动实施监督，但其监督作用一般是在于‘从旁察看’，并不是诉讼程序积极的推动者。”[①] 也正是考虑到这些因素，许多学者主张检察机关进行的民事诉讼监督不应是全程监督，而应该是有重点地进行监督[②]，并应当体现出检察监督的补充性[③]和谦抑性[④]。

事实上，检察机关在运行民事检察监督制度的过程中，也一直秉承补充性、谦抑性的风格，不轻易启动民事检察监督程序，从而在根本上保障民事检察监督的针对性和权威性。为此，检察机关在启动民事检察监督程序前必须较为确切地判定法院的审判活动、执行活动是否违法，作出的生效裁判是否有重大的实体瑕疵，形成生效裁判的审理过程是否存在重大的程序瑕疵。同时，还要确保民事检察监督程序启动后，是否取得了应有的监督效果，即违法审判行为、执行行为是否得到纠正，有瑕疵的审判程序是否予以更正，重大的实体瑕疵是否予以祛除等。谋求上述检察监督效果，必须以获得全面的民事诉讼信息为基础，而2012年《民事诉讼法》第210条赋予检察机关的询问当事人、案外人的权利不能在所有的情况下均可以保障检察机关获得全面的民事诉讼信息。[⑤] 检察机关无法通过询问当事人、案外人确定法院的准许撤诉裁定是否损害国家利益、社会公共利益、第三人合法权益；在未了解案卷中记载的当事人确认的法律文书签收地址的情况下，无法确定法院是否向当事人进行了有效的送达，并进而无法确定原审程序是否剥夺了当事人的正当程序权利；在不查阅案卷材料的情况下，检察机关也无法通过对调解书的审查，确定调解书是否损害国家利益、社会公共利益、第三人合法权益；在不查阅案卷材料的情况下，检察机关常常不能确定案件的基本事实有无证据证明，法律的适用是否错误等。法律文书写作的概括性、格式化特点，进一步加剧了检察机关全面了解民

① 王鸿翼：《关于对民事诉讼三角形结构的质疑与思考》，载《河南社会科学》2011年第1期。

② 张卫平：《民事诉讼检察监督实施策略研究》，载《政法论坛》2015年第1期。王鸿翼先生在认可民事诉讼中的检察监督时，也认为检察机关的民事诉讼过程中的检察监督只能作为一种隐形的力量和存在。参见王鸿翼：《关于对民事诉讼三角形结构的质疑与思考》，载《河南社会科学》2011年第1期。

③ 赵信会：《民事抗诉中的认知偏见及检察约束机制》，载《法学杂志》2010年第3期；熊跃敏：《承继与超越：新民事诉讼法检察监督制度解读》，载《国家检察官学院学报》2013年第2期。

④ 张兴中：《民事抗诉谦抑性原则》，载《国家检察官学院学报》2010年第6期。

⑤ 确实地，在个别情况下，检察机关毋庸查阅案卷材料也可以就民事诉讼活动是否违法，生效裁判是否存在重大瑕疵作出判断。例如，一般情况下检察机关通过对起诉状的审查即可以对案件应否予以立案作出判断，并对法院的不予立案行为是否合法形成结论。检察机关也可以通过询问当事人以及其他人员就审理案件的法官应否回避形成判断，并决定是否启动检察监督程序。

事诉讼案件信息的难度。当然，在员额制改革、法院案多人少矛盾进一步加剧、法律文书普遍网上公开的背景下，要求法院对所有的法律文书做详细的、有针对性的论证，不具有现实性。

其二，赋予检察机关以查阅案卷材料的权力不会增加法院的工作负担。检察机关查阅案卷材料，并确定是否有启动民事诉讼检察监督程序事由的过程，是检察机关的自我认识活动过程，不需要法院对之进行核对、判断，法院仅仅需要向查阅案卷材料的检察官提供相应的案卷即可，剩下的工作就是检察工作人员的工作了，可以摘抄，也可以复制、拍照。而且法院无需为查阅案卷材料的检察工作人员提供单独的查阅场所，法院设置的阅卷室可以一体适用于查阅案卷的当事人、诉讼代理人、刑事辩护人以及检察工作人员。当然，于检察机关启动民事诉讼检察监督程序以后，肇因于检察监督的强制性，法院必须对具体审判活动、执行活动是否违法进行审查，必须对确定裁判是否存在重大的实体瑕疵进行审查，必须对原审程序是否存在重大瑕疵进行审查，并在存在检察监督事由的情况下，去除原来的程序瑕疵和实体瑕疵。此时，法院必须投入相应的人、财、物，再审程序中，法院还要组成新的审判组织对案件重新审理。但此种投入可以进一步纯化审判过程和执行过程，保障生效裁判的权威。即使在经过审查确认检察监督的事由不存在的情况下，法院对检察监督程序启动以后的自查自纠，也能增加普通民众对民事审判的信赖。为此，法院的必要投入与其司法收益相比是值得的，不能成为拒绝检察机关享有查阅案卷权的理由。

其三，案卷材料与法院审判权的关系也支持检察机关为启动再审的目的而享有查阅案卷权。应该说，于具体民事诉讼运行的过程中，案件卷宗与法院审判权具有相伴关系，案件卷宗必须为享有审判权的法院所掌握，法院在行使审判权的过程中也不断地充实案件卷宗材料。不享有管辖权的法院，在移送案件的同时必须移送全部案卷材料；一审法院在收集完所有的上诉材料以后，也应当一并将全部案卷材料移送第二审人民法院，包括期间采取保全措施的材料。案件卷宗随法院审判权而发生的流转，同样发生在域外其他国家，即使采取事后审查制的英美法系国家和地区，尽管不向上诉法院移送证据材料，但是证据材料之外的其他案件卷宗的移送仍然是必需的。但是于民事诉讼活动结束以后，法院对具体案件的审判权之行使也已经结束，此时案件卷宗更多的不是关涉具体案件的审判权，相反，案件卷宗即可能具有了超越个案的意义。通过法院于审判结束以后保管的案件卷宗，人们可以了解国家司法的运行过程、司法的文化，此时案件卷宗更多具有社会公共资源的意义。当然，与法院裁判文书的公开不同，审判权运行结束以后的案件卷宗也无法实现普遍的社会公开，不可能许可所有的人查阅案卷材料。这不仅涉及法院的工作负担问题，可能还在较大程度上涉及当事人个人隐私和商业秘密的保护问题。不过，个人隐私和个人商业秘密的保护能否优于民事诉讼的监督尚有待进一步商榷。事实上，为促进司法的高效、公正运行，实现对司法机制监督的目标，查阅案卷材料是立法机关监督司法时通常采用的方式之一。而且，行使监督权的机关和个人也均负有保守当事人个人隐私和商业秘密的义务。即使在其违反该项义务的情况下，查找违法行为人并要求其承担侵权的民事责任也并非特别复杂的事情。

（二）检察机关可否以强制的方式遂行民事证据调查权

一般民事诉讼当事人不行使国家权利，以强制的方法收集证据没有正当性，对于当事人以强制方法收集的证据，对方可以非法证据为由要求法院排除，法院也可依职权主动排除。检察机关实施民事诉讼检察监督是行使宪法赋予其的法律监督权，这种权力具有单向性、强制性，检察机关可否将这样的强制性运用到民事证据调查的过程中来？对之，2012 年《民事诉讼法》未做具体规定，特别是没有规定被调查人拒绝配合检察机关的证据调查时应当承担的法律后果，这必然造成检察机关证据调查权的虚化。①《人民检察院提起公益诉讼试点工作实施办法》尽管规定了被调查人的配合义务，但没有规定强制性的法律后果。因此，也没有彻底改变检察机关民事证据调查权虚化的现实，并因此制约民事诉讼检察监督工作的开展。我们认为不能简单地采取全部否认或者全部肯定的观点或者做法，而应当分析检察机关民事诉讼检察监督权的行使情况，分析检察监督的案件诉讼进展情况。对于一般的民事诉讼监督案件，检察机关可以通过询问当事人、证人以及查阅案卷材料，确定有无启动民事诉讼检察监督程序的事由，确定法院的审判行为、执行是否违法，无需赋予其强制性的民事证据调查权。但是考虑民事公益诉讼的特殊性，以及保护社会公共利益的必要性，可以赋予其强制性的民事证据调查权。

其一，检察机关应当承担积极的证据调查责任。在检察机关提起的民事公益诉讼案件中，由于民事诉讼程序已经启动，法院已经介入民事公益诉讼程序，于对方当事人或者第三人掌握的证据，检察机关应当自行积极收集和调取。在被调查人拒不配合的情况下，可以依据《民事诉讼法》规定的申请证据调查制度，申请法院调查收集。同时，法院也可以对拒不配合证据调查的当事人、第三人予以制裁。民事公益诉讼中的法院职权调查，也成为民事公益诉讼中的重要特点。对之也有相反的观点，认为“环境民事公益诉讼与私益民事诉讼程序、基础理论方面呈现出很高的同质性，无须强化环境民事公益诉讼程序的职权主义。在环境民事公益诉讼证据调查制度方面，仅需要法官释明前

① 王洪礼：《民事检察调查取证权探究》，载《人民检察》2014 年第 7 期。

置或者说在立案阶段履行释明义务，并根据自由裁量权决定补充证据调查”。① 我们认为，强调民事公益诉讼中的法院职权调查责任，并非因此主张检察机关可以懈怠其民事证据调查的义务，完全依赖法院的职权调查。② 相反，考虑到目前司法资源极其紧张，案多人少的矛盾非常突出的背景下，检察机关应当承担更多的民事证据调查任务，以实现司法资源的合理配置以及国家纠纷解决资源的合理配置。

其二，检察机关可以采取必要的强制手段遂行证据调查之责。民事公益诉讼提起之前，行使公益诉权的主体必须完成大量的、艰苦的准备工作，他们必须调查有无侵害社会公共利益的行为发生，确定侵害行为与公益损害之间有无因果关系，以及侵害行为所致的损害后果。尽管在民事诉讼进行的过程中，当事人可以变更其诉讼请求、修改或者追加新的事实主张，但《民事诉讼法》规定的具体陈述义务、完整陈述义务，要求提起民事公益诉讼的当事人必须较为准确地描述支持其诉讼请求的案件事实，否则法院即有可能以当事人主张的事实明显不能支持其诉讼请求为理由，直接裁定不予受理。同时，许多民事公益诉讼案件的证据具有较强的时效性，如环境污染中，侵害人排出的废水、废气，一旦错过时效，再行收集侵害民事公益诉讼的证据就变得极其困难。《民事诉讼法》规定的诉权证据保全制度，在许多情况下，难有民事公益诉讼证据收集的针对性。因为按照《民事诉讼法》的规定，当事人必须于法院采取保全措施以后的 30 日内提起诉讼。加之，我国《民事诉讼法》对民事诉讼证明妨碍中的当事人证据保存义务缺乏具体、详细的规定，许多当事人也常常利用这一法律上的漏洞，并于预见纠纷或者有发生可能的情况下，依据所谓的单位内部的文件管理政策，借口文件保存的期限已经到期，销毁与案件有关的书面文件、电子文件、视频资料等，以阻碍对方在将来进行的诉讼中的证据使用。而由于法律对当事人的证据保存义务缺乏规定，法院对之还难以适用民事诉讼证明妨碍制度制裁这样的单位和个人，一般认为构成民事诉讼证明妨碍的条件之一即是证据毁损一方负有证据保存义务③。因此，有必要赋予检察机关

---

① 刘超：《论环境民事公益诉讼证据调查之展开》，载《江西社会科学》2017 年第 9 期。

② 赵信会、宋聚荣：《论检察机关的民事证据调查权》，载《国家检察官学院学报》2008 年第 5 期。

③ 与一般大陆法系国家和地区不同，英美法系国家和地区，特别是美国的判例均认为证据保存义务自当事人合理地注意到文件、记录可能成为诉讼证据或者应予开示时，即承担证据保存的义务。该义务的启动点从原告角度看，触发并使原告承担相关证据保存责任的事实可能是其构想、规划诉讼请求的意图，即使没有直接的计划向法院起诉；从被告角度触动的事实则是对诉讼请求将要发生的确信，如来自对方的拟起诉的律师函、对方当事人对其提出的法律请求，或者涉及终止劳动合同而使风险管理增加的事实、事故中出现伤害或者死亡等。David A. Bell，Margaret M. Koessel，Tracey L. Turnbull. Let's Level the Playing Field：A New Proposal for Analysis of Spoliation of Evidence Claims in Pending Litigation. Arizona State Law Journal. 1997. No. 3.

为提起公益诉讼而享有的、通过一定的强制方法收集证据的权力。

其三，检察机关的强制证据调查手段。需要进一步研究并回答的问题是检察机关应该以何种强制方法遂行其民事证据调查权。对此，我们认为检察机关不宜以间接强制的方法调查收集证据。所谓间接强制的方法，是指不是以直接的强制手段、可以在被调查人不予配合的情况下调查收集证据，而是通过采取对不予配合证据调查的被调查人采取必要处罚，并使被调查人配合证据调查的证据收集方法。实际上，民事诉讼中最经常采取间接方法调查收集证据的是行使审判权的法院，其间接强制方法一是依照《民事诉讼法》规定的妨碍民事诉讼的强制措施，对不配合证据调查的一方当事人或者第三人以妨碍民事诉讼进行为理由，对之施加民事司法处罚，以之督促或者威吓被调查人配合法院的证据调查；二是施加证明妨碍制裁督促或者威吓作为当事人的被调查人配合证据调查。我们不赞成检察机关以间接方法遂行民事证据调查权的理由，一方面间接证据调查有其自身的局限性。不仅在当事人的证据保存义务缺乏法律规定的情况下，民事诉讼证明妨碍制裁的运用捉襟见肘，而且更重要的是妨碍民事诉讼的制裁措施的制裁力度不足，难以起到应有的制裁和阻吓作用①。另一方面，检察机关和法院同负有维护国家利益和社会公共利益的职责，但是两者在权力行使方式上有较大差异。民事诉讼中法院之所以不宜采取直接强制的方法，其最根本的是由法院行使权力的性质决定的。法院行使民事诉讼的审判权，其具有居中而断的性质，如果诉讼开始之前或者诉讼进行过程中，法院比较多地介入证据收集的过程中，成为主要的甚至是唯一的证据收集主体，这种情况将会极大地影响法院的中立性质。而且，法院广泛地依职权主动收集证据还会事实上使法院在案件审理之前即可能形成裁判的结果，影响审判中心主义所追求的目标实现，并在实质上导致庭审功能的虚化、形阂化，民事诉讼法所规定的直接原则、言词原则最终无法实现。与法院审判权行使不同，检察机关的所有检察权的行使，均无中立性要求，相反表现出较大的单向性、主动性，检察机关的客观化义务，并不影响这种单向性和主动性。换句话说，检察机关采取积极的方式、强制的方式遂行民事证据调查权，与检察机关的职能没有冲突，相反有利于检察职能的发挥。最重要的是法院可以通过其在民事诉讼中的判断权作出是否支持以及在多大程度上支持当事人诉讼请求的判决，并借此影响当事人的诉讼行为，而检察机关还缺乏这样的权力杠杆。

尽管检察机关提起民事公益诉讼以及行政公益诉讼和其提起刑事控诉一样

---

① 《民事诉讼法》第115条规定，对个人的罚款为10万元以下，对单位的罚款为5万元以上100万元以下，在相当多的案件中，特别是公益诉讼案件中，这样的处罚不足以督促被调查人积极配合证据调查。更何况对妨碍民事诉讼的强制措施之采取还必须查证有妨碍民事诉讼的行为发生为前提。

均体现其维护国家利益、社会公共利益的职能，但两者之间仍然有重大区别。刑事案件发生的情况下，刑事犯罪行为所造成的社会危害程度较大，常常是较为严重地危害社会秩序、公共安全，因此，必须有与之相匹配的证据调查方法，包括搜查、拘传犯罪嫌疑人等强制手段。民事公益诉讼以及行政公益诉讼中，违法行为人的违法程度还没有到达极其严重的程度，损害的后果还具有可以救济的属性，因此不能采用和刑事侦查一样的证据调查手段。最高人民检察院对之也有明确规定，即禁止检察机关以刑事案件办理的方法收集民事证据。为此，我们主张检察机关为提起民事公益诉讼和行政公益诉讼，可以采取强制检查文件，强制勘验有关场所、环境等方式遂行民事证据调查权。这样的强制仅以要求被调查人配合为限度，不涉及被调查人的人身自由，不涉及违法行为人的正常经营活动，也不限制被调查人的财产权益，因此，在民事诉讼中具有一定程度上的容许性。当然，这并非意味着，检察机关在办理刑事案件的过程中收集的证据不能应用于民事公益诉讼和行政公益诉讼，实践中许多民刑交叉、行刑交叉的案件非常多，必须承认此种情况下证据的共通性。

第十章 民事诉讼证明评价

诉讼的基础在于案件事实真相究明或事实发现，这一命题在当代可以说已经获得了超越各种法文化体系的一般意义。不过案件事实不是发生在当下，而是发生在既往的社会生活中，而且在一维的时间之河中具有不可再现的特点。诉讼当事人和案件的裁判者站在时间之河的此岸，而案件事实在时间之河的彼岸若隐若现。裁判者和当事人只有借助证据才有可能实现对案件事实的认识，这样不仅证据的收集与提供至关重要，而且对证据的认识和评价最终决定彼岸的案件事实，能否进入裁判者的主观意识层面，决定裁判者的最终裁判结果。事实上证据的认识和评价过程，更多地不是表现为彼岸事实的客观显现，而是体现为裁判者的内在的、主观的心理活动和认识活动。诉讼过程中如何赋予并实现裁判者的主观的证据评价和事实认定活动以正当性，不仅是当事人关注的问题，而且是裁判者和立法者所关注的问题。证据评价制度应当事人、裁判者之需要，其不是对裁判者主观认识过程的准确描述，按照现代心理学家所主张的整体论的认识论模式，裁判者的主观认识活动具有较大的非理性特点，对证据评价过程的描述在一定程度上具有乌托邦的性质。证据评价制度解决的是如何对裁判者的证据评价活动予以制约，并通过这一制约使其获得正当性的问题。

‖第一节 民事诉讼证明评价概述‖

《新民事证据规定》第85条规定："人民法院应当以证据能够证明的案件事实为根据依法作出裁判。审判人员应当按照法定程序，全面、客观地审核证据，依据法律的规定，遵循法官职业道德，运用逻辑推理和日常生活经验，对证据有无证明力和证明力大小独立作出判断，并公开判断的理由和结果。""《民事证据规定》在证据判断方面采纳了现代自由心证原则，但在名称上却使用了中国化的术语：法官依法独立判断证据"①。相反的观点则认为，我国

① 李祖军：《自由心证与法官依法独立判断》，载《现代法学》2004年第5期。

在证据评价方面不采自由心证原则[①]。从自由心证制度与法定证据制度相区别的角度来看，“自由心证，通常系谓证据之证明力，法律不加拘束，听任审判者之自由裁量，依其所确信者，据以判断事实之真伪，审判者何从获得心证既有其自由，是以何者足为证据（即何者有证据能力）法律亦甚少加以限制，可由司法机关酌量调查之，此点与职权主义之精神适相呼应”。[②] 可以说我国现在的民事证据评价制度即为自由心证制度。

一、民事诉讼证明评价的当代模式

关于两大法系国家和地区的现代民事诉讼证明评价属性，学者有不同的认识，主要有以下两种观点：

其一，认为现代大陆法系国家和地区的民事诉讼证明评价模式属于自由心证主义，而英美法系国家和地区的民事诉讼证明评价模式为法定证据主义。该观点认为，法定证据制度以立法的形式对证据的证明力预先作出规定，但其并不排除对证据能力的规范，并在这样的意义上将普通法系国家和地区的证据制度与法定证据制度联系起来。“法定证据制度并不排斥对证据能力的规范，即便是在法兰西革命前也是如此，在刑讯逼供已成为当时主要之侦讯手段时，法定证据一般要求对拷问的要件、程序、程度以及口供的记录方式等作出明确规定。[③]”对之的另一个论证理由是在普通法系的母国英国不存在和大陆法系国家和地区一样的法定证据制度，由于采用陪审制，并在较早的历史阶段实现了由知情陪审团向非知情陪审团的转化，所以在普通法的历史上从来也不曾有和大陆法系一样否定传统证据制度的历史紧迫性，英美法系的学者也殊少为自己的证据制度标上自由心证制度的标签。“从历史上看，作为英美法系之渊源的英国从来就没有采用过欧洲大陆国家那种‘法定证据制度’，当然，它也没有采用过欧洲大陆国家那种‘自由心证制度’。”[④] 为使其概括的英美法系国家和地区的“法定证据主义”与历史上的“法定证据主义”区别开来，称前者为“实质的法定证据主义”，称后者为“形式的法定证据主义”[⑤]。

---

① 王亚新：《关于自由心证原则历史和现状的比较法研究——刑事诉讼中发现案件真相与抑制主观随意性的问题》，载《比较法研究》1993 年第 2 期。

② 韩忠谟：《刑事证据法则之理论基础》，载刁荣华主编：《比较刑事证据法各论》，台北汉林出版社 1984 年版，第 60 页。

③ 张友好：《经验与规则之间：为法定证据辩护》，载《中国刑事法杂志》2005 年第 6 期。

④ 何家弘：《司法证明方式和证据规则的历史沿革——对西方证据法的再认识》，载《外国法译评》（法学译丛）1999 年第 4 期。

⑤ 陈朴生：《刑事证据法序说》，载刁荣华主编：《比较刑事证据法各论》，台北汉林出版社 1984 年版，第 26 页。

其二，认为自由心证的证据制度仅仅存在于当今的大陆法系国家和地区，英美法系国家的诉讼证明制度不属于自由心证制度，但其也不属于法定证据制度，而属于法定证据制度和自由心证制度之间的一种证明制度。“英美恰好处在法定评价模式和自由衡量模式的中间状态，它是通过证据能力的法定性，来表达证据价值的法定性。而这个特性，虽然与经验主义的司法有密切的关系，但直接的原因还在陪审制这种特殊的程序性装置以及它与职业法官的分权制这种关联。要而言之，英美在证据力的衡量法则上，我们只能说它是法定评价模式与自由评价模式的某种结合，只不过这种结合具有不同的表现形式而已。”① 其基本的理由是，当代英美法系国家和地区的民事诉讼中充斥着大量的证据可采性规则，以否定的方式限制某些证据的证据资格。而立法对证据资格或者证据能力的否定，相当于以立法的形式规定该证据的证明力为零。这样，证据能力规则即转化为证明力规则，证据能力规则对证据资格的限制也对裁判者证据证明力评价的限制。“证据能力规则增多了，证据力的规则就可以减少了，而证据力规则在证据能力规则增多的前提和背景下变少了甚或消失了，并不意味着对证据证明力的法定衡量模式便因而告终了。”②

必须注意，自由心证是与法定证据制度相较而言的，特别是相对于历史上的法定证据制度而言的，建立的目的主要是体现立法与司法的平等，认可司法者在证据评价能力上的优势，调动司法者证据证明力评价的积极性。相对而言，以否定形式限制证据资格往往出于特定政策，而在对社会公共政策的把握方面，立法者具有司法者不可能具有的优势。事实上，大陆法系国家和地区的民事诉讼制度发展过程中，已经认识到了此种现实，开始在一定程度上收回裁判者所享有的证据能力评价上的自由裁量权，将之交由立法者。通过确立证据排除规则，限定证据的证据能力。从这种角度而言，我们认为当代两大法系国家和地区的民事证据评价制度均属于自由心证的制度。但其也有各自的特点，我们将之概括为以下几个方面。

（一）自由证明过程中裁判者的作用不同

英美法系国家和地区与大陆法系国家和地区相比，其特殊性在于：“法庭审理中事实认定者的行为方式，以及程序参与者所使用的将证据信息输送给事实认定者的方式。前者表现为事实认定者的消极性特征，后者表现为程序参与者的主导性特征。事实认定者的消极性特征与程序参与者的主导性特征两项结

---

① 汤维建：《英美证据法学的理性主义传统》，http：//www. civillaw. com. cn/weizhang/default. asp? id = 17127。

② 汤维建：《英美证据法学的理性主义传统》，http：//www. civillaw. com. cn/weizhang/default. asp? id = 17127。

合，便是英美证据法的对抗制特征。”[①] 英美法系国家和地区事实认定者的消极性表现在：其一，与案件事实有联系的信息和证据必须由当事人确定，事实裁判者，甚至法官都不能决定当事人应当提交哪些证据，不应当提交哪些证据；其二，在已经确定的证据范围中，法院不能依职权传唤证人；其三，事实裁判者包括法官都不能依职权主动地调查证据，裁判者对某证据的调查，实际上表明了其对某项证据的信任或者疑虑，因此有可能打破诉讼的平衡状态；其四，事实裁判者在庭审之前与案件以及事实必须隔绝，具有“无知之幕”的性质。这样事实裁判者无论是法官还是陪审员都不能参与具体案件的庭前准备工作。大陆法系国家和地区裁判者却表现出一种积极和主动的状态，他们不仅可以通过行使释明权告知当事人应当证明哪些争议事实，[②] 应提交哪些方面的证据，而且完全可以依职权主动的调查证据。大陆法系国家和地区的证据方法不具有英美法系国家那样的党派性，更多地具有中立性的特点。正因如此，在这些国家确定证人、专家证人等证据方法适用的是法院，而不是当事人。各种证据方法虽然在客观上有可能有利于一方当事人，但证据总体上来说应是法院的证据，而不是当事人某一人的证据。在诉讼过程中，为实现对案件事实的认知和促进实体正义的实现，其可以主动地调查各种证据方法，包括对证人、专家证人的询问等。“调查证据，系法院之职权，故法院怠于调查，既非所许，且其调查范围，应本其责任心，就被告有利及不利之证据一律注意。”[③]

（二）案件事实对事实裁判者的意义不同

当事人之间所争议的案件事实都是发生在既往，事实裁判者虽然可以借助证据一定程度地认识该事实，但由于时间的一维性，事实裁判者所认识的案件事实不可能是案件事实的本来面目，并具有水中月、镜中花的特点。承认这样的特点，并结合解决纠纷恢复社会和平的诉讼目的观，英美法系国家和地区虽然不排斥发现案件事实的价值目标，但同时又认为这样的事实发现并不是纠纷

---

① 汤维建：《英美证据法学的理性主义传统》，http：//www. civillaw. com. cn/weizhang/default. asp? id = 17127。

② 在英美法系国家和地区是否存在释明权制度方面学者存在争议，有人认为英美法系各国并无释明的概念，但亦存在类似大陆法系释明的规定。尤其是在审前程序中，如果对当事人的主张法官不进行释明，妥当且富有实效的审理就很难实现。参见熊跃敏：《民事诉讼中的法院释明：法理、规则与判例——以日本民事诉讼为中心考察》，载《比较法研究》2004 年第 6 期。也有学者主张英美法系不存在和大陆法系一样的释明制度，认为英美法系国家不太注重所谓释明权的问题，英美法系民事诉讼理论中也没有与此相对应的概念。这一差异反映了英美对抗制的当事人主导型诉讼体制与大陆法系当事人主导型诉讼体制在理念上的一些差异。参见张卫平：《论人民法院在民事诉讼中的职权》，载《法学论坛》2004 年第 5 期。

③ 陈朴生：“刑事证据法序说”，载刁荣华主编：《比较刑事证据法各论》，台北汉林出版社 1984 年版，第 24 页。

解决的必要条件，甚至可以说是较为次要的条件。而且在司法认识的过程中，裁判者也并不是树立客观案件事实必然存在，并独立于双方当事人的案情描述的信念。裁判者对认识的认定或者司法认识也不是表现为对当事人双方描述的案情背后的客观事实的探明，相反更多地表现为司法者通过双方当事人的证明，判断哪一方当事人的事实描述，更让人信服的过程。“最后呈现于法庭的，乃是两组截然不同的案件事实；这两组案件事实如同黑夜中行驶着的汽车，散发出的两柱光亮。法官需要判断的，是这两柱光亮哪一柱更亮。”① 而在大陆法系国家和地区，案件事实必然客观存在的观念居于支配地位，裁判过程实际上是一种发现案件事实或者最大限度地接近案件事实，并适用实体法保护当事人权利的过程。诉讼过程中当事人双方案件事实的陈述并不具有独立于必然存在的客观案件事实的意义，法院的审判也旨在通过当事人的陈述、诉讼证明探明背后的案件事实，当然，案件事实在多数情况下并不是绝对清晰的。案件事实的发现或者探明在民事诉讼中就有非同寻常的地位，尽管承认人的认识能力的有限性，并设有证明责任制度，但这些国家不仅有较高的证明标准制度，还有许多避免证明责任裁判的方法。②

（三）裁判者心证的事实与法律的牵连不同

大陆法系国家和地区采职业法官制，职业法官既是裁判者，又是法律适用者，事实之认定与法律之适用是紧紧糅合在一起的。虽然自由心证作为一种事实认定制度，应当仅仅涉及事实问题和证据问题，但由于受演绎推理的思维模式限制，法律与事实之间具有不可分离的性质。大陆法系国家和地区的民事诉讼，必然包含民事实体法规范的具体化过程，通过民事实体法规范的具体化，当事人和裁判者考量该实体法律规范是否可适用于本案争议；同时民事诉讼还包含具体案件事实的抽象化过程，通过这样的抽象当事人选择主张的事实内容。而英美法系国家和地区，以二元制审判组织形式所设计的诉讼制度，将不同诉讼职能配置于不同裁判者，其中陪审团负责证据评价和事实认定，法官负责法律适用。虽然在这些国家、地区，陪审团仅宣布被告是否有罪（民事案件中不仅可以宣告当事人胜诉与否，还可以宣布具体的民事责任承担）③，但其也必须结合实体法律规范，自由心证的证据评价如果离开了法律指引，就失去了基本方向。在英美法系国家和地区，这样的法律指引只能来自事实裁判者

---

① 汤维建：《英美证据法学的理性主义传统》，http：//www. civillaw. com. cn/weizhang/default. asp? id = 17127。

② ［日］高桥宏志：《民事诉讼法——制度与理论的深层分析》，林剑锋译，法律出版社 2003 年版，第 460 ~ 476 页。

③ ［美］杰克·H. 弗兰德泰尔等：《民事诉讼法》，夏登峻等译，中国政法大学出版社 2003 年版，238 页。

之外，并通过法官指示予以实现。为此，为了保证事实裁判者的事实认定不至于偏离法律争议的方向，法律不仅要设计具体指示制度，如确定指示的具体内容、时间等，还要防止法官通过指示机制分割陪审团的审判权，影响陪审团的独立审判①。

二、民事诉讼证据评价的当代内容

现代自由心证之下，民事诉讼证据评价主要针对民事证据的证据能力和证明力展开，具体应当注意以下问题。

（一）对事实问题的裁判必须依靠证据，没有证据不得认定事实

民事诉讼证明中，事实问题的裁判应当依据证据，即自由心证不能是无基础的心证，它必须以证据为基础。从这一点上看，自由心证主义与证据裁判主义并不矛盾，并实际上都是与非理性的司法认知方式相对应的理性司法认知方式。认定案件事实必须以证据为基础的反面表达是：没有证据或者说没有充分的证据即不能认定要证的案件事实。必须注意，由于民事诉讼解决的是当事人的私权纠纷，当事人对争议的民事权益有处分权，与这种处分权相适应，民事诉讼中采辩论主义，当事人可以自主地决定主张的事实，也可以以法律许可的方式表示对对方主张事实的承认。而且按照辩论主义，一旦要证事实经过当事人的承认，即不需要作为证明的对象，裁判者完全可以以之作为裁判的基础。不过此时的问题并不是诉讼证明如何进行、司法认知如何进行的问题，而是证明对象的确定问题。

（二）事实认定所依据的证据必须是具有证据资格的证据

证据资格是某一证据能否进入诉讼的前提问题，只有具备证据资格的材料或者方法才可能作为证明案件事实的依据。由是观之，“证据永远是法律规范下的证据，而不可能是事实意义上的证据”②。大陆法系国家和地区一般情况下，立法不对证据能力问题进行限制，法律不限制进入裁判者审查视野的材料，并许可裁判者自主决定证据是否具有证据能力，在其有证据能力的情况下评价其证明价值。裁判者对证据能力的判断，必须依据经验，根据其掌握的丰富生活经验判断当事人收集的证据材料与待证案件事实之间是否有逻辑联系性，即证据材料是否有相关性。必须看到，近年来个别大陆法系国家和地区受

---

① 历史上曾经出现法官通过对陪审团指示机制，强制陪审团判某一被告有罪的情况，这种情况实际上是分割陪审团审判权的极端形式。尽管在当代已经不存在这样的极端形式了，但并不意味着担心陪审团的独立是杞人忧天。

② 樊崇义，吴宏耀：《论证据裁判原则》，http：//www. evidencelaw. net/Article_ Show. asp？ArticleID =390 2。

英美证据法的启示，也开始建立证据排除规则。例如，德国建立了与英美法系证据排除规则类似的证据禁止理论，目的也是以立法的方式限制某些证据的证据资格。① 我国民事诉讼法也确立了一定数量的证据资格规则，如非法证据排除规则、传闻证据排除规则。同时与大陆法系国家和地区的传统一致，我国在鉴定制度上采鉴定权主义，为此，法院还要审查当事人提交的证据材料是否符合法律的规定，即是否满足合法性要求。在证据资格的审查上，裁判者还要注意证据的客观性的审查，此种审查更多的要结合当事人的辩论进行。

（三）依据经验法则和逻辑法则判断证据的证明力

民事诉讼证据评价的这一要求包括两个方面的要求：

其一，证据的证明力必须根据个案的具体情况判定，法律不预先规定证据的证明力。换句话说，所有的证据在未与个案结合的情况下在证据价值上是平等的，这一原则在证据法上称为“证据价值平等主义”。“所谓的自由心证原则系指证据之采用并非全数系于特定的几种证据，而是对于各种证据做平等的处理，所以认定犯罪事实之时绝非必须对于直接证据给予特别的重视，法官即使采用足以信赖之间接证据以作为认定被告犯罪事实之根据亦可。因此，在此自由心证原则之意义下，裁判时应该采用何种证据之决定乃属法官之自由，甚且采用之证据其证明力应该给予何种程度承认之证据的价值判断亦属法官之自由。是故，自由心证之证据原则予以贯彻之时，依据法院之心证以决定被告之有罪与无罪之证据法则可谓为现代之证据法则。”②

其二，裁判者对证据证明力的判断并不是绝对自由的，必须依据经验法则和逻辑法则。影响证据证明力的基本因素是证据与要证事实之间的关联程度，事物之间的关联程度作为一种客观的存在能够为人们所认识，并因此能够成为裁判者的知识和经验的一部分。裁判者可以利用自己关于事物之间联系的经验，判断证据之与作为历史事实的案件事实之间存在多大的关联性，并赋予其证明力。这种情况表现为裁判者适用生活经验的主动性。从另一方面看，裁判者对证据与要证事实之间的关联程度或者证明力的认识，不仅要依据经验法则，而且不能违背经验法则，此时，经验法则就对裁判者的证明力判断具有强

---

① 当然，学者研究指出两大法系在证据排除规则方面仍然存在许多差别，表现在：（1）排除的阶段不同，英美法系的证据排除发生在审前阶段，而大陆法系的证据排除可以发生在诉讼的任何阶段；（2）适用的方法不同，英美法系采用的是“原则性的适用规则”，证据排除规则具有不受裁判者衡量而一体适用的效力，而大陆法系采“衡量采纳的适用规则”，立法规定的比较原则，更多的是赋予裁判者在诉讼过程通过利益衡量决定证据资格的权力；（3）证据排除的范围不同。参见陈桂明、相庆梅：《民事非法证据排除问题初探——兼评〈关于民事诉讼证据的若干规定〉第68条》，载《现代法学》2004年第2期。

② 黄朝义：《论证据与事实认定》，载《台港澳及海外法学》2000年第4期。

制性。“证据是否有证明价值，则由审理事实者本于自己的生活经验、一般知识及对于人类行为与动机的了解，合于理性地评估事实可能存在或不存在。简言之，依经验法则及伦理法则，决定证明价值。经验法则，虽不免因人而异，但不需求之过高，只要普通见识，即可认为不违背经验法则。”①

值得注意的是，我国最高人民法院在总结审判经验的基础上，通过司法解释的形式对证据在某些情况下的证明力作出了抽象规定。如《民事证据规定》第77条规定：“人民法院就数个证据对同一事实的证明力可以依照下列原则认定……”应当说这样的抽象规定对于指导裁判者的证据评价和事实认定有积极的意义，不过对于这些关于证据证明力的抽象规定，与英美法系关于证据资格的证据规则不同，主要表现为一种经验判断，而不是价值判断，更多的不是体现司法解释者对法律所追求的公共政策的理解。所以这些抽象规则对具体案件的证据评价和事实认定而言，虽然具有指导性，但并不具有必然适用性。在具体案件审理过程中，裁判者仍然要考量具体案件中证据与案件事实的关联关系，根据经验和逻辑法则评价证据。事实上，《新民事证据规定》也没有进一步强调此种指导性的规定。

在理解经验法则时应注意以下问题：（1）经验法则根据其内容不同可以分为不同的经验法则。经验法则既有反映事物之间客观联系，特别是因果关系的经验法则，也有体现社会现象一般联系的、具有社会情理性质的经验法则。② 两种经验法则虽然存在于不同的领域，体现了事物之间的不同联系，但在以一事物为基础，借助经验法则推导出另一事物方面具有共同特征。（2）经验法则所反映的事物之间的联系，有些是可以为普通人共知共享的，属于普通的一般的社会成员的共同生活知识的体现；而另外一些经验法则则属于特别的经验，其属于一种专门的知识，是基于特别知识或经验基础上获得的认识，具有较强的理论性。两种经验法则在适用上具有不同的特点，前者无需借助专业人员，而后者必须由专门的人员协助裁判者。（3）经验法则根据其反映的事物之间的联系程度不同可以体现为不同的约束力。有些经验法则反映的事物之间的联系非常强烈，在事实认定和逻辑推理中对裁判者具有强制适用性，而另外一些经验法则反映的事物之间的联系程度不是特别紧密，在事实认定与推理过程中，对裁判者的约束比较小。裁判者对之可以选择适用，是否适用及其判断必须结合其他的经验法则及证据。（4）经验法则不仅可以作为裁判者认定事实的工具，表现为裁判者对经验法则的适用，还可以作为约束裁判者证据评价、事实认定的机制，表现为裁判者以外的主体也可以适用经验法则。“盖经验法则，系本

① 周叔厚著：《证据法论》，台北三民书局2000年版，第236页。

② 李江海：《经验法则及其诉讼功能》，载《证据科学》2008年第4期。

吾人生活之经验，而为判断证据证明力之基础……既非仅凭裁判官之知识及办案经验，亦非违背事理或为不合理之判断，尤非单纯为裁判官之主观经验。”①

（四）裁判者的证据评价须在斟酌当事人全部辩论旨意的基础上进行

这一内容实际上也是诉讼中的直接原则和言词原则在证据法领域里的体现，按照学者的理解直接原则至少应当包括如下几个方面的内容：（1）在法庭审判时，各诉讼主体必须亲自出席法庭，并且从精神上和体力上自始至终地参与案件的全部审判活动，这一要求又可以概括为在场原则。（2）参与制作案件裁判的法官必须亲自参与案件的审理，原则上不能将证据调查工作委由别人完成。（3）法庭审判应尽可能地使用原证据。（4）只有法官在直接审理过程中直接调查所得的证据才能作为定案的依据。②《日本民事诉讼法》第 249 条规定：“判决应当由参与过该案基本口头辩论的法官作出。在更换法官的情况下，当事人应当陈述以前口头辩论的结果。在更换独任法官或更换半数以上合议庭法官的情况下，对以前已询问的证人，如果当事人提出再询问的申请，法院应当进行该询问。”《法国民事诉讼法》第 179 条和我国台湾地区“民事诉讼法”第 221 条也都规定了直接原则。言词原则和直接原则是密切联系在一起的，言词原则可以作为直接原则的基础，间接审理往往是以书面辩论作为基本支撑的。言词原则包括许多方面的内容，但概括起来就是裁判者必须以当事人的言词辩论为裁判的基础。“直接原则意在强调法官必须亲自参与案件的审理，直接听取当事人的陈述及辩论。”“言词原则所要求的根本问题，是法院据以作出裁判的基础——诉讼资料，包括案件的事实、证据等，应以当事人言词陈述的内容进行裁判。”③ 按照这两个原则，裁判者的心证之形成不仅要基于裁判者自己亲历的整个审判过程，而且必须综合考量当事人全部的口头辩论的内容和旨意④。

必须注意，裁判者在形成心证时必须斟酌全辩论旨意，在具体的诉讼实践中体现为裁判者不仅要考量证据资料本身所包含的信息，还要斟酌该证据资料的背景以及周边的信息。如物证存在的客观背景、证人、当事人陈述时的主观表现、个人品格等。因此，作为影响证据的真实性和证明力的因素，也应当属

---

① 陈朴生：《刑事证据》，台北三民书局 1979 年版，第 572 页。

② 陈永生：《论直接言词原则与公诉案件的移送及庭前调查》，载《法律科学》2001 年第 3 期。

③ 常怡主编：《比较民事诉讼法》，中国政法大学出版社 2002 年版，第 314 ~ 315 页。

④ 必须注意，我国民事诉讼法已经确立了法院必须以当事人质证的证据作为判断基础的原则。《民事诉讼法解释》第 103 条规定：“证据应当在法庭上出示，由当事人互相质证。未经当事人质证的证据，不得作为认定案件事实的根据。”对之实务部门常认为法院依职权调查收集的证据不受必须质证之规定的影响，《新民事证据规定》进一步明确了此种疑问，规定所有的证据均必须经过当事人质证。参见第 61 条第 2 款和第 3 款。

于裁判者斟酌的范围。“在现代诉讼中，裁判者对证据的认识是全方位的，不仅包括证据所表现出来的内容，而且还包括证据表现内容的方式、相关环境因素。例如，证人在提供证言时，不仅要看其内容是否合乎逻辑，而且还要将其作证时的举止、面部表情、语速、与当事人的关系等诸多因素考虑在内。也就是说，裁判者对证据的认识是一种以证据内容为核心，同时兼具存在背景的认识活动。”① 事实上大陆法系国家大都认可证据资料的背景知识对裁判者的影响力，并许可裁判者可以之作出裁判。例如，法国《新民事诉讼法典》第198条规定：“法官对各方当事人的声明，对一方当事人不回答或拒绝回答问题之事实，得作出法律上的结论并且以书证之端绪对待之。”第220条第3款规定：“法官可以在言词辩论的笔录上记下他看到的证人在作证时的行为表现，以兹见证。”在英美法系，“物证还包括一些不易捕捉、无法记入法庭笔录的情形，如证人在询问过程中作出的，使陪审团产生特别强烈印象的表现”②。

‖第二节 民事诉讼证明标准‖

民事诉讼证明标准决定具体民事诉讼中裁判者能否认定争议的案件事实，是对裁判者民事诉讼证明评价的重要内部约束机制之一，同时决定负有举证证明责任的当事人是否完成民事诉讼证明义务，卸除举证证明责任的负担。因此民事诉讼证明标准在具体诉讼活动中关乎当事人民事诉讼证明活动和裁判者的司法认识活动，在宏观领域和证据法学的基本理论问题上，其与自由心证的限制、举证证明责任理论都有密切的联系。

一、大陆法系国家和地区的民事诉讼证明标准

（一）大陆法系国家和地区民事诉讼证明标准制度的确立过程

大陆法系国家和地区的民事诉讼证明标准在不同历史时期有不同的特点，在法定证据时代，法律不仅对各种证据的证明力作出明确规定，不允许法官自由裁量，而且对判定被告人是否有罪以及应否承担民事责任都作了具体规定，法官无任何裁量的余地。近代自由心证制度确立以后，作为对法定证据制度的反对，法律对裁判者认定案件事实，不再设置任何限制，案件事实认定与否完全委诸法官自由判断和裁判者的良心。这种自由心证也称为早期的自由心证或者传统的自由心证。传统自由心证中不可能有具体民事诉讼证明标准，因为法律设定的任何标准都违背当时追求彻底反对法定证据主义的理念。随着现代自

① 吴宏耀、魏晓娜著：《诉讼证明原理》，法律出版社2002年版，第187页。

② 毕玉谦著：《民事证据法判例与实务研究》，法律出版社1999年版，第47页。

由心证对传统自由心证的替代，立法者的理念发生了重大变化，变化之一就是对裁判者自由心证设定必要限制条件，以防止裁判者主观擅断，实现自由心证客观化。其中设定固定的民事诉讼证明标准即是一个重要限制方法。当然，由传统自由心证向现代自由心证的转变不是一蹴而就的，相反，它经过了漫长的过程①。例如，德国在1885年最高法院的判例中第一次提出了民事诉讼证明标准，并认为应当以高度盖然性作为民事诉讼的证明标准。但该民事诉讼证明标准仅仅涉及因果关系的证明，并不适用于所有要件事实。② 到1927年最高法院才通过判例将证明标准扩展适用于所有刑事案件事实，1939年受刑事诉讼影响，最高法院在12月15日的民事判决中承认，在所有民事案件事实的证明中，均引入证明标准的概念，并以高度盖然性作为民事诉讼的证明标准，以此限制裁判者的自由心证。当然，这种转变并不是一帆风顺的，其间也有相当的反复。德国最高法院在1955年的判例，甚至在1970年的判例中重谈法官主观确信的观点③。

（二）大陆法系国家和地区民事诉讼证明标准的内容

一般认为大陆法系国家和地区的证明标准以一元化为基本特征，即刑事诉讼和民事诉讼采用同一证明标准。大陆法系的欧洲各国法律，就诉讼证明标准来说，在民事和刑事案件中没有区别。两者都需要高度盖然性，也就是说，在日常生活经验中，这种盖然性要达到排除一切怀疑，接近必然发生的程度。我们认为在理解大陆法系国家或者地区的民事诉讼证明标准时应注意以下问题：

其一，大陆法系国家和地区的民事诉讼一般以高度盖然性为证明标准。但在具体适用上又各有侧重，如有的偏重裁判者主观确信，并认为应当采取一定措施实现裁判者主观确信客观化，该理论称为主观确信说。当然，实现裁判者主观确信客观化的方法各不相同，有采用拟制第三人方法者，有采用经验法

---

① 关于德国证明标准确立的历史，我国台湾地区学者雷万来曾说："然而因人认识能力有限，无法就一切事实皆能获得确切之确信。而误认事实之发生，终非民事诉讼之福。初则盖然性之理念仅适用于因果关系的判断，继则适用于一般事实的确定。就程度而言，初以无其他同等强度之可能性存在时，若具有高度之盖然性，即可谓获得确信，该种盖然性仅立于补充地位。继则以法官必须以高度盖然性满足之，似乎完全以高度盖然性为心证之基准。"参见雷万来著：《民事证据法论》，台北瑞兴图书出版有限公司，1997年版，第90~91页。

② Entscherdungen des Reichsgerichts in Zivilsachen，（RGZ）15，S. 338 ff.

③ 在1970年的阿娜西塔西阿斯案件中，联邦最高法院对主观确信理论进行了系统总结与概括：（1）假如其他人抱有怀疑，即使其见解或许是有理由的，但主持裁决法官本人的确信才是问题所在；（2）虽然法官完全的怀疑没有被排除，但只要求"怀疑的沉默"，且必须能够以实际生活之程度的确实性为满足；（3）法院以满足所谓接近盖然性的确实性可谓是相当不正确的，也就是说，假如由此而无视法官本人关于真实确信的形成则是错误的。

则、逻辑法则约束者。有的偏重客观盖然性理论与立法，如日本和瑞典立法[①]。同时，大陆法系国家和地区对于刑事诉讼与民事诉讼证明标准的分化并未重视，对该证明标准有学者称为高度盖然性证明标准，有学者称为排除一切合理怀疑证明标准。“与美国法不同，德国法避免了不同的证明标准，在该体系下，不管是对民事问题还是刑事公法问题法官必须排除一切合理怀疑地相信。排除一切合理怀疑的标准只有在实定法明确规定适用其他证明标准的情况下，才是不适用的。”[②]

其二，以高度盖然性为主，以其他证明标准为补充。民事诉讼证明标准与民事诉讼举证证明责任都是国家用来调整当事人攻击与防御力量，并借以实现社会公正。只不过举证证明责任总体上属于实体法，而民事诉讼证明标准属于民事诉讼法。在某些案件中举证证明责任配置能够促进实现社会正义，如医患纠纷、环境污染等案件；但在另一些案件中举证证明责任的配置可能在考量一方的攻击与防御方法时，造成了新的不正义，如家事诉讼。此时需要以民事诉讼证明标准作为一个道具对双方力量进行细微调整，以实现双方攻击与防御平衡。

同时就某一具体案件来说，针对不同事实，适用的民事诉讼证明标准也有较大差别。当然，证明对象作为证据法上的概念与举证证明责任密切联系，并因此限定在民事实体法上的主要事实方面。但在客观上除了作为证明对象的事实外，确实还有许多事实需要用证据加以证明，这些事实的证明与否，不涉及民事实体法律的适用，但可能涉及其他法律适用。例如，某些程序事实即程序法的适用密切关联。由于民事实体法与其他法律适用具有不同法律效果，因此作为证明对象的案件事实之证明标准，有必要区别于对其他事实的证明标准。除此之外，对于同时作为民事实体事实的主要事实的证明是否也应该考虑根据其证明难易确定不同的诉讼证明标准。

其三，一般大陆法系国家和地区对何时达到高度盖然性未规定明确的标准。在使高度盖然性明晰化方面，瑞典立法可谓独树一帜。依瑞典法制，法院为事实认定之际，必须就当事人所提证据，考量视其相互间关系，探究其系相辅相成或相抵触，分别算出各自之证明值、证明点。其间若能以自然科学方法计算时，须算出其百分比，否则以阶段化处理证明问题。这些阶段自盖然率为0开始，分别是稀明、推定、证明、明证。此种立法确实能够促进裁判者心证客观化，但实行该方法必须以各证据具有无争议的证明值为基础，否则无论是

---

① 雷万来著：《民事证据法论》，台北瑞兴图书出版有限公司1997年版，第92~110页。

② Kevin M. Clermont and Emily Sherwin. A Comparative View of Standards of Proof. The American Journal of Comparative Law, Vol. 50, No. 2 (Spring, 2002), p245.

按自然科学方法计算，还是按阶段进行比附，都将失去运行的可靠性基础。而在自由心证主义之制度下，法律未对各证据的证明值做一体规定，如何保障裁判者对证据证明值评价的客观化，仍然非常困难。尤其值得注意的是瑞典法制最后的结论却是在无法计算出证明度时，求诸于优势盖然性说。其他学说如相对频度说、主观的盖然性说，均以事物发生的可能性为基础，由裁判者计算出其发生概率。然而由于诉讼事实之发生比率常常不具有数学上的确定性，因此该概率计算在操作上比较困难。考虑到实际诉讼过程和裁判者实际心证情况，以确定百分比诠释高度盖然性即无意义。基于此，各国也很少在立法上规定当事人的证明需达到多少百分比才为高度盖然性。

（三）大陆法系国家和地区民事诉讼证明标准制度的背景

大陆法系国家和地区追求案件事实的发现与实体正义。其实大陆法系国家和地区的证据制度从法定证据向自由心证制度的转变，以及自由心证的客观化，虽有限制司法专断，实现司法民主的价值追求，但都和对客观真实的追求糅合在一起。法定证据时期，法律根据对具体生活关系的抽象，规定了各种证据形式的证明价值，并将其置于等级序列中。法官则通过算术的方法机械地认定证据。如果在其前期还有克服神示证据制度的不确定性，并将人类的理性因素引入诉讼的意味，那么在工业革命以后，其司法认识的进步色彩逐渐消退。工业革命以后，生活关系、社会关系日益复杂化，以对简单社会关系、生活关系的抽象为基础的法定证据制度，已经不能胜任发现案件真实的重任了。“法定证据制度把证据的某些来源、特征看成是永恒不变的东西，作为判断证据的标准，按预定的尺度去套用，对千变万化的现实生活用很有限的机械判断法则，强制法官无视具体情况对证据进行机械的、划一的评价，不仅不能找出事实真相，反而会背离真实。”① 而现代自由心证的重点在于克服或者限制裁判者在事实认定过程中的主观随意性，防止裁判者仅仅以自己的偏见或情感或其他非理性因素影响审判，以实现裁判者认识客观化。

确立何种情况下可以认定为已经发现真实上，大陆法系国家和地区忽略了刑事、民事诉讼的不同政策要求，将只有在要件事实为真的情况下适用实体法，为伪时不能适用实体法，一体地贯彻到两大诉讼中去。之所以出现这样的状况，应该说与这些国家有较为悠久的制定法传统密切关联。

在采制定法之背景下，法律适用是一种严格的三段论式推理，司法追求的首要目标也是实体法规定的权利的实现。在该司法模式下，确定案件事实为真

---

① 田平安主编：《民事诉讼法　诉讼证据篇》，厦门大学出版社2006年版，第74页。

就成为司法推理和判定法律能否适用的前提。[1]

除制定法体系的影响外，学者认为大陆法系国家和地区的证明标准也在一定程度上与大陆法系对待民众司法诉求的态度有一定关联性。与英美法系国家和地区常常以诉讼作为社会管理方式不同，大陆法系国家和地区常将诉讼与社会秩序、国家管理的成本结合起来，因之体现了一种抑制诉讼的要求。而较高的民事诉讼证明标准，与通常由原告承担举证证明责任的法则一起，抑制了原告的可能诉讼冲动。"民法体系以高证明标准影响诉讼结果可能反映出对原告的敌意，通常正是他谋求打破现状（status quo）；或者反映了对被告加诸责任的具体实体政策，其能较好地承担该费用。相应地，不管加诸何方以负担高证明标准可能映射出全面阻止诉讼，并因之减少与之相关的公共及私人成本的愿望，抑或可能映射出民法体系之抑制司法的历史要求。"[2]

对大陆法系国家和地区采较高的民事诉讼证明标准的另一理由是采取较高的民事诉讼证明标准更能增加裁判、司法合理性，并在此基础上扩大司法的波及效果。"司法及其作出的判决不是有针对性地威慑潜在的犯罪嫌疑人，使其按照本瑟姆的观点计算违法风险，而是向大众强化法律原则的道德价值，并向大众传递信息：如果作了如被告实施的行为，则其将被认为是有罪的，如果实施了类似的行为，法院将判决其有罪，并惩罚之。"[3] 为达到此目的，诉讼制度在设计上不是过分关注证据描述以及证据判断，而是比较侧重关注设计出相关制度或者措施，以使社会大众相信当事人确实实施了判决中描述的行为，并承担了判决宣示的结果。所有看似促进发现真实的道具，目的都是在促使社会大众接受判决。"法官和评论人员在解释特定的程序时，倾向于低估接受判决所起的作用，相反乐于以促进真实之发现的角度将证据、程序规则合理化。许多规则确实以寻求真实之概念获得明确的合理性，但基于更仔细地检查某些合理的发现真实机制，从促进公众对判决接受的维度对其能作出更好理解。"[4]

大陆法系国家和地区的较高民事诉讼证明标准也有在暗指判决确定的事实

---

① 此外也有学者指出大陆法系国家和地区之所以采用高度盖然性的证明标准与罗马法历史上的攻击者原理相联系。依据攻击者原理，首先进攻者一方必须而且应当承担更多的风险，寻求变更现状的当事人理应承担比对方当事人重的证明负担，只有这样才能确保法的安定性。而且这也与人类的理性和经验相吻合。参见刘春梅：《差异与成因：两大法系证明标准比较研究》，载田平安主编：《比较民事诉讼法论丛》（第1卷），法律出版社2005年版，第228页。

② Kevin M. Clermont and Emily Sherwin. A Comparative View of Standards of Proof. The American Journal of Comparative Law，Vol. 50，No. 2（Spring，2002），p267.

③ Chaeles Nesson. The Evidence or The Event? On Judicial Proof and the Acceptability of Verdicts. Harvard Law Review. 1985. No. 7. p1360.

④ Chaeles Nesson. The Evidence or The Event? On Judicial Proof and the Acceptability of Verdicts. Harvard Law Review. 1985. No. 7. p1369.

为真实的基础上促进当事人、社会大众对裁判的接受。“在法庭形成判决时，证明标准反过来暗指证据、事实必然是确实的。此种意蕴具有相当吸引力，不过确实是错误的。”[①] 有些极端学者甚至认为大陆法系国家和地区比较高的民事诉讼证明标准，根本不是在于促进司法裁判者发挥能动性，以查明案件事实，而是伪装，伪装起来用以欺骗社会大众。“法国所有民事证据法的所有内容均是在指向真实规则伪装下达成一具有合法性的决定，而不是发现真实。”[②]

二、普通法系国家、地区的民事诉讼证明标准

应当说，普通法系国家和地区证据制度的历史发展，并没有经历大陆法系那样的曲折过程。学者论及法定证据制度时，也多指大陆法系国家和地区，相反，学者认为在神示证据制度被替代以后，与陪审制相适应的证据制度一直在逐渐发展和完善之中。“英国自 13 世纪以来，陪审制度即已建立。其裁判公开，并实行诉讼方式，不采大陆法系之职权主义的纠问程序。为适应陪审裁判之要求，避免陪审员之偏见与预断并保护被告之地位，故对于证据之容许性早已重视。基于 18 世纪及 19 世纪判例法发展之结果对于证据之容许性及判断证明力之技术上更有详密之法则”。[③] 两大法系在法律制度、证据制度方面虽采取不同发展道路，但在大致相同的历史时期也通常面对一些相似的或者共同的社会、法律问题，并采取了大致相似的处理方法。在大陆法系国家和地区因技术尚未发育、等级思想较为严重的社会现实采取法定证据之时，英美法系国家和地区对之则采取证据评价中的补强规则予以应对，该规则直接来源于大陆法系国家和地区的数字规则或者法定证据规则。“补强规则的最早源头是大陆法系的法定证据制度，又称为数字评价系统，关于某一事实的单个证据是不充分的，两个证人是充分的，在某些特定案件中要求必须有特定书目的证人。”[④] 与之相似的另一个措施是英美法系国家在大约中世纪时期表现出来的对书面证据的偏爱，并体现为书面证据规则。“对书面证据的偏爱可以追溯至中世纪，并明显地体现于合同及产权转让诉讼中。直到 14 世纪法官仍然认为只有书面的、加封的合同才可以依据契约令状（wit of covenant）起诉。尽管加封并非为基于债务令状启动程序所必需，但口头证据对于争议的解决没有可采性，即

---

① Kevin M. Clermont and Emily Sherwin. A Comparative View of Standards of Proof. The American Journal of Comparative Law，Vol. 50，No. 2（Spring，2002），p272.

② Kevin M. Clermont and Emily Sherwin. A Comparative View of Standards of Proof. The American Journal of Comparative Law，Vol. 50，No. 2（Spring，2002），p272.

③ 陈朴生：《刑事证据法序说》，载刁荣华主编：《比较刑事证据法各论》，汉林出版社 1984 年版，第 3 页。

④ 转引自赵信会：《论补强证据规则的程序地位》，《中国刑事法杂志》2010 年第 5 期，第 70 页。

使提出义务人已经履行债务的抗辩也是如此。”① 有学者将当时英美法系国家和地区的审判称为“文书审”，“所谓文书审，就是在于某文书所确立的权利义务关系有关的诉讼中，法官必须而且只能依据该文书进行裁决”②。达马斯卡认为偏爱书面证据也是欧洲大陆长期以来的诉讼制度和证据制度特点，认为在大陆法系国家诉讼机制对买卖、借贷以及其他此类交易极端依赖公共证明。③ 只不过，肇因于英美法系法律发展的改良主义风格，其证据制度的发展并未表现出明显的阶段性，其民事证明标准制度也不会有大陆法系那样的历史起伏性，并有可能在较早历史时期就具备了现代民事诉讼证明标准的雏形。

中世纪时期英美法系国家和地区还没有现代意义上的民事诉讼证明标准概念，这并不是说中世纪英美法系国家和地区完全放弃对案件真实的追求，中世纪有许多防止陪审团错误裁判的方法。其中最重要的方法就是职业法官对陪审团的告知机制，与现在的告知机制不同，中世纪的法官告知机制有非常多的对陪审团控制因素。“在中世纪的法官告知陪审团机制中，法官对陪审团的控制较多，并可以通过评论证据、指示陪审团等与陪审团合作的方式，预先纠正错误，此时证据法还没有预防目的，也无需排除规则。”④ 尽管如此，中世纪时期也有了与广义的民事诉讼证明标准概念相似的机制，学者称之为内心确信，并认为此在明确表述证明标准方向上的第一次变革。不过内心确信（inner conviction）概念的软约束已经非常明显，证据法的发展在17世纪以及18世纪早期的审判中放弃了良心概念的适用，研究良心的学者开始经常使用内心审判（inner tribunal）比喻之。到18世纪中期以后开始有了评价证据的明确的民事诉讼证明标准。“到18世纪刑民陪审团均依据提交于法庭上的证据裁决案件，判例已逐渐理解评价冲突证据并做合理裁决的工作。普通法已做好跳跃式前进的准备。到18世纪后期，发展的情形致法官开始以Locken的可能性及确定程度之概念详细指示陪审团了。”⑤

（一）普通法系国家和地区的证明标准内容

其一，一般民事案件以盖然性占优（proof on the balance of probability）为

① Joh H. Langbein. Historical Foundations of The Law of Evidence：A View From The Ryder Sources. Columbia Law Review. Vol. 96. No. 5. 1996. p1183.

② 何家弘、刘品新著：《证据法学》（第四版），法律出版社2011年版，第15页。

③ Joh H. Langbein. Historical Foundations of The Law of Evidence：A View From The Ryder Sources. Columbia Law Review. Vol. 96. No. 5. 1996. p1183.

④ Joh H. Langbein. Historical Foundations of The Law of Evidence：A View From The Ryder Sources. Columbia Law Review. Vol. 96. No. 5. 1996. p1196.

⑤ Kevin M. Clermont and Emily Sherwin. A Comparative View of Standards of Proof. The American Journal of Comparative Law，Vol. 50，No. 2（Spring，2002），p. 257.

证明标准。盖然性占优的证明标准的清晰的表述应当是丹宁勋爵在 1947 年的 Miller v. Minister of Pensions 一案中的判词。“如果证据状况以至法庭能说‘我们认为其存在可能与不可能相比更具可能性’，那么证明责任将被卸除。但是，如果盖然性是相等的，它就不能如此。”① 对之，美国《模范证据法》起草委员会主席摩根（Morgan）教授也有精彩论述：“凡于特定事实之存在有说服负担之当事人，必须以证据之优势确立其存在。法官通常解释说所谓证据之优势与证人之多寡或证据的数量无关，证据之优势乃是使人信服的力量。有时并建议陪审团，其心如秤，以双方当事人之证据置于其左右之秤盘，并从而权衡何者有较大之重量。”②

其二，在民事诉讼证明标准上采取灵活做法。虽然一般民事案件以盖然性占优为证明标准，但其适用并不具有绝对化和机械性特点，而是根据不同诉讼标的或者争议法律关系，采用灵活处理方法。1950 年，丹宁勋爵在 Bater 以其受丈夫虐待为理由起诉离婚的案件中，具体阐明了这一精神。“民事案件与刑事案件的证明从来没有一个绝对标准，某一民事案件可以以盖然性占优获得证明，但在盖然性的范围内可以有不同的盖然性程度，该程度依赖案件的诉讼标的不同而应有所不同。民事案件在斟酌一个有关欺诈的指控时，与斟酌一个过错成立与否的指控相比，前者所要求的盖然性程度要高。换句话说，所要求的盖然性程度应与特定情形相称。”③ 上议院在一起儿童虐待案中指出，证明标准是盖然性平衡，但在评价盖然性时，法院必须牢记性质严重的主张发生的可能性较小，因之在法庭得出主张已经盖然性平衡证明之前，应要求更强、更多的证据。④ 普通法系国家的证据法学者也将证明标准分为不同类别，并分别将其适用于不同的情形。这些证明标准分别是：（1）绝对确定。由于人类认识能力的局限，该标准根据无法达到，因此在实践中缺乏适用性。（2）排除合理怀疑。是适用于有罪判决之作出的证明标准。（3）清楚和有说服力的证据。主要适用于死刑案件的拒绝保释决定之作出或者某些民事案件。（4）盖然性占优。适用于一般的民事案件和对刑事辩护的肯定。（5）合理根据。适用于无证逮捕、搜查、扣押，签发令状，撤销缓刑、假释等。（6）有理由相信。适用于拦截和搜身时的要求。（7）有理由怀疑。适用于宣告被告人无罪。（8）怀疑，据此可以

---

① 田平安主编：《民事诉讼法　诉讼证据篇》，厦门大学出版社 2006 年版，第 104 页。

② 摩根著：《证据法之基本问题》，中国台湾省教育部 1982 年版，第 48 页。

③ Mike Redmayne. Standards of Proof in Civil Litigation. The Modern Law Review. Vol. 62. No. 2. 1999. p175.

④ Mike Redmayne. Standards of Proof in Civil Litigation. The Modern Law Review. Vol. 62. No. 2. 1999. p177.

开始侦查程序。(9) 无线索。此时不能采取任何法律行为。[①]

澳大利亚《1995年证据法》也明确规定了灵活的民事诉讼证明标准(flexible standard of proof),具体规定了法院在决定是否采盖然性占优的证明标准时应考量的因素。该法第140条规定:"(1) 在民事诉讼中,如果某个案件被证明满足了盖然性权衡的标准,法院必须裁决该当事人获得了证明;(2) 法院在考虑决定是否该标准获得了满足时,不应受其他事项的限制,而所应考虑的因素是:A,诉因(cause of action)或抗辩(defense)的性质;B,诉讼标的(subject matter of the proceeding)的性质;C,主张事实的重要性(gravity)"[②] 加拿大也承认了灵活性证明标准。[③]

其三,法官掌握民事诉讼证明标准的适用,当事人不服时可以上诉。英国丹宁勋爵关于民事诉讼证明标准的论述,有许多是在上诉判决中作出的。例如,前述Batter案和1956年的Hornal v. Neuberger Ltd. 案,上诉法院均对下级法院的民事诉讼证明标准确定及其适用进行审查。在Batter案中上诉法院支持原审法院采用的民事诉讼证明标准,驳回了原告上诉。在Hornal v. Neuberger Ltd. 案中,上诉法院改变了原审法院适用的排除一切合理怀疑的证明标准,并认为应当采用一般民事诉讼证明标准。法官掌握民事诉讼证明标准的适用,采取灵活的民事诉讼证明标准或者弹性的民事诉讼证明标准在实践中的问题有两个:一是法官向陪审团指示的问题。在具体案件的审理过程中,适用何种民事诉讼证明标准,法官必须和其他的法律问题一起向陪审团做必要说明和指示。指示陪审团既是法官的责任,也是控制陪审团的重要方法之一。特别是采用清晰、确信标准时,如何能够使法官的指示既能约束陪审团,不致清晰的确信回到历史上的内心确信或者内心审判的模式中去,又能体现该标准不同于其他民事诉讼证明标准,颇费思量。苏联学者B. K. 普钦斯基对普通法系国家和地区民事诉讼证明标准的批评,也从反面说明了这一问题。"在审判实践中,如果审理有陪审团参加,则法官必须向陪审团说明判断证据的标准";[④] 二是如何实现民事诉讼证明标准上以及与其相关的当事人举证、证明的确定性问题。对弹性证明标准的批判首先是其不确定性。"即使在精确的0.5规则下,原告也无法一般地说自己提交的证据已至盖然性占优的程序……在实践中,than not 会变为超过对方的案件,除非原告了解被告证据的详细情况,否则其无法精确地予以判断,一般而言,为安全起见,其将

① 龙宗智著:《相对合理主义》,中国政法大学出版社1998年版,第125页。

② 何家弘、张卫平编:《外国证据法选择》(上),人民法院出版社2000年版,第145页。

③ John Sepinka. Sidney N. Lederman and Alan W. Bryant, The Law of Evidence in Canada Butterworths, 1992, pp144 – 148.

④ B. K. 普钦斯基著:《美国民事诉讼法》,法律出版社1982年版,第106页。

会尽可能地提交发现的所有证据。”①

（二）普通法系国家和地区民事诉讼证明标准的特点

其一，采与刑事诉讼完全不同的诉讼证明标准。其中刑事诉讼的证明标准为排除一切合理怀疑，民事诉讼的证明标准一般为盖然性占优。通过二元制证明标准体现不同诉讼的价值追求和不同的政策倾向。刑事诉讼中采用较高的证明标准的基本原因是，刑事案件涉及被告人的人身自由等重大的权益，因此，从保障被告人的人权出发，在刑事诉讼中认定被告人有罪必须采取慎重的态度。

其二，灵活性证明标准是处理证明标准的一个原则。丹宁勋爵曾在多个案件中指出这一原则，这不仅体现在 1950 年的 Batter 案，而且体现在 1956 年的 Hornal v. Neuberger Products Ltd. 案中，在后一个案件中丹宁勋爵评论说：“越是重要的指控，就越有必要采较高的盖然性标准。”前述澳大利亚《1995 年证据法》甚至直接在法律中规定了灵活的证明标准。相比之下，大陆法系国家和地区虽有证明责任减轻的制度，但适用范围相对较窄。而且学者所理解的大陆法系国家的许多证明标准减轻，如表见证明适用时的证明标准减轻，从实质意义上不属于证明标准领域，而属于证明评价的领域。

其三，与大陆法系国家和地区较多强调举证证明责任的客观性不同，普通法系国家、地区的立法和学者研究比较注重裁判者对事实心证是否达到证明标准的相信或者确信。澳大利亚法官 Owen Dixon 在 Briginshaw v. Briginshaw 案中认为，“真实是当法律要求的任何事实的证明，在该事实被裁决前，法庭必须感受到该事实的存在和发生具有某种实际的说服力。该事实不可能不顾现实上的任何确信，而仅仅依靠盖然性机械地比较后得出的结果而作出裁决”。我国台湾学者李学灯也认为普通法系国家和地区的证明标准，甚至刑事诉讼中的排除一切合理怀疑都最终依赖于裁判者的主观相信。“所谓无合理怀疑，谓系适用良知和道义上的确信，足以排除一切合理之怀疑。如自其反面言之，有谓在一切证据经过全部比较与考虑，审理事实之人，本于道义或良知，对于诉追之事实不能信以为真。所谓合理，亦即其怀疑须有理由，而非纯出于想象或幻想之怀疑。”而在英美法系国家和地区，学者、法官甚至对合理怀疑自身的基本含义都没有统一理解，多数法官认为排除一切合理怀疑的含义是不言自明的。“对‘合理怀疑’一词来说，没有比其本身更清楚的明确的定义了。”当然，也有人试图界定“合理怀疑”，认为合理怀疑是那种能够使一个谨慎的人在做某件重要的事情之前产生迟疑的怀疑，或者认为合理怀疑是客观存在的怀疑，而不是主观想象的怀疑。不过确实有少数法官过分强调事实裁判者的主观确信

① Mike Redmayne. Standards of Proof in Civil Litigation. The Modern Law Review. Vol. 62. No. 2. 1999. pp181 – 182.

程度，以至于否认法官就证明标准对陪审团的指示义务以及刑事、民事诉讼设置不同证明标准的必要性。认为无论刑事案件还是民事案件，只要裁判者确信承担举证证明责任的当事人主张的事实为真时，即可以作出裁决。

（三）英美法系国家和地区民事诉讼证明标准制度的背景

结合普通法系国家和地区的其他法律制度，我们认为普通法系国家和地区民事诉讼证明标准制度的原因根植于其民事诉讼制度本身，并是其民事诉讼制度的一部分。

其一，追求正当程序的价值目标。与大陆法系国家和地区不同，普通法系国家和地区缺乏制定法传统，判例在其法律体系中起主导作用。民事诉讼的目的不是实现实体法规定的权利，民事诉讼的主要立足点是给当事人双方一个公平攻击与防御的场所，并在当事人公平攻击与防御的基础上解决纠纷。英美法系国家和地区的很多学者甚至旗帜鲜明地指出法律的目的不是真实，而是正义。“法律并不是如科学一般有序地指向真实，不过法律并不能因此被轻视，法律的目标不是真实，而是公正，至少是人格尊严及重要性平等的人类价值……与科学知识不同，它在性质上不是命题性的，不是描述的，也非基本概念化的、分析的或经验的，其不关涉真实，仅关涉正义。真实在法律上有一席之地，甚至极端重要，不过难以发现其为何物。”① 由于缺乏衡量诉讼结果公正性的外在标准，民事诉讼制度偏重于自身程序公正的设计，而采盖然性占优的证明标准能够最大限度地为双方当事人提供公平程序。采盖然性占优在“因误认事实而遭败诉判决时，双方当事人所感到的痛苦皆属一致。因此最适当的证明度为盖然性优越。”② 中村英郎认为，两大法系的证明标准之所以不同，是因为民事诉讼的出发点不同。英美法系国家和地区的证据优越盖然性，是民事诉讼在本来事实中发现的日耳曼型诉讼。与此相反，罗马型诉讼规定必须查明原告主张的权利是否属实，主张权利的人必须对此进行主张、立证，让法官确信其事，否则，法官便不会认可其权利。按照他的理解，究竟是依据优越的盖然性，还是高度盖然性，这一问题必须结合各自的诉讼制度来考虑。③ 著名比较证据法学者达马斯卡认为研究两大法系的民事诉讼证据制度，考查的基本维度是司法体制对国家权力的态度，考查诉讼制度的基本目标是解决纠纷（conflict solving）还是政策实施（policy implementations）。具体言之，大陆法系国家和地区的法官更加关注具体案件决定与实体法之间的关系，而英美法系国家

---

① James Boyd White. Legal Knowledge. Harvard Law Review. Vol. 115. No. 5. 2002. p1398.

② 雷万来著：《民事证据法论》，台北瑞兴图书出版有限公司，1997 年版，第 108 页。

③ ［日］中村英郎：《新民事诉讼法讲义》，陈刚等译，法律出版社 2001 年版，第 199 ~ 200 页。

和地区的法官更加关注解决纠纷，将控制当事人之间的诉讼作为主要工作。[①]

其二，普通法系国家和地区的法官有较高权威。普通法系国家和地区的法官通过一个又一个的判例筑起了普通法的大厦，他们不仅适用法律，而且根据社会正义的要求创制法律。既然如此，又为何不能赋予法官灵活地确定案件证明标准的权利呢？可以看到，普通法中的民事诉讼证明标准虽然也在证据法中宣示，不过也有相当数量的民事诉讼证明标准处理原则是法官在判例中宣示的。尽管英美法系国家和地区的许多学者对法官灵活掌握和控制民事诉讼证明标准所导致的不确定性存在批判或者疑虑，但多数学者仍然坚持认为弹性民事诉讼证据标准的具体内容必须由司法者掌握，而不能由立法者掌握。“弹性标准的具体内容应由事实审法官在上诉法院的指导下决定，而不能由立法机关决定。历史上立法机关对证明标准问题无所作为，即使较大范围内的事实情况可以构成立法的基础，法院也仍会遇到一些无法预期的情况，并因之必须妥善地修正证明标准。”[②] 与此相对应是对陪审团的不信任，以及此种不信任下法官必须借助对陪审团的指示机制，细化各种具体案件中的民事诉讼证明标准，并因之使其与案件事实的性质严厉程度对应。事实上，一般认为对陪审团的不信任以及对陪审团可能出现的错误提前预防，是英美法系国家和地区证据法发展的动力和基础。“从中世纪到现在，促使 Anglo - American 的证据法充满生机与活力的因素一直是防止陪审团审判的危险，尽管陪审团有其价值，不过仍充满危险。陪审团未受法律培训，决定也无须理由，无须对其裁判结果承担持久责任，而且其判决也难以审查。”[③]

其三，普通法系国家和地区的司法强调司法的亲历性，并给予事实裁判者的认定以较大的权威。基于此，上诉审法院一般不审查事实问题，即使事实审理出现了一定的错误，他们也认为这是司法运作不可避免的必要成本。是基于此，这些国家和地区不过分强调盖然性，而较多地关注事实裁判者的确信或相信。[④]

---

① J. F. Nijboer. Common Law Tradition In Evidence Scholarship Observed From A Continental Perspective. The American Journal of Comparative Law. Vol. 41. No. 2. 1993. p307.

② Mike Redmayne. Standards of Proof in Civil Litigation. The Modern Law Review. Vol. 62. No. 2. 1999. p183.

③ Joh H. Langbein. Historical Foundations of The Law of Evidence：A View From The Ryder Sources. Columbia Law Review. Vol. 96. No. 5. 1996. p1194.

④ 除此以外，有学者指出，影响普通法系国家和地区民事诉讼证明标准的还有陪审制度、诉讼结构和较完善的控制当事人滥用诉权制度。该学者认为，普通法系是由陪审团，而不是法官裁决案件事实，陪审团来自一般民众，即使采用较低的证明标准，裁判也能为社会接受，并获得其正当性资源。在诉讼结构上由于有发达的审前准备程序，当事人被赋予了广泛地收集、提出证据的机会，证明标准较低也容易被接受；普通法系国家有较为丰富的制裁滥用诉权措施，因此无须加诸起诉的原告以较高的证明负担。参见刘春梅：《差异与成因：两大法系证明标准比较研究》，载田平安主编：《比较民事诉讼论丛》（第 1 卷），法律出版社 2005 年版，第 238 ~ 239 页。

其四，民事诉讼制度设计中的实用主义态度。决定民事诉讼证明标准的因素并不是司法体制对国家权力的态度，他们认为大陆法系国家和地区的民事诉讼体制更像是一种混合制的纠纷解决机制，民事诉讼制度所追求的目标也不是在发现真实的基础上实现实体法政策，不是维护实体法规定的法律秩序，而是解决纠纷。而且此种纠纷解决并不是以发现案件真实为基础，“民事诉讼的目的是解决当事人之间的纠纷，而不必以历史真实为基础……以这些传统观念，法国人包括律师、法官或当事人对民事诉讼的理解是其主要关注以在普通法视角上可能仅是以近似的真实为基础的终结纠纷”。① 而英美法系国家和地区关注程序公正，但是并不因此放弃发现真实的目标，只是在发现真实难以实现的情况下，采取的一个更加合理、更加具有实用主义精神的处理方法。此种处理方法是首先承认绝对必然性是虚妄的，无论此种必然性是指绝对发现真实还是绝对不能发现真实。“科学禁止我们说：这一事情必然发生，它必然如此这般，因为其遵循某确定律，这一确定律即绝对真实，当然科学也并不让我们得出相反的结论：绝对真实是不存在的。”② 学者们甚至认为承认司法决定中的不确定性是比陪审制更能促进英美证据法发展，包括民事诉讼证明标准制度之具体化的因素。“可能的情况是普通法承认了不确定性在决定制作过程中的作用，因为陪审团需要司法指示，而同期大陆法却可以袪除地毯下的此种事项，从而长期地导致盖然性无法获得发展。”③ 其次，是采取一个相对合理的方法，即不是承认绝对真实或者绝对虚假，相反采取一种减少出现错误可能，并在最大限度上实现案件的解决。此即是英美法系国家和地区以盖然性占优作为一般民事案件的证明标准的理由。“美国法在设置其证明标准体系时，已经克服了诱人却不合理的世俗直觉，即裁判决定不应当是根据证据价值的细微差别在全无与全有之间摆动，相反，美国法以通常适用盖然性占优的证明标准，而不是更高的证明标准之方法，追求一种错误减少策略。”④ 按照这样的理解，民事诉讼中的盖然性占优的标准虽然不是实现案件事实的绝对查明或者探明，但却是一个对双方当事人最公平的处理方法。尽管在案件事实存在概率为60%的情况下，不能断定争议案件事实真假，但判决其主张事实存在的概率为60%

---

① Kevin M. Clermont and Emily Sherwin. A Comparative View of Standards of Proof. The American Journal of Comparative Law, Vol. 50, No. 2 (Spring, 2002), p270.

② F. Taroni CGG. Aitken. P. Garbolino. De Finetti's Subjectivism, The Assessment of Probabilities and The Evaluation of Evidence. Science & Justice. 2001 (41) 3. p149.

③ Kevin M. Clermont and Emily Sherwin. A Comparative View of Standards of Proof. The American Journal of Comparative Law, Vol. 50, No. 2 (Spring, 2002), p. 257.

④ Kevin M. Clermont and Emily Sherwin. A Comparative View of Standards of Proof. The American Journal of Comparative Law, Vol. 50, No. 2 (Spring, 2002), p. 252.

的当事人胜诉，总比判决其败诉要公正得多。

三、我国民事诉讼证明标准

我国《民事诉讼法》并没有直接使用证明标准这样的表述方法，但是《民事诉讼法解释》使用了“证明标准”的表达方法，体现在其第108条第3款。《民事诉讼法解释》也确立了我国民事诉讼证明标准制度。

（一）我国民事诉讼证明标准的理论观点

我国民事诉讼证明标准的理论也经历了一个历史发展的过程，在各个不同的时期分别有不同的民事诉讼证明标准学说，概括起来主要有：

其一，客观真实说。客观真实说是较为传统的民事证明标准理论，它认为我国民事和刑事诉讼在证明标准上都要求达到事实清楚，证据确实、充分，即在各类诉讼中对证明的要求是共同的。其基本依据现行诉讼法的相关规定，在具体要求上认为证据确实、充分不仅要求证据必须查证属实，证据之间、证据与案件事实之间的矛盾得到合理排除，得出的结论也必须是唯一的、排他的。[①] 部分学者提出了一个与客观真实相似的概念——“实质真实”，并企图以之代替客观真实。“实质真实是事实的本质真实，实质的真实是事实的真实，但不是事实的全面的、系统的真实，而是事实的本质真实。”[②] 该概念与客观真实的差别也许不在质上，而在量上，按照实质真实概念，要求在诉讼中并不是完全的、丝毫不能偏离地还原曾经的历史事实，而是说，诉讼过程中必须查明作为法律要件的主要事实，并在此基础上作出判决。实现实质真实的条件有三个：（1）建立在物证、书证以及经验证的人证之上；（2）证据必须达到全面统一；（3）作出的结论必须具有排他性。[③]

其二，相对真实说。该说认为诉讼证明既是一种认识活动，又是一种诉讼行为，因此诉讼证明除遵守认识规律外，还应为程序法和证据规则调整。基于对认识规律的重新解读和对证据规则的认识和理解，该说认为证明标准从主观上可以概括为“法官内心确信无疑，其客观标准则为最大限度地符合或接近案件客观真实”[④]。

其三，法律真实说。法律真实说是在批判客观真实说的基础上提出的，以法律真实取代客观真实，并认为法律真实是在诉讼证明中，运用证据对案件真

---

① 刘金友主编：《证据理论与实务》，法律出版社1992年版，第160页；陈一云主编：《证据学》，中国人民大学出版社1991年版，第117～118页。

② 裴苍龄：《论证明标准》，载《法学研究》2010年第3期，第76页。

③ 裴苍龄：《论证明标准》，载《法学研究》2010年第3期，第77页。

④ 卞建林：《论刑事证明的相对性》，载陈光中主编：《诉讼法论丛》（第7卷），法律出版社2002年版，第26～32页。

实的认定，应当符合实体法和程序法规定，应当达到从法律角度可以认定为真实的程度。就实体事实而言，只要围绕实体法规定的事实有无进行证明都可以，为解决程序问题，法律真实要求仅仅围绕有无程序法律事实进行。法律真实说根据其对法律真实的定义又可以把法律真实说分为法律规定说和法定标准说，按照前者，法律真实之实现有赖于案件办理者是否依据实体法及程序法的规定处理证据问题、事实问题。“所谓法律真实是指公、检、法机关在刑事诉讼证明的过程中，运用证据对案件事实的认定应当符合刑事实体法和程序法的规定，应当达到从法律的角度认为是真实的程度。”① 后者认为诉讼中认定的真实只要达到法律规定的证明标准，就是实现了法律真实，该说也被称为法律真实说中的“法定标准说”。“所谓‘法律真实’，是说司法活动中人们对于案件事实的认识符合法律所规定或认可的真实，是法律意义上的真实，是在具体案件中达到法律标准的真实。”②

其四，盖然性说。该说在同时介绍两大法系国家以及苏联部分学者关于盖然性立法或者观点的基础上，提出应当将盖然性作为确立我国证明标准的基本原则。该说认为大陆法系国家和地区与普通法系国家和地区的民事诉讼均是采取盖然性原则的，日本最高裁判所 1958 年的判旨指出：“诉讼上的证明原本就不同于自然科学工作者基于实验所作的理论上的证明，是一种历史性证明。理论证明的目标是‘真实’，与此不同，历史性证明只要具有‘高度盖然性’就可以了。换言之，即确信达到了普通人无论谁都不再怀疑程度的真实，证明就成立了。”③ 在普通法系，民事诉讼不采刑事诉讼的排除一切合理怀疑的证明标准，而采盖然性占优的证明标准。《美国模范证据法》起草委员会摩根教授对此的解释是：“凡于特定之存在有说服负担之当事人，必须以证据之优势确立其存在。法官通常解释说所谓证据之优势与证人之多寡或证据的数量无关，证据之优势乃在使人信服的力量。有时并建议陪审团，其心如秤，以双方当事人之证据置于其左右之秤盘，并从而权衡何者有较大的重量。”④

相反的观点认为在理论上引入证明标准理论，在实践上建立证明度的识别体系是一厢情愿的乌托邦。“将‘高度盖然性’作为一种“度量”尺度，无论如何都只能是一种抽象的概念，而无法作为一种具体的尺度。而如果标准不是具体的，也就无法使该度量规范具有可操作性。”⑤ 基本理由是证明标准作为

---

① 樊崇义：《客观真实管见》，载《中国法学》2000 年第 1 期。

② 何家弘：《论司法证明的目的和标准》，载《法学研究》2001 年第 6 期。

③ [日] 小林秀之：《证据法》，弘文堂 1996 年版，第 66 页。

④ [美] 摩根：《证据法之基本问题》，李学灯译，台北世界书局 1982 年版，第 48 页。

⑤ 张卫平：《证明标准建构的乌托邦》，http: //www. civillaw. com. cn/weizhang/default. asp? id = 14942。

评价当事人证明程度的一个衡量标准必须能够客观化和具体化，而现实是高度盖然性的证明标准不能具体化。“人们对‘高度盖然性’标准使用的两个路径：一是细化，试图使盖然性这一抽象化标准能够具体化；二是客观化，试图使证明度能够摆脱证明判断者的主观意识。但这些努力都只能归于失败，证明标准化本身就是一个不可能完成的任务，这种企望只能是一种空想。”①

（二）我国民事诉讼证明标准的内容

根据《民事诉讼法解释》，我们认为我国民事诉讼证明标准的内容主要包括以下方面的内容：

其一，以高度盖然性作为一般民事案件的证明标准。《民事诉讼法解释》第108条第1款规定：“对负有举证证明责任的当事人提供的证据，人民法院经审查并结合相关事实，确信待证事实的存在具有高度可能性的，应当认定该事实存在。”以高度盖然性作为一般民事案件的证明标准符合我国民事诉讼的价值追求。从立法与司法的关系上看，我国总体上属于大陆法系国家。实际上我国的法律制度也可以在一定程度上说是直接或间接继受大陆法系模式的结果，我国的法律文化传统和有较长法典编撰历史的现实也表明，我国的法律制度与大陆法系国家有较大的共同性和相融性。而大陆法系国家和地区民事诉讼制度所追求的最重要的价值目标是查明案件事实，并在查明案件事实的基础上实现制定法所确定的法律秩序。以高度盖然性作为一般民事诉讼案件的证明标准，也与我国司法队伍建设的现状相适应。到目前为止，我国司法职业化改革已经取得了非常大的成就，特别是员额制改革更是优中选优地遴选了一定比例的优秀法官作为员额法官，代表人民法院行使审判权。但从与人民群众对司法的要求来看，从党和国家对司法的期许来看，司法职业化水平还有进一步提升的空间。特别是司法责任制改革中，应当进一步强化法官的职业情操，最大限度地争取广大人民群众的信赖。采取高度盖然性的证明标准，能够在较大程度上限制法官的自由裁量，有助于在保证自由心证客观化的基础上，提升广大人民群众对司法的信赖。

高度盖然性的证明标准要求裁判者只有在心证达到高度盖然性的情况下，才能认定案件事实，即认定案件事实的前提，是裁判者确信当事人的证明已达高度盖然性，所以其不排除裁判者的主观确信。高度盖然性要求裁判者只有相信案件事实存在的可能性远大于其不存在的可能性时，才能作出案件事实存在的裁决。这并非说，没有案件事实不存在的可能性，而是说案件事实存在的可能性非常小，远小于其存在的可能性。裁判者的确信必须符合逻辑法则和经验

① 张卫平：《证明标准建构的乌托邦》，http：//www. civillaw. com. cn/weizhang/default. asp？id＝14942。

法则，并且必须为一般民众所理解和认可。

其二，建立了多元化的民事诉讼证明标准体系。《民事诉讼法解释》通过第109条引入了排除合理怀疑的民事诉讼证明标准，该条规定："当事人对欺诈、胁迫、恶意串通事实的证明，以及对口头遗嘱或者赠与事实的证明，人民法院确信该待证事实存在的可能性能够排除合理怀疑的，应当认定该事实存在。"不仅如此，《民事诉讼法解释》进一步认可了法律对证明标准的其他规定，使我国民事证明标准体系呈现出多元化、开放性的特点。《民事诉讼法解释》确立的多元化的民事诉讼证明标准充分考虑了争议的民事实体法律关系所体现的社会政策，因应了不同的民事纠纷类型。民事纠纷解决的是当事人之间的民事法律纠纷，民事实体法律规范追求的目的和社会政策决定民事法律关系的性质，它不仅能够影响举证证明责任分配，而且应该影响民事诉讼证明标准。事实上大陆法系国家和地区在规定多元化民事诉讼证明标准体系时主要考虑的即是各种争议诉讼标的的性质及其背后的政策因素。例如，德国不仅规定了一般民事案件通常适用的民事诉讼证明标准，而且规定了特殊情况下的浮动性证明标准。根据德国立法对原则性民事诉讼证明标准修改的法律和具体条文，德国的民事诉讼证明标准包括：一是民事诉讼证明标准降低的法律规范，法律规范通常使用"令人相信"之类的表述。此时法律只要求当事人证明该事实存在有较大可能性就够了，不需要达到高度盖然性；二是提高民事诉讼证明标准的法律规范。在实体法中使用的"只要是明显的事实""明显无必要""如果明显的无疑问"等，都意味着当事人的证明不能仅仅满足于高度盖然性的要求，法律也禁止裁判者依据高度盖然性获得心证。①

在我国，也有一些民事实体法除追求保障当事人的民事权利的一般价值目标之外，还体现特殊政策要求。如《合同法》第68条规定："应当先履行债务的当事人，有确切的证据证明对方有下列情形之一的，可以中止履行合同……"按照该规定，当事人为避免自己在先履行义务，主张不安抗辩权，其对不安抗辩权存在事由的证明不能以达至高度盖然性为已足，相反必须提供确切的证据（clear evidence）证明之。立法之所以这样规定，就是除追求保护当事人民事权利的一般目标之外，还把重点放置于促进交易的安全上。再如《婚姻法》明确规定，夫妻之间感情确已破裂的，当事人可以协议离婚或者以诉讼的方式离婚。按照立法意旨，这也为寻求离婚的当事人规定了较高民事诉讼证明标准。之所以如此就是因为国家或者立法者非常重视维持既有婚姻关系，并要求

① ［德］汉斯·普维庭：《现代证明责任问题》，吴越译，法律出版社2000年版，第117～126页。

法律适用者对准许离婚持慎重态度①。

必须正确理解《民事诉讼法解释》所确立的“排除合理怀疑”证明标准。从司法实务工作人员的理解看，“排除合理怀疑”的证明标准是高于一般民事诉讼证明标准的。② 民事诉讼中引入“排除合理怀疑”的证明标准，其可能的出发点一是英美法系国家和地区“灵活性证明标准”原则以及大陆法系国家和地区的多元化民事诉讼证明标准理念。按之，民事诉讼证明标准不应当是单一的，相反应该根据案件的性质以及双方当事人的举证难易确定与案件相适应的证明标准，即具体案件中的灵活的证明标准和证明标准体系中的多元化的证明标准；二是直接源于丹宁勋爵针对 1950 年 Bater v. Bater 案件所作的论断：“民事法庭在斟酌一个欺诈指控时，与斟酌一个过错成立与否的指控相比，前者所要求的盖然性程度要高。”尽管如此，学者仍然对民事诉讼采“排除合理怀疑”的证明标准持反对和批判意见，认为其片面理解并借鉴了英美判例中的相关规则、混淆了刑事诉讼与民事诉讼的性质、漠视了不同诉讼中的不同证据规则等。③ 对之我们首先认为不宜在民事诉讼中采取和刑事诉讼一样的证明标准。刑事诉讼采取排除合理怀疑的证明标准的原因是多方面的，不仅刑事案件的审理涉及被告人生命、人身自由或者重大财产权益，需要在作出有罪判决时采取极其慎重的态度，以实现刑事法制的人性化、民主化，而且刑事诉讼中无法以举证证明责任作为平衡双方当事人关系的道具或者制度杠杆。相当数量的情况下，犯罪嫌疑人常处于人身自由受限制的情形，也缺乏相应的证据收集手段，无法将举证责任配置于犯罪嫌疑人、被告人。民事案件基本上不涉及和刑事案件一样的法律后果，尽管存在民刑交叉的案件，但是法律关系不同，法律性质也有重大差别。同时，尽管不同案件中当事人双方对争议案件事实的举证难易有差别，但是当事人都享有一定的证据收集能力，法律也将当事人双方的举证难易作为配置举证证明责任的一个重要因素。因之，对于性质比较严重的案件，且当事人起诉要求改变法律关系时，法律可以将举证证明责任配置于该方当事人，反之，如果当事人举证比较困难，且改变此种法律关系所产生的法律后果不是特别严重，则可以将举证证明责任配置于对方当事人。即通过举

---

① 维持家庭安宁、婚姻稳定，进而实现社会安宁与和谐，是各国立法追求的重要目标。为此，各国不仅对离婚规定了较高证明标准，而且在诉讼程序上设计了许多避免婚姻关系破裂的制度。例如，英国对于离婚案件一般采用以下几种措施，试图挽回即将破裂的婚姻：其一，和解。和解的主要目的是挽救婚姻或者在婚姻关系彻底破裂的情况下，维持当事人之间的良好关系。其二，反省与考虑。法院受理案件以后必须给双方当事人相当时间的反省与考虑的时间，一般是 9 个月，特殊情况下可以延长 6 个月。主要目的是使当事人慎重考虑，避免离婚。其三，作出附条件的离婚判决。

② 李益松：《论民事诉讼中“排除合理怀疑”证明标准》，全国法院第八届学术讨论会，2017 年北京。

③ 刘学在、王静：《民事诉讼中“排除合理怀疑”证明标准评析》，载《法治研究》2016 年第 3 期。

证证明责任配置调整双方关系，并使双方处于攻击与防御平衡的状态。其次，对于《民事诉讼法解释》第 109 条所列举的情形不应采取高于高度盖然性的民事诉讼证明标准。欺诈、胁迫、恶意串通以及口头遗嘱在实践中都是比较难证明的案件事实，如果将证明案件事实不存在的举证证明责任配置于对方，也无法从根本上解决诉讼证明困难的问题，并会因此在另一个方向导致新的不平衡，只能借助民事诉讼证明标准的调整实现双方关系的平衡。必须注意，举证证明责任的分配和民事诉讼证明标准是调整双方关系的两个重要制度杠杆，相较而言，举证证明责任的分配调整力度比较大，举证证明责任的配置常常成为影响诉讼胜负的关键，因此是双方当事人之间的“大调器”；而民事诉讼证明标准对当事人双方关系的调整力度不是特别大，不至于在根本上影响诉讼结果，因此可以称为双方当事人关系的“微调器”。在无法将被胁迫、被欺诈、恶意串通等以变换表述的方式使对方当事人承担举证证明责任的情况下，只能降低被胁迫人、被欺诈人、恶意串通的受害人等对案件事实证明强度，并通过此种方式实现双方当事人之间的平衡。

‖第三节　民事诉讼补强证据规则‖

补强证据规则是指法律规定某些证据不能单独证明案件事实，裁判者也不能据之认定案件事实的存在，必须由其他证据予以支持或者佐证的规则。其中被佐证的证据称为主证据或者被补强的证据，佐证证据称为补强证据。传统补强证据规则多适用于刑事诉讼领域，并主要表现为对犯罪嫌疑人、被告人自白的补强。我国民事诉讼通过《民事证据规定》确立了民事补强证据规则，具体体现在其第 69 条。

一、补强证据的对象

（一）关于补强证据的争论

《新民事证据规定》第 90 条规定：“下列证据不能单独作为认定案件事实的根据：（1）当事人的陈述；（2）无民事行为能力人或者限制民事行为能力人所作的与其年龄、智力状况或者精神健康状况不相当的证言；（3）与一方当事人或者其代理人有利害关系的证人陈述的证言；（4）存有疑点的视听资料、电子数据；（5）无法与原件、原物核对的复制件、复制品。”这一规定实际上体现的是民事诉讼中的补强证据规则。补强证据规则是指特定的证据不能单独作为认定案件事实的证据，必须由其他证据予以补充或者佐证的制度。其中其他证据被称为补强证据，而需要被佐证的证据被称为主证据或者被补强证据。补强证据的对象是指补强证据补强的主证据的内容，对此的理解直接影响何为补强证据的理解。事实上，我国诉讼法学界对补强证据的理解不仅不统一，而且没有从与补强对象联系的角度理解补强证据。我们在研究补强证据规则的过程中将我国学者对补强证据的理解概括为以下几点：（1）认为补强证据是担保或者增强主证据证明力的证据。补强证据“本身并不证明主要案件事实，提出之目的是增强或保证主要证据之证明力。如关于被告人或证人人格方面的证据就是补强证据”。① 按之，补强证据与案件事实并无关联性，其在诉讼中的主要目的是担保主证据，只要其能够佐证主证据的客观性即可。（2）认为补强证据与主证据相对立，不仅增强、担保主证据，还能证明案件主要事实。该观点认为“补强证据与主证据一样，都是证明案件主要事实的证据”，不能否认补强证据对案件事实的证明力。② 按之，补强证据不仅能够佐证主证据，自身也必须与案件事实有关联性，能够在一定程度上证明案件事实的存在或者不存在，这样，与案件事实无关联性的材料即不能作为补强证据。（3）补强证据存在的目的是充分保护被告人的权利，防止案件事实认定时出现误认。以之，法律设置补强证据规则的目的是保护被告人的权利，防止事实之误认。“为充分保护被告人的权利，防止案件事实出现误认，而对某些证明力显然较弱的证据要求有其他证据予以证实才可以作为定案的依据。”③ 此观点是比较模糊的一种观点，既没有明确界分主证据与补强证据，也没有明确界定补强的对象。（4）补强证据类似间接证据。从表面上看，该观点与第二种观点相似，但是其论证则明显地倾向于第一种观点，认为补强证据不能证明案件事实，仅仅佐证主要证据。“补强证据又称为佐证，它不能证明案件事实，但可以用来证明主要证据的可靠性，增强或保证主要证据的证明力，从这个意义上讲，补强证据类似于间接证据。”④ 在我国台湾地区对补强证据的理解也有分歧，有认为补强证据担保主证据之证明力者，则补强证据也与案件事实有关联，或者为直接证据，或者为间接证据。“补强证据，是指为增强或担保主证据证明力之证据，并不以与主证据系各自独立证据为必要；即依主证据所得之证据而证明之者，亦无不可，且不限直接证据，并包括间接证据在内。”⑤ 也有直接认为补强证据就是一种间接证据者，补强证据“毋庸证明主要事实，其可能证据之信用性或有关事实，因其非直接用以证明犯罪事实，仅在于证明间接事实，故属于广义之

① 卞建林主编：《证据法学》，中国政法大学出版社 2002 年版，第 184 页。
② 刘金友主编：《证据法学》，中国政法大学出版社 2001 年版，第 221 页。
③ 宋世杰主编：《证据学新论》，中国检察出版社 2000 年版，第 279 ~ 280 页。
④ 毕玉谦主编：《证据法要义》，法律出版社 2003 年版，第 304 页。
⑤ 陈朴生著：《刑事诉讼法》，台北三民书局 1979 年版，第 146 页。

证据，例如品格证据"[①]。

（二）补强证据补强对象的传统观点

传统上认为补强证据补强的对象是主证据的证明力，不涉及主证据的证据能力。日本学者田宫裕考虑到补强证据是用以补强证据的证明力，因之提出了"本来的补强法则"的表述方法。"本来的补强证据法则是指根据口供就可以形成充分的心证时，也必须有补强证据，本来的补强法则是自由心证原则的例外，只根据口供还不能形成充分心证时，需要补强证据，是自由心证原则范围内的事情。"[②] 我国台湾地区学者黄朝义则将补强证据规则的观点分为外在规范说和内在规范说，外在规范说自不待言，其承认主证据独立的、充分的证明力，仅仅是因为特别政策上的要求，才需要有补强证据补强主证据。而内在规范说也属于自由心证原则的内容。"单纯地依口供不足以作为认定有罪的基础，需要其他证据强化，此时是非特别的独特法则，只能说是'疑似的补强法则'，属于自由心证的内容。"[③] 我国台湾地区学者陈朴生在论及犯罪嫌疑人、被告人自白之补强时直接明确地将补强与主证据的证明力或者证明价值联系在一起。"自白补强证据之必要性，亦即为担保其真实性之程序上条件。唯自白之补强性系证据价值问题，故必其有证据能力，始发生自白补强问题。非任意自白，并无证据能力，原无以补强证据而恢复其证据能力的余地。"[④]

（三）补强证据对象的厘定

我们比较倾向地认为补强证据补强的对象是主证据的可靠性或者真实性，而超越证据能力或者证据证明力的表述。主要的理由在于以下两个方面：

其一，两大法系国家和地区对证据能力的认识还存在一定差异。英美法系国家和地区将证据能力作为证据进入诉讼程序的前提条件，并称之为证据的可采性。证据只要具有关联性，且不属于应当排除于诉讼程序之外的证据，都是具有可采性的证据。至于证据有无真实性则交由裁判者在案件审理的过程中予以判断，即使其不具备真实性，不被裁判者认可，也不影响其证据能力。而在大陆法系国家和地区证据能力与证据能否进行诉讼程序没有必然联系，即使没有证据能力的证据也可以最终进入诉讼程序。如果法院经过审理后认为进入诉讼程序的证据不具备证据能力，则不以之作为认定案件事实的依据。同时，与英美法系国家和地区二元制的审判组织不同，大陆法系国家和地区的裁判者既要判断证据能力

① 蔡墩铭、朱石炎：《刑事诉讼法》，台北五南图书出版公司1981年版，第104页。

② 宋英辉、汤维建：《我国证据制度的立法与实践》，中国人民公安大学出版社2006年版，第185页。

③ 宋英辉、汤维建，同上注，第186页。

④ 陈朴生：《刑事证据法》，台北三民书局1992年版，第336页。

问题，也要判断证据价值问题，界分证据能力和证据证明力的意义不是特别大。在裁判者以自由心证对证据证明力判断以及对证据能力判断上，很难作非常清晰的区分。而英美法系国家和地区采二元制的审判组织形式，职业法官负责证据的可采性判断，陪审团负责证据真实性和证明力判断。界分证据可采性与证据证明力，直接涉及法官和陪审团分工，也决定不同的救济方式。事实上，在英美法系国家和地区，自愿的自白有证据资格，不属于证据排除的范畴。而在大陆法系国家和地区，自愿的自白可以进入诉讼程序，但是法院不一定最终采信该项自白，采信与否还要看自愿的自白是否具备真实性条件。

其二，两大法系国家和地区在讨论具体的补强对象时，虽然所适用的表述方式不同，但实际上均指向主证据的真实性或者客观性。大陆法系国家和地区的学者在论及补强的目的时指出，补强证据规则的主要目标是防止裁判者作出错误的事实认定，而非其他。“于讨论何种自白需要有补强证据，何种自白不需要有补强证据之际，吾人首先必须注意避免误判之问题。”① 确实，学者对何种自白需要补强在认识上是有分歧的，有人认为自白不分庭外和庭上均需要补强，而相反的观点则认为仅有庭外的自白需要补强，而庭上之口供不需要补强。但各种不同的观点在认识的依据上是相同的。后者认为庭外的口供有强制、胁迫的危险而使口供虚假的可能性较大，庭上口供则没有这种危险，可以保障其真实性。而前者认为，口供补强规则的理论依据在于防止误判，庭上口供与庭外口供在虚假可能性上没有太大区别。② 补强证据规则适用中，区分庭外自白和庭上自白，并将强制危险存在与否与真实性相对应，本身即存在错误。原因在于强制危险存在与否，关涉自白的自愿与否，并最终决定非任意自白或者非自愿自白能否进入诉讼程序。而真实性关涉的是能够进入诉讼程序证据，能否被采信，两者完全属于不同的领域，有不同的功能。“论者以法庭内自白，其强制危险性小，其信用性高，自无补强证据的必要；法庭外之自白，其危险性较大，其信用性较低，则需以补强证据担保其证明力者，唯强制危险之有无，乃决定自白任意性之基础事实。”③ 英美法系国家和地区的补强证据规则也是旨在确保主证据的真实性，尽管学者在介绍英美法系国家和地区的证据制度时常常认为，补强证据是旨在满足证据充分性的要求，影响证据的价值，而非证据的可采性。但事实上，具备可采性的证据并不一定是真实的，该证据的真实性也无法通过自身获得确认，必须由其他的证据佐证。美国联邦最

---

① 黄东熊：《刑事诉讼法论》，台北三民书局 1989 年版，第 216 页。

② 宋英辉、汤维建：《我国证据制度的立法与实践》，中国人民公安大学出版社 2006 年版，第 189 页。

③ 陈朴生著：《刑事证据法》，台北三民书局 1992 年版，第 336 页。

高法院也是从此角度认为，补强证据的主要目的不是证明案件事实，而是佐证陈述的真实性。“作为一个联邦证据法上的问题，联邦法院作出的有罪判决不得依赖于未受佐证的供认……更好的规则不应要求由证明犯罪实体的佐证，而更应该要求有倾向于证明陈述真实性的实质的独立的证据。”① 而且根据主证据的真实性受影响的程度，而对补强的要求做不同规定。有些案件法律要求必须由证据补强，其他一些案件作为一种实践中的通常做法，法官仅仅是提醒陪审团：依靠某一个证人的证据来判定有罪是危险的，除非案件得到补强。提醒适用于儿童、同伙或者性犯罪中的被害人提出的证据，原因是这些证据本质上具有虚假可能性。儿童记忆错误或者易受影响；同伙可能会举假证以缩小自己的责任、夸大其他人的问题；在性犯罪案件中，申诉人由于幻想、紧张、妒忌或者厌恶，可能举假证②。

二、补强证据及其证明程度

（一）补强证据的种类

从补强证据引入诉讼程序的目的出发，我们认为补强证据可以是与案件事实没有任何联系，直接关涉主证据客观性的证据，也可以是与主证据拟证明的案件事实有关联性的证据；可以是言词证据，也可以是实物证据。理解补强证据的种类时需要注意的问题是，补强证据的客观性要否在主证据之外得到独立的、清晰的确定。有些国家和地区的立法在规定刑事诉讼中被告人自白的补强时，规定先调查补强证据，再调查口供，以防止法官预先形成对被告人不利的心证。例如《日本刑事诉讼法》第 301 条规定，在调查有关犯罪事实的其他事实以后，才得请求调查自白。我国台湾地区“刑事诉讼法”第 161 条规定，法院对于得为证据之被告自白，除有特别规定外，非于有关犯罪事实之其他证据调查完毕后，不得为调查。补强证据调查前置的目的是防止裁判者对主证据先形成心证，而且先形成的心证对以后的补强证据调查形成先入为主的偏见或者认识定式。“如果先调查被告人的口供，那么法官将会因为被告的口供而形成有罪的心证，其后再攻击补强证据时，必须推翻法官既有的心证才行，然而推翻法官业已形成的心证是非常困难的。”③

我们认为补强证据调查的时间与补强证据可否在主证据之外获得客观性确认是两个不同的问题。前者是防止补强证据和主证据调查中的相互影响，确保补强证据规则的实现，而后者实际上是对补强证据的具体要求问题，不涉及调

① ［美］麦考密克：《麦考密克论证据》，汤维建等译，中国政法大学出版社 2004 年版，第 278 页。
② ［美］理查德·梅：《刑事证据》，王丽、李贵方等译，法律出版社 2007 年版，第 471 页。
③ 许哲嘉：《析自白之补强规则》，载《刑事法杂志》1995 年第 5 期。

查的时间顺序。对之我们认为要根据补强证据的不同情况选择不同的处理方法。如果补强证据是与待证案件事实有关联性的证据，无论是直接证据，还是间接证据，其在证明案件事实的同时，也可以印证主证据的客观性，达到补强的目的。必须注意的问题，证据调查时的证据印证是相互的，而非单向的，这样补强证据在印证主证据的同时，主证据也可以印证补强证据。质言之，补强证据无需在获得客观性确认以后再予以补强主证据，可以于补强主证据的同时获得自身客观性确认。另外的情形是补强证据与待证的案件事实没有关联性，相反仅仅关涉主证据的客观性，如证人的品格、证人的精神状态等，这些证据的客观性无法通过被补强的主证据得到印证，必须透过主证据以外的证据或者其他手段得到确认。

（二）补强证据的证明度

在补强证据的证明度问题上，理论界形成了两种尖锐对立的观点，并集中体现在对自白的补强上。绝对说认为，补强证据对主证据补强程度应达到依靠补强证据可以单独证明案件事实的程度；相对说则认为，补强证据对主证据的补强程度无需达到可以单独证明待证事实的程度，仅要求补强证据和主证据结合在一起可以证明案件事实。“补强证据结合自白，须足以证明犯罪至无合理之怀疑，但补强证据之本身，无需强大至足以证明达于无可怀疑之程度。”①处于两种对立学说之间的折中说则针对自白之补强提出，对于庭外的口供要采取绝对说的方式处理补强证据的证明度，而对于庭上口供则采取相对说的理论处理补强证据的证明度。②

对之，我们认为只有与待证案件事实具有关联性的补强证据，才涉及证明度的问题，与案件事实没有关联仅证明主证据客观性的补强证据不涉及证明度问题。对于能够证明案件事实的补强证据，我们不赞成绝对说的观点。因为按照绝对说的观点，如果要求补强证据必须达到可以独立证明案件事实的程度，即意味着事实上是搁置了主证据，补强证据规则也将成为实质上的证据排除规则。“要求补强证据能够全面证明诉讼事实，也即对犯罪构成要件形成全方位的证明力，实际上是一种逻辑上的二律背反。假定补强证据在数量上和证明价值上都具有证明犯罪主要事实的职能……原来的补强职能已被转化为主体职能。”③ 不过，主证据对案件事实的证明也无须联合补强证据，事实上很多情况下的主证据都具有单独证明案件事实的功能，例如，常需要补强的被告人自白、某些情况下民事诉讼中的证人证言。事实上，如果主证据本身没有单独证

① 李学灯著：《证据法比较研究》，台北五南图书出版公司 1992 年版，第 211 页。

② ［日］田口守一著：《刑事诉讼法》，刘迪等译，法律出版社 2000 年版，第 255 页。

③ 陈浩然著：《证据学原理》，华东理工大学出版社 2002 年版，第 332 页。

明案件事实的证明价值，法律也没有必要做强制性的补强要求，无需规定不能单独以主证据证明案件事实。“如果自白的真实性和具体内容能够得到其他证据的证实，那么自白本身也构成一个独立证据体系，补强证据也就没有任何存在的意义。”① 从补强的目的看，补强证据对案件事实的证明主要足以印证或者佐证主证据的客观性、真实性就可以了，而无需考虑其对案件事实的证明程度。当然，于具体的操作过程中，如何判断补强证据是否已经达到了补强主证据客观性的程度，则法律无法作出一体的规定，而应当交由裁判者自由裁量，因为不同案件中需要补强的主证据不同，补强证据也不同，法律无法做一体规定，只有裁判者根据案件的具体情况，结合需要补强的主证据类型、案件性质等才能作出准确判断。

与待证案件事实没有关联性的补强证据尽管不涉及对案件事实的证明度，但运用此类补强证据必须采取更加谨慎的态度。与案件事实没有关联性的证据与主证据客观性的关联程度常比较低，如犯罪嫌疑人、被告人、证人的品格证据，其可以证明犯罪嫌疑人、被告人、证人的诚实品格，但无法直接证明证词、自白的真实性。在具体处理上，可以要求补充其他的补强证据，也可以结合被补强的证据以及犯罪嫌疑人、被告人、证人与案件的关系等综合作出判断。

---

① 陈浩然，同上注，第 332 页。